古代歷史文化 研究輯刊

三十編

王明蓀 主編

第 5 冊

彭玉麟年譜

劉珈羽 著

國家圖書館出版品預行編目資料

彭玉麟年譜／劉珈羽 著 -- 初版 -- 新北市：花木蘭文化事業
有限公司，2023〔民112〕
目 4+278 面；19×26 公分
（古代歷史文化研究輯刊 三十編；第 5 冊）
ISBN 978-626-344-410-2（精裝）
1.CST：（清）彭玉麟 2.CST：年譜
618   112010433

ISBN-978-626-344-410-2

9 786263 444102

古代歷史文化研究輯刊
三十編　第 五 冊　　　　　ISBN：978-626-344-410-2

彭玉麟年譜

作　　者　劉珈羽
主　　編　王明蓀
總 編 輯　杜潔祥
副總編輯　楊嘉樂
編輯主任　許郁翎
編　　輯　張雅淋、潘玟靜、吳珣　美術編輯　陳逸婷
出　　版　花木蘭文化事業有限公司
發 行 人　高小娟
聯絡地址　235 新北市中和區中安街七二號十三樓
　　　　　電話：02-2923-1455／傳真：02-2923-1452
網　　址　http://www.huamulan.tw 信箱 service@huamulans.com
印　　刷　普羅文化出版廣告事業
初　　版　2023 年 9 月
定　　價　三十編 15 冊（精裝）新台幣 42,000 元

彭玉麟年譜

劉珈羽 著

作者簡介

劉珈羽，貴州六盤水人。2021 年畢業於貴州大學文學與傳媒學院，獲文學碩士學位。現任職於六盤水師範學院教學質量監控與評估處（發展規劃處），兼文學與新聞學院中文系教師。

提　　要

　　彭玉麟以軍政功績昭著於世，其文辭詩作、梅花丹青、書法題字亦受清人贊許。本年譜期以搜羅文獻，編年紀月，還原彭玉麟生平。本譜主要分為前言、凡例、年譜三部分。前言部分主要概述彭玉麟的生平，概括其人生經歷、軍功戰績、思想氣質、文學成就四方面內容，從多個角度來梳理其人生經歷和歷史地位。凡例部分對本譜編撰的原則和體例進行說明。年譜部分以彭玉麟年歲為界，總共分為七十五條。每條中的內容以「日」為單位，細緻梳理彭玉麟一生所歷之事。所引文獻主要出自彭玉麟及同時代友人的奏稿、詩集、信札等。同時，又藉助清代方志、史類文獻以及後人彙編的資料，聯繫其所處的社會政治環境，對彭玉麟的生平經歷、交遊往來、學術活動進行細緻地編年。

彭玉麟畫像

（吳友如《滿清將臣圖》北京圖書館藏）

彭玉麟書畫作品

綺席金厄香浮玉醴

蘭堂錦幕春到梅花

（中國國家圖書館藏）　　　　　（湖南省博物館藏）

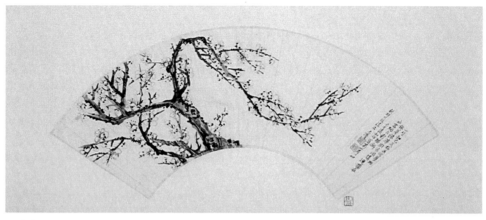

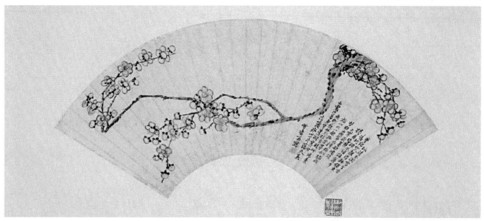

（麗水市博物館藏）

目

次

前　言

　　彭玉麟（1816～1890），字雪琴，號退庵，別號退省散人、南嶽山樵、梅花外子、退省庵主人、七十二峰樵父、古今第一癡人，諡剛直，生於安徽省安慶市懷寧縣。年始從戎，官至兵部尚書。其幼年坎坷，壯年戎馬，老年盡忠，一生屢創戰功，又督修地方史志，建造祠堂古樓，題作詩文無數，畫梅丹青萬幅，在軍事、文學、藝術方面皆有成就。現分述如下：

坎坷人生裏的晚成之才

　　彭玉麟自出生後，就多遭磨難，早年受盡苦難，四處奔波。同時經歷家破和國難，直至三十四歲才有了起色，算是大器晚成之人。

　　嘉慶二十一年十二月十四日，彭玉麟出生在懷寧三橋鎮，有弟玉麒。彭家祖上顯赫，先祖彩章、父啟象，皆誥贈光祿大夫，先祖母梁氏、祖母胡氏皆誥贈一品太夫人。〔註1〕父親彭鳴九，字鶴皋。官至梁園鎮巡檢。一生嫉惡如仇，鏟奸除惡，為官清廉，遠離浮華紛爭。彭玉麟出生後，受其父影響深遠，忠孝仁義謹記於心。

　　道光十一年，其父帶著妻兒舉家回籍，至安徽衡陽為祖母奔喪。同年，彭玉麟入石鼓書院讀書。然因久未歸家，其家中產業皆被親黨霸佔，父鳴九一生廉潔，未曾想過遭此一難，面對親黨的蠻橫行為，一怒之下，因氣傷身，突發舊疾，撒手人寰。然此年，玉麟年僅十八。在本該意氣風發的青年時代裏，彭玉麟卻早早就經歷了親屬的背叛，看盡了人間醜惡的世俗嘴臉，承受了家人被欺負的苦痛。

〔註1〕（清）彭玉麟著《彭玉麟集・文集・鶴皋府君行狀》，第165頁，嶽麓出版社2008年版。

母親王氏見狀，十分擔心親當再度發難，便苦心勸玉麟回石鼓書院避難。至此，彭玉麟為避難又回到了石鼓書院。然命運似乎有意同彭玉麟作對。在他飽嘗了家道中落之苦之後，仕途也未見起色，其命運種聲始終未被敲響。雖然被衡州知府高人鑒賞識，入署讀書，但府試卻慘遭失利。〔註2〕一直到二十八歲，彭玉麟才始隸諸生之籍，加入衡州協標。

或許是繼承了父親其剛直的性格，彭玉麟在軍事方面顯現出了優異的天賦。道光二十九年，李沅發借民怨而起，戰亂一觸即發。彭玉麟隨衡州協兵追擊李沅發，道光三十年，一戰成名。好景不長，命運又再一次捉弄了彭玉麟。咸豐二年，母王氏病逝。彭玉麟想到自己既未獲得功名，又未好好陪伴母親，於是心生愧疚，決定隱居，為母守喪。

但彭玉麟在戰事中的優越表現被人讚頌遠揚，賞識彭玉麟的伯樂也逐漸登場。咸豐三年，曾國藩聞其名聲，親自來到衡州，勸正在守喪的彭玉麟出山與他一齊為國出力。幾番勸說之下，彭玉麟終於決定再次出征。此年九月，與楊載福各獨領一軍，共治水師。至此，彭玉麟才正式開啟了他的人生道路。

由於戰功累累，彭玉麟的官職也快速升遷。反觀其一生，從咸豐三年開始，他的仕途履歷逐漸豐富華麗。從拔補臨武營外委，被賞戴藍翎，到賞戴花翎，並以同知選用，後一路高升，做過浙江金華府知府、廣東惠潮嘉道、廣東按察使、安徽巡撫、兵部右侍郎，此外還被賞黃馬褂，封一等輕車都尉、太子少保銜，之後又做到漕運總督、兩江總督，兼署通商大臣，最後榮升兵部尚書。彭玉麟可以說是大器晚成，但中年才被賞識的他，卻沒有被年齡限制，反而以更快的速度受到了朝廷的青睞。

動盪時局下的累累功績

彭玉麟最受後人仰慕的就是其軍事功績。一方面，其身處在清朝末年，國事衰弱，朝廷腐敗現象嚴重，百姓怨念深重，紛亂四起。尤其是洪秀全發起太平天國運動，對政府權威造成威脅。以曾國藩、彭玉麟等人為代表的忠臣義士紛紛出戰，維護國家統一。另一方面，彭玉麟自身繼承了父親彭鳴九剛直的性格，也有不輸常人的英勇氣概，並在作戰中屢屢展現出自己的軍事天賦。

〔註2〕（清）趙爾巽等《清史稿》卷四百十 列傳一百九十七，第11995頁，中華書局1977年版。

　　彭玉麟之所以走上武將道路，源於三個重要的契機。第一個契機即李沅發起義一事。道光二十九年，湖南新寧地主哄抬物價，百姓忍飢受餓。李沅發借民怨而起，戰亂一觸即發。為平息起義，彭玉麟隨衡州協兵追擊李沅發，在道光三十年，親歷了李沅發被擒一事。

　　　　飛來將令肅於霜，萬疊青峰繞戰場。
　　　　狡兔滿山看亂竄，妖狐無地得潛藏。
　　　　六韜胸運陰符策，七尺腰橫寶劍光。
　　　　滅盡攙槍始朝食，書生從此卸戎裝。〔註3〕

在平定李沅發起義之前，彭玉麟都是以文官身份在衡州協標中行事，但其在李沅發起義一事中，英勇本色顯現，使得同行之人刮目相看。同營協將常常向他詢問作戰事宜。在李沅發起義中的頭角初露，成功的使彭玉麟實現了文官到武官的轉變，也使其聲名鵲起，為後來被曾國藩賞識奠定了輿論基礎。

　　彭玉麟對為官之事並不熱衷，李沅發事畢後便辭歸衡陽，為母守喪。三年守喪之期未完，曾國藩誠心勸說他出山再戰，幾番深思後，還是將國家安危置於個人之前。咸豐四年，與楊載福各領一軍，始治水師。開始了與太平軍的博弈。

　　在與太平軍鬥爭之時，彭玉麟再次受到重用，這源於第二個契機——湘潭一戰。水師追剿太平軍至湘潭，曾國藩決策失誤，水師敗北，曾國藩羞愧難當，投湘自溺。〔註4〕然就在曾國藩一籌莫展之時，彭玉麟同楊載福率水師繼續追擊，以火燒之計將太平軍攻下，逆轉了局勢。曾國藩特此為彭玉麟連連請賞，加知州銜，請戴花翎，以同知歸部選用。此後，彭玉麟之名響徹水師。

　　彭玉麟戰績顯赫，不僅是針對國內動盪，將其推上高點的實際上是第三個契機——中法戰爭。之所以說其具有強烈的愛國之心，不僅是因為他作為清朝大將，對朝廷抱有堅貞的忠心；更是因為他作為中國子民，對外辱所表現出的不屈精神。

〔註3〕（清）彭玉麟著《彭玉麟集‧詩詞‧大破金峰嶺 生擒首逆李元發》，第16頁，嶽麓出版社2008年版。
〔註4〕（清）左宗棠著《左文襄公集》文集卷一《銅官感舊圖序》曰：「咸豐四年三月，金陵賊分黨復犯長沙，先踞長沙城北七十里之靖江，憑水結寨，步賊循岸而南，潛襲上游湘潭縣城。縣城繁富，市鱗比，賈舶環集，賊遂至據之。文正聞賊趨湘潭，令署長沙協副將忠武塔齊布公等率陸軍，楊千總岳斌、彭秀才玉麟等率水軍往援。偵賊悉銳攻湘潭，靖江守寨之賊非多，遂親率存營水陸各營擊之。戰事失利，公麾從者它往，投湘自溺。隨行標兵三人急持公，呹其去，不釋手。」

　　咸豐八年，英法聯軍入侵中國，法國乘機借西班牙教士在越南被殺的理由，串通西班牙，合謀進攻進攻越南，越南勢單力薄，抵抗失敗，被迫在 1862年與法國和西班牙訂立《西貢條約》。〔註5〕

　　光緒九年，法國試圖從越南入侵中國。國難當頭，朝廷內卻出現了兩種不同的聲音。一種是左宗棠、曾紀澤為代表的主戰派。

> 查越南南圻西貢六省淪為異域，該國精華已竭，局勢岌岌不支，猶幸有北圻堪以支格：而北圻尤滇、粵遮罩，與吾華接壤，五金之礦甚旺，法人垂涎已久。若置之不顧，法人之得隴望蜀，勢有固然。迨全越為法所據，將來生聚、訓練、納稅、徵糧，吾華何能高枕而臥？若各國從而生心，如俄人垂涎朝鮮、英人覬覦西藏、日本並琉球、葡葡牙據澳門，鷹眼四集，圍向吾華，勢將豬糠及米，何以待之？此固非決計議戰不可也。〔註6〕

左宗棠知道法國的野心不止於此，若妥協退讓，只會讓助長侵略方瓜分中國領土的囂張氣焰，使列強掠奪礦產的陰謀達成。並且，他認為在「萬國公約」的約束下，歐洲各國不會袖手旁觀，任由法國以一國之力在中國擴張通商口岸，而法國忌憚他國力量，也不敢公然毀約。因此，強硬抵抗是牽制法人的最好辦法。

　　但以李鴻章為首的主和派又是另一種態度。

> 亞洲各邦自歐人東來以兵戎相見，先勝後敗復轍，相尋可為殷鑒，固不得不慎之於始耳。鴻章奉命以來，每欲提一旅之師克日航海南征，第慮我軍甫動。新報紛傳法人必藉詞與中國失和，後患將不可思議。……揆度目下情形，脫使無論在滬、赴京，所議必難就範，似只有虛與委蛇，相機觀變，再籌因應之方。各省海防，兵單餉匱，水師又未練成，未可與歐洲強國輕言戰事。〔註7〕

李鴻章以水師力量不足為理由，不願抵抗法國，損耗自己的軍力。試圖以求和的方式保全越南的附屬地位，妄想越南被侵佔後，還可以繼續「朝貢天朝」。在雙方僵持不下之時，清政府用出兵但不主動抗擊的辦法來緩解鬥爭，以消極的援助態度派兵前往越南。

〔註5〕林增平編《中國近代史》，第 277 頁，湖南人民出版社 1958 年版。

〔註6〕（清）左宗棠撰《左宗棠全集·札件》，第 596 頁，嶽麓書社 2014 年版。

〔註7〕（清）李鴻章著，龐淑華等編《李鴻章全集》第 4647 頁，時代文藝出版社 1998年版。

　　而此年，彭玉麟已經六十八歲，適才辭去兵部尚書，回到退省庵，準備休養生息。聽聞法國侵略的消息，斷是不可無法容忍，不顧與舊友李鴻章反目，也要上奏朝廷，主張抗擊之策。

　　　　為今之計，惟有協力同心，與之決戰。若再容忍，成何國體？將來老成宿將日益凋零，恐至民不知兵，兵不知兵，將帥安富尊榮，更不知兵，大局何堪設想！有心世道者，清夜以思，真若芒刺之在背也！所幸民心堅固，未泯天良，官兵不足，民兵尚多可用。除主戰外則無自強之策。若論實在把握，雖漢臣諸葛亮再生，亦不敢言操勝算。所恃者眾志成城，通力合作，人定足以勝天，理亦足以勝數而已。若必借籌萬全，畏首畏尾，其如外侮日肆憑陵何哉？
　　　〔註8〕

彭玉麟認為即使水師兵力不足，也可以團結百姓，上下一心，共同抵抗外辱。若像李鴻章所說，將權益拱手相讓，實在是我國之恥辱。彭玉麟的一番愛國言論，讓正愁沒有可用之才能前往援助越南的清政府暗自竊喜，立刻順勢而下，將吃力不討好的「燙手山芋」丟給了彭玉麟，讓彭玉麟領兵駐守廣東。

　　彭玉麟赴粵，給廣東兵勇帶來了希望，整頓軍務之後，法國也不敢輕易來犯。彭玉麟借勢想暗結暹羅，奪取越南。但彭玉麟將詳細作戰方案呈給朝廷之後，卻遭到了拒絕。因為清政府原本只想借彭玉麟化解兩派鬥爭，妄圖一邊派出彭玉麟，安撫主戰派的情緒，顯示自己已經讓大將出戰；另一邊又責令彭玉麟不向法國開戰，使主和派無話可說。而彭玉麟主動出擊的規劃與清政府的意圖背道而馳，再加上李鴻章百般阻擾，彭玉麟的策略始終未真正實踐。

　　最終，光緒十一年，中國雖然在中法戰爭中取得勝利，卻還是與法國簽訂了條約。條約的簽訂也使得彭玉麟倍感無奈。此事結束後，彭玉麟交卸兵甲，回鄉養病，不久，便病逝於湘東里第。

　　彭玉麟功績昭著，壯年之際，為朝廷平定內亂，維護國內局勢。從衡州協標參與平定李沅發起義開始，親歷了鎮壓太平軍的所有活動，湘潭戰役、武漢戰役、田家鎮戰役、安慶戰役、天京外圍戰役等等都有他的身影。暮年之時，又在為國家安危操心勞力，致力於中法戰爭。古稀之年仍在為國家奔波，其建樹功績多不勝數，著實值得後人敬仰。

〔註8〕（清）彭玉麟著《彭玉麟集·奏稿·奏報赴粵部署大略摺》，第309頁，嶽麓出版社2008年版。

風雲時局下的思想氣質

彭玉麟的剛直精神是被世人所認同的，俞樾稱：其「人之生直，其為氣剛，剛則近仁，直大以方。」他之所以能在當時污濁的官場中脫穎而出，很大一部分的原因在於他自身的剛毅氣質和他治軍的嚴明思想。

從彭玉麟自身來看，他的人生思想主要體現在以國為先和淡泊名利兩方面。一方面，彭玉麟始終將天下大義置於個人道義之前。彭玉麟是個孝子，父親早逝，與母親相依為命，早早加入衡州協標賺錢養家，然咸豐二年，王母發咯血，病逝。彭玉麟煢煢在疚，準備歸隱山林，不聞世事。但此時時局動蕩，太平軍沿途猛攻，曾國藩為收復金陵，幾次上門勸說彭玉麟，最終以「鄉里藉藉，父子且不相保，能長守丘墓乎？」〔註9〕為由，讓彭玉麟決心以保家衛國為先。此後，彭玉麟墨絰從戎，謬領水軍，屢創不死。〔註10〕古人講究孝道，彭玉麟自然也遵循孝義行事，但在天下時局缺乏穩定之時，彭玉麟深知只有國家的穩定才能保障個人的安定，因此忍受著給母親守喪的遺憾，最終還是決定捨小家為大家，去平定國難中間尋求孝義的平衡，從此可以看出彭玉麟在國與家的抉擇中，始終將天下之難放在家庭之憂前面，這樣的觀念也註定要造就他人生的不凡。

另一方面，彭玉麟除了重視天下大義之外，還將個人名利拋之身後。在為官仕途中，他從未被名錄所遮蔽。彭玉麟一生戰績顯赫，六十八歲官至兵部尚書，在朝廷之中可算得是德高望重。但在其鐵血奮戰的外表之下，反而卻有一顆不畏名利遮望眼的「寒士」之心。今人在著作中作了統計，彭玉麟實際辭官8次，請開缺9次，請開除差使6次。〔註11〕僅以上奏辭官數量來看，就有近二十折，其中咸豐十一年，僅為辭安徽巡撫，就上奏《辭安徽巡撫請仍督水師剿賊折》《遵議苗逆剿撫事宜並再辭皖撫摺》《三辭皖撫並陳明不能改歸陸路摺》三摺；同治四年至光緒七年為辭漕運總督，有《辭署漕督並請開兵部侍郎缺折》《再辭署漕督並請開侍郎缺摺》《《再辭江督並請開差使摺》《辭署兩江總督並請開巡江差使摺》《再辭江督並請開差使摺》六摺；光緒九年至十四年，

〔註9〕（清）王闓運撰《湘綺樓詩文集·誥授光祿大夫太子少保兵部尚書詳勇巴圖魯世襲一等輕車都尉欽差巡視長江水師贈太子太保衡陽彭公年七十有五行狀》，第232頁，嶽麓出版社2008年版。

〔註10〕（清）彭玉麟著《彭玉麟集·文集·王太夫人行狀》，第166頁，嶽麓出版社2008年版。

〔註11〕李志茗著《幕僚與世變》，第132頁，上海人民出版社2017年版。

為辭兵部尚書和其餘差使，又上奏《辭兵部尚書摺》《請開缺專辦粵防摺》《請撤防開缺銷差摺》《巡閱事竣請開缺開除差使摺》《巡江事竣再請開缺開除差使摺》五摺；從彭玉麟上奏的頻次來看，其對於辭官一事並非是以推拉為由，獲取更大利益，而是彭玉麟對於做官本身就未抱有很大的興趣。其原因首先在於彭玉麟早年受父親影響。

> 府君生平剛直不阿，好善人若寶，嫉惡人如仇。擒獲盜賊撚匪，懼留為民害也，往往以嚴刑處之，奸究斂跡。有反案當治，而礙於越俎者，密白上司，必如律乃已。盛夏，每斟酌古今方，合藥作丸散，以解時疫，濟窮乏。愛民息訟，至今二邑耆老猶稱頌之。清白盟心，廉俸外不取民間一絲粟，布衣疏食，遠絕浮華。……玉麟每日塾中歸，問課程畢，則訓以忠臣孝子及節義事。或見玉麟佻達狀，及步履偶失矩，即嚴責不稍貸焉。〔註12〕

在彭玉麟對父親的回憶中能夠瞭解到，在他心中父親彭鳴九一直是個剛直不阿，廉潔清白的人，並且在平日的教育中也是以同樣的標準要求彭玉麟。耳濡目染之間，彭玉麟也養成了不為錢財名利所動搖的性格。這一點也可以在曾國藩對他的描述中體現出來：「臣相處日久，深知其勇於大義，淡於浮榮，不願仕宦，係出至誠，未便強為阻止。且該侍郎久領水師，本於陸師不甚諳習。而失血舊病，亦不宜更膺重任。」〔註13〕可以說，彭玉麟之所以為國賣命，數次征戰，其實都是出於他內心對於國家安危的牽掛和擔憂，是愛國情懷支撐他走上了戎馬之路。

其次，彭玉麟的身體狀況也無法支撐他過於操勞。彭玉麟家患有咯血的頑疾，他的母親王氏，咸豐二年病逝，去世原因就是「咯血」。反觀彭玉麟也有咯血之症，在他與友人的書信中，也常常提到自己受「咯血」折磨。

> 維時玉麟舊傷痛發，沉痾日深，春氣感動，咯血更甚，服藥總不見效。……聖慮玉麟近因接對營弁語言過多，酬應稍煩，氣復上衝，時加歲噎，徧體筋骨痛楚莫名，兼之右耳重聽，右目失明，實形委頓，儻不急行調理，恐遂成為廢人。玉麟才識庸愚，深荷恩遇，初志不惜軀命與兵事相始終，今幸東南肅清，水陸安晏，玉麟傷疾

〔註12〕（清）彭玉麟著《彭玉麟集‧文集‧鶴臬府君行狀》，第 165 頁，嶽麓出版社 2008 年版。

〔註13〕馮爾康編，《清代人物傳記史料研究》，第 45 頁，商務印書館 2000 年版。

雖難速愈，固無遺恨於心，擬由岳州就近回籍，如果調理就瘥，尚堪驅策，斷不敢稍圖安逸，自外生成。所有遵旨回籍調理緣由，請為轉奏等情前來。〔註14〕

李鴻章代奏的折子中，清楚的寫道彭玉麟除了咯血之外，更有右耳重聽，右目失明的問題。所以，彭玉麟屢次辭官所用的「身體抱恙」之由，並不只是一種託辭，更是其身體狀況不明朗的真實反映。在病痛的折磨下，其身體狀況確實無法支撐他繼續做官。

再次，晚年痛失獨子也使彭玉麟更加看淡世間名利。光緒四年，子彭永釗因不慎感風寒而死。然而，在悲劇發生的前一年，彭永釗才剛剛被簽分刑部。彭家剛壯大的火苗因意外而熄滅，白髮人送黑髮人的苦痛讓彭玉麟再也無法享受正常的天倫之樂，也讓彭玉麟更加灰心。他在《辭兵部尚書摺》中寫道：

臣聞德高者福厚，祚薄者祿微。臣無德可言，斷不足以享厚福，一子早亡，長孫今才十歲。臣年已老而病日集，氣不壯而體久衰，祿祚之薄已可想見，不但難膺朝廷之艱巨，實亦難承聖主之寵榮。且兵部綰天下之軍政，尚書總一部之紀綱，豈可以微臣朽材，曠國家之官守，更貽誤於將來？惟有叩懇皇上明目達聰，收回成命，知人善任，另簡賢才補授兵部尚書，以重要職，俾聖恩不致久負，庶臣心亦可稍安。臣衰病已深，難期振作，俟稍就瘥，可勉力上駛巡閱，事竣再請天恩，開除巡閱差事。〔註15〕

在此折中，可以看到彭玉麟同時遭受了身體上的抱恙和心裏上的打擊，字裏行間之間都能感受到他的疲憊與傷痛，喪子之痛與身體的衰弱交織在一起，雙重打擊之下，使得原本就不愛名利的彭玉麟更加不在意官爵。

從彭玉麟的治軍思想來看，他在治理水師的過程中，也有自己的獨到見解。在《詳酌水師事宜摺》中，他闡明了自己治軍的理念。

一曰將材宜慎選也。……臣竊謂能當其任者約有三等，智識閎遠、天資忠亮，其上也；秉性剛方、威克厥愛，其次也；操守清廉、敬慎畏法，又其次也。……一曰積習宜力除也。……此後再有攤派

〔註14〕李鴻章著，《李鴻章全集》，第690頁，時代文藝出版社1998年版。
〔註15〕（清）彭玉麟著《彭玉麟集·奏稿·辭兵部尚書摺》，第306頁，嶽麓出版社2008年版。

名目，應即照刻扣軍餉例從嚴參辦。所有無名費用，徒飾外觀而有損軍實者，應請嚴旨飭下，懸為厲禁，務使上行下效，無失樸誠之舊，以養勇敢之風。……一曰軍政宜實講也。臣所議慎選將材，既可以收賢者之用，力除積弊，又可以阻不肖者之心。……一曰體制宜復舊也。查水陸各營設提督為總轄，即設總兵為分轄。提督固有節制各鎮之權，而總兵即有操縱一鎮之責。是以定制：提、鎮相見用賓主禮，文移往來一切平行，蓋重總兵即所以輔提督也。〔註16〕

首先，彭玉麟重視選材用人，他將人才三等：第一等人智識閎遠、天資忠亮，第二等人秉性剛方、威克厥愛，第三等人操守清廉、敬慎畏法，他認為從這三類人中選拔任用，水師軍力自然不會柔弱。其次，在力除積習上，彭玉麟反對繁文縟節，提倡簡潔務實，並且要實講軍政，將制度落實行動中去。再次，他還提倡要復興舊制，給各鎮實權，讓地方與水師合作緊密。

此外，彭玉麟早早地就領悟到了群眾的力量。光緒九年，在面對中法問題的時候，他就提出過要團結人民的力量，軍民一心，共同抗擊敵人。「所幸民心堅固，未泯天良，官兵不足，民兵尚多可用。」〔註17〕這樣的思想在當時是具有先進性的，彭玉麟作為有官爵的人物，他所處的階級是代表著封建集團的，但是他並沒有將自己與人民的立場分隔開來，而是願意團結群眾力量，甚至在當地募集群眾組成民團，不問出身，一視同仁，以嚴格軍規操練兵勇。由此看來，彭玉麟的群眾觀念其實是從常年平定戰亂的經驗中總結出來的，豐富的歷練讓他拜託了自身階級的局限，看到了國家和人民之間相輔相成的關係，為水師的組建和壯大提供了新的理念和思路。

最後，在對待「洋務」方面，彭玉麟經歷了一個由厭惡到接受的過程轉變。其思想發生了明顯的變化。早期，彭玉麟的治軍思想具有很強的傳統性，尤其是在對待西方器物的態度上。彭玉麟不喜西方「輪船炮艦」那一套，對於洋務派的說辭更是不以為然。他曾說自己：「賦性迂拙，深惡夷人，兼惡夷學，於外洋製造之精微、器物之良窳，從未留心講求，故於洋務毫無所解。」〔註18〕

〔註16〕 （清）彭玉麟著《彭玉麟集・奏稿・詳酌水師事宜摺》，第208～213頁，嶽麓出版社2008年版。

〔註17〕 （清）彭玉麟著《彭玉麟集・奏稿・奏報赴粵部署大略摺》，第309頁，嶽麓出版社2008年版。

〔註18〕 （清）彭玉麟著《彭玉麟集・奏稿・海防善後事宜摺》，第422頁，嶽麓出版社2008年版。

這是由於彭玉麟自身立場的局限所導致的,他作為天朝大臣,始終將中國放在世界的中心位置,驕傲的性格使他不能接受西方的器物優點,而是天真的寄希望於國家的自我改良。這種觀念導致彭玉麟沒有認識到中國衰落的事實,因此更不可能挽救國家。所以,後期中法戰爭使彭玉麟看到了中國與西方國家之間的實力差距,也讓彭玉麟清楚的認識到中國想要重振,必須彌補器物上的短板,「西夷挾其堅船利炮驛騷海上,而我不能制其死命者,徒以器械不及其堅利耳。然則欲求制勝之道,自非師其所長,去我所短不可。」〔註19〕彭玉麟在親身體會到了雙方兩國的實力差距之後,改變了之前的想法,開始鼓勵水師將傳統的船艦改換成新的輪船,並積極發展我國的軍火工業,學人所長,去我所短,打造一支自立自強的新型水師隊伍,最終提升國家的整體軍事實力。

綜上,彭玉麟作為一個愛國志士,其思想最為突出的就是國家高於個人、淡泊功名利祿的人生態度,以及用人有道、嚴明志軍、團結群眾的治軍思想。此外,雖然他在對待西方器物之上曾有局限,但也能在實踐上吸取教訓,轉變觀念。

綺麗自然中的文學成就

彭玉麟雖以戰功著稱,但其翰墨亦有所長。其一生在文學藝術方面頗有造詣,在詩文創作上,著有《彭剛直公詩集》《彭剛直公奏稿》《彭玉麟家書》《彭玉麟信札》。這些文獻記錄了彭玉麟的生平經歷、軍事活動、政治活動和人際交往情況,具有較高的文學、史學價值。

在繪畫方面,彭玉麟善於丹青,所畫之梅堪稱一絕,王闓運為其作行狀時說:「素工畫法,蘭人妙晶,而尤喜畫梅,全樹滿花,所至輒奮筆潑墨,海內傳者過萬本,藏於篋者一牛車不能載。」〔註20〕彭玉麟畢生畫梅不下萬件,除紙質作品外,還有大量碑刻作品,並留有《彭玉麟梅花手冊》。所畫梅花暫無完整的輯存資料,但部分作品被收錄在《楹聯碑帖》《題畫詩話》《湖南省志·文物志》等各類彙編文獻中。

〔註19〕（清）彭玉麟著《彭玉麟集·奏稿·海防善後事宜摺》,第 422 頁,嶽麓出版社 2008 年版。

〔註20〕（清）王闓運撰《湘綺樓詩文集·誥授光祿大夫太子少保兵部尚書詳勇巴圖魯世襲一等輕車都尉欽差巡視長江水師贈太子太保衡陽彭公年七十有五行狀》,第 246 頁,嶽麓出版社 2008 年版。

在書法領域，彭玉麟的書法造詣也可謂入室升堂，馬宗霍的《書林藻鑒》中評彭玉麟的書法為：「書能觀人，信不虛矣。」〔註21〕其書法作品被今人收入《石鐘韻・梅花情　全國書法名家書彭玉麟梅花詩作品集》《湖南歷代名家書法精粹》《七星岩鼎湖山書法石刻選》《楹聯書法》等各類文獻中。

在史學方面，彭玉麟十分重視書籍編纂工作，親身參與了《衡陽縣圖志》《衡陽縣志》《希賢錄》《國朝柔遠記》《通商始末記》等書的編撰。

彭玉麟在文學方面的貢獻頗多，但由於保存不全，其書畫類作品較為分散，還有待整理，在此就主論其詩歌成就。

彭玉麟作詩近百首，其病逝後，好友俞樾將他的詩歌整理編成《彭剛直公詩集》，以供後人傳閱。俞樾在西湖與彭玉麟相識，對於彭玉麟的詩文水平曾作出評價：「和章如行雲流水，隨筆抒寫，風韻神味，無一不勝，真天才也！」〔註22〕可見，彭玉麟雖然以武將聞名於世，但在寫詩作文一事上頗具有天賦。

俞樾將其詩歌分為《吟香館愁草》《從征草》《巡江草》《北征草》《退省庵草》五種，共八卷。以時間為順序，收錄了彭玉麟從少年到老年的著作。在此基礎上，可感受到彭玉麟的詩歌內容和風格是隨著人生的變化而變化的。

彭玉麟年少時期進入石鼓書院讀書，在此期間，就已經顯露出在詩文創作上的天賦。

> 公是時年十六，讀書已通文義，以母命遂入城，居石鼓書院，
> 從諸老生問經義，學詩習書。諸生以其聰悟勤學，稍稍異之。因與
> 遊諸名家貴公孫子間，縕袍敝冠，介然自守。辭氣清雅，風采秀雋，
> 未嘗有饑寒之歎，城中聞人欣然願交焉。〔註23〕

王闓運將彭玉麟的文辭概括為「清雅」二字，這在其早期作品《遊語溪》中可以感受到，其詩寫「月榭風亭峙水湄，小橋西去路逶迤。煙霞半壁封唐碣，苔蘚沿溪蝕漢碑。寶石冷懸千古鏡，春雲暖護一山詩。梨花細雨幽人宅，青得茶煙出竹籬。」〔註24〕彭玉麟善用「小橋」「苔蘚」「細雨」等樸素的自然景物，

〔註21〕馬宗霍編《書林藻鑒・書林記事》，第 334 頁，文物出版社 1984 年版。

〔註22〕張劍等主編，俞樾著，張燕嬰整理《俞樾函札輯證》，第 270 頁，鳳凰出版社 2014 年版。

〔註23〕（清）王闓運撰《湘綺樓詩文集・誥授光祿大夫太子少保兵部尚書詳勇巴圖魯世襲一等輕車都尉欽差巡視長江水師贈太子太保衡陽彭公年七十有五行狀》，第 232 頁，嶽麓出版社 2008 年版。

〔註24〕（清）彭玉麟著《彭玉麟集・詩詞》卷一《吟香館愁草・遊語溪》，第 5 頁，嶽麓出版社 2008 年版。

營造出清新脫俗的環境，展現出他對自然的細緻體悟，也同時反映出早期的彭玉麟身上就已經具有了淡雅的「寒士」氣質。

　　不過，這樣清麗的風格在彭玉麟詩歌中佔據的比重較少。彭玉麟大部分詩歌的風格更偏向壯闊綺麗，這源於彭玉麟對韓愈的極力推崇。

　　　　兄學詩，五古則規摩《文選》；七古，則祖述昌黎；五七律喜讀杜作，兼求蘇、黃。〔註25〕

　　　　嘗讀文集，則目之所見，惟韓集；耳之所聞，惟韓文。諸子百家，汗牛充棟而尤所欲，非韓之外無文章，乃守約而求其專耳。〔註26〕

彭玉麟許多詩歌都有學韓的影子。韓愈「以文為詩」，「既有詩之優美，復具文之流暢，韻散同體詩文合一，不僅空前，恐亦絕後」〔註27〕多運用古文句法，兼具氣勢與意象之美，所作之詩既豪邁又凌厲，有「奇險」之美。彭玉麟在早期詩歌創作中就會借鑒韓愈的創作風格。

　　　　拜別慈親涕泗沱，一枝禿管任奔波。

　　　　旁求願獻沖霄劍，外侮驚操入室戈。

　　　　白粲囊空愁落寞，青雲梯遠怕蹉跎。

　　　　弋人欲扼鵬飛路，石鼓山頭避網羅。〔註28〕

　　這首《避難》是彭玉麟早年為了躲避親當欺辱，回石鼓書院讀書之時作的。而韓愈也有一首《石鼓詩》，其中有詩句「嗟餘好古生苦晚，對此涕淚雙滂沱。」和「石鼓之歌止於此，嗚呼吾意其蹉跎。」〔註29〕，仔細品讀彭玉麟的《避難》，就會發現二者有許多類似的字眼：如「蹉跎」與「涕泗沱」等等。

　　後期，彭玉麟在學韓的基礎上逐漸形成了自己的風格。他「剛介絕俗，素厭文法」〔註30〕，不講求古韻，不刻意雕琢，偏好自然流暢，一氣呵成，直抒胸臆。如《秋日車中漫興》一詩：

〔註25〕沈雲龍主編《近代中國史料叢刊·第63輯·清代四名人家書》第46頁，文海出版社，民國62年版。

〔註26〕沈雲龍主編《近代中國史料叢刊·第63輯·清代四名人家書》第48頁，文海出版社，民國62年版。

〔註27〕陳寅恪《金明館叢稿初編·論韓愈》，第331頁，三聯書店2001年版。

〔註28〕（清）彭玉麟著《彭玉麟集·詩詞》卷一《吟香館愁草·避難》，第4頁，嶽麓出版社2008年版。

〔註29〕（唐）韓愈著，孫昌武選注《韓愈選集》，第116頁，上海古籍出版社1996年版。

〔註30〕（清）趙爾巽等《清史稿》卷四百十 列傳一百九十七，第12002頁，中華書局1977年版。

河北荒涼景物窮，佳蔬最好是園菘。

垂楊葉剩蕭疏綠，野菊花開寂寞紅。

大漠沙寒鴉噪晚，長天秋老雁橫空。

征途鎮日閒無事，一任車雷聒耳聾。

賓士何事此身羈，馬鐸車輪日告疲。

秋柳黃飛霜後葉，蓼花紅冷水邊枝。

停驂且買村中酒，到店先尋壁上詩。

亂唱曉雞眠未得，行包迅打莫教遲。〔註31〕

「垂楊」「菊花」「秋柳」等平常的景物，與征戰後的疲乏形成自然的呼應。作詩之人雖然身心俱累，但又未曾拖沓延緩，短暫的停留之後，又再次踏上征途。大漠美景皆留在身後。即使是在平淡的描述中，也能透露出彭玉麟不畏艱險，心憂天下的豪邁氣質。總之，不管是用詞的斟酌還是整體風格的打磨，彭玉麟都遵循著「自然」二字，以韓為師，描繪自然綺麗之景，抒發豪放雄渾之情。

除卻文學風格上的綺麗，彭玉麟的詩歌中也含有豐富的史料價值。尤其是《從征草》《巡江草》《北征草》三個部分，主要記錄了彭玉麟出征作戰的路線和過程。

《從征草》部分，彭玉麟有《神灘晚渡》《過黃羆嶺》《單騎由廣西桂林省赴大軍》《大破金峰嶺生擒首逆李沅發》等，這些地點一方面敘述了彭玉麟隨軍抓捕李沅發的感慨，也勾勒出了衡州協標的行軍路線圖。彭玉麟隨軍從湖南到廣西，再到貴州，對所到之處的人文和自然環境做了描述，如《由林溪進軍沙宜》就描繪了貴州一帶「虎豹林深」「苗瑤峒險」的險峻環境，並記錄下了「渴求點熱呼年妹，笑說槎伢謁達尊。」〔註32〕的苗族語言。

在擒獲李沅發之後，彭玉麟加入湘軍水師，開始與太平軍博弈。一路經過了廣東、江西、河北、浙江、安徽、福建、四川、貴州等處，每到一處，都作有以「悲某地」為題的詩歌，獲得勝利後，又會作有以「克復某地」或「克某地」為題的詩。從詩歌主題就可以映照出當時湘軍水師與太平軍作戰所達之處。

〔註31〕 （清）彭玉麟著《彭玉麟集·詩詞》卷四《北征草·秋日車中漫興》，第45頁，嶽麓出版社2008年版。

〔註32〕 （清）彭玉麟著《彭玉麟集·詩詞》卷二《從征草·由林溪進軍沙宜》，第14頁，嶽麓出版社2008年版。

《巡江草》部分則記錄了彭玉麟沿長江巡閱水師的途經風光。《北征草》裏甚至還記載了清政府當時的外交活動。在《朝鮮國使臣朴桓卿珪壽禮部尚書兼樞密院到京 屢過訪 甚相洽 臨別作此以贈》一詩中，彭玉麟就以詩的形式記載了當時朝鮮派使臣訪問中國的事件。《退省庵閒草》則主要記錄了彭玉麟與俞樾、胡林翼等人的交遊往來。

彭玉麟一生所作近百首詩，再加上加上他的書信、散文和對聯，數量更是龐大。而且這些作品中在時間上貫穿嘉慶到光緒年間，在事件上記載了李沅發起義到中法戰爭，在空間上跨越了大半個中國，將每一篇文章、每一首詩歌串聯起來，都已經足以構建出一個小型的史料庫。

綜上所述，主要概括了彭玉麟的人生經歷、軍事功績、精神思想，以及文學成就。從這些層面來看，彭玉麟確實是個被今人低估了的研究對象。雖然不可否認，彭玉麟存在不足之處，例如對於洋務思想上的保守，以及文學造詣上局限，但是縱觀全局，他的成就是十分突出的，甚至可以比肩曾國藩、胡林翼等人，因此，筆者將彭玉麟作為研究對象，為其編撰年譜，希望藉此作能夠，喚起現世對彭玉麟的深入研究，為今人提供參考。

凡　例

　　本譜編撰，對彭玉麟生平實績進行編年紀月。理論上參考程章燦《劉克莊年譜》和趙永剛《杭世駿年譜》，具體做法根據實際編撰情況有所取捨。本譜所錄資料，主要採自譜主本人和相關往來密切之人的遺存文獻，含奏稿、電稿、詩詞、文集、書信等類，此外，還參照相關人物年譜、日記和歷代實錄文獻等。為秉持真實原則錄入，各類逸聞軼事不納入編撰範圍。

　　本譜主要包括年限、紀事、引文和按語四部分：

　　一、本譜採用年號紀年，並在括號中標註公元紀年時間。

　　二、本譜編撰以「日」為單位，以求詳盡概括彭玉麟生平經歷。本譜對當日之事進行簡要概括，以明體置於每段前，不作過多議論，細節內容引用相關原文相互佐證。

　　三、由於部分引文時間地點有缺漏，編者以按語（楷體）置於引文之後，對缺漏之處進行論證和補充。

　　四、本譜在引用文獻時，有所擷取，但在引用前都會寫明出處，以便讀者查閱。

　　對於引文的選取，一般情況下只保留核心內容，但由於彭玉麟一生參與戰事頗多，戰爭細節記錄也十分豐富，所以在對其戰事進行編排時，編者會引用較長篇幅的原文描述，以期能夠還原當時的恢弘情境。

　　本譜摘錄的引文，對於不明確或有錯誤缺漏之處，直接在原文疑錯字漏字旁直接加括號進行更正補充。

彭玉麟年譜

嘉慶二十一年（1816），一歲

十二月十四日夜，彭玉麟生於懷寧三橋鎮。

《衡西何隆彭氏族譜》卷二《王太夫人行狀》有：「先母王太夫人，浙江紹興山陰人。幼隨先外大父贈光祿維則公幕遊嶺表、江南。外大父歿於皖，即依外大母沈太夫人寄居於皖。性耽詩書，尤喜讀曹大家及古列女傳，事母篤孝。外大母鍾愛，擇配維嚴。年逾三十，歸先府君。時先府君為懷寧三橋鎮巡檢，母持己嚴，御下惠，處眾溫厚，官舍內外稱賢。越二載，生玉麟。維時十有二月，風雪嚴寒，產□日不下，兩日不食，舉家惶懼。十四夜半，氣奄□□在，須臾，倏大風有聲發窗外，門自闢，人撲燭滅。□暈絕而玉麟生。」

俞樾《彭剛直公神道碑文》有：「嘉慶二十一年，公生於梁園巡檢司署。」

王闓運《湘綺樓詩文集‧誥授光祿大夫太子少保兵部尚書詳勇巴圖魯世襲一等輕車都尉欽差巡視長江水師贈太子太保衡陽彭公年七十有五行狀》云：「公以嘉慶二十一年生於梁園鎮巡檢司署。」

按：據上述材料，可知關於彭玉麟出生地點說法有二：《王太夫人行狀》中記載的是「懷寧三橋鎮巡檢」，而俞樾、王闓運之文中為「梁園巡檢司署。然據《衡西何隆彭氏族譜》卷二《鶴皋府君行狀》云：「府君辭家，艱苦備嘗，十八載始選安徽懷寧三橋鎮巡檢，而任公適宰是邑。時府君年逾四十，猶未婚。任公與先外祖山陰王公維則有舊，為作合。先母始於歸焉。越二載，玉麟生。又五載，玉麒生。六年俸滿，奉委兩解京麻，入卓異班，歷加三級。道光元年，調廬州合肥梁園鎮巡檢。」可知，彭父至梁園巡檢司署任官時為道光元年，而

彭玉麟出生在嘉慶二十一年。玉麟出生之時，彭父仍在懷寧三橋鎮，還未到任梁園鎮巡檢司署。因此，彭玉麟出生之地當是彭父在懷寧三橋鎮巡檢任職期間，出生地點也應遵循《王太夫人行狀》中所記載的「懷寧三橋鎮巡檢」。

是年，曾國藩六歲。

黎庶昌編《曾國藩年譜》嘉慶十六年條曰：「公（曾國藩）生十月十一日亥時，時竟希公在堂，壽幾七十矣。」

黎庶昌編《曾國藩年譜》道光十四年條曰：「嘉慶二十一年，公（曾國藩）六歲。公（曾國藩）在家塾，以陳雁門先生為公問字師。」

是年，左宗棠五歲，入學。

羅正鈞《左宗棠年譜》嘉慶二十一年條曰：「公（左宗棠）五歲。春航先生是歲挈家遷居會城貢院東左氏祠，開館授徒。公（左宗棠）從二兄入學。」

嘉慶二十二年（1817），兩歲

正月十五日，李沅發生。

《新寧縣志·李沅發》有：「李沅發，水頭村（今水頭鄉）人，清嘉慶二十二年正月十五日生。」

嘉慶二十三年（1818），三歲

三月初七日，郭嵩燾生。

郭廷以編《郭嵩燾先生年譜》之清仁宗嘉慶二十三年戊寅條曰：「三月初七日，（郭嵩燾）生於湖南湘陰縣西本宅。」

五月十八日，李續賓生。

《湘軍人物年譜·李續賓年譜》嘉慶二十三年條曰：「五月十八日乙卯卯正，公（李續賓）生於湘鄉崇信都岩溪里第。」

十一月十九日，劉長佑生。

《湘軍人物年譜·劉長佑年譜》嘉慶二十三年條曰：「是年十一月十九日巳時，公（劉長佑）生於金城村宅。」

嘉慶二十四年（1819），四歲

是年四月，李鴻賓升漕運總督。

《清實錄·嘉慶朝實錄》有：「閏四月，壬辰（初一日）……以廣東巡撫李鴻賓為漕運總督。」

嘉慶二十五年（1820），五歲

正月初一日，李鴻藻生。

《李鴻藻年譜》嘉慶二十五年庚辰條曰：「正月初一日西時，（李鴻藻）生於廣西賀縣署中，時本生父遵軒公任賀縣知縣，年二十八歲；本生母姚太夫人二十七歲。」

道光元年（1821），六歲

是年，弟彭玉麒生。

《彭玉麟集・文集》中《鶴皋府君行狀》曰：「越二載，玉麟生。又五載，玉麒生。」

是年，俞樾生。

徐澄編《俞曲園先生年譜》之清宣宗道光元年辛巳條曰：「先生（俞樾）生。」

道光二年（1822），七歲

是年，李孟群中舉。

趙爾巽等撰《清史稿》卷四百：「李孟群，字鶴人，湖南光州人，父卿穀，道光二年舉人，四川長寧知縣，累擢湖北督糧道，署按察使。」

道光三年（1823），八歲

正月初五日，李鴻章生。

雷錄慶編《李鴻章年譜》之清宣宗道光三年癸未條曰：「正月初五日，鴻章生於安徽瀘州復合肥縣東鄉。」

六月初一日，丁日昌生。

孫淑彥《丁日昌先生年譜》之清宣宗道光三年癸未條曰：「夏六月初一日巳時，先生（丁日昌）生於廣東省豐順縣湯坑鄉金屋圍（今屬梅州市豐順縣）一亦農亦士之家。族名仁壽，名日昌，字雨生，又稱禹生。」

道光四年（1824），九歲

曾國荃生。

王定安編《曾忠襄公年譜》甲申道光四年條曰：「八月二十日，公（曾國荃）生。」

道光五年（1825），十歲

正月初九日，王鑫生。

《湘軍人物年譜·王鑫集》道光五年乙酉條曰：「正月初九日亥時，公（王鑫）生。」

道光六年（1826），十一歲

是年，曾國藩府試第七。

黎庶昌編《曾國藩年譜》道光六年條曰：「公十六歲。應長沙府試，取前列第七名。

道光七年（1827），十二歲

是年七月，父倏中風痰。

《衡西何隆彭氏族譜》卷二《鶴皋府君行狀》有：「府君體豐碩，以積勞久，七年七月倏中風痰。先母朝夕泣禱神前，百方調理，兩年始脫然若失。」

道光八年（1828），十三歲

九月，曾國葆生。

黎庶昌編《曾國藩年譜》道光八年條曰：「九月，公弟國葆生。」

道光九年（1829），十四歲

是年，父病愈。

《衡西何隆彭氏族譜》卷二《鶴皋府君行狀》有：「府君體豐碩，以積勞久，七年七月倏中風痰。先母朝夕泣禱神前，百方調理，兩年始脫然若失。」

道光十年（1830），十五歲

是年，在家讀書。

《衡西何隆彭氏族譜》卷二《王太夫人行狀》有：「玉麟泣血有忿言，母急攜玉麟手，痛絕復蘇，泣曰：汝宜自立，不可蓄他志以蹈非常之禍。吾苟忍不死者，為汝故，汝不遵吾言即不孝矣。維時，玉麟年十五，玉麒年十一，乞貸畢□□。母自是饘粥不繼，早夜督玉麟讀甚勤，一夕□□。母怒而泣曰：

吾不隨汝父地下者，冀汝兄弟成人，不枉我數千里別老母以歸也。今若此，吾復何望！玉麟惶懼長跪，請自今發憤不懈，母顏始霽。

本年秋，弟玉麒被族親欺，為此事作詩《傷遇》。

彭玉麟《傷遇》：「底事張羅逼鶺鴒，忍看原草慘青青。彌天驟雨摧花萼，驀地狂風起竹林。孤枕淚紅悲永夜，高堂髮白苦零星。書鐙自是無膏火，且把遺編對野螢。」

《衡西何隆彭氏族譜》卷二《王太夫人行狀》有：「是年秋，玉麒將易鹽於市，親黨伏禾中，突起擒而投之塘，水沒頸，遇梁姓救以歸。母憂懣，理論益無狀。族人眾怒，鳴之官，將追所侵蝕。母泣曰：不可，吾夫官雖微，曾坐堂皇斷民獄，今骨未冷，吾攜子跪堂下爭田廬，有何面目見吾夫於九京耶！倘吾兒不肖，雖得之終必棄之，徒取他人笑，吾不為也。親黨亦稍畏公憤，十分其田而歸其瘠者二，然心終銜之。乙未大旱，母以書數冊易升斗，和蒿茶作麋，日一食，得不死。」

按：據彭玉麟自注《傷遇》曰：「族之不仁者，謀予不獲，乘間擠幼弟於塘，遇救始免死。」又據《衡西何隆彭氏族譜》卷二《王太夫人行狀》：「是年秋，玉麒將易鹽於市，親黨伏禾中，突起擒而投之塘，水沒頸，遇梁姓救以歸。」可知，彭玉麟落水之事發生在本年。

道光十一年（1831），十六歲

是年冬，隨家人回籍，為祖母胡氏奔喪。

《衡西何隆彭氏族譜》卷二《鶴皋府君行狀》云：「十一年，奉委解京茶。先是己卯、辛巳、戊子，府君三當闈差，得卓異候升。上司因加派苦差，以為特薦地也。乃是歲冬出都途次，聞先大母訃，遂挈先母及玉麟、玉麒奔喪。」

按：《衡西何隆彭氏族譜》卷二《鶴皋府君行狀》云：「先世由江西遷衡州之衡陽，祖彩章、父啟象，俱修德積行，誥贈光祿大夫。祖妣梁氏、胡氏，母凌氏俱誥贈一品太夫人。」可知，其祖母為胡氏。

同年冬，入石鼓書院。後因家貧，投衡州協標營充司書，支月餉視馬兵。

《衡西何隆彭氏族譜》卷二《王太夫人行狀》有：「維時，玉麟年十五……次歲稍豐，親黨嗾無賴子踵門凌辱，玉麟、玉麒不敢出門戶，以為常。母呼玉

麟泣曰：此地不可久居，吾老矣，無能他去，汝兄弟曷入城避難。是年冬，玉麟辭母，肄業石鼓書院。玉麒亦習賈於外，以脫禍。母食粥，節米鹽以食。」

王闓運《湘綺樓詩文集·誥授光祿大夫太子少保兵部尚書詳勇巴圖魯世襲一等輕車都尉欽差巡視長江水師贈太子太保衡陽彭公年七十有五行狀》有：「公是時年十六，讀書已通文義，以母命遂入城，居石鼓從諸老生問經義，學詩習書。」

道光十二年（1832），十七歲

是年春，至衡陽，家徒壁立，鬻禮服始為先大母祭葬成禮。

《衡西何隆彭氏族譜》卷二《鶴皋府君行狀》有：「十二年春，至衡陽。家徒壁立，鬻禮服始為先大母祭葬成禮。」

是年，祖父彭啟象續修族譜。

彭玉麟《衡西河隆彭氏家廟記》：「及先大夫光祿公道光十二年丁內艱回籍，續修族譜，擬告竣倡修家廟，旋以捐館未遂厥志，迄今三十餘載。」

按：據《衡西何隆彭氏族譜》卷二《鶴皋府君行狀》云：「先世由江西遷衡州之衡陽，祖彩章、父啟象，俱修德積行，誥贈光祿大夫。祖妣梁氏、胡氏，母凌氏俱誥贈一品太夫人。」可知，彭玉麟祖父名為彭啟象。

是年作《道光辛卯丁大母艱由皖江別舅氏侍雙親初歸衡陽》《到衡陽喜作》二詩。

彭玉麟《道光辛卯丁大母艱由皖江別舅氏侍雙親初歸衡陽》詩曰：「上奉雙親別渭陽，縞衣難釋祖慈傷。兒時不識家何在，十七年才返故鄉。」

彭玉麟《到衡陽喜作》詩曰：「昔聞衡九面，今日到衡陽。樹繞湘流綠，雲開岳色蒼。弟兄慚二陸，父母喜雙康。風土初經歷，家鄉等異鄉。」

按：據俞樾《彭剛直公詩集》按：「此卷多公少作。公自幼境遇坎坷，故有愁草之名。天之將降大任，固如是乎？然亦附有晚年之作。原編如此，今仍之」，又查《衡西何隆彭氏族譜》卷二《鶴皋府君行狀》知：「十二年春，（彭玉麟）至衡陽。」據此可推此二詩作於道光十二年。」

本年，左宗棠中舉。

羅正鈞《左宗棠年譜》道光十二年壬辰條曰：「榜發，景喬先生領解首，公中式第十八名。」

道光十三年（1833），十八歲

三月，親黨有橫暴者，父彭鳴九發中痰舊疾。

《衡西何隆彭氏族譜》卷二《鶴皋府君行狀》有：「十三年春三月，親黨有橫暴者，府君傷其不仁，發中痰舊疾。」

三月十日，父彭鳴九病逝，時年六十有二也。

《衡西何隆彭氏族譜》卷二《鶴皋府君行狀》有：「十三年春三月……是月十日捐館舍，時年六十有二也。」

《衡西何隆彭氏族譜》卷二《王太夫人行狀》有：「癸巳三月，親黨來，先君語及，遂被詬詈。先君氣結，復中痰昏眩，不能治，是月十日棄養。」

十月十有二日，葬父於玉蓮山祖塋旁。

《衡西何隆彭氏族譜》卷二《鶴皋府君行狀》有：「十月十有二日，葬玉蓮山祖塋旁。」

道光十四年（1834），十九歲

曾國藩中舉人。

黎庶昌編《曾國藩年譜》道光十四年條曰：「是科領鄉薦，中式第三十六名舉人。」

道光十五年（1835），二十歲

是年，劉長佑歲試第二。

《湘軍人物年譜·劉長佑年譜》道光十五年乙未條曰：「公十八歲。仍從陳先生學。春，應歲試，列二等。學使為龔公維琳。」

道光十六年（1836），二十一歲

胡林翼中進士。

嚴樹森編《胡林翼年譜》道光十六年丙申條曰：「由金陵至京會試，房試為禮部員外郎滿洲宜公崇，總裁為內閣學士清苑王公植，工部侍郎山陰吳公傑，協辦大學士同州王公鼎，東閣大學士吳縣潘公世恩。中式第七十四名進士，殿試二甲第二十九名，朝考入選第九名，欽點翰林院庶吉士。」

道光十七年（1837），二十二歲

約是年，為避家難，拜別親人，又回石鼓書院，後遊學四方。作詩《避難》。

彭玉麟《避難》：「拜別慈親涕泗沱，一枝禿管任奔波。旁求願獻沖霄劍，外侮驚操入室戈。白粲囊空愁落寞，青雲梯遠怕蹉跎。弋人欲扼鵬飛路，石鼓山頭避網羅。」

《衡西何隆彭氏族譜》卷二《鶴臬府君行狀》有：「嗚呼痛哉！玉麟不孝之罪可勝數哉！府君之生也，玉麟時在齠齡，侍奉無狀；府君之歿也，玉麟遭家多難，罔極深恩，未能圖報萬一；府君之葬也，玉麟初則以養母奔走衣食，遊學四方，繼則投筆從戎，羈身軍旅，雖以不才謬當大任，未敢隕越貽府君羞。」

按：《衡西何隆彭氏族譜》卷二《鶴臬府君行狀》有「府君之葬也，玉麟初則以養母奔走衣食，遊學四方，繼則投筆從戎，羈身軍旅，雖以不才謬當大任，未敢隕越貽府君羞」之句，按清朝守喪三年之規推算，彭玉麟約從本年開始遊學。

同年八月初三日，張之洞生。

胡鈞編《張文襄公年譜》道光十七年丁酉條曰：「八月初三日，公生於貴州興義府官舍。」

本年，江忠源中舉。

趙爾巽等撰《清史稿》卷四百七 列傳第一百九十四條曰：「江忠源，字岷樵，湖南新寧人。道光十七年舉人。」

道光十八年（1838），二十三歲

正月，曾國藩中進士。

黎庶昌編《曾國藩年譜》道光十八年條曰：「公（曾國藩）二十八歲。正月入都門，寓內城西登埠堂。本科會試，欽派大總裁大學士穆彰阿公及朱公士彥、吳公文熔，廖公鴻荃。公中式第三十八名進士，房考官季公芝昌。」

五月，曾國藩升翰林院庶吉士。

黎庶昌編《曾國藩年譜》道光十八年條曰：「五月初二日引見，（曾國藩）改翰林院庶吉士。」

道光十九年（1839），二十四歲

十一月初一日，曾國藩之子曾紀澤生。

黎庶昌編《曾國藩年譜》道光十九年條曰：「十一月初二日，子紀澤生。」

道光二十年（1840），二十五歲

六月，英國滋扰浙江。

《清實錄・道光朝實錄》道光二十年六月條曰：「咭唎夷船駛至浙江定海縣洋面，登岸滋事。著余步雲即酌帶弁兵，星夜馳赴該處，剿辦夷匪。將此由四百里諭令知之。」

道光二十一年（1841），二十六歲

是年，英兵大肆入侵，我軍不敵。

《清實錄・道光朝實錄》道光二十一年六月條曰：「夷大肆猖獗，攻破橫檔炮台，其餘虎門各台亦俱失守。」

道光二十二年（1842），二十七歲

是年，被衡州知府高人鑒（鑑）賞識，使入署讀書。

《衡西何隆彭氏族譜》卷二《王太夫人行狀》有：「玉麟後得上課稟餼，母乃獲飽食。玉麟旋受知於郡太守高螺舟先生，得列學官弟子，獲館穀，借償積負，母心稍慰矣。」

王闓運《湘綺樓詩文集》中《誥授光祿大夫太子少保兵部尚書詳勇巴圖魯世襲一等輕車都尉欽差巡視長江水師贈太子太保衡陽彭公年七十有五行狀》有：「衡州知府高人鑒，以鑒裁自許。一日詣協鎮，適公送文書稿未及收，協鎮入內具衣冠，知府視幾下有文字，取視之，問何人所草。對曰：「營書彭某也。」知府曰：「此字體奇秀，當大貴，且有功名。」即召至客坐見之，益大喜。語之曰：『可時入吾署中。』遂執贄為弟子。知府親課之如嚴師，繩摘疵謬不少假借，然評語輒獎借，每有他日柱石名臣之譽。及當府試，眾以為必弟乃置弟十。越日，縣令告之曰：「太守以子名位未可量，不欲其速化也。」學院試竸黜。

按：彭玉麟《王太夫人行狀》和王闓運《誥授光祿大夫太子少保兵部尚書詳勇巴圖魯世襲一等輕車都尉欽差巡視長江水師贈太子太保衡陽彭公年七十有五行狀》二文中對高人鑒與彭玉麟相見時間記載不詳。唯有國立故宮博物院

圖書文獻處清代宮中檔奏摺及軍機處檔摺件 405011996 號記錄高人鑒於道光二十二年任衡州府知府。據此推斷高人鑒在衡州初見彭玉麟約為此年。

道光二十三年（1843），二十八歲

是年，始隸諸生之籍。後被學使陳壇賞識，取附學生員，入衡州協標。

王闓運《湘綺樓詩文集》中《誥授光祿大夫太子少保兵部尚書詳勇巴圖魯世襲一等輕車都尉欽差巡視長江水師贈太子太保衡陽彭公年七十有五行狀》有：「衡州知府高人鑒，以鑒裁自許……明年，學使陳壇取附學生員，賞其文，目為國士，而公名字大聞於郡縣。協將令為子師，即臨桂麻維緒，後以鄉舉官湖南知縣，有才名者也。」

道光二十四年（1844），二十九歲

十二月初七日，曾國藩轉補翰林院侍讀。

黎庶昌編《曾國藩年譜》道光二十四年條曰：「十二月初七日，上御門，（曾國藩）轉補翰林院侍讀。」

道光二十五年（1845），三十歲

五月初二日，曾國藩升授詹事府右春坊右庶子。

黎庶昌編《曾國藩年譜》道光二十五年條曰：「五月初二日，上御門，公（曾國藩）升授詹事府右春坊右庶子。」

道光二十六年（1846），三十一歲

正月十五日辰時，子彭永釗生。

《彭玉麟·文集》中《皇清誥授奉直大夫員外郎銜刑部主事彭君諱永釗字寄生墓誌銘（光緒四年）》曰：「詎永釗途次感風寒，歸就醫藥弗瘳，於今年二月二十七日未時病終江東岸草廬，距生於道光二十六年正月十五日辰時，得年三十有三歲。嗚呼慟哉！」

道光二十七年（1847），三十二歲

李孟群中進士。

趙爾巽等撰《清史稿》卷四百曰：「孟群，道光二十七年進士，廣西即用知縣。」

李宗羲中進士。

蔡冠洛編《清代七百名人傳》李宗羲條曰：「李宗羲，字禹亭，四川開縣人，道光二十七年進士。」

是年，李沅發參與農民起義。

《新寧縣志·李沅發》有：「道光二十七年，沅發參加雷再浩領導的農民起義，並任『鐵板』」。

道光二十八年（1848），三十三歲

二月十四日，曾紀鴻生。

黎庶昌編《曾國藩年譜》道光二十八年條曰：「二月二十四日，於紀鴻生。漢陽劉公傳瑩移病歸籍，公為文以送之。」

七月，曾國荃補廩膳生。

《湘軍人物年譜·曾國荃年譜》道光二十八年條曰：「七月，公科試一等，補廩膳生。」

道光二十九年（1849），三十四歲

五月，李沅發起義，經湖南、廣西等地。

《新寧縣志·李沅發》有：「道光二十九年五月，縣境暴雨成災，穀價昂貴，縣署既不勸諭減價，又不開倉平糶，秋後紳更重利盤剝。沅發見民怨沸騰，以「劫富濟貧」相號召，創立「把子會」，回應者眾，連縣中胥皂隸亦有參加者。又集雷再浩餘部聯合廣西「天地會」，擬揭竿而起，共同反清。代理知縣刀恩探知，捕會眾兩名。李見事發，與骨幹謝有興等商議即起義……李將隊伍分設五營，各營首領稱大哥，李被尊為總大哥。營中樹「劫濟貧」大旗，官紳驚恐，拔貢劉長佑、廩生劉坤一，趕赴郡府請兵鎮壓，郡守令其火速回縣督辦練。十月十七日，團練鄉勇雲集圍城，義軍嚴密防守，相持20餘天。提督英俊、道臺楊炳堃1800人增援。官軍、鄉勇在劉家井及城西南等處掘地道、置地雷，轟塌城垣多處，城內百姓義軍運土石修復。日久糧盡，十一月二十九日，義軍只得雨夜撤出縣城，奔赴羅迷峒。十二日，都司張心銘、守備熊釗、經歷劉炳南率官軍、鄉勇追至八角亭，義軍反擊，擊斃熊釗、劉炳南及兵勇數百。義軍沿途劫富濟貧，百姓踴躍參加。廣西貓兒山、五排等地會眾趕來會合，隊任大到3000多人。復設立十行，委派軍師、先鋒等官，

眾推李沅發為王爺。義軍入廣西全州，安靈川至永福復轉湖南城步，返新寧，被官軍所阻，再轉廣西。」

道光三十年（1850），三十五歲

二月，隨衡州協兵追擊李沅發。渡湖南靖州神灘、過黃罷嶺、路至藕團、貴州黎平牙屯堡，又於下溫敗義軍。作《神灘晚渡》《過黃罷嶺》《軍中漫興》《牙屯堡軍夜》。

彭玉麟《神灘晚渡》：「道阻神灘湍急流，一鞭細雨又呼舟。綠楊渡口嘶征馬，煙水茫茫無限愁。」

彭玉麟《過黃罷嶺》：「路劈蠶叢鳥道斜，馬蹄躑躅踏山花。千軍士都消渴，汲得清泉喜當茶。」

彭玉麟《軍中漫興》：「將軍蠭掃大王風，帳下貔貅膽氣雄。撼起楚天金鼓震，劈開粵嶂羽書通。」

彭玉麟《軍次藕團馬路口戰場（靖州屬）》：「霏霏陰雨鼓聲衰，天地為愁草木悲。碧血滿山空戰壘，黃沙撲面暗征旗。煙消灰燼人無屋，月冷風寒鬼護屍。不識阿誰喪家犬，空餘瘦骨守荒基。」

彭玉麟《牙屯堡軍夜》：「堠火橫燒烈焰紅，敵人四面路皆通。心驚習斗連宵擊，腰繫椰瓢屢日空。野灶煙炊苗婦筍，營門月冷武侯松，我軍屯駐古營基，夜深巡視三軍睡，頭枕征鞍手挽弓。」

按：據《彭剛直公詩集‧從征草》《神灘晚渡》自注：「靖州道上。」《軍中漫興》曰：「撼起楚天金鼓震，劈開粵嶂羽書通。黔雲昏擾征塵黑，瘴雨腥流戰血紅。」《牙屯堡軍夜》自注：「貴州省黎平府屬。」《下溫敗賊，即就其墨屯軍》有：「營棚一夜蕭蕭雨，濕透征袍二月綿。」以及《過黃罷嶺》《軍次藕團馬路口戰場》題目中的「黃罷嶺」「藕團」對應《清代檔案史料叢編》第二輯《鄭祖琛等奏官兵得獲勝仗並添調兵勇協剿折》的地點：「道光三十年二月二十五日……臣等查楚通道地方，及靖州所屬之偶團等處，與黔省黎平府屬之四鄉所相接，而與懷遠相通，水口為黔粵交界扼要之區。」以及《清代檔案史料叢編》第二輯《喬用遷奏遵旨添調官兵紳勇堵剿義軍摺》的地點：「道光三十年三月初一日……臣查該賊匪自空洞翻山竄逸，現由下溫、大斗、小斗翻過摩天嶺，地當三省交界之處，路徑紛岐。」可知彭玉麟二月隨軍到達靖州神灘、過黃罷嶺、路至藕團、貴州黎平牙屯堡、下溫等地。

四月二十三日，至金峰嶺與起義軍作戰。李沅發被擒後作《大破金峰嶺，生擒首逆李元發》。

彭玉麟《大破金峰嶺 生擒首逆李元發》有：「飛來將令肅於霜，萬疊青峰繞戰場。狡兔滿山看亂竄，妖狐無地得潛藏。六韜胸運陰符策，七尺腰橫寶劍光。滅盡攙槍始朝食，書生從此卸戎裝。」

王闓運《湘綺樓詩文集・誥授光祿大夫太子少保兵部尚書詳勇巴圖魯世襲一等輕車都尉欽差巡視長江水師贈太子太保衡陽彭公年七十有五行狀》有：「道光末，新寧愚民李沅發為亡命傜民所脅稱亂，破城步，戕官。大發兵捕討，征衡州協標，公荷槍徒步從行。營中尊書識為稿公」，協將見之，呼曰：『彭公何不騎？』對曰：『方往殺賊，安敢自逸？』協將悚然，言於谷總兵。軍中事往往詢之。」

《清代檔案史料叢編》第二輯《裕泰等奏官兵生擒義軍首領李沅發情形折（道光三十年四月二十六日）》有：「湖廣總督臣裕泰、廣西巡撫臣鄭祖琛、溺南提督臣向榮跪奏，為逆匪疊次敗衄，復由粵楚邊界竄回新寧金峰嶺山內，負險抗拒經官兵設法圍剿，連次大獲勝仗，生擒首逆，殲除匪黨，地方一律肅清，現在安撫居民，分別凱撤，恭折由驛馳奏，仰慰聖懷事……至二十三日卯時，天始晴明，嶺霧頓斂，即飭派署永州鎮總兵・衡州協副將谷韞瓃帶兵由左路進攻，常德協副將孫應照帶兵由右路進攻，靖州協副將博春帶兵由前路進攻，鎮算游擊李英、傅振邦、綏靖游擊韓世禧等帶兵在於後路巡防，前已革提督英俊、已革總兵雙德、已革鹽法道楊炳堃各督壯勇，協同官兵分路進剿。臣向榮親督宜章營參將積拉明阿、千總陳明志等，由中路直上山頂。該匪等猶復倚恃地險，施放槍炮，滾木插石紛紛擲下我兵一鼓作氣直由深茅陡石之間距踴登山，齊聲吶喊，得以近抵嶺巔，槍炮兼施，刀矛並舉，自卯至未，計殲斃賊匪二百餘人，生擒大小頭目羅登爵等五十八名，滾岩跌斃者不計其數奪獲槍炮刀矛器械二百數十餘件，弁兵內亦間有傷亡。首逆李沅發帶傷由後山滾落崖澗，恰值鄉勇在彼駐紮，隨會合後路巡防官兵，立將該逆生擒，並將山頂廟宇焚毀，地方一律肅清。」

按：彭玉麟自註《大破金峰嶺，生擒首逆李元發》曰：「予每於文案之暇，亦逐隊殺賊。」可知彭玉麟親歷了李沅發被擒之事，又據《裕泰等奏官兵生擒義軍首領李沅發情形折》可知，李沅發於本年四月二十三日在金峰嶺被擒。王

閨運《湘綺樓詩文集》中《誥授光祿大夫太子少保兵部尚書詳勇巴圖魯世襲一等輕車都尉欽差巡視長江水師贈太子太保衡陽彭公年七十有五行狀》記載了公發協標兵捕討李沅發之事。因此推斷本日彭玉麟應在金峰嶺作戰。且戰後又作詩紀念此事。

是年，拔補臨武營外委，被賞戴藍翎，辭拒，歸衡陽。作詩《敘功以藍翎訓導列薦章愧學淺年輕不敢為人師力辭即以自勵》。

彭玉麟《敘功以藍翎訓導列薦章愧學淺年輕不敢為人師力辭即以自勵》：「生來毛羽不曾豐，敢望高飛到上穹論者謂以酬輕故辭，豈知我者也。學淺未能施化雨，才疏尚賴坐春風。功名自信匡衡薄，世路誰云阮籍窮。留得英雄真面目，再勤王事建奇功有勸就訓導，以救貧者。」

王閨運《湘綺樓詩文集》中《誥授光祿大夫太子少保兵部尚書詳勇巴圖魯世襲一等輕車都尉欽差巡視長江水師贈太子太保衡陽彭公年七十有五行狀》有：「復從戰金峰嶺，寇散走，禽李沅發。上功，總督見銜名列生員，以為武生，特拔補臨武營外委，賞藍翎。鎮將欲為聲敘，更請保獎訓導。公辭以「年幼學淺，不堪人師。且效力有日，凱旋侍母，為幸多矣！」遂還衡陽。」

按：彭玉麟《敘功以藍翎訓導列薦章愧學淺年輕不敢為人師力辭即以自勵》提到賞戴藍翎之事，後王閨運《湘綺樓詩文集》中《誥授光祿大夫太子少保兵部尚書詳勇巴圖魯世襲一等輕車都尉欽差巡視長江水師贈太子太保衡陽彭公年七十有五行狀》記載公辭歸衡陽。

是年，回耒陽，打理朋友典鋪，所獲錢財用以救濟百姓。

王閨運《湘綺樓詩文集》中《誥授光祿大夫太子少保兵部尚書詳勇巴圖魯世襲一等輕車都尉欽差巡視長江水師贈太子太保衡陽彭公年七十有五行狀》有：「清泉楊江子春，有典鋪在耒陽，值歲荒亂，商旅不能自保，請公往經理。至則散錢振饑貧，貸困厄，不責其券息。費緡錢千數，不待請報。眾以告子春。子春曰：『錢已用，可復還耶？』送不復問。其後郴、桂陷寇，耒陽土寇蠢動，日夜思劫掠。然過典鋪門，輒曰：『此嘗施惠吾輩，不可掠也。』以此競從容收貲本，還報主家。論者謂公一貧生，為人司出納，視其財若已有，放散無所顧慮；子春最謹於財，當其時，未必知後當收其報，而無幾微吝惜之意，絕不問其出入，皆可謂豪傑人也。公在耒陽，見坊市無賴聚積，多謀不逞，知必亂。陰條列奸宄渠魁數十名，請縣密捕，縣令不能用。渠黨頗有知者，謀伺其出，窘辱之。公在營，稍習拳棒。恒縛行纏，中置鐵尺，以二健兒護前後。一日，

遇少年摩肩過，排之不動，反推少年顛數步外。又嘗詣縣門，無賴呼噪從之，僅而脫去。」

咸豐元年（1851），三十六歲

是年，江忠源赴湖南剿賊。

《湘軍人物年譜・曾國荃年譜》辛亥咸豐元年條曰：「是年，廣西軍事日棘，督師賽尚阿召新寧舉人江忠源赴大營。忠源募楚勇五百助剿，是為湖南湘勇出境剿賊之始。」

咸豐二年（1852），三十七歲

是年春，因補博士弟子員，又為人司質庫，在外不能歸家。

《衡西何隆彭氏族譜》卷二《王太夫人行狀》有：「無何粵逆倡亂，咸豐壬子春，破黃沙河，陷東安，圍攻永州，衡人盡遷徙。時玉麟受主人托，不能歸，賴有養女適方氏者侍母側，家人稱曰『方姑』，相從流離轉徙者數月。賊攻永不下，既舍去，衡郡稍安。母偕方姑歸，驚魂甫定，而賊後勁。」

《左文襄公集》文集卷三《彭母王太夫人傳》記：「侍郎年甫十五，銳思報之。太夫人泣謂：『兒當志其遠大，母速禍自危。事無左證，不得直也。』所親又伺玉麟過市，擠墮深池，遇救僅免。於是彭氏之黨益忿，謀訟諸官，返所匿貲產，太夫人謝之：『兒幸不死。吾不欲以爭產故攜之赴官求理；兒如不肖，雖訟得之，終為人有耳。』所親知事不可揜，諾還瘠田十之二。然心猶不慊，輒藉故相陵轢。太夫人不之校，歲祲採野菜作食，語兩子移家郡治避之。侍郎補博士弟子員，學行重一時，以奇貧為人司質庫耒陽。」

按：彭玉麟《王太夫人行狀》中提及本年春，因主人之托未能歸家，未說明具體緣由。查左宗棠《彭母王太夫人傳》中有「侍郎補博士弟子員，學行重一時，以奇貧為人司質庫耒陽，」可知，應是由於學行和為人司質庫而未能歸家。

七月，仍居耒陽南關外理質庫。後粵寇犯長沙，才辭歸衡陽。

《衡西何隆彭氏族譜》卷二《王太夫人行狀》有：「咸豐壬子春……七月，由道州犯郴、桂，突至耒陽，近城二十里許，烽火四逼。玉麟所理質庫居南關外，鉅資數十萬。土匪蜂起，耽耽環伺，衡人復遷徙。母偕方姑相依為命，發咯血舊症，寒熱大作，臥於床，猶自諱其病，手書戒玉麟：不可輕動，古

人受千金托，死且不苟，汝豈可輕棄以虧信義，當死守之。吾病賴方姑侍奉
無？，勿我念。玉麟卒讀飲泣，惟母命是遵。月餘，□□□赴長沙，耒陽獲
安。母復來書云：方姑侍吾□□□解扣已月餘，勞苦過度，今臥病，聞耒陽
賊退，喜汝不負信義，可歸視吾病也。書半為母手筆，參差不成行，後則口
授，方姑代書。」

《左文襄公集》文集卷三《彭母王太夫人傳》有：「咸豐二年，粵寇入湘，
耒陽一日數警，人多遷避。太夫人病中貽書侍郎：『受人重寄，無虧信義。苟
免也，必謹局鑰待主者。』寇旋由郴、桂犯長沙，耒陽免，侍郎始辭歸衡陽。」

八月二十四日，母王氏逝，年六十有七。

《衡西何隆彭氏族譜》卷二《王太夫人行狀》有：「先母王太夫人，浙江
紹興山陰人。幼隨先外大父贈光祿維則公幕遊嶺表、江南。」

《衡西何隆彭氏族譜》卷二《王太夫人行狀》有：「咸豐壬子春……玉麟
知母病深，星夜歸郡，親侍藥餌，僅數日，吾母竟於八月二十四日卯時棄不孝
而長逝矣。嗚呼痛哉！母當疾革時，呼方姑理髮，換衷衣。玉麟扶坐，母曰：
汝平生好以血性用事，宜有怨莫報，受恩莫忘，滿招損，謙受益，汝好自為之，
勿墮先人緒。復指方姑顧玉麟曰：汝妹孤苦零丁，以吾病受勞累，汝當體吾意，
善視之。語畢遂絕，享壽六十有七。」

十月初四日，葬母於衡郡北關外七里井甌架山。

《衡西何隆彭氏族譜》卷二《王太夫人行狀》有：「咸豐壬子春……以是
年十月初四日權葬衡郡北關外七里井甌架山。」

《彭玉麟集·文集》中《甌架山金盆托墓圖記》有：「右先姊王太夫人墓，
在衡州府北關外七里井甌架山。初，先考光祿公葬玉蓮山，乃合祖塋，無隙地
可祔。而先外王母沈太夫人子？亡，先姊迎養，卒葬此山。先姊常謂玉麟曰：
「吾歿，既不獲祔吾夫，當依吾母也。汝可廣購其地。」既而外王母養女竹仙，
性溫惠，知詩書，幼育於外王母，孝養如女，先姊待之如妹，字姚氏，以產難
亡，歸葬外王母側。先姊曰：「吾異日祔吾母葬，吾子孫春秋時祀，必及吾母，
吾妹亦得祔吾母，以享吾子孫之祀，是吾所以報吾妹孝養吾母之德也。」玉麟
既購此地葬外王母，因遵先姊命，復購廣其地以葬吾母焉。外王父字維則，贈
光祿大夫，浙之山陰王氏。外王母贈一品夫人，博學能文，青年守苦節，壽八
十有六，以無疾終。而吾舅氏竟無嗣。悲夫，因圖墓附記顛末於後，使吾子孫
世世勿忘先太夫人之遺訓也。」

是年，太平軍入湖南。率舟師圍攻湘潭，受槍傷。克後下岳州。

《楊岳斌集》卷首《閩浙總督查明生平事蹟疏》有：「咸豐二年，粵逆竄湘陰，以守城功升宜章營千總。時湖南北多為賊踞，前侍郎曾國藩在籍團練，奏調管帶水師右營，與塔齊布、彭玉麟率舟師圍攻湘潭。槍傷左臂、左肋、右骸，裹創鏖戰八日，十捷克之，遂下岳州，進奪城陵磯。」

是年，與楊載福同謀戰事，共克湖南太平軍。

《楊岳斌集》卷首《神道碑》有：「皇清誥授光祿大夫太子太保陝甘總督世襲一等輕車都尉楊勇愨公神道碑銘……咸豐二年，粵寇犯湖南，趨湘陰，長官以出防為名，先期避他所。公率營兵，登陴捍禦，城賴以完。曾文正公國藩治水軍衡州，聞公能，檄至營，令與彭剛直公玉麟佐其弟貞幹軍事。時公擢宜章千總。彭，諸生也。貞幹請於曾公曰：是二君者，吾觀其部分諸事，皆大將才，非從人俯仰者也。於是，曾公益知公果賢，令將水軍右營，而彭公將左營。金陵踞賊上犯，陷湘潭，公與彭公以水軍八百人，會陸軍進攻，被數傷，戰益奮，連勝，復湘潭。曾公帥水軍會陸軍東下，公為前鋒，敗賊雷公湖，復岳州。賊至，再破之。手刺殺偽丞相汪得勝，追至道林磯，又大敗之。賊聯艅上犯，水軍統將戰沒，特命公管帶各船。自城陵磯擊賊，抵陸溪口，盡平賊壘，窮搜港汊。至黃蓋湖，受傷墜水，躍入他舟，大呼突陣，賊盡披靡。肅清內湖，以達金口，遂克武昌、漢陽，乘勝復沿江郡縣。賊踞田家鎮半壁山，橫鐵鎖江中，護以舟筏。曾公定策毀鎖，公令曰：吾焚其在前之船，則後者遠竄，若窮追數十里，自下游延燒而上，賊可殲也。及鎖斷，賊舟四散，公率所部疾駛三十里，至武穴，東南風大作，公回棹縱火，四千餘舟一時俱燼，陸軍亦盡破岸賊。捷聞，上以公勤勦最著，溫旨嘉獎。公積勞嘔血，請假回籍，而曾公水軍挫於九江，其半陷入湖口。曾公赴江西整理，彭公等留將江上。於是，水軍有外江、內湖之分。」

是年，子永釧就傅清泉馬司馬振勤家。

《彭玉麟·文集》中《皇清誥授奉直大夫員外郎銜刑部主事彭君諱永釧字寄生墓誌銘（光緒四年）》曰：「永釧生而循謹，鄒氏拙於鞠育，先姊王太夫人提攜保抱，跬步不離。至七歲時，太夫人棄養，永釧就傅清泉馬司馬振勤家。司馬飲食教誨，視猶己子。」

《彭玉麟·文集》中《皇清誥授奉直大夫員外郎銜刑部主事彭君諱永釧字寄生墓誌銘（光緒四年）》曰：「詎永釧途次感風寒，歸就醫藥弗瘳，於今年二

月二十七日未時病終江東岸草廬，距生於道光二十六年正月十五日辰時，得年三十有三歲。」

按：彭玉麟作《皇清誥授奉直大夫員外郎銜刑部主事彭君諱永釗字寄生墓誌銘》中提到兒子彭永釗生於道光二十六年，以此推算，其七歲時，應為咸豐二年。

咸豐三年（1853），三十八歲

是年秋，聽曾國藩言，入湘軍曾國葆陸營。

《衡西何隆彭氏族譜》卷二《王太夫人行狀》有：「癸丑秋七月，今相國湘鄉曾公於吾衡興水師，為收復金陵計，再四檄召。玉麟墨絰從戎，謬領水軍十有三載，屢創不死。今也仰承天威，金陵克復，迭沐殊寵，由諸生累官至安徽巡撫、兵部侍郎、太子少保，世襲一等輕車都尉。吾母荷覃恩，累贈一品太夫人。兒子永釗，少時賴吾母保□□育，今為二品蔭生。感激高厚之恩，與天無極。傷吾母未及親見，追念先德，涕零何已。謹敬述梗概，留示後世子孫。」

王闓運《湘綺樓詩文集》中《誥授光祿大夫太子少保兵部尚書詳勇巴圖魯世襲一等輕車都尉欽差巡視長江水師贈太子太保衡陽彭公年七十有五行狀》有：「是時曾文正以侍郎治兵衡、湘，博求奇士。衡陽常豫儀安薦公有膽略，可倚任。因勸公謁文正。公時居母喪未逾年，意不欲出。文正亦居母喪，遣謂曰：『鄉里藉藉，父子且不相保，能長守丘墓乎？』公感奮，遂入軍，檄佐曾國葆陸營。自此三十八年，諸將帥或官或罷，或先亡逝，唯公旦夕軍中，未嘗一日息，亦未嘗一日官也。」

九月，在衡州，經曾國葆力薦，獨領一軍，與楊載福各募水勇一營，始治水師。

《湘軍記》卷二《湖南防禦篇》記：「咸豐二年……三年正月……九月，江西匪犯興寧，廣東匪犯宜章、儲玟躬、周鳳山擊走之時，國藩在衡州募練水師，衡陽廩生彭玉麐故有名，國藩一見器之；乾州楊載福任湘陰外委，調至營，並令佐國葆；國葆力薦二人之才，當獨領一軍，乃檄各募水勇一營，彭、楊治水師自此始。」

十一月二十六日，與褚汝航、楊載福、羅澤南等分領快蟹、長龍、舢板諸艦，隨曾國藩由衡湘水陸夾江而下，追擊太平軍。

《平定粵匪紀略》卷二咸豐三年條曰：「十一月，金陵逆遣江西敗退之，

賊援揚州……揚城賊眾於十一月二十六日夜全股突出,與賴漢英等同由東南竄赴瓜州。琦大臣據實奏參奉。旨將馮景尼於軍前,正法師長鑛、張翊國遣戍琦大臣竝帶兵,各大員均革職,雷營効力。曾侍郎水師發衡州。侍郎督軍衡州,念賊擾長江非水師莫能制其死命,遂建三省會剿,議治戰艦於衡湘。時承平日久,人不知兵,水師尤觔舉,相顧愕眙,侍郎銳意規畫,咨商兩粵購備礮位廣西勞,巡撫崇光選派知府褚汝航、知縣夏鑾以梧州巡防兵勇護礮赴湘,設衡州、湘潭兩局製造礮船。侍郎精思詣微,尺寸皆有架度,所治有拖罟,快蟹、長龍舢板諸船極水戰之妙,咨留。護礮之陽江、碣石等鎮標兵隨同褚汝航所帶廣勇,分配各船為之。董率共募水勇四千人,分前、後、左、右、中正副,為十營每營配快蟹、長龍船各四舢板倍之,以褚汝航、夏鑾領中營。今陝甘總督楊岳斌,原名載福,今兵部侍郎彭玉麟及褚殿元等分領左、右各營,派湖南撫標參將塔齊布與訓導羅澤南守備周鳳山,楊名聲、文生、曾國葆等募領陸勇,亦十營侍郎親自統率,發衡州水陸夾江而下。」

　　按:《平定粵匪紀略》卷二咸豐三年條文中「侍郎」即彭玉麟。

十二月,由衡湘水陸夾江而下,太平軍退踞瓜州。

　　《軍興本末紀略》卷一有:「(咸豐三年)十一月二十三日,天津賊傾巢而出,副都統佟鑑天津縣謝子澄陣亡。賊由三汊河進撲,馮景尼、師長鑛張翊國兵勇潰散。十一月二十六日,逆全股突出,與賴漢英各逆由東路竄赴瓜州,琦善遂收復揚州府,奏糸馮景尼,奉旨軍前正法。師長鑛張翊國遣戍曾大臣國藩建三省會剿,議治戰船於衡、湘,有拖罟、快蟹、長龍、舢板諸艦,募水勇四千,分前後左右中,正副為十營,每營快蟹、長龍各四舢板倍之,以褚汝航、楊岳斌(原名載福)、彭玉麟、羅澤南、等分領,以曾國葆等領陸路十營,曾大臣親自督率,由衡湘水陸夾江而下。十二月,鎮揚瓜儀四處之賊退踞瓜州。」

咸豐四年(1854),三十九歲

　　約二月十四日,與褚汝航、諸殿元、楊載福分帶水師八百,齊赴湘陰截剿太平軍。

　　《曾國藩全集‧奏稿》中《逆匪上竄靖港寧鄉截剿獲勝摺(咸豐四年二月二十三日)》有:「初八日接據探報,該逆已乘風直過洞庭湖,於初六日下午竄入湘陰縣城,該縣文武不知下落。又續據探報,賊船已抵靖港、喬口一帶,船約數千餘號等情……儲玫躬率勇冒雪先行,十三日行抵寧鄉南門橋……又據

探報，竄赴寧鄉等處賊匪，因連次被剿，業已連夜竄回賊船，逃赴靖港，開船下竄。並據王鑫稟報，該逆已全數下竄喬口等處，現約曾國葆進剿等情……並飭委廣西委員褚汝航、守備諸殿元、千總楊載福、文生彭玉麟分帶水師八百名，配齊船炮，順流跟追，防其回竄。」

三月，與楊載福等率水軍往援湘潭。

《左文襄公集》文集卷一《銅官感舊圖序》曰：「咸豐四年三月，金陵賊分黨復犯長沙，先踞長沙城北七十里之靖江，憑水結寨，步賊循岸而南，潛襲上游湘潭縣城。縣城繁富，市鱗比，賈舶環集，賊速至據之。文正聞賊趨湘潭，令署長沙協副將忠武塔齊布公等率陸軍，楊千總岳斌、彭秀才玉麟等率水軍往援。偵賊悉銳攻湘潭，靖江守寨之賊非多，遂親率存營水陸各營擊之。戰事失利，公麾從者它往，投湘自溺。隨行標兵三人急持公，叱其去，不釋手。」

三月二十五日，與曾國藩於大校場（今湖南長沙古校場）閱武。

《曾國藩全集·日記》咸豐四年三月廿五日條曰：「早飯後，雪琴來，同去大校場閱武。余閱四十二人，取二十九人；彭閱四十九人，取二十九人。午初二刻回署，與雪琴共定高下畢。中飯後，雪琴久談始去。」

三月二十九日，帶水勇抵湘潭剿太平軍。

《駱文忠公奏稿》卷一《靖港擊賊互有勝負湘潭大捷克復縣城摺（咸豐四年四月十二日會前禮部右侍郎曾國藩銜）》有：「委員褚汝航，候選知縣夏鑾，千總楊載福，附生彭玉麟、鄒世琦等，於（三月）二十九日管帶水勇戰船，甫抵湘潭，賊匪已擄上游民船數百號，順流而下。」

四月初一日辰刻，同夏鑾、楊載福等火燒太平軍船，獲勝。戌刻收隊。

《駱文忠公奏稿》卷一《靖港擊賊互有勝負湘潭大捷克復縣城摺（咸豐四年四月十二日會前禮部右侍郎曾國藩銜）》有：「四月初一日辰刻，褚汝航等督率各營水師，分隊進剿，長龍在前三板左右斜出，載礮轟擊，夏鑾、彭玉麟、楊載福各選派勁勇飛駕快蟹，直撲賊船，賊匪開礮還擊，火彈、火箭齊發，煙燄迷漫，兵賊莫辨，該營官等，飭令各勇，挽柁速據上風，施放火具，各隊分左右翼，飛駛繼進，礮斃紅衣賊目十數名，火器飛入賊船，遇船即著，頃刻延燒，逆賊情急跳上小船，輒被兵勇擒斬，生擒長髮賊共一百二十餘名，奪獲大小船六十餘號，旂幟、號衣、黃巾、黃馬褂、槍礮、刀矛、火藥、鉛子、偽書、名冊等件無算，戌刻，始行收隊。是日，陸路之賊仍在

北城外，高豎木城四座；塔齊布、周鳳山督帶兵勇，三路進剿，李輔朝帶楚勇在後接應，逆渠因連次敗北，盡選長髮老賊，居先分三路迎敵，塔齊布督率兵勇，奮迅向前，身先士卒，誓不與賊俱生，兵勇感激思奮，併力鏖戰，往來衝突，殺斃長髮老賊約數百人，黃巾、紅衣狼籍道路被倡，溺斃者無算，後隊兵勇乘機拋擲火器，燒燬賊踞房屋，斃賊亦無算，生擒長髮老賊六十餘人，賊遂退至城根，兵勇三路合隊，盡銳衝殺，斃賊數百，焚燒木城四座，望樓一座，奪獲二百斤大礮，三尊擡礮，擡槍、旂幟、刀矛數百餘件；此又初一日，水陸大獲勝仗之實在情形也。」

四月初二日自辰至酉，與楊載福親坐小艇督戰，燒湘潭太平軍船，大勝。

《駱文忠公奏稿》卷一《靖港擊賊互有勝負湘潭大捷克復縣城摺（咸豐四年四月十二日會前禮部右侍郎曾國藩銜）》有：「初二日辰刻，褚汝航等親率快蟹，擂鼓督戰……營官彭玉麟、楊載福親坐三板小艇，往來督戰，礮聲如雷，湘波鼎沸，楊載福身受槍傷，尚復指揮鏖戰，自辰至酉，燒燬賊船三百餘號，燒斃紅衣長髮逆賊三百餘名，生擒長髮賊匪十三名，短髮賊匪四十餘名，著船之火延燒岸上，街市房屋百里外，遙見火光燭天，岸上之賊燒斃者，實亦無數，可紀奪獲旂、幟器械無算，潭城賊船僅賸文昌閣上三十餘隻餘，悉燒燬淨盡；此初二日，水師大獲勝仗之實在情形也。」

四月初四日，同楊載福追剿太平軍。午刻，行抵下攝司，火燒對方船隻。自卯至未，燒太平軍船大小七百隻，斃多名太平軍。

《駱文忠公奏稿》卷一《靖港擊賊互有勝負湘潭大捷克復縣城摺（咸豐四年四月十二日會前禮部右侍郎曾國藩銜）》有：「初三日，塔齊布在潭城窰灣地方，高豎望樓，知逆賊散處，潭城總市，將由水路逃竄，知會水師迅速兜剿……彭玉麟商同楊載福即於初四日卯刻，督率兩營戰船跟幫緊追。午刻，行抵下攝司，賊船檣帆林立，彭玉麟楊載福分坐快蟹一隻三板，一隻先進，賊開槍礮抵拒，水勇開放大礮轟，斃賊匪百數十人，賊船四處散駛，彭玉麟、楊載福乘勢急進，遇船即燒，船上馬匹及所擄財物極多，彭玉麟、楊載福令眾勇毋許上船擄取，專意射火焚船；是時，北風甚勁，順風縱火，遇船即著，自卯至未，燒賊船大小七百隻，長髮、短髮逐浪漂流，紅衣、黃巾隨波上下，其中船戶水手難以分別，搭救岸赭水溫，同歸浩劫，事雖慘而功則奇，水戰火攻，未有痛快如此者；當燒船緊急時，逆匪棄甲拋衣，登岸折回潭城，管帶楚勇委員江忠淑，

偵知商同署湘潭縣知縣劉建德，覓熟識本處，路徑已選，安徽從九王炳元、六品軍功武生黃德，均帶楚勇數十，悄伏潭城西北角，俟賊駕梯出入時，即奪梯直上，楚勇嚴陣以待，寅刻，果見逆賊由西門緣梯而下，伏勇將賊眾斫斃，奪梯而上，登城大呼，官兵上城，逆賊不辨我兵，多少倉卒緣城竄逸，該勇即將城門洞開，江忠淑帶勇直入縣城；塔齊布督帶兵勇繼至分門搜剿，當斃長髮、短髮二百餘名，生擒長髮六十餘名，內一賊腰牌上寫，春分副侍衛書士汪秉義，安徽人，一偽司馬王玉春、一偽司馬馮大貴，皆廣西人，一頭戴貼金雙龍大紗帽，身穿黃緞馬褂，下穿紅緞繡龍骸褲，背負令旂，自稱五軍統領大元帥羅，口音似廣東人，問其名堅不吐，實桀驁萬狀，當即斬決；其日，又搜獲身穿黃馬褂，長髮老賊十三人，以追賊在即，未及起解，槩予駢誅，將該逆衣服剝下呈驗，奪獲大小黃旂一百零一面，大礮三尊，戰鼓三面，擡槍五十四杆，鳥槍六十九杆，馬騾三十五匹，黃龍金帽二頂，火藥六桶，鉛子四桶，紅衣、黃巾、刀矛、器械無數；此初四日，水師追剿大獲勝仗，及初五日卯刻，克復城池之實在情形也。」

四月二十三日，因湘潭大捷受賞。著以知縣歸部，遇缺即選。

《駱文忠公奏稿》卷一《靖港擊賊互有勝負湘潭大捷克復縣城摺（咸豐四年四月十二日會前禮部右侍郎曾國藩銜）》有：咸豐四年，四月二十三日，內閣奉上諭……六品軍功附生彭玉麟，著以知縣歸部，遇缺即選。」

六月十三日，與楊載福等帶水師自省河頭幫起行，進泊鹿角，截堵太平軍。

《曾國藩全集·奏稿》卷三《水師克復岳州南省已無賊蹤摺（咸豐四年七月十一日）》有：「奏為水師克復岳州，越日大股續至，復被水師痛剿，全數殲滅，南省已無賊蹤，恭折馳奏，仰祈聖鑒事。竊逆賊自復踞岳州，分股竄越西湖，攻陷龍陽，分陷常澧。嗣聞官軍大至，即於六月初五六等日，駕駛船隻，退守岳州東南門外，添築土城、木城二十餘座。新牆對河及閣鎮市等處，四路設卡，拆毀橋梁，為負嵎久抗之計。臣等念賊舟累萬盈千，非舟師莫能制其死命。即飭水師後營兼管務處道銜、山西即補府褚汝航，副後營升用同知夏鑾，左營即選知縣彭玉麟，右營即補守備楊載福，各帶水勇，合以先鋒、嚮導等船，共計二千人，於十三日自省河頭幫起行，進泊鹿角，遏賊上竄之路。時提臣塔齊布陸營駐紮新牆，分兵援常澧一帶。」

六月二十八日，伏舟於君山雷公湖，焚太平軍船。

《平定粵匪紀略》卷三咸豐四年條曰：「六月二十八日，湘勇水師營官道員褚汝航等率各營進剿，知縣彭玉麟、都司楊載福伏舟於君山雷公湖，遣文生何南青以疑兵誘賊出戰，伏兵盡起，攔腰併擊，賊始宵遁，我兵七月初一日入岳州府城。」

六月二十九日夜，埋伏君山南岸，與褚汝航、楊載福合力圍剿太平軍。

《曾國藩全集·奏稿》卷三《水師克復岳州南省已無賊蹤摺（咸豐四年七月十一日）》有：「（六月）二十九夜，分五隊進兵。彭玉麟埋伏君山南岸，楊載福埋伏雷公湖上游，夏鑾及先鋒營由艑山直趨南津港，褚汝航隨後策應。又派何南青在新牆河口多張旂幟，作為疑兵。午刻，夏鑾等舟行距港不遠，該逆出拒。我軍開礮一週，轉柁佯敗。該逆不敢出追。我軍轉頭開礮，彼此相持，突遣三板數隻斜趨入港，賊遂蜂擁而出。三板又復佯卻，逆舟左右攻圍。忽楊載福雷公湖伏兵先起，抄賊之尾；彭玉麟、君山伏兵繼起，攔賊之腰。褚汝航坐船亦到，併力合攻，擊沉賊舟數隻。中有大頭目身穿黃馬褂，手執黃旗，被我軍轟斃落水。匪船登時淆亂，狂竄下游，自相碰擊。我軍嚴鼓進追，燬沉賊船百餘號，轟斃、溺斃賊匪約二百餘名，生擒六十二名。奪獲賊船大小三十四隻，鐵礮十二位，銅礮一位，抬鎗四十桿，馬二十二匹，旗幟偽書無算。是夜，各營暫泊君山東岸南津港，賊舟宵遁。」

七月初三日，領船繞雷公湖抄尾太平軍，終獲勝。

《曾國藩全集·奏稿》卷三《水師克復岳州南省已無賊蹤摺（咸豐四年七月十一日）》有：「奏為水師克復岳州……初三日卯刻，賊果蜂擁而來。我軍分五隊迎敵。先令嚮導官何南青、先鋒蘇勝等誘敵，褚汝航率夏鑾由中路迎敵。彭玉麟領各船仍由左邊繞湖之西遙抄其尾，楊載福領各船仍由右邊沿湖之東斜擊其腰。該匪船駛過城陵磯，即遇嚮導官小船，意甚輕之。何南青繞湖佯走，逆船尾追。我先鋒艇邊出，褚汝航、夏鑾催各船齊進，鎗礮兼施，趁北風稍逆，『之』字斜行，穿梭開礮，擊折該匪頭船之舵，該匪紛紛落水，其船遂為我得。各勇爭握籐牌跳船，立斬賊首。復有大釣鉤船，上坐戴紫金冠穿黃馬褂黃傘龍旗之賊目，我軍攢礮齊擊，各弁勇必欲得而甘心。該匪脫袍撲水，登時泅沒。彭玉麟由湖西抄尾而來，正遇大釣鉤賊船數雙，扣篷迎敵。彭玉麟親點大礮，群子散落，中賊十餘人，賊船即時紛亂。復拋擲火罐，

中賊之火藥船，大煙突起，迷漫半湖。哨官把總孫昌國爭先跳入賊船，被賊還擲火包，身受重傷。左營各戰士不稍退怯，反冒火衝煙，奮力追殺。殲斃偽丞相一名，生擒三十五名。楊載福身坐三板艇，由湖東沿岸斜行，捷如飛鳥。初無礮聲，及近賊船，舉旗一招，眾礮齊響，斃賊十餘名。內有船插黃旂、身披黃袍之賊，執兵護衛者十餘人，招手相向。楊載福憤甚，手挺長矛，催船前進，登時刺殺，餘匪全行撲水，逆船遂為所獲。楊載福微傷左臂，轉戰不休。事後查得黃袍之匪為汪得勝，偽官丞相者也。該匪三路皆敗，自相仇殺，狂竄下游。褚汝航出入於濃煙巨浪之中，往來策應，督令大隊進追。由城陵磯、螺山、白螺磯等處，直追至臨湘縣對河，距岳州七十五里。時日已西沉，始行鳴金收隊。……彭玉麟呈繳大小礮十七位，馬十四匹，大小黃旗六十餘面，紅黃號馬褂六十餘件，火箭一捆，龍袍二件，偽丞相大黃龍虎旗六面，子藥八桶，抬鎗刀矛百餘件。」

七月初六日，行至道林磯，與太平軍鏖戰，勝負未分。冒險衝入對方船中放火箭，得勝。時頸後及左手右骹三處受傷。

《曾國藩全集·奏稿》卷三《水師疊獲大勝將犯岳賊船全數殲滅折（咸豐四年七月十六日）》有：「初六日卯刻，該營官等會議，以北風甚勁，與其坐待賊至，不若迎其未至而擊之。遂令左營彭玉麟、右營楊載福、前敵副後營夏鑾、先鋒營蘇勝等二隊策應，營務處褚汝航自領本營督陣。未刻，行至道林磯，遙見逆舟蜂擁而來。……時日將西墜，北風大作，下游賊艘仍復魚貫而上，計停泊者、續來者約賊舟五六百號。而我軍船僅七十餘號，離南津港老營已逾六十里之遙，士卒竟日未食……彭玉麟見五綵畫龍三桅船，知係賊目，冒險衝入。該匪攢礮轟擊，兼放火箭，彭玉麟頸後及左手右骹三處受傷。哨官秦國長中礮陣亡。彭玉麟猶裹創力進，竟奪其船。船中搜得龍袍、龍帽，上繡金字偽銜，鋪陳華麗，金碧煥煌，乃偽北王韋正之兄之座船，賊中稱為國宗兄。臣國藩前經密奏者也。時褚汝航麾旗督戰，攔腰截擊，復遇畫龍巨艦，遂作擒賊擒王之計，急起直追，鎗礮環擊。該匪勢不能支，上岸狂竄，落水者無數，其船遂為所獲，並獲偽印一顆，查係偽承宣林姓座船，其裝飾與韋逆之船相等。夏鑾率哨官歐陽春往來衝擊，鎗斃偽十三檢點黎振輝。該逆向眇一目，屢次上犯湖南，匪黨敗竄之時，該逆猶持刀督戰，竟被殲旃。後營哨官守備羅管全、把總呂鎮，往來夾擊，轟斃偽丞相曾姓，奪獲偽印一顆。時各營奮力合攻，上岸之賊如蟻緣牆，撲水之賊如鳧逐浪，餘皆自投烈燄，燒燬無遺。」

七月十一日，曾國藩為其請加知州銜，請賞戴花翎。

《曾國藩全集・奏稿》卷三《水師克復岳州南省已無賊蹤折（咸豐四年七月十一日）》有：「即選知縣彭玉麟，忠勇性生，氣吞凶逆，奮不顧身，應請加知州銜，並賞戴花翎。」

七月十六日，登州鎮，聲援陳輝龍，水師失利，與楊載福無恙。

《曾國藩全集・奏稿》卷三《水師失利陸軍獲勝折（咸豐四年七月二十一日）》有：「十六日辰刻，陳輝龍自坐拖罟，督率所部前行。褚汝航夏鑾分坐戰船繼進。李孟群尚未到岳，其前隊廣勇先到者，亦隨陳輝龍會剿。左營彭玉麟、右營楊載福，均酌撥長龍三板，藉作聲援。時風色尚平靜，行至城陵磯，正遇該逆出隊上犯。該鎮道等排陣合攻，鎗礮齊發，轟斃賊匪數十名，燒燬賊船數隻。賊即下竄，游擊沙鎮邦礮船乘勝跟追。陳輝龍見風勢愈大，即插旗收隊。因恐沙游擊頭船有失，又復督催拖罟趕往救護。船身重大，膠淺於旋渦激流之中。該逆見拖罟膠淺，即時蜂擁而來；旋湖港伏船亦出，並潛由西岸邐迤而上。復有逆賊數百人，在岸上護縴夾攻。廣東弁兵之船與廣西何越斑等之船，均奔往救護，又被風橫吹而下，互相擁擠，鎗礮難施。當被賊船擁近，兵勇陷入重圍，不能進退，被賊戕斃多名，餘皆鳧水逃生。陳輝龍、沙鎮邦均即陣亡。褚汝航等見陳輝龍危急，義不獨生，馳往拚救。無如賊勢益眾，我軍勢不能支，褚汝航手刃數賊，夏鑾與賊交鋒，均被重創，落水殉難。廣東署千總何若澧，廣西帶勇候選府經唐嶸，一同遇害。維時提臣陸營雖出隊至城陵磯，因隔港不能飛越，無從救授。各戰船有冒死突回者，賴前營及左右二營以三板艇斷賊尾追；行至城陵磯，又得陸營接應，始獲保全。計陳輝龍一營船礮盡失；褚汝航夏鑾二營失去快蟹四隻、三板六隻；李孟群一營失去快蟹四隻、波山艇一隻、長龍二隻、三板四隻。惟彭玉麟、楊載福完全無恙。此十六日水師失利之實在情形也。」

同日，曾國藩為其請加賞免選知縣，以同知歸部選用。

《曾國藩全集・奏稿》卷三《水師疊獲大勝將犯岳賊船全數殲滅折（咸豐四年七月十六日）》有：「初六日……是日，自未至戌，鏖戰數時之久。晚間，仍在螺山對岸紮營。約計燒船四百餘號，其得脫者僅數十號耳。……左營即選知縣彭玉麟，裹創陷陣，誓不與賊俱生。前次已保同知銜，並請賞戴花翎，此次應請免選知縣，以同知歸部選用。」

是月，回省養傷，暫解營務，由蕭捷三暫代署理。

《曾國藩全集‧奏稿》卷三《岳州水陸官軍四獲勝仗折（咸豐四年閏七月初三日）》有：「奏為岳州水陸官軍四獲勝仗……二十九日分數大股來撲我軍，先燒附近民房……臣國藩以陸軍大戰，賊勢全注陸路，其水路必甚空虛。密飭各水軍乘隙進剿，右營楊載福為前鋒。時左營彭玉麟養傷回省，暫解營務，因飛調湘陰汛千總題補永綏營守備蕭捷三來營署理。」

八月二十二日，與李孟群等分途克復漢陽。

《平定粵匪紀略》卷三咸豐四年條曰：「八月……十一日，大軍自螺山下剿，先飭楊載福、俞晟前察形勢，賊即率船上犯……二十二日進攻，一如上日之猛，諸士卒無不以一當百，血肉雨飛。凡大戰兩日，焚盡上下賊船，武漢城外，無一戰壘。賊於四更後開門逃竄，塔提督遇於油坊嶺，剿殺無算。李孟群、蕭捷三、彭玉麟、俞晟各分途由文昌、漢陽、望山等門而入，漢陽一城亦經楊昌泗攻入，兩城克復。午未之間耳，餘賊四散潰竄，楊總督飭黃州府知府許賡藻等帶團追剿，收復黃州府城，對江之武昌縣，亦經知縣白潤，糾約紳團收復。四川按察使胡林翼調湖北按察使，至楚辦賊。」

九月初七日，與楊載福前往蘄州等處清剿太平軍。

《曾國藩全集‧奏稿》中《統籌三路進兵折（九月初七日）》有：「竊自武漢克復後，襄河以內賊船焚剿殆盡，江、漢一律蕭清，急應乘勝進剿……臣等現與兼署督臣楊霈商定三路進兵：南路由臣塔齊布率湖南兵勇進攻興國、大冶等處；北路由署督臣派令固原提臣桂明等率各營兵勇進攻蘄州、廣濟等處；水師由江路直下，楊載福、彭玉麟率前幫先發，臣國藩督同李孟群等率後幫繼進。俟抵黃州時，與陸路北軍一會；抵田家鎮、富池口時，與陸路南軍一會。北軍行至廣濟，將人皖境，再與署督臣商定行止。南軍則須剿辦九江後，乃能渡江而北，以圖疾搗安慶，規復省會。」

《曾國藩全集‧家書》致諸弟（咸豐四年九月十三日）條曰：「初七日奏三路進兵之折。其日酉刻，楊載福、彭玉麟等率水師六十餘船前往下游剿賊。」

九月十八日，與楊載福等會商，於蘄州等候，截剿太平軍。

《曾國藩全集‧奏稿》卷四《陸軍克興國大冶水師蘄州獲勝折（咸豐四年九月二十七日）》有：「奏為陸軍分途大捷，克復興國、大冶兩城，水師在蘄州大獲勝仗……十八日，探聞蘄州賊黨窺我水軍深入，距兩岸陸營在三四百里外，希圖乘隙來撲。我水師升用參將楊載福、候選同知彭玉麟等會商定計，與

其待賊至而迎敵，不若及其未至而擊之。遂於十九日督同千總秦國祿等，各帶長龍三板，自蒜花壕出隊，行抵蘄州對岸。」

九月十九日，抵蘄州，火燒太平軍戰船。

《霆軍紀略》卷一甲寅咸豐四年條曰：「九月……十九日，楊公及彭公玉麟督同各營抵蘄州東岸，賊出船百餘隻，迎敵。鮑公同各哨奮勇轟擊，賊船不支，即行下竄。我軍以一半追赴下游趨至骨牌磯，先後燒賊船三十餘隻，斃匪無數，以一半攻擊，未開之船自午至酉酣戰數時，將賊船六十餘隻燒盡轟斃。逆黨甚多，因北岸陸師未到，州城未能即，復收隊回營時已五更。計各營奪獲旗幟、鎗礮共數百件，而鮑公所獲視各哨獨多。時各營分紮漳源口之兩岸，與蘄州賊船相距二十餘里。」

九月二十九日辰刻，湘軍小挫，前往釣魚台營救。

《曾國藩全集·奏稿》卷四《陸軍踏破半壁山賊營水師續獲大勝折（咸豐四年十月初七日）》有：「奏為陸軍踏破半壁山賊營，水師續獲大勝……水軍自十九日戰勝後，分紮漳源口之兩岸，與蘄州賊船相距二十餘里。二十九日辰刻，澄海營營官白人虎、定湘營營官段瑩器駕戰船十餘號往下游巡哨。風平水潡，忽近蘄城。該逆猝出船百餘號圍擊，澄海營被燒船一號，被擊破一號，我軍小挫，一面迎敵，一面轉柂回營。該逆見官軍卻退，遂乘東風大作，飽帆來追。凡尾追十餘里，乘勢上犯，直近老營。左營彭玉麟、右營楊載福親往救應，中營秦國祿、清江營俞晟、嚮導營孫昌國，各率快蟹、長龍等大船盡出，逆風開鎗，排轟而下。哨官任星元、李陞元、鮑超等傍南岸而行，衝至蘄州以下之釣魚台，先包賊尾，然後逆擊而上，將賊船裹入中段。該逆先乘順風上犯，倉猝不能退轉，又見官軍上下圍抄，遂紛紛棄船登岸。我軍自上而下者，攢礮以轟登岸之賊；自下而上者，縱火焚釣魚台之賊船。是日上犯之船，悉數焚奪，無得脫者。」

十月初八日，進駐骨牌磯。與蕭捷三等順攻蘄州太平軍船。

《曾國藩全集·奏稿》卷四《陸軍奪半壁山斫斷鐵鎖水師繞出賊前折（咸豐四年十月十四日）》有：「奏為南路陸軍大捷，斃賊約萬餘人，斫斷江中鐵鎖水師繞出賊前，屢獲勝仗……初八日，左營彭玉麟、後營蕭捷三等，因移營之便，順攻蘄州之賊船，轟礮數千，賊尸徧地，逆船堅伏不出，惟岸上土城之礮與船上之礮，兩層環擊，與我相持。官軍受傷亦多，哨官蕭世祥中礮殞命。鏖戰之際，釣魚臺下有逆船數十號開竄，我軍分船追剿，拋擲火彈，

燒燬賊船二十餘號，奪獲二號。乘勝追下，遂進紮骨牌磯，衝過賊營之下十五里。」

《湖南襃忠錄初稿》有《寇事述一》有：「初八日，同知彭玉麟進駐骨牌磯，賊夜遁。玉麟與蕭捷三等因移營順攻蘄州賊船，斃賊數千，遂駐紮骨牌磯。」

十月十二日，隨營進擊見峰觜，與楊載福等密登南岸，至臣塔齊布及羅澤南營內共商突破之策。

《曾國藩全集·奏稿》卷四《官軍攻破田家鎮燒盡逆船收復蘄州折（咸豐四年十月二十一日）》有：「奏為官軍大破田家鎮賊防，燒燬賊船四千餘號，田家鎮及蘄州兩處之賊悉數潰竄……我軍戰船自初九日進紮蘄州之下，十二日遂進紮見峰觜，去田家鎮僅九里。右營參將楊載福、左營同知彭玉麟等密登南岸，至臣塔齊布及羅澤南營內共商大舉破賊之策。楊載福、彭玉麟歸船傳知各營官、哨官曰：『明日破賊當分戰船為四隊：第一隊專管斬斷鐵鎖，凡炭鑪、鐵翦、大椎、大斧之類皆備；第二隊專管攻賊礮船，與之對相轟擊；第三隊俟鐵鎖開後，直追下游，大燒賊船；第四隊堅守老營，以防賊船冒死上犯。』」

十月十三日，同楊載福破田家鎮，復蘄州。辰刻，自見峰嘴循南岸下，疾趨半壁山前，焚太平軍船。

《曾國藩全集·奏稿》卷四《官軍攻破田家鎮燒盡逆船收復蘄州折（咸豐四年十月二十一日）》有：「十三日辰刻，戰船出隊。臣塔齊布督同羅澤南、周鳳山等率陸軍六千人，排列江之南岸，以助水師之聲威。該逆自牛肝磯礮台以下直至吳王廟，盡銳抗拒，千礮環轟，子落如雨。我水師第一隊哨官劉國斌、萬瑞書等，循南岸急槳而下，一礮不發，徑赴半壁山下鐵鎖之前。賊以礮船開近救護，我軍第二隊環圍擊之，燒其快蟹船二號，該逆不敢復護鐵鎖。劉國斌等椎斷船上之鐵碼，船即自鎖下抽出，哨官孫昌凱繼以洪鑪、大斧、且鎔且椎，須臾鎖斷，各三板飛槳駛下。該逆見官軍衝過鐵鎖，驚顧失色，即時旍靡眾亂。簰上放礮之賊，已駕小划而遁；下游賊舟，倉皇揚帆下竄。我軍三板追及，縱火焚之。楊載福等先夕與各哨官議曰：『先燒在上者，則在下者開竄遠矣。不如窮追數十里，從下游延燒而上。』至是，各哨船梭穿於千百賊船之中，迅如飛鳥，礮聲雷動。申酉之際，追至三十餘里之武穴地方，乃縱火大燒，煙燄蔽天。仰託皇上威福，蒼穹默佑是時東南風大作，賊舟不能下行，紛紛撲水，號

哭浮沉，昏憒無知，或反攀戰船求救，輒被官軍刺斃；或緣登賊舟，賊亦抽刀斫之，不能相顧。其悍賊開駕下竄，或被勁風吹還，撞近南岸，陸路之軍又從而縱火，焚燼其火藥大船最多，往往衝入重霄，碎板亂飛。當水軍衝過鐵鎖之時，臣塔齊布即督飭陸軍從半壁山飛馳而下，呼聲震天，與戰船礮聲相應。將近富池口賊營二三里，該逆並不抵敵，出營大潰。尚有二三百人逃竄不及者，全數追逐落水。陸軍與水勇爭前刺殺，縱火燒其營盤。自半壁山以至富池口，中間沙洲數里。」

是日（十月十三日）夜，又克復田家鎮。

《曾國藩全集‧奏稿》卷四《官軍攻破田家鎮燒盡逆船收復蘄州折（咸豐四年十月二十一日）》有：「彭玉麟恐船隻太多，爭奪貽誤，又恐眾勇飽則思颺遂。將奪回之船一並焚之。臣等一軍，陸路殺賊之多，無過初四半壁山之戰；水路燒船之多，無有過於是日者。該逆舟楫被燼，無巢可歸，無糧可食，無子藥可用，遂於十三夜四更自焚營壘而遁。此水師大破田家鎮賊防之實在情形也。」

十月十九日，追剿太平軍至九江，沿途焚船百餘號。

《曾國藩全集‧奏稿》卷四《水師前隊已抵九江片（咸豐四年十月二十一日）》有：「正封折間，接據稟報，水師前隊彭玉麟等十九日已追賊至九江，沿途續焚賊船百餘號，九江城外已無賊艖，城內賊亦無多。惟十三夜逃出賊戰船八號，尚泊九江之北岸。其田鎮、蘄州之賊概由北岸竄至黃梅孔壠驛一帶。臣塔齊布於二十日率羅澤南等渡江至田鎮，巡北岸而下，擬至九江對岸，與水師一會，再行相機剿辦。理合附片奏聞。謹奏。」

十月二十一日，曾國藩為其請賞，記名以知府用，並賞加勇號。

《曾國藩全集‧奏稿》卷四《官軍攻破田家鎮燒盡逆船收復蘄州折（咸豐四年十月二十一日）》有：「彭玉麟將奪獲之船燒盡，禁貪息爭紀律尤嚴，應請記名以知府用，並賞加勇號。」

十月二十九日，上諭賞記名以知府用，給詳勇巴圖魯名號。

《文宗顯皇帝實錄》卷之一百四十九咸豐四年十月二十九日條曰：「以攻破湖北田家鎮賊巢。賞副將楊載福、總兵銜。道員羅澤南、按察使銜。同知彭玉麟、巴圖魯名號。游擊普承堯、守備劉培元、花翎。外委洪定陞、藍翎。」

十一月初一日，與劉培元、蕭捷三等迎戰太平軍，親督水師圍攻，收近九江江北岸。

《曾國藩全集·奏稿》卷五《水師小勝並陳近日剿辦情形摺（咸豐四年十一月十一日）》有：「十一月初一日，該逆用小划數十隻及快蟹等船水陸並進前來撲營。左營彭玉麟、副左營劉培元、後營蕭捷三暨孫昌國、段瑩器等出隊迎敵，李孟群駕長龍隨後督陣。該逆甚為洶湧，兩岸賊巢並木簰、大船，三面礮子密如驟雨；復以小划往來江中，欲圖抄襲。彭玉麟等督勇圍攻，轟斃賊匪無數，其小划敗退下竄，其戰船亦收近北岸，與陸賊營壘相依護。各哨官銳意欲奪其快蟹，焚其木簰，鏖戰三時，卒不能奪。該逆兩岸礮台、簰上木城攢礮相迎，各營弁勇被群子中傷多人，彭玉麟座船被礮傷者三名，因鳴金收隊回營。」

十一月初二日，李孟群、彭玉麟等追剿九江太平軍。

《曾國藩全集·奏稿》中《附錄明喻 全楚肅清速圖安慶》有：「初二日，即將黃梅縣城克復。楚北境地一律肅清。其九江賊匪，亦經李孟群、彭玉麟等會同夾攻，漸次剿洗。」

十一月十四日，肅清潯江。卯刻，進攻小池口。後又追至新港。

《曾國藩全集·奏稿》卷五《官軍濯港大捷潯郡江面肅清摺（咸豐四年十一月二十一日）》有：「奏為官軍在濯港大捷，旋即攻破孔壠驛、小池口，賊營夜遁；水師焚燬簰船，潯郡江面肅清，現在進扼湖口……臣國藩以孔壠既破，小池口之賊必不能支，即飛飭水師進擊。升用道李孟群、候選知府彭玉麟等於十四日卯刻進攻，而小池口陸賊已於十三夜全數奔竄矣。餘賊爭駕小划南渡，我軍急起直追。賊划駛近南岸，岸上賊開礮護之。中營都司秦國祿、嚮導營守備孫昌國等，衝煙進擊，賊眾紛紛墮水，擊沉賊划七八隻。傍岸賊船恐被包裹，開竄下游，我軍追擊，轟燒數號。見北岸洲尾大木簰一座，賊船十餘隻，遂回柁北攻。簰上賊鎗礮齊施，我軍冒死前進，船上之賊先逃，轟斃溺斃者約近百名。哨官史久立、劉瑞麟等截擊下游賊船，使不得搶護木簰，用火彈百餘，乘風擲去，立刻燔盡，餘船皆燬，復延燒洲上賊營一座。遂縱火徧燒小池口陸路賊營，煙燄蔽空。彭玉麟乘勝追至新港，又見大木簰一座，賊船數十隻，即揮旗圍擊。南岸賊礮子如雨。各哨船雷轟而前，斃黃旗賊目一名，賊遂披靡，簰上賊亦登划奔竄。彭玉麟躍入賊簰，奪獲大礮十三位。尚有二千斤大礮不能移動，遂縱火焚簰。岸上賊癡立毒罵，不能救護。此十四日水軍焚燒船簰、肅清潯江之實在情形也。」

十一月十五日，直下湖口。至扁擔夾洲、鄱湖匯江之所，獲勝。

《曾國藩全集·奏稿》卷五《官軍灘港大捷潯郡江面肅清折（咸豐四年十一月二十一日）》有：「十五日臣塔齊布亦至小池口，水陸會合。該逆於西門出數百人，向江心施放鎗礮。李孟群飭前營廣勇二百餘人，上岸追殺，各戰船復轟礮助之，賊始奔潰。廣勇連擲火毬，燒燬龍開河木城一座。彭玉麟、蕭捷三、秦國祿、劉培元、俞晟等，遂率大隊，是日直下湖口。至扁擔夾洲邊，見有賊船大小四十餘號，分途圍擊，悉數燒燬，並燒賊草棚二座。追及鄱湖匯江之所，逆船悉泊湖口縣城下，有木簰三座，戰船數十號，民船近千號，搶去江西之戰船、礮位，亦均攔截內河。見我軍驟至，遂將民船數十號開出下竄，我軍從中截擊，燒燬二十餘號，賊皆撲水。內有大紅船三號，輜重山積，概予燒訖。名營遂分泊口內，並口外之梅家洲、八里江等處，緊扼要隘。此十五日水師獲勝，進紮湖口之實在情形也。」

十一月二十日夜二更後，率水師圍剿九江。

《曾國藩全集·奏稿》卷五《水陸屢勝圍偪潯城摺（咸豐四年十二月初三日）》有：「（十一月）二十日夜二更後，風順水流，忽見上游火光衝天，礮聲雷動。該逆用小船百餘號，或二三隻一聯，或五隻一聯，堆積柴草，實以硝藥，灌以膏油，分十餘起縱火下放，礮船隨之。兩岸出隊千餘人，呼聲鼎沸，兼放火箭、火毬。時彭玉麟、孫昌國兩營之泊內河者，早經準備屹然不動。李孟群、蕭捷三、劉培元、俞晟等各駕三板迎擊。秦國祿、段瑩器、洪定陞等繼進，撥開火路，將已然之船用篙桿撐入中流，向空瀦下。我戰船反迎火光而上，向岸賊開礮放箭之處併力攢擊，斃賊無數。且攻且追，追至木簰之側，忽又擁出火船數起，火藥不時轟發。我軍不為驚擾，反疾趨而進，燒賊礮船十五六號，賊黨紛紛墮水，隨火船同付東流。當賊放火舟之時，天陰月黑。三更後，月明如晝，該逆油葦之船與我軍焚賊之船，火光照耀，秋豪畢現。賊黨計窮。四更收隊。我軍一無所傷。此二十夜破賊火船百餘號之實在情形也。」

十二月初六日，與劉培元、孫昌國攻湖口，血戰四時。

《曾國藩全集·奏稿》卷五《潯城逆黨兩次撲營均經擊敗摺（咸豐四年十二月十四日）》有：「奏為潯城逆黨兩次撲營，均經擊敗；官軍分剿湖口，兩戰皆捷，水師夾擊焚賊簰船，現仍併力攻剿……初六日，聞陸軍一至，即出隊夾攻。彭玉麟、劉培元、孫昌國之紮口內者，先抵木簰之下，前營李孟群、後營蕭捷三及秦國祿、俞晟、段瑩器、洪定陞等，均從外江進口，攢礮環攻。賊簰

環以木城，中立望樓，亦設鎗礮，計簰上與船中望樓與兩岸賊礮四發，群子噴落。我軍每傷一人，則拖入船艙，進擊如故。又傷，則又入艙，又進如故，終無一船退縮者。將其鐵鎖、篾纜立時斫斷。哨官劉國斌一礮轟中簰上藥箱，巨煙轟發，響若山頹。簰已燃燒過半。而未燒之一面，賊仍開礮不絕。尤可異者，望樓之賊屹立不動，直待全簰火滿，望樓傾倒，始自投烈燄，或沒身以緣簰底，良久乃自他處旋波以出，其狠忍如此。我軍四旁長圍，人持一矛，專刺鳧逃之賊。簰上賊二百五六十名，同歸一爐，無漏網者。簰後賊船，時猶負固轟拒。我軍分一枝抄出，立燒大戰船六隻，民船二十餘隻。賊之登岸者，被李孟群親兵截殺十餘名。羅澤南之陸勇擊殺亦眾，且放火助燒簰船，水陸相輔。是日，血戰四時之久，燒斃、溺斃、殲斃之賊四百餘名，奪獲大礮十餘位，生擒一百一十三名，內有偽將軍梁國安、偽總制熊長易、偽司馬許學受、偽總制熊廷詔、陳經綸，皆簰上賊目。凶悍聚殲，全軍為之一快。此初六日水師攻破木簰賊卡之實在情形也。」

十二月初十日，與孫昌國、蕭捷三等攻梅花洲。

《曾國藩全集·奏稿》卷五《水師三次獲勝兩次敗挫摺（咸豐四年十二月三十日）》有：「初十日，胡林翼、羅澤南等銳意欲攻破梅家洲賊壘，負布袋囊土，人持火包，一擁而前，衝突於賊礮攢簇之間……水師自初六日攻破賊簰後，該逆連夜將大船鑿沉江心，實以砂石，僅西岸留一隘口，攔以篾纜。初十日陸軍攻壘之時，約水師同攻此卡。彭玉麟、孫昌國、蕭捷三等督三板各船，斬纜衝入，焚其戰船三十餘號，民船三百餘號，斃賊約數百名。我軍受其隘口三面之礮，傷亡亦數十人。」

十二月十二日，率水師衝入江心，肅清太平軍船隻。是日，水師陷入內湖。

《曾國藩全集·奏稿》卷五《水師三次獲勝兩次敗挫摺（咸豐四年十二月三十日）》有：「十二日……是夜三更，該逆復用小划三四十號攢入老營，燒我船隻。兩岸賊匪數千，火箭噴筒，迷離施放，呼聲震天。我軍以內河百餘小船未歸，無以禦之，被焚大戰船九號，小者數號，雜色坐船三十餘號。各勇狃於屢勝之餘，變起倉卒，快蟹、長龍等船掛帆上駛，李孟群、彭玉麟不能禁止。」

《（光緒）湖南通志》卷首六詔諭六記：「咸豐五年正月二十二日，諭曰……上年十二月初十日，我軍攻梅家洲賊壘，殺賊三十餘人。該逆遁入堅壘

不出，水軍攻賊江心船卡，彭玉麟等督三板各船，斬纜衝入，焚賊戰船三十餘號。及所奪民船三百餘號，斃賊數百名。」

十二月十三日，率水師退屯九江。

《曾國藩全集·奏稿》卷五《水師三次獲勝兩次敗挫摺（咸豐四年十二月三十日）》有：「十二日……次日，悉回九江大營。臣國藩聞信之下，不勝憤懣。戰船焚失雖屬無多，而百餘輕捷之船，二千精健之卒陷入鄱湖內河，業被賊卡隔絕。外江所存多笨重船隻，運掉不靈，如鳥去翼，如蟲去足，實覺無以自立。」

十二月十四日，攻小池口。

《湖南褒忠錄初稿》有《寇事述一》記：「（咸豐四年十一月）十二日分路進攻，各軍奮勇破賊土城，火其巢，斃賊數千，賊遁。越二日，彭玉麟率水師攻小池口賊，燬其營，破其木簰，水師遂進，踞湖口。朔日，陸師移駐小池口。」

十二月二十五日，與李孟群領水師保九江。

《清左文襄公宗棠年譜》卷二咸豐四年條曰：「甲寅……十二月，水師攻湖口，寇乘之師船陷，入內湖。其在外江者，亦為寇所襲，楊公載福時以病歸，彭公玉麟收餘船，與陸師相保屯九江，先時，廣東寇擾連韶，請援湖南調辰沅兵千人赴援，劾署提督多順庸劣罷之。」

《霆軍紀略》卷一甲寅咸豐四年條記：「十二月……二十五日，九江水軍被襲，文正坐船陷於賊，掉小舟馳入陸軍，以免糧臺輜重，各船駛至武穴以上，戰艦亦多潰而上泝者於是。水師有內湖外江之分，在外江者，李公孟群、彭公玉麟領之；其入鄱湖者，黃翼升、蕭捷三等領之，而鮑公所隸營屬外江。」

按：「據《清左文襄公宗棠年譜》卷二咸豐四年條可知彭玉麟於是年十二月在九江抵賊，然文中未指明具體日期，見《霆軍紀略》卷一甲寅咸豐四年條，可推出彭玉麟在九江時間為十二月二十五日。」

咸豐五年（1855），四十歲

正月初五日，於大風壞船之後，督率舟師赴援武昌。一面修整破船，一面與迎戰太平軍，與李孟群同心協力，目不交睫八十餘日，保守金口，水師復振。

《曾國藩全集·奏稿》卷六《謹陳水陸軍情摺（咸豐五年三月二十三日）》有：「自正月初三日飭李孟群等回援武漢，外江之船愈少。初五日，彭玉麟等

因大風壞船，全數開赴上游，遂與內河一軍相去日遠。逮至武漢再陷，沿江兩岸數百里復被賊踞，而金口水師與鄱湖一軍，乃不復可以遙合矣。」

《曾國藩全集·奏稿》卷七《師久無功自請嚴議片（咸豐五年九月初五日）》有：「正月初三日李孟群等赴援武昌，僅礮船五十餘號。初五日，彭玉麟等赴接武昌，亦僅礮船八十餘號，尚有被大風損壞、舵折楫摧者，到武漢後又復三次遭風。……候補知府彭玉麟，於大風壞船之後，督率舟師赴援武昌。其時賊勢方張，湘軍氣餒。彭玉麟一面修整破船，一面鏖戰悍賊，與李孟群同心協力，目不交睫八十餘日，竟能保守金口，水軍復振。」

正月初九日，抵鄂。與李孟群等率船分泊武昌城下，屢次開仗獲勝。

《曾國藩全集·奏稿》卷六《統籌全局摺（咸豐五年二月二十七日）》有：「屢接各路文報及探卒稟報，臣等兩次所遣回李孟群、彭玉麟等礮船，於正月初七、初九先後到鄂，共船一百三十餘號，分泊武昌城下，屢次開仗獲勝。」

正月十一日，公率水師回援，至武漢紫望山門外之鮎魚套，戰船雲集，屢出剿，均獲勝。

《平定粵匪紀略》卷四咸豐五年條曰：「咸豐五年……正月十一日，開仗毀其南岸嘴礮臺，斃賊多名，泊船省城下游之塘角，胡臬司擢湖北藩司，率陸軍駐上游沌口等處，李孟群水師由九江先歸，紮黃鵠磯。曾侍郎復派知府彭玉麟水師至紫望山門外，鮎魚套戰船雲集，屢出剿，均獲勝。曾侍郎馳援江西，九江礮船已先後泒援武漢，其隔於湖內之舢板，各船聯絡成一軍，為內湖水師。時江西賊入腹地，饒州告陷，曾侍郎乃親馳西省籌辦，並調羅澤南陸軍自九江移師，與內湖水師相依倚，僧郡王殄逆於連鎮，河北肅清。」

正月二十七日，被賞加勇號。

《曾國藩全集·奏稿》中《謹遵五次論旨保獎出力員弁兵勇摺（正月二十七日）》有：「奏為欽遵五次論旨，將出力員弁兵勇懇恩獎敘，以昭激勸事：竊照上年十月初一、初四、初五等日，陸軍踏破半壁山賊營，水師屢捷；十三日水陸大破田家鎮，收復蘄州；二十八及十一月初一、初四等日，陸軍克復廣濟、黃梅，均經先後馳奏在案二營官羅澤南、楊載福、李續賓、彭玉麟等，當蒙優擢，並各賞加勇號。」

二月十八日，在沌口未得求援信，武漢失。

《彭玉麟集·書信》中《致駱秉章（二月十九日）》有：「王協戎國材十六札止，方十七拔營來鄂，半途得信，初更到鄂，見賊紛紛入城，因飭兵勇混入

大殺，賊潰敗，三更時武城即克。因兵少不能守，所有鄂垣兵勇近萬人盡行奔至京口故也。加以王協戎所帶內有川勇數百，肆行搶掠，至天明，賊大眾至，鄂城復失。而水師在沌口不得其信，未能復下救援，此我水師之罪也。」

三月中旬，招集水勇千餘，合舊水軍三千人，趕到金口。

《胡林翼全集·胡林翼奏議》卷一《添募水陸二軍分布南北岸克期進剿疏（三月二十七日）》有：「而兩月以來，三次被風損壞，湖南紳局添造新船百餘隻，復經署臬司李孟群，記名知府彭玉麟，招集水勇千餘，於三月中旬，陸續趕到金口，船隻之大小相資，水軍之氣象已振。」

三月十五日，同鮑超、王明山等放舟巡哨，欲令水陸定期會剿。

《胡林翼全集·胡林翼奏議》卷一《添募水陸二軍分布南北岸克期進剿疏（三月二十七日）》有：「三月十五日經彭玉麟、鮑超、王明山等放舟巡哨，駕駛甚利，往來如飛，即可水陸定期會剿，此水師近日添募修整之實在情形也。臣之一軍，迭次於漢陽進剿，堅壘之下頗傷精銳，而士氣尚可策勵。」

三月三十日，攻至鮎魚套口，燒毀太平軍船數隻。是時登岸，自鸚鵡洲截太平軍尾，轉敗為勝。後見北岸太平軍猖獗，變計從權，保全水師。

《胡林翼全集·胡林翼奏議》卷一《陳奏水陸二軍連旬進剿情形疏（四月廿一日）》有：「三月三十日，副將王國才副將銜參將恆泰等，自沌口移進漢陽朝關，并約會記名知府彭玉麟帶領礮船沿江轟擊攻至鮎魚套口，燒燬賊船數隻。王國才甫築營壘，而漢陽之賊數千人，直犯朝關。王國才、恆泰等督勇擊退，乘勝跟追，殺賊數十名，焚燬賊營一座。該逆退踞於漢陽西門外堅壘中，排列大礮以死拒守。參將恆泰欲乘勢攻破賊營，躍馬大呼，身先士卒。該逆乃從營後民房擁出二千餘人，襲我後隊，恆泰奮勇衝突斃賊極多，漢陽裏湖藏匿賊划，同時登岸襲擊湘軍。恆泰三面受敵，力戰陣亡。兵勇且戰且退，賊遂悉力追撲。正當危急之時，彭玉麟在鮎魚套督戰，遙見北軍退卻，即督水師登岸，彭玉麟、張啟基等自鸚鵡洲截賊之尾。鮑超、王明山等自鸚鵡洲前衝賊之中。該逆狡悍異常，猶復抵死抗拒。右營哨官劉連升首先砍倒騎馬賊目，并獲其馬。後營哨官王友章亦殺騎馬賊目一人，賊眾始亂。維時署臬司李孟群派游擊何越班前來接應，王國才亦下馬據地，手刃退兵，回軍夾擊，數路之賊，同時潰敗。湘軍奮力掩殺，斬級三百十餘顆，生擒偽師帥羅登才，并長髮老賊三十四人，立時正法。其餘鳧水淹斃之賊，又二百

餘人。奪獲偽夏官右副丞相曾逆大黃旗一面，并鎗礮刀矛號衣二百餘件，此三十日北岸陸軍先敗後勝，水軍登岸截殺，轉敗為勝之實在情形也。查水師向不登岸，知府彭玉麟因見北岸賊勢猖獗，恐大有損失，致誤全局變計從權，保全之功甚大。協和之誼，亦甚可嘉！」

四月初五、六日，又進攻鮎魚套等處。

《霆軍紀略》卷一乙卯咸豐五年條曰：「四月……初五、初六等日約期進戰，水師亦以南風甚狂，進易退難不能出隊。

四月初九日，南風陡轉，收隊回營。

《霆軍紀略》卷一乙卯咸豐五年條曰：「四月……初九日，文忠督軍攻賊於八步街，殺傷相當。水師出隊以東南風太緊旋，即收軍。

四月十二日，率水師直下塘角。

《胡林翼全集・胡林翼奏議》卷一《陳奏水陸二軍連旬進剿情形疏（四月廿一日）》有：「及（四月）十二日早間，北風大作，飛飭水陸各軍，合力出隊，王國才出攻漢陽，賊匪不出。彭玉麟以武昌之下塘角所泊賊船，為其老巢，必由鮎魚套小河口兩處直下塘角焚奪賊船，則賊失所恃，而鮎魚套等處，乃可得手。即率右營守備銜張榮貴衝冒鎗礮，直下塘角。而以鮑超、張啟基截小河口之賊船，劉培元、王明山截鮎魚套之賊船，何越斑、段康侯為後隊接應。彭玉麟攻至塘角。其左營守備孫昌凱右營守備銜儘先千總張榮貴首先撲近賊船，擲放火球、火箭，計燒賊船二百餘號，燒斃淹斃賊匪四百餘人，守備鮑超見有賊船逃往下游，即會同曾秉忠帶舢板三十餘隻，乘勝追至青山地方。不料日方及午，南風陡轉，急欲收隊回營，而水勇逆流搖櫓，精力漸疲，急難上駛，賊於小河口開出快蟹數隻，攔江橫截。彭玉麟等見下游危急，即與張榮貴悉力救援，而武漢兩城之下，賊礮齊發，我水師以江心溜急，必須傍岸而行，遂致中礮子傷者，每船六七人之多。而弁勇裹創力戰，無不以一當十，守備曾秉忠額受礮子二傷，守備銜張榮貴身帶五傷，兩足踝均中礮子，猶能裹傷力戰，坐於船頭，手然大礮，是以眾心愈奮，往來於礮聲如雷礮子如雨之中，銜貫而前，衝出重圍，計被賊礮擊壞舢板十餘隻，弁勇陣亡二十餘人，受傷一百餘人，現在趕緊醫調必使士氣振興，即可決期再戰。臣軍是日自辰至申，攻剿四時之久，弁勇奮力攻撲，擊破賊營一座，殺賊七十餘名，祇緣隄路窄狹，隄外積水沮洳，我軍行陣能密而不能疏。午刻以後，水師及漢陽一軍漸次收隊。李家橋所派一軍。進戰不利，該逆遂并力注於武昌江隄一路。臣營兵力本不甚厚，六成出隊，力

戰四時，遂續調留營四成，更番迭進，直至二更賊始敗退，統計陣殺生擒一百六十餘名，查訊犯供：『偽將軍羅逆偽總制黃逆是日均經轟斃。』而我勇之力戰受刀矛面傷者，亦四十餘名，陣亡十一名，此初九、十二日水陸力戰之實在情形也。」

四月二十六日，攻漢陽。

《胡林翼全集·胡林翼奏議》卷一《攻剿武漢得獲勝仗疏（五月十三日）》有：「竊臣於四月⋯⋯二十六日寅刻，水師得風，約會兩岸陸師，大隊齊發，一攻鮎魚套賊舟，一攻漢陽賊舟。自辰至午，排礮轟擊，賊以戰艦橫截鮎魚套口，及漢陽河口，我師從江外攻之，斃賊五十餘名，水勇亦被礮傷陣亡二名，帶傷十餘名，以賊舟堅守不動未能乘釁衝入。副將王國才游擊周祿進攻漢陽西門，進兵之始，賊壘中寂不聞聲，王國才知賊計詭譎，嚴飭兵勇毋許輕進，俄頃之間，賊礮齊發，伏賊盡出，王國才佯卻以誘之，於賊營三里之外，民房牆穴，預安木礮，迨賊追至相離丈許，自然引線，轟斃騎馬賊目二名，餘賊一百十餘名，兵勇折轉追殺，斬擒甚多。臣於是日督隊力攻南岸賊營，分兵三路，派定營分，責成各攻一壘，千總何紹彩、周得魁，州同銜伍典，各帶奮勇，力攻江邊白沙洲各營。其黔勇、恆勇、寶勇、安勇分攻江隄八步街各營。該弁等知賊營牆壕高深，預選壯士各持斧鍬掘壕拔籤，直逼其壘，賊營鎗礮密如雨點。其攻打江邊各勇，中傷三十餘名，仍能堅立不動，其攻打江隄各勇，始則攻撲甚猛，同時中傷五十一名，創甚稍卻，又因扶掖帶傷勇士，隊伍雜亂賊遂悉銳乘之。適水師記名知府彭玉麟遙見中路勢將不支，即飭江邊陸師趕回橫截，而自率水勇大呼助勢，何紹彩、周得魁、伍典三營遂飛馳四里，前來援應，由隄下湖蕩，鳧水衝上者數百人，水均沒頂，其大隊又繞上三里，涉淺橫衝，將追賊三百餘名，截殺後路賊數千，已被橫截，中分為二，遂先行奔潰。惟時援兵已上岸隄，而岸隄之勇目，亦督隊回殺，四面圍住，前路衝鋒悍賊，無一得脫者。」

五月初十日，分督戰船，阻截金口太平軍。

《霆軍紀略》卷一乙卯咸豐五年條記：「五月，鮑公會擊撲犯金口之賊，連勝之。武昌城賊潛出，大股上襲金口，老營於初十日分五路來撲，胡文忠公督勇擊卻之。是日，有另股賊循江上竄，鮑公與彭公玉麟及張建基等分督戰船，過江轟擊，各用舢板排礮疊攻之。自午至申，賊敗下走，復排礮追擊斃，賊埋甚多。」

《平定粵匪紀略》卷四咸豐五年條曰:「五月,楚軍連破撲營之賊,進逼武昌,駐紙坊。建議先攻漢陽,胡巡撫之初署布政也。即分營金口,及任巡撫。派知府彭玉麟駐陸路,堵賊南犯,蔽湖湘。而自率水陸兩岸防禦,逆謀襲金口,斷官軍糧道,屢戰。斬其偽總制丞相等,逆復率大隊來撲,整兵擊敗之。乘勝直擣其壘,屯兵紙坊,進逼省城小東門,逆閉門固守,潛自他門出掠。是月,楊載福自湖南率水師來會,聲勢漸壯。」

五月十五日,準備炮船過江,截擊太平軍。

《胡林翼全集·胡林翼奏議》卷一《官軍大獲勝仗疏(五月二十九日)》記:「賊於十五日黎明大股分六路而來,旗幟如林,彌山彌谷。臣登望樓審視,該匪離臣營僅四五里許,每路約一二千人……其循江下竄者,經署臬司李孟群、知府彭玉麟於賊匪大至時,已準備礮船過江。令水勇預先登岸埋伏,賊果一股由江岸潰退,我軍伏兵四起,撲出截擊,殺斃賊匪一百二十餘名,生擒十二名,逼入大江淹斃者約二百餘名。臣即督飭各勇,乘勝追剿,沿途殲匪約百餘名。我軍自辰至申,追剿三十里,軍士已飢,始行紮營造飯。十六日四鼓,探聞賊之敗回者,仍住紙坊,臣即飭大隊逕赴紙坊,該匪堅閉不出,踞營抵敵,我軍奮力爭先,乘南風大起,施放鎗礮、火箭、火罐力戰,移時賊乃大潰,連塌賊營二座,殲斃甚多,餘匪分二股逃竄:一上竄山坡,一下竄城中。」

五月十七日,與李孟群、王國才俟上游雕剿事竣,即行并力進攻武漢。

《胡林翼全集·胡林翼奏議》卷一《官軍大獲勝仗疏(五月二十九日)》記:「臣於十七日仍駐金口老營,趕緊會商署臬司李孟群、副將王國才、記名知府彭玉麟等,俟上游竄匪雕剿事竣,即行并力進攻,以期克復武漢,仰慰聖懷。再查臣營本無將備大員,僅止哨弁勇目,隨營效力。自上年進剿通城、崇陽、興國、九江、湖口所帶舊勇迭戰十餘次,均經隨案稟商。督臣楊霈、侍郎臣曾國藩及提臣塔齊布因九江未復,尚遲保奏。自援鄂以來,大小二十餘仗,雖未大勝,尚能穩紮力戰,不致潰走。四月二十六日,五月初十、十一、十五、十六等日迭獲大勝,軍氣已振,可否懇請皇上天恩?俯念連月力戰,先行獎勵,以勸後來。茲特擇尤保奏三十一名,其迭次察看不能出力者,臣已陸續汰去一千餘名,即勇怯為勸懲,當可得力。除另繕清單外,謹將賊蹤上竄,繞出臣後飛馳,剿辦,大獲勝仗情形,理合由驛六百里馳奏。」

六月十二日，由湖內暗襲沌口及蔡家嶺營盤，分派水勇登岸助戰，獲勝。又北攻漢口。

《胡林翼全集・胡林翼奏議》卷二《陳奏水陸雕剿咸蒲窟匪均獲勝仗並北岸水陸連日獲勝現在會議克期進剿疏（六月二十四）》記：「六月初六日……水師連旬以來，凡遇北風之日，力攻漢陽及鮎魚套賊船，賊之戰艦，堅匿不出，迭次轟斃多賊，而究未可奪其堅守之卡。忽於本月十二日，北岸漢陽賊匪，分股上撲朝關營卡，細為審察，尚是疑兵之計。實則潛以小划百餘隻，由湖內暗襲沌口及蔡家嶺營盤，副將王國才派兵迎戰，記名知府彭玉麟分派水勇登岸助戰，署臬司李孟群先令游擊何越斑密拖舢板船隻，備於湖內，王國才亦飭守備陳慶有先期置備小划多隻，載川勇之習水戰者，藏於湖汊，迨賊划逼近，以舢板衝鋒，小划繼之，賊勢不支，旋即敗退，奪獲小划多隻。

《霆軍紀略》卷一乙卯咸豐五年條記：「六月，鮑公會擊賊於北岸，勝之。先是湘撫駱文忠公秉章以李公孟群統帶水師不能得力，奏請以常德協副將楊公岳斌代之。楊公自上月十六日，由岳州率水勇抵金口，從此外江水師兵力更強，至是，北岸漢陽賊匪於十二日由內湖暗襲沌口及蔡家嶺，營盤王國才派兵迎敵，彭公玉麟分派水勇登岸助戰，勝之。」

六月十五日，從漢口渡江，由漢入沌，張帆先行，炮擊桅折，求助楊載福未果，二人生嫌隙。後被成發翔救出。回營後，在胡林翼勸解下與楊載福和解。

《湘軍志》水師篇第六有：「咸豐……（五年）六月，楊載福自岳州增募船軍，合先屯為十營。內湖蕭捷三等增軍屯南康，為八營。楊載福既至金口，則議攻寇武昌，以李孟群所部弱，留孟群將陸軍守金口，而林翼及玉麟先入漢，攻蔡店。玉麟以小船入沌，掠赤野湖東，而北絕漢至湆口，順流東還，北破宗關石壘，南攻漢陽寇舟，岸發礮不得近，遂北攻漢口。寇舟乃出，泝流上，欲鈔我，夾擊之，奪其舟九，出漢口，攻寇浮橋，燒寇舟三百。凡三日，寇不出。楊載福自外江來會師，同出江屯沙口。沙口者，武昌下游三十里，至沌口六十里，還沌口當從武昌、漢陽城下過。載福之出也，寇無備，而玉麟從漢口渡江，距兩城遠，故寇礮不甚相及。既空屯沙口，不能助攻戰，乃議還。眾議由漢入沌，雖迂遠，其避礮宜易。載福慨之曰：『丈夫行何所避，浮江下、泝江上乃為快耳。』玉麟恥後之，張帆先行。寇先已密備，覘我還路，檥舟傍中流。及城上縣礮并發，諸軍但冒進，不知誰生死。礮丸飛鳴，船倉群子以斗計，擊沉

-55-

四船，中礮死者三百人。礮擊玉麟桅折，不能進，望見載福，自呼之，載福船瞬息已去。成發翔三版過，玉麟躍入得免。知其事者皆不直載福，而玉麟曰：『風急水溜，呼固宜不聞。』載福先已不樂玉麟，林翼親拜兩人，和解之。內湖水師既成，而寇亦於九江造戰船，悉仿官軍制。」

六月十八日，聞太平軍行至武漢，決計深入力戰，並商進攻時日。

《胡林翼全集·胡林翼奏議》卷二《陳奏水陸雕剿咸蒲竄匪均獲勝仗並北岸水陸連日獲勝現在會議克期進剿疏（六月二十四）》記：「（六月）十八日，……近日上游賊匪紛紛竄歸武漢者甚多，臣當細意體察形勢所宜，決計深入力戰，並即趕緊知會署臬司李孟群、副將王國才楊載福、記名知府彭玉麟剋日進攻，以期仰慰聖懷。再、臣營兵力雖不甚厚，上廑聖慈諭飭妥籌辦理。臣細意體察凡兵勇勝負之數，不在多寡而在勇怯，勇怯混淆兵多亦弱，勇怯分明兵少亦強。且兵多則餉多，刻下水陸餉項積欠已至五十六十日不等，未可再行添募，轉致餉糈支絀。合併附陳。」

七月初八日，胡林翼調公帶領舢板炮船，由沌口繞出蔡店。

《胡林翼全集·胡林翼奏議》卷二《馳報進剿漢陽連獲大勝水師勞績尤著請先行獎勵疏（八月初三日）》記：「臣於七月初五日帶兵千餘，渡江擊退之後，初六日仍回金口。初八日探稱：『賊匪又領大股來犯。』臣思往返馳援，不如深入力戰，即飭留勇丁三千餘名防守金口，并交署臬司李孟群管帶，即調水師左營知府彭玉麟帶領舢板礮船，由沌口繞出蔡店。」

七月十二日，帶張啟基、鮑超沿河追殺太平軍，由沌口繞入，經過爛泥港、金牛港。

《胡林翼全集·胡林翼奏議》卷二《馳報進剿漢陽連獲大勝水師勞績尤著請先行獎勵疏（八月初三日）》記：「臣親督各勇四千名，於七月初九日寅刻渡江渡湖，已刻始至黃陵磯，而奓山各營已敗，守備銜周得魁等督率勇丁馳援，殺倒騎馬衝鋒賊目。」

《胡林翼全集·胡林翼奏議》卷二《馳報進剿漢陽連獲大勝水師勞績尤著請先行獎勵疏（八月初三日）》記：「（七月）十二日該逆又由蔡店分五路而來，直撲我營。臣即飭各勇分五路以待之，俟其逼近，乃親督各勇鼓行而前，連斃騎馬衝鋒悍賊三名。該逆等拒敵不退，我軍奮力爭先，刀矛交鋒鏖戰一時之久，殺斃賊匪百餘名，賊勢已挫。我軍一齊乘勝衝殺，直逼蔡店，沿途殺斃及溺斃賊匪約二千餘人，殺馬賊五名，奪獲鎗礮器械無算，敗匪沿河逃竄，適左營水

師知府彭玉麟帶同後營都司張啟基、中營都司銜守備鮑超，各領舢板礮船，由沌口繞入經過爛泥港、金牛港，水深不逾五寸，寬不逾丈，行運頗難。各營哨官及勇丁等，跣足拖擡，更替牽挽。」

是日午刻，行抵蔡店。同鮑超、孫昌凱、黃開進催槳前進，克復蔡店。

《胡林翼全集‧胡林翼奏議》卷二《馳報進剿漢陽連獲大勝水師勞績尤著請先行獎勵疏（八月初三日）》記：「（七月）十二日午刻，行抵蔡店，知府彭玉麟、都司銜守備鮑超、都司銜守備孫昌凱、已保守備銜千總黃開進催槳前進，黃開進首先開礮，轟斃騎馬黃巾賊目一名，鮑超即督水勇登岸追殺，而陸軍各勇亦復四面圍攻，斬殺又約三百人。隔洲襄河內駛出賊船數隻，都司張啟基守備孫昌凱開礮，將賊船轟翻，餘賊盡行覆溺。蔡店即時克復，按家搜查，并無匿匪，此十二日水陸大獲全勝，克復蔡店之實在情形也。」

七月十三日，與鮑超留蔡店，搜捕襄河上游湨口一帶，沿途僅轟斃太平軍數十名。

《胡林翼全集‧胡林翼奏議》卷二《馳報進剿漢陽連獲大勝水師勞績尤著請先行獎勵疏（八月初三日）》記：「（七月）十三日，臣督各營前進，知府彭玉麟等仍留蔡店，搜捕襄河上游湨口一帶地方，以防後路。沿途僅轟斃散賊數十名。」

七月十五日，大破太平軍於襄河。卯刻，至北岸宗關，克宗關之石城。乘勝攻下五顯廟、漢鎮，永寧巷，剩餘太平軍入漢陽城內。

《胡林翼全集‧胡林翼奏議》卷二《馳報進剿漢陽連獲大勝水師勞績尤著請先行獎勵疏（八月初三日）》記：「（七月）十五日卯刻，臣營及水師各營，齊至漢陽上之十里高廟紮定，水陸並進，分攻漢陽漢鎮，知府彭玉麟領帶水師前進，至北岸宗關，賊圍大石城一座，約賊數百餘人，高立望樓，內安大礮數尊，從左邊轟擊。南岸慈渡庵亦圍大石城一座，約賊百餘人，高立望樓，安礮從右邊轟擊，左右夾守，欲使湘軍不能前進。知府彭玉麟派守備鮑超帶舢板十餘隻，攻北岸宗關賊城，派都司張啟基帶舢板十餘隻，攻南岸慈渡庵賊城，彭玉麟親督各營直衝中鋒，開礮轟擊一時之久，斃賊數十名，宗關之賊敗退。守備鮑超即督水師登岸追殺，生擒長髮老賊十餘名，當即正法并獲大礮三尊，而宗關之石城已破。都司張啟基見慈渡庵賊城死拒，即將礮船馳赴下游，轉柁上攻。彭玉麟督左營接應之，船自上游奮勇登岸，湘軍勢盛，前後夾擊，而慈渡

庵之石城立破，營棚牆壘悉數燒燬，殺賊百餘名，生擒長髮老賊八名斬之，奪
獲大礮四尊，大黃旗四面，騾馬共六匹。彭玉麟即乘勝揮旗進至南岸五顯廟，
此處為漢陽城外賊目之總巢穴，周圍十餘家，皆崇墉高垣，其堅如城，賊用大
木作樁，密竹作籤，壘石為卡，四面阻湖，環以大礮，路徑只容一人，險不可
踰。而賊之戰船、快蟹、長龍、舢板，盡泊其下，湘軍奮力齊進，賊即排放大
礮，哨官藍翎千總蔡宏元礮穿其胸，即時陣亡。藍翎外委已保把總劉大順礮中
其股，受傷甚重。知府彭玉麟號於眾曰：『已入虎穴，非血戰不能出險成功。』
隨派哨官已保守備藍翎千總黃開進，六品軍功曹德明、劉世玉，已保藍翎把總
外委喻俊明，藍翎千總蘇在位，已保藍翎把總外委劉連升，藍翎把總張開榜等，
共帶舢板十二隻，諄囑各營哨官，不准開礮搖旗，魚貫由北岸左邊直衝而下，
抄出五顯廟賊船之後，迅奔南岸，大礮齊施。復派都司銜守備鮑超帶舢板八隻，
自上游斜渡作欲渡急攻之計，以牽賊勢。黃開進等即合力催槳，直衝賊船之尾，
火蛋火箭，一齊施放，奮勇撲上賊船。賊船之泊南岸者，悉數奪獲，賊皆紛紛
投河，死者無數。彭玉麟即催大隊前進，齊撲賊牆，奪獲大礮六尊，燒燬賊卡
一座，并奪快蟹三隻，舢板五隻，大礮六十餘座。復督隊直下，轟斃岸賊甚多，
舟至漢鎮，賊仍用快蟹、長龍，橫河中流，開礮上犯。彭玉麟即派孫昌凱、黃
開進、易光南、黃先敦由南岸進，鮑超、張啟基由北岸進，讓出中流，任賊船
上駛。湘軍已出賊船之下，兩岸包轉，將賊船圍住，鮑超奮力首先奪獲賊快蟹
二隻。張啟基奪獲賊快蟹一隻，長龍一隻。彭玉麟奪獲賊長龍一隻。賊盡撲水，
有被湘軍矛殺者，有被生擒者，亦有浮水仍登南北兩岸逃竄者。湘軍乘勝直出
襄河口，賊以鐵索貫廢船七隻橫作浮橋，攔截河道，以舢板七隻護之。舢板之
後，則賊之一切輜重船隻，約三百餘號。南北兩岸，復多悍賊施放鎗礮，拋擲
火蛋火箭，拒守浮橋，彭玉麟派張啟基帶六品軍功候補外委危廷貴、六品軍功
梁昌周得勝、韋尚爵，鮑超帶已保藍翎把總外委瞿定國，已保千總藍翎外委何
瑞祥、鄭陽和，六品軍功王鳳岐、成發翔，守備黃開進、孫昌凱等，一鼓前進，
用大斧鋼鑿，直冒礮煙之中，斬斷浮橋鐵索，浮橋一時盡散，當即奪獲賊舢板
七隻，其賊舟輜重三百餘隻，悉數焚燒，賊眾入水淹斃者，不計其數。彭玉麟
即督各營登岸，攻入沿途賊巢，燒賊鑄礮局五座，獲礮二百餘尊，又燒賊火藥
局六座，火焰迷天，徹日不止。隨即打出襄河口，破賊大石城二座，獲大礮六
尊，時已酉刻，仍將各營戰船收入襄河，泊於永寧巷，乘夜搜捕漢口餘匪，生
擒偽官蕭朝富、偽軍師吳會元、偽木將軍李姓等，并長髮二百餘名，立即盡數

正法。奪獲騾馬十餘匹，黃旗、黃帽、紅袍、號褂無數。時已二更，而南岸之賊，死灰復然，仍踞五顯廟施放鎗礮火箭，以拒我師。至五更時分，賊忽失火，然燒藥桶，湘軍乘機登岸追撲，逢賊即斬，遇屋即燒，遂燬五顯廟所踞巢穴，餘匪悉竄入漢陽城內。」

七月十六日辰刻，進攻南岸嘴晴川閣一帶，復木城二座。至未刻收隊，仍泊襄河內永寧巷。

《胡林翼全集・胡林翼奏議》卷二《馳報進勦漢陽連獲大勝水師勞績尤著請先行獎勵疏（八月初三日）》記：「（七月）十六日辰刻，復派左營舢板十隻，後營舢板六隻，中營舢板八隻，進攻南岸嘴晴川閣一帶，撲去賊木城二座，燒燬賊踞民房巢穴百餘家，至未刻收隊，仍泊襄河內永寧巷。」

七月十七日，稍為肅清襄河。

《胡林翼全集・胡林翼奏議》卷二《馳報進勦漢陽連獲大勝水師勞績尤著請先行獎勵疏（八月初三日）》記：「（七月）十七日，賊於永寧巷對面之南岸，忽築土牆，意欲安設大礮，對擊我軍，使不能灣泊。我軍奮力登岸，三擊三勝，并奪獲馬三匹，騾一匹，生擒長髮老賊四名斬之，襄河稍為肅清。」

七月十八日，會合楊載福，直赴漢口下游，迎勦黃州太平軍。

《胡林翼全集・胡林翼奏議》卷二《馳報進勦漢陽連獲大勝水師勞績尤著請先行獎勵疏（八月初三日）》記：「（七月）十八日，因漢口無兵鎮守，民房被賊延燒，南北受敵。而黃州賊船數百隻來援武漢，乃駛出外江，會合總兵銜常德副將楊載福直赴下游迎勦。」

七月十九日，進至葉家洲，乘太平軍不備，燒其船二百餘號，又盡數奪獲餘船，旋即回陽邏灣泊。

《胡林翼全集・胡林翼奏議》卷二《馳報進勦漢陽連獲大勝水師勞績尤著請先行獎勵疏（八月初三日）》記：「（七月）十九日各營進至葉家洲，見賊船數百號，泊於山下，乘其不備，燒賊船二百餘號，其餘賊船盡數奪獲，旋即回陽邏灣泊。」

七月二十一日，仍紮沙口，扼守中流，堵防太平軍船隻。

《胡林翼全集・胡林翼奏議》卷二《馳報進勦漢陽連獲大勝水師勞績尤著請先行獎勵疏（八月初三日）》記：「（七月）二十一日仍紮沙口，扼守中流，使賊上下船隻，不能往來。」

七月二十五日，始歸沌口老營。

《胡林翼全集‧胡林翼奏議》卷二《馳報進剿漢陽連獲大勝水師勞績尤著請先行獎勵疏（八月初三日）》記：「（七月）二十五日始歸沌口老營，此知府彭玉麟等由沌口入襄河血戰十日之實在情形也。」

是月，因曾國藩檄，公赴江西領內湖水師，並致羅澤南、劉蓉書。

《霆軍紀略》卷一乙卯咸豐五年條曰：「（七月）是月，曾文正公檄。彭公玉麟赴江西領內湖水師並致羅公澤南、劉公蓉書云：『此間水陸如舊，可與防守，難與進取。外江事勢如此，雪琴恐不能遽來。請於鮑超、張榮貴二人之中飛調一人來南康，以振積疲之氣，天下滔滔，何處英傑翩然，來止以輔，不逮而張孱竣乎！鮑、張二君不具公牘，求閣下為我力致之，必分一人前來，而後有濟也。』雪琴彭公字。」

八月初八日，與楊載福率水師力扼下游，戰守不懈。

《胡林翼全集‧胡林翼奏議》卷三《陳奏分防金口及回剿嵾山勇丁先後潰散現在迅派將弁收集整理以期補救疏（五年八月十二日）》記：「竊臣於本月……初八日，賊以大股分七八路圍撲臣營，各勇竟以無糧不肯出隊，臣激以大義，督令出師強而後可，心終不固。逆匪以數千抄後，大眾散走。臣現在一面督集潰勇，暫駐大軍山；一面飛催餉項，補放口糧。副將王國才亦因臣軍潰散，移駐軍山，一俟齊集整頓，再圖分剿。署枲司李孟群因上游新隄、新灘口、六溪口江面，在在緊要，應分礮船嚴防，並即稟請親往上游梭巡，以昭慎重！其彭玉麟、楊載福仍以水師力扼下游，戰守不懈，茲荊州轉解川餉三萬兩，因風阻滯，於十一日始到，臣即派水師都司鮑超設法另募陸勇，或可漸次整理。惟水陸各軍，欠餉已久杯水車薪，萬難濟急，三軍之氣，既以此而俱頹。」

十一月，時乞假在衡州，聞江西急，敝衣徒步往南昌。

《湘軍志》水師篇第六條曰：「咸豐……（五年）十一月，外江軍合陸軍逼圍武昌。時玉麟當之南康，江路絕，則道湖南趣陸行，阻袁、瑞寇四五百里，行旅相戒，惟通寇者乃得達。玉麟敝衣徒步往，從者數人，行二三日，皆懼不進。欲上取贛，則吉安亦陷，非從廣東、閩、浙不可至南昌。玉麟謝去從者，偽為游學乞食，經寇關丰數十，寇無覺者。至南昌，城門訶禁之，問其實，報院司，皆大驚怪，軍中閒其至，氣自倍。」

十二月初三日，赴江西領內湖水軍。後帶船三十號，馳赴臨江。

《曾國藩全集·奏稿》卷八《疊奉諭旨縷陳各路軍情摺（咸豐六年正月初九日）》有：「奏為疊奉諭旨縷陳各路軍情……臘月初三日，西岸青山大戰，幸獲全勝，均經奏明在案……去歲以來，陸軍分為三支：羅澤南率援鄂之師五千人為一支，周鳳山接統塔齊布之舊部四千人為一支，李元度等率平江各勇三千人為老營之一支。水軍分為兩支：武昌十營楊載福所統者為外江一支，鄱湖八營臣新調彭玉麟來此統帶者為內湖一支。既已分而為五矣。而李元度駐湖之東，又抽撥平江、勇虎勇千餘人駐紮西岸。是陸軍三支之外，又分一小支。外江則李孟群帶船六十號，別入襄河。內湖則前撥船三十號外，頃臣又飭彭玉麟帶船三十號，馳赴臨江。是水師兩支之外，又分二小支。愈分則人數愈寡，愈析則氣勢愈弱。其在湖北者，距臣八百餘里，在臨江者，距臣五百餘里，雖欲急圖合併，而勢有所不能。至於行軍之道，擇將為先。得一將則全軍振興，失一將則士氣消阻。」

咸豐六年（1856），四十一歲

正月初四日，欲前往江西克太平軍，抵樟樹鎮。

《曾國藩全集·奏稿》卷八《周鳳山陸軍分兵小挫摺（咸豐六年正月二十二日）》有：「臣自初聞瑞、臨二府失守之信，即派賀虎臣戰船三十號，馳往與劉于潯水師同防河面之賊。旋聞賊在瑞、臨、峽江等處，隨地造船。恐我水軍單薄，又飭記名道彭玉麟帶二十餘船繼往，先後奏聞在案。彭玉麟初四日抵樟樹鎮。」

正月初七日，帶浙中向、道二營駐樟鎮。

《趙烈文日記》（第一冊）咸豐六年正月初七日乙丑條有：「水師統領浙江金華府知府即用道祥勇巴圖魯彭玉麟雪芹（衡州清泉人，與塔提軍、羅方伯及湖北提督楊載福號「四大將」。現帶帶浙中向、道二營駐樟鎮。）」

寅刻，督同孫昌國帶舢板向臨江河口進發。

《曾國藩全集·奏稿》卷八《周鳳山陸軍分兵小挫摺（咸豐六年正月二十二日）》有：「初七寅刻，賊用破舊大船自上游放下，意圖衝動我營，而戰舟與小划繼之。彭玉麟督同都司孫昌國帶舢板十餘號前進，賊舟退卻，進逼臨江河口。賊之戰船、民船數十號，岸上賊壘三座，以大礮、擡鎗護之。我軍連環轟擊，賊以小划抵敵。而其大者盡退入口內，挽繂上行。我軍盡奪小

划，擊斃多賊。乘勝衝過賊壘，追入內河，搶賊糧船三隻，拆毀浮橋，奪杉木千餘株。」

正月初九日，督同孫昌國、賀虎臣至臨江河口，攻打太平軍。

《曾國藩全集·奏稿》卷八《周鳳山陸軍分兵小挫摺（咸豐六年正月二十二日）》有：「初九日，彭玉麟督同孫昌國、賀虎臣至臨江河口，攻打賊壘。群子如雨，斃賊甚多，該逆棄壘逃退入城，各水勇登岸，踏毀賊牆三座，望樓一座。此水師初七、初九兩次戰勝之實在情形也。」

二月初九日，在樟樹鎮水師營與趙烈文小聚。

《趙烈文日記》（第一冊）咸豐六年二月初九日丁酉條有：「清晨駕小舟至樟樹鎮水師營，拜水師統領彭雪芹觀察，談良久。周統領邀飯，遣與來迎。是日同座雪芹觀察、同甫刺史及中軍滕都閫，尚有客一二人。下午散，歸舟。」

二月十一日，向趙烈文要陸營諸將，別后返鄉招勇。

《趙烈文日記》（第一冊）咸豐六年二月十一日己亥日丁酉條有：「是日彭統領要陸營諸將并請與及孝移舟，相近至余舟一里，酒數行，周統領亦至，擬明早解維，與二君言別，彭、周當旋里招勇，函下拜囑勿遲。

二月十一、十二日，探得臨郡太平軍由沙湖渡至東岸，欲分三路來襲。

《曾國藩全集·奏稿》卷八《周鳳山陸軍回絷省垣摺（咸豐六年三月初一日）》有：「竊臣等因樟樹鎮為四達之地，全力扼守。周鳳山連日接仗各情，業經附片奏聞在案。緣二月初八九日，探聞石達開由吉安回臨江，帶賊數千名，船二百餘號，屯踞永泰地方。十一二日又探得，臨郡賊匪由沙湖渡至東岸，欲分三路來襲等語。周鳳山因永泰、沙湖皆距樟鎮三四十里，易進難退。該處東近荷湖大橋，前途新淦縣復為賊據，又可由小路繞至豐城，來襲我後路，途徑歧雜。每日派人輪流巡哨，急圖進剿。嗣知橫梁、荷湖兩處，各有賊三四千名。」

二月十三日，親率水勇擊退河邊一股太平軍，剿太平軍數名。

《曾國藩全集·奏稿》卷八《周鳳山陸軍回絷省垣摺（咸豐六年三月初一日）》有：「迨（二月）十三日，賊以數百人至樟鎮隄上、河邊，兩路游探，經彭玉麟督率水勇擊退河邊一股，礮斃長髮數名，陸軍繼至，亦將隄上之賊擊退。周鳳山以該逆偪近我營，必須痛剿。」

二月十四日卯刻，紮臨江河口，以遏太平軍船下竄。

《曾國藩全集·奏稿》卷八《周鳳山陸軍回紮省垣折（咸豐六年三月初一日）》有：「（二月）十四日卯刻，派四成隊紮大橋，以防荷湖之賊，兼顧老營後路。水師戰船亦紮臨江河口，以遏賊船下竄。周鳳山親督五營，並約水師進剿橫梁。」

二月十五日黎明，行過樟鎮數里，至狗頸隘地方。是時，令水師登岸協剿，並以大炮轟擊，斃太平軍百餘名。大勝。

《曾國藩全集·奏稿》卷八《周鳳山陸軍回紮省垣摺（咸豐六年三月初一日）》有：「（二月）十四日卯刻……黎明，行過樟鎮數里，至狗頸隘地方。見賊四股，約五千餘人，以一股紮河橋，一股紮隘左，兩股紮河邊沙洲，勢甚嚴整。周鳳山急調大橋兵勇，迎擊左路，自督諸軍，堵擊橋上一股。彭玉麟見無賊船出河，又慮河邊之賊包鈔隘上，陸軍腹背受敵，遂令水師登岸協剿，並以大礮轟擊。賊亦鎗礮連環施放。都司畢金科、李新華各帶兵勇，併擊沙洲裏面一股。賊合為一，我軍奮勇前進，刀矛並舉，衝突數次，斃賊百餘名。賊猶抵死鏖戰。橋上之賊，被斬及溺斃者數十名，不能抵敵，遂亦回奔。我軍乘勢猛進，賊眾始敗。隘左一股，經都司周岐山、唐得陞等擊斃，及追偪入水死者，約三四百人，賊亦同時敗潰。我軍會合，沿途復追斬二百餘人，並斬騎馬賊目三名，直抵橫梁。該處賊於民房外，已先紮營三座，其內賊黨尚眾。敗賊至此有，窮奔兔脫者，有藏入民房者。經我軍圍住，放火焚燒，群丑屍骸，悉成灰燼。申刻收隊。荷湖之賊，因我軍扼守來路，亦未敢深入。是日，奪獲大銅礮一尊，擡礮、鳥鎗、刀矛二百餘件，號衣、旗幟八十餘件，共殺賊七八百名，我軍陣亡四名，受傷四十餘名。此十四日接仗大勝之實在情形也。」

二月十七日，督飭水師擊退隘上、河邊兩股太平軍。

《曾國藩全集·奏稿》卷八《周鳳山陸軍回紮省垣摺（咸豐六年三月初一日）》有：「十六日，石逆率眾數萬過河，分據橫梁香溪一帶。周鳳山聞賊以全力來撲，預飭各營同心協剿。十七日辰刻，約水師分路馳擊。行過樟鎮，見賊約三千人，由狗頸隘斜入香溪。西路各營，奮勇衝鋒，殺賊百餘，奪獲器械旗幟多件。此股已經敗退。隘上、河邊復有賊兩股，經彭玉麟督飭水師擊退，亦斃賊多名。我陸軍進偪香溪，猝遇賊之大股。香溪地勢寬敞，東有山坡，賊分四隊佔據。都司滕國獻、周岐山帶勇由右衝擊，賊已敗退，正追殺閒，山左復出賊一股，因守備岳炳榮、千總黃玉芳等不能抵敵，滕國獻等遂率右路之勇回

隊，極力堵截，不料大股賊匪由後蜂擁而來，我軍鏖戰逾時，傷亡不少。此十七日先勝後挫之實在情形也。」

二月十八日早，同周鳳山商籌進攻之事。親督炮船擊西路隄邊太平軍，反被對方圍裹，湘軍敗，營盤失。

《曾國藩全集·奏稿》卷八《周鳳山陸軍回紮省垣摺（咸豐六年三月初一日）》有：「十八日早，周鳳山與彭玉麟商籌進攻，賊匪已四路前來撲營，當派七成隊迎擊。參將阿達春與畢金科、周岐山、唐得陞等帶勇抵禦東北，李新華與都司林保、知縣周尊彝帶勇抵禦西南，岳炳榮、黃玉芳在後接應。時西路隄邊，彭玉麟已派礮船幫擊，各營搖旗吶喊，奮力衝，突遙見樟鎮西南及大橋東北四面有賊十餘股。畢金科、周岐山等所擊東北之賊業已回奔，其西南之賊亦經李新華、林保等衝擊。兩處各斃賊多名。維時，西南逆賊見東北賊敗，遂向我軍之外繞衝東路，鈔在我軍之後。岳炳榮、黃玉芳等力難揸拄，紛紛潰敗。逆賊乘勢緊逼，重重圍裹，致西南路各營不能兼顧，轉為大敗，傷亡兵勇幾近千人，營盤全失。糧臺委員前任寧鄉縣知縣馬丕慶、候選訓導林長春、候選府經歷李清華，罵賊捐軀。此十八日接仗大敗之實在情形也。據周鳳山先後稟報前來。」

三月初四日，抵江西吳城鎮，飭各營嚴密防範太平軍來襲。

《曾國藩全集·奏稿》卷八《吳城水師勝仗摺（咸豐六年三月二十六日）》有：「水師於二十六日行抵吳城，湖口賊船亦即尾追而上，分泊於老爺廟、渚磯等處。而德安、建昌之土匪與湖口、梅家洲之老長髮聯為一氣，日夜耽耽，冀圖撲我水師。我水軍各營哨弁，驟與臣國藩相離，又與陸軍相離。值風鶴迭驚之時，處水陸四面皆賊之地，未免中懷怯懼。臣等因調彭玉麟由樟樹馳赴吳城，以資鎮攝。」

《曾國藩全集·奏稿》卷八《吳城水師勝仗摺（咸豐六年三月二十六日）》有：「三月……初四日，彭玉麟抵吳城鎮，飭各營嚴密防範。」

三月十二日，指揮舢板攻擊太平軍。

《曾國藩全集·奏稿》卷八《吳城水師勝仗摺（咸豐六年三月二十六日）》有：「十二日，有陸賊約千人，由涂家埠搭浮橋而來，至吳城上游，分股鈔出。彭玉麟派嚮導、左、右三營舢板至前河上游，攻擊陸賊；後營舢板紮駐後河，防下游之賊船；仍派長龍大船之勇登岸陸戰。賊之至河干者，我軍舢板排礮齊發，轟斃賊十餘名。該逆無所遮蔽，遂退入隄內，鈔出，直竄街市。我水勇初

改陸隊，已至街尾，與賊相遇，火器刃矛，兩相攻擊，數進數退。我軍突起直前，傷斃二十餘名。該匪敗北，追至小港之前，鳧水而遁。我軍因後河陸賊尚多，未及窮追。後河股匪，見前岸已敗，亦即回竄。據生擒賊匪供稱，是日礮斃偽檢點周姓一名。該逆火箭、噴筒、水老鼠等件甚利，係潮州之匪新投賊營等語。此十二日水陸獲勝之實在情形也。

三月十四日，又派後營、嚮導營駐守吳城，左、右兩營前往涂家埠攻剿德安、建昌的太平軍。

《曾國藩全集‧奏稿》卷八《吳城水師勝仗摺（咸豐六年三月二十六日）》有：「彭玉麟以吳城水營之患，不患下游湖口之水賊，而特患德安、建昌之陸賊。陸賊之來，係由涂家埠搭浮橋而過。必先清陸賊來路之源，我水軍始有安枕之日。並探得賊由奉新等處，擄來船隻百餘號，聚集涂家埠，意將水陸來撲我營。彭玉麟與各營熟商，涂家埠去吳城僅六十里，與其待賊來而應之，不如我先往而擊之。遂派後營、嚮導營駐守吳城，左、右兩營前往涂家埠攻剿。」

是日丑刻前進，午刻抵涂家埠。與太平軍鏖戰逾時，又追太平軍至建昌河。時建昌縣城的太平軍前來援應，湘軍恐深入有失，漸次收隊，回至涂家埠。是日夜，終回吳城。

《曾國藩全集‧奏稿》卷八《吳城水師勝仗摺（咸豐六年三月二十六日）》有：「十四日丑刻前進，飛槳疾行，午刻抵涂家埠。見賊浮橋二道甚為堅固，橋內灣泊賊船約百餘號，我軍船一齊駛進，該逆用擡鎗抗拒，鏖戰逾時。我軍點放排礮，子如驟雨，賊勢稍卻，各勇一鼓衝入，砍斷錨本、篾纜，拆毀浮橋二道。賊見我軍衝過浮橋，將所擄船隻急開往建昌河而去。每船有賊四五十人護衛。我軍乘勢尾追。賊之民船，不及我戰船之輕便，須臾追至，拋擲火彈。一船焚燬，眾賊驚慌。或被礮擊斃，或烈燄焚燒，或投水自盡，或登岸竄逃。我軍見賊大潰，極力窮追約十餘里。建昌縣城之陸賊，分兩岸前來援應。我軍恐深入有失，漸次收隊。援應之賊，沿岸追趕，河仄岸高，不便攻擊。我軍船仍回至涂家埠，見河岸平坦，復開放排礮，攢擊陸賊，轟斃數十人。賊復敗退，逃匿民房之內。時已黃昏，遂收隊，夜回吳城。計燒賊船數號，奪獲二十餘號，生擒長髮二名，旗幟、器械刀矛衣物甚多。」

五月，帶四營，駐吳城，防下游湖口。

《曾國藩全集‧奏稿》卷九《水師吳城勝仗克豐城縣片（咸豐六年五月二十三日）》有：「再，水師九營惠潮嘉道彭玉麟帶四營，駐吳城，防下游湖口之

賊。……又據彭玉麟督同吳城水師四營稟稱，五月十三日，辰刻有賊船四十餘號，偃息旗鼓，混稱民船，蜂擁上犯，將近望湖亭，開礮轟擊。時各營哨探已先後偵知。彭玉麟派定後營、嚮導營走東路，由夾河包鈔。左右兩營走西路，由大河直下。比賊船已近，各帶船隻分途而下，兩相攻擊，鏖戰逾時。約轟斃賊匪數十名，賊始敗退。我軍乘勝追趕，燒燬賊擄民船四隻。追三十里，至德安河口，日昃風起，收隊回營。我軍無一傷損，此吳城水師迎剿獲勝之實在情形也。」

六月十四日，帶水師前往江西南康府追剿太平軍。

《平定粵匪紀略》卷五咸豐六年條曰：「六月，楚南水師收復江西南康府。南康外接大江，內控鄱湖，為全省水道總匯。前為水師入內湖時，埽蕩迨樟樹鎮失利，調分駐青山、屏風之水師，移紮吳城，南康復為賊踞。曾侍郎遣水師彭玉麟等，於六月十四日往剿，賊方督民夫造戰船，未竟連勝。焚燒其業艦，延及岸上積聚，竝令各船擡高礮口，使礮子轟入城中，賊大驚，開門遁，收復府城。楚軍乘勝攻黃州，竝截剿漢陽竄賊。」

六月十八日，擊太平軍在南康城下。

《湖南襃忠錄初稿》有《寇事述二》記：「（咸豐六年六月）十八日，聞賊在南康修造戰艦，遂進擊焚之，乘勝追至南康城下，賊嬰城拒守玉麟，用抬礮轟之，而焚其沿岸造船木料，賊見火起，開城遁。」

六月十九日，克復南康府。

《湖南襃忠錄初稿》有《寇事述二》記：「（咸豐六年六月）十九日，彭玉麟克復南康府。賊踞南康，乘間犯吳城水師，玉麟屢督師敗之。

七月二十七日，巡哨至南康，循東岸下，追太平軍至屏風，途遇南風，逆境中險勝。是日五更，回營。

《曾國藩全集・奏稿》卷九《水師疊獲勝仗摺（咸豐六年八月初七日）》有：「奏為水師疊獲勝仗恭摺……七月二十七日，惠潮嘉道彭玉麟帶後營、嚮導營赴下游巡哨，行九十里。巳刻，至南康，循東岸而下。遙見謝司塘逆旗招展，陸賊上犯，賊舟亦自西岸神靈湖列陣而出。彭玉麟率各營哨仍自東而下，將鈔尾而兜擊之。賊船斜趨而西，彼此橫列一字陣，對敵逾時，賊舟敗北。我師乘勝窮追，直至屏風，去吳城老營已隔一百三十里，捩柁收隊。行不數里，南風忽起。該逆見我軍遠來勞乏，又見南風之不利於退師也，遂回棹返攻，極力猛撲，子如驟雨。我軍亦停棹對擊，礮煙蔽空，湖波大作，軍心搖惑，幾至

不支。彭玉麟傳令大舟下椗,與之坐戰。陣腳稍定,各舢板亦回頭奮擊,銜枚無譁,千礮雷震,賊勢懾,復敗。我軍揚帆佯作欲追之勢,實則靜待以觀其變,待賊舟奔北已逾二十里,始行捲塘收隊。五更,乃抵老營。此吳城水師巡哨南康接仗之情形也。」

十二月初一日,於吳城鎮與曾國藩商酌水師進剿太平軍事宜。

《曾國藩全集 · 奏稿》卷十一《附陳近日軍情請催各省協餉片(咸豐六年十二月二十三日)》有:「再,臣國藩於十二月初一日由江西省河赴吳城鎮,與廣東惠潮嘉道彭玉麟商酌水師進剿事宜。連日接據署湖北提督楊載福、布政司銜李續賓函稟,武、漢、蘄、黃、大冶、興國,三府七州縣,於十一月底次第克復。楊載福督水師於十一月二十九日直抵九江,焚奪賊船殆盡。李續賓督陸師進剿南岸賊匪,於十二月初九日進攻九江府城。臣展閱之下,不勝忭慰。」

咸豐七年(1857),四十二歲

正月初三日,外江水師受挫,內湖緊守,擬移泊南康。

《彭玉麟集 · 書信》中《致李續賓(咸豐七年正月初四日)》有:「昨承示外江水師挫失,悵罔奚如。內湖緊守,當可無患。擬節外移泊南康扼守,以防賊窺覦此城,賊得計則乘之,不可不防也,況久有上竄之心乎。茲詢來弁林步雲,雲解餉來勇十二人,已於途次交替於營,實深勞累,五中不安。付薄資捌兩,乞分給,聊以表意。林弁弟已給銀二兩、錢四百。唯老兄老營人數較單,恒耿耿也。厚庵兄去武穴、田鎮,巡查後路未回,今得知初二之信,又當憤急矣。北岸得以掃清始佳,不然又多番罣牽,若再有變,更難收拾,奈何!如張小山處必須林弁來,再行函達餉來,茲遣其銷差。敬復。即請勳安。不盡神依。」

正月初四日辰刻,收李續賓贈銀二千兩,得解戰事燃眉之急,後寫信致謝。

《彭玉麟集 · 書信》中《致李續賓(咸豐七年正月初四日)》有:「迪庵仁兄大人麾下:初四辰刻收到賜銀二千兩,銘謝無既。」

二月初一、初二夜,帶五千火藥下湖口,沿途搜湖。

《彭玉麟集 · 書信》中《致李續賓(咸豐七年二月十一日)》有:「唯省門大府如屍,不濟子藥,實所為難萬分。前營以水勢可直逼瑞城下,炮子悉入城中,夜靜唯聞瓦解牆傾之聲。子藥足,放手力攻,可期有濟也。弟昨初八痛切一函,達總局請子藥,尚不知如發否。弟帶五千火藥下湖口,初一、初二夜之

戰暨歸途搜湖，所餘藥無幾。若局中不發藥，即弟處亦成死船矣，安能活動耶？口糧無有，可以羈延，而火藥亦如此其難，西江大局真堪痛哭。北岸尚祈如天之福，不致上竄為佳。倘不爾，東南半壁前功固棄，而後患莫測，可奈何！匆匆草復，即請勳安。諸唯心照不盡。」

二月初六申刻，旋潀磯，防太平軍。

《彭玉麟集·書信》中《致李續賓（咸豐七年二月十一日）》有：「迪庵仁兄大人麾下：初六申刻旋潀磯，因案牘山積，選緊要者批閱暨作答信函，至初八始得專陳得來赴潯奉達一函，諒已早入青覽矣。」

三月初一，因曾國藩丁父憂，解任。公協同楊載福就近統領廣東惠潮嘉道。

《曾國藩全集·奏稿》中《附錄明諭答報丁父憂摺（咸豐七年三月初一日）》有：「內閣奉上諭：曾國藩奏丁憂回籍，請派員督辦軍務一折。曾國藩丁父憂，前據駱秉章奏到，業經降旨賞假三個月，回籍治喪。所帶湖南兵勇，暫交其弟曾國華管帶。惟曾國華職分較卑，仍須有大員統帶，方能得力。所有曾國藩前帶水師兵勇，著派提督銜湖北鄖陽鎮總兵楊載福就近統帶；廣東惠潮嘉道彭玉麟協同調度。所需兵餉，並著官文、胡林翼、文俊源源接濟，毋使缺乏。該侍郎假滿後，著仍遵前旨，即赴江西督辦軍務，以資統率。欽此。」

五月初五日，探察太平軍動向，防堵潀磯下游。

《彭玉麟集·書信》中《致李續賓（咸豐七年閏五月初五日）》有：「湖口近來徽賊數千，偽翼王自金陵帶所部聲稱數萬，究亦不過數千；然翼賊究不知真假是其否？弟專探二次，皆言欲水陸上犯我軍，弟嚴謹以待，不敢稍忽。然賊詭計多端，聲東走西，不可料定。吾兄頗單薄，恐其乘之，亦須防也。吉、瑞、臨如故，並聞瑞郡軍心不齊，未知果否。節帥朔六日安封君窀穸，出山恐秋以為期也。宜來潯，不宜入內湖受執縛耳。弟一月以來，骨蒸筋疼，由漸而深。總之，拼此一身，罔計安危，離藥則不可問矣。鴻便，敬請勳安。不盡欲言。筱石尊兄均安。」

五月十五日，仍在潀磯防太平軍。

《彭玉麟集·書信》中《復李續賓（咸豐七年五月十三日）》：「迪庵仁兄大人麾下：弟下潀磯近九十日未返吳城，因不放心下游之故，日對萬頃洪濤，愁悶欲絕。性既褊急，復多杞憂，學問不深，以致意氣不平，傷時感事，鬱鬱無聊而已。」

是月，委戴兆熊代理後營事務。

《（光緒）湖南通志》卷一百七十九人物志二十記：「戴兆熊，字夢璜……（咸豐七年）五月，彭玉麟委兆熊代理後營事務。」

六月十二日，病，臥床。

《彭玉麟集·書信》中《致李續賓（咸豐七年七月）》有：「迪庵仁兄大人麾下：弟自前月十二申刻臥床。」

六月十九日，回吳城治病。

《彭玉麟集·書信》中《致李續賓（咸豐七年七月）》有：「延至十九日旋吳城，醫藥投效，不食者八日夜，直至晦日始能出船門理事。近已痊可，唯子午潮熱不退，心空痛，筋骨時作酸疼，飲食雖未復元，精神勉強能支持，一切敢慰綺注。」

六月二十六日，飭戰船駐紮都昌。

《彭玉麟集·書信》中《致李續賓（咸豐七年七月）》有：「都昌現辦團練，紳民富戶多從賊。刻下尹令來作筏子，弟為主之。前月廿六派戰船十八隻，偕尹令六百新集勇往該縣駐紮，嚴示該縣士民團練，不從者威以制之，阻撓者殺。昨初五竟有該縣紳素充軍帥者，在饒州景鎮統賊八百餘人來該縣撲牆。初六五鼓，水陸開仗，陸勇紮西門者三百餘人敗走，水師嚮導營各哨恐城有失，以半勇守船開炮，以半勇登岸抄賊尾，而東門陸勇三百餘人亦衝出接仗。賊見我水師登岸包尾，陸軍迎頭，遂大敗退去。水師殺賊廿餘，奪黃旂十三面；陸勇亦傷賊數十人，惜山路未敢遠追，賊退去不三十里。」

是月，太平軍在瑞州，公隨楊載福遣水師會陸路夾攻，俘斬極多，收復瑞州府城。

《軍興本末紀略》卷二有：「（咸豐七年）六月，皖逆傾巢援蘄、黃，李續賓遣其弟續宜由瑞州回援。逆踞內湖，童司牌、鮑超等擊敗於億生寺、安義鎮。王國才為火藥傷，陣亡。逆踞瑞州，楊載福、彭玉麟遣水師會陸路夾攻，湘軍血戰俘斬極多，府城遂復。小池口與潯城隔江對峙，江、皖入楚咽喉，胡林翼、楊載福督兵合剿，拔小池口偽城。」

七月初六夜，聞炮聲夜，擬待風平前往都昌。

《彭玉麟集·書信》中《致李續賓（咸豐七年七月）》有：「前月廿六派戰船十八隻……初六夜復聞炮聲半夜，諒賊亦是乘夜撲我軍也。昨今兩日夜大風

猛浪，船翻覆，不能動，不能專探去，尚不知該縣何如耳（該縣隔彭蠡湖四十
里寬）。弟擬風平即日往都昌一行，代為整飭陸勇，部署一切。草草敬復，虔
請勳安。諸唯心鑒，不盡神依。筱石尊兄均安。來勇辛勞，已給錢一千文。」

七月初八日未刻，收贈翰，寫信感謝李續賓。

《彭玉麟集・書信》中《致李續賓（咸豐七年七月）》有：「初四早，由厚
兄處專弁曾縷復一函，乞並達尊覽，以道大捷之喜，因病起手軟，頭尚昏，不
能多寫字之故，不知已入青睞否？今初八未刻奉賜翰，荷蒙關垂賤恙，感謝良
深。」

七月十四日，克復瑞州。

《彭玉麟集・書信》中《致李續賓李續宜（咸豐七年七月十六日）》有：
「迪庵、希庵老兄大人麾下：瑞州於十四日克復，水師前營尚殺賊六七百人，
而陸軍之痛快淋漓，所殺更可想矣。惟劉峙衡陣亡，奮勇萬分，撲去數炮臺，
大家賴以成功而自家慘死，三軍盡皆痛哭，聞者能不大放悲聲乎？弟不禁回腸
寸斷矣！蒼蒼者何不佑好人耶？如吳竹莊輩天則佑之，是不可解，福淫人而禍
忠良，實欲呼而問之也！」

七月十六日，派左、右、後三營勇十二名護送人回九江。

《彭玉麟集・書信》中《致李續賓李續宜（咸豐七年七月十六日）》有：
「再者，吾兄昨函詢及貞兄旋潯日期，欲派勇相迓一層。今已由弟處派左、右、
後三營勇十二名護送，則吾兄處不必另派勇矣。先此專陳得來。敬請臺安，不
備。」

是月，督辦都昌團練。

《彭玉麟集・書信》中《致李續賓李續宜（咸豐七年七月十六日）》有：
「弟督辦都昌團練，該邑紳盡甘心從賊，暗中請賊來數千，日夜與我軍接仗撲
城，向、左、右三營水師更替登岸，水陸夾擊，連接四仗，斬獲老長髮頗多，
刻下已敗退遠颺入饒郡去矣。尹令立得腳住，或以威制該紳而團可成亦未定
也。知關倚注，並以奉聞。但峙衡一軍無主，未知迪兄可歸併否？不能，將士
必散，誠可惜耳。不知尊裁若何？忙中草草，敬請捷安。統惟勳照。不盡。」

八月初十日戌刻，回潀磯。是日夜，出外江。

《彭玉麟集・書信》中《復李續賓（咸豐七年八月十一日）》有：「迪庵老
兄大人閣下：陳得來昨初十戌刻回洙（潀）磯，奉還云，示知一切。急攻小池

口，以待黃梅得勝之師合剿，是為要著，欽佩無既。部照承尊處收到，易於寄去為感。但專勇返往必須路費，乃將原資見外擲回，殊抱不安為悵。詠公所賜火藥並銀，承示十一二即由七里湖派夫解來，曷勝欣慰之至！因昨夜有差便出外江，匆忙中於厚兄函內草草數語，托為致意，未及另啟，已發去矣。」

八月十一日，因大雨歇。

《彭玉麟集·書信》中《復李續賓（咸豐七年八月十一日）》有：「四更後大雨連綿，至今未歇，天氣不佳，恐火藥在途淋漓，殊為焦灼，但期未動身為宜。如未行，發夫上路，即乞俟天晴再動身。飭往烏石門下船甚近，半日程，弟已派戰舸往該地迎候矣。並求賜知夫價若干，以便照發為禱。此非同小可，不如付部照之易，萬不能累尊處，況相煩日後甚長耶。」

同日，寫信回復李續賓，商量作戰事宜。

《彭玉麟集·書信》中《復李續賓（咸豐七年八月十一日）》有：「希庵五兄恐詠公不放之來；若能放來，小池口之下，尊佈置最為水不能瀉，即不能立破其城，亦足以困矣。弟船分散，合攻湖口，萬難調齊。僅不滿百之船，若盡行直紮姑塘，再四思維，又恐上游太空，有後路之虞。弟擬俟外江藥到，分佈之。先移南康，飛達老兄定奪。即星夜紮青山，離姑塘亦止十里餘，出隊亦易。唯求天假之緣，風平浪靜為佳，否則，雖泊灰山下亦可望而不能動。厚兄來函云，俟其定奪，飛示入內。相約湖口之舉，大約在節後，而節前已來不及矣。小池口得事，更好辦多多。天心厭亂，諒必如願。鴻便，特請捷安。諸唯心鑒。不盡。」

是月，與李續賓等人訂期九月初八日進剿湖口。

《胡林翼全集·胡林翼奏議》卷二十二《奏陳水陸各軍克復江西湖口縣城並攻破梅家洲偽城詳細情形疏（七年十月初二日督發）》記：「八月內湖口賊船，將分路進援九江，李續賓乃商楊載福會同內湖水師，惠潮嘉道彭玉麟設計水陸夾擊，訂期九月初八日進剿。」

九月初七日，與李續賓、楊載福密約攻湖口之背。

《胡林翼全集·胡林翼奏議》卷二十《奏陳克復江西湖口縣城大概情形疏（九月二十三日督發）》記：「竊湖北下游官兵，八月內克復小池口後，臣官文等復即咨行水陸各軍，乘勝圍攻九江，並進規湖口，以聯江楚兩軍之聲勢。適接探報知湖口賊船增至數百號，圖援九江。九月初七日，李續賓、楊載福等議

派陸勇由下游襲攻湖口之背，水師夾攻於前，為出其不意之策。密約內湖水師彭玉麟同日大舉；李續賓遂調各營聲言搜剿宿太等縣，即於初七日渡江，暗於是夜四更拔營；楊載福亦由水路直下，副都統銜總管巴依爾呼蘭等馬隊，亦由陸路馳騁八里江岸一帶。」

是日黎明時，派游擊攻湖口之東。

《胡林翼全集・胡林翼奏議》卷二十二《奏陳水陸各軍克復江西湖口縣城並攻破梅家洲偽城詳細情形疏（七年十月初二日督發）》記：「初七日李續賓令李續宜率營官何紹彩、黃澤遠、張榮貴、巴圖隆阿等馬步隊攻梅家洲偽城，自率湘凱各營渡江，揚言搜剿宿松、太湖；是夜，駐師張家壩，四更後，潛率李續燾、胡裕發並副右副左中右各營，紆曲繞道，伏於湖口後山，掩旗息鼓，攀藤依石而上，令梁作楫、彭友勝伏於山麓，專俟水師得手，水陸夾擊，此李續賓之設計，而賊未及知也。黎明時，彭玉麟派游擊蘇在位，都司羅勝發、成發翔、孫昌國守備，彭大田等攻湖口之東，游擊鄧翼升，守備曾四美等，攻西岸梅家洲賊船，參將劉國斌由中路橫排接應；賊分兩岸迎拒，礮聲振雷，子落如雨，都司羅勝發連擊黃馬褂賊目三名落水，忽礮子從崖隙飛出，羅勝發中礮陣亡；後隊繼進，拋擲火蛋，賊船火起，我軍乘勝擒斬焚奪，賊即紛紛投水。」

九月初八日，水陸各軍齊攻湖口等處。

《胡林翼全集・胡林翼奏議》卷二十《奏陳克復江西湖口縣城大概情形疏（九月二十三日督發）》記：「初八日，水陸各軍齊攻湖口縣附近之七里衝、三街市、月台山等處，賊卡高壘。水師復上下轟擊，晝夜不息，愈逼愈緊，焚奪賊船不下千餘隻。」

九月初九日，克復湖口縣城、梅家洲等處，肅清江面。

《胡林翼全集・胡林翼奏議》卷二十《請飭秦晉蜀三省仍遵前旨籌撥鄂餉片（九月二十三日督發）》記：「再楚北肅清後，臣都興阿已率領馬步進規宿、太、九江長圍困賊，該匪堅守如故，自瑞州復而賊勢孤，自小池口復而賊勢愈孤；賊所恃以應援及接濟者，惟湖口耳；現經楊載福、彭玉麟、李續賓水陸夾擊，將湖口賊船全行焚奪，片帆不返；即於九月初九日克復湖口縣城梅家洲賊壘。該匪如釜魚檻獸，計窮援絕行見聚殲。查九江之於金陵，風利五六日可到，水師陸師乘此機勢，正可直搗皖南、皖北，兼及江寧、瓜步，江面肅清，全局可圖，在此時矣。楊載福、彭玉麟之水師戰無不捷，且熟於江路，洞悉賊情；兼以船身礮位大小相兼，遇有賊划停泊港汊，隨時搜捕，出入便利，非若下游

戰船推移費力，無風不行也。惟是東征水陸馬步兵勇長夫四萬餘人，月餉二十餘萬，籌之本省，濟自鄰封，時形支絀秦蜀之餉，本未如期如數，現除積欠不計之外，益屬嗷嗷待哺；本年蘄黃一帶邊警、征調、製造，更添意外之需，又兼內湖水師彭玉麟一軍，積欠口糧已逾八月，每月口糧須銀二萬餘兩。」

《胡林翼全集·胡林翼奏議》卷二十二《奏陳水陸各軍克復江西湖口縣城並攻破梅家洲偽城詳細情形疏（七年十月初二日督發）》記：「先是，楊載福於初七日派參將孫昌凱，都司劉正隆、楊明萬等，以長龍舢板分載陸勇，虛作聲勢以待接應，自率各營於初八日卯刻抵湖口縣，派參將萬化林率前營楊明萬率新前營，攻梅家洲賊船。參將李朝斌率新右營，又派副將李成謀、張啟基，參將陳金鼇、都司何瑞祥、守備丁泗賓於石鐘山賊船大幫停泊之處，上下夾攻。至是會合彭玉麟水師揚帆直進，北風大作，舟駛如飛，兩岸及城賊密排大礮，同時開放；各軍奮勇爭先，陳金鼇左顴受礮子傷，李朝斌胸膈受傷，大叫殺賊，屹立不動；絕壁懸崖，水流湍急，我軍飛樂衝擊，忽舟重難移，船身傾側，急以長篙下探，知水底重重羈絆者，皆大錨鐵鍊也。……五更我兵緣梯而上，飛火箭入城中，適中火藥，瓦石飛空，牆壘破裂，賊大譁，開城奪路而出，我軍乘勝追殺，楊載福、彭玉麟水師分道繞截水陸，又殺賊二千餘人，生擒偽總制陳中理等二百餘名，奪獲礮位三百餘尊，糧食、硝藥、器械無算，湖口縣城即日克復。梅家洲之賊見湖口已破，不戰而逃；李續賓、何紹彩、並巴圖隆阿等由間道繞出，賊前聚而屠之，無一遺者。」

九月十三日，又克小姑山。

《胡林翼全集·胡林翼奏議》卷二十二《奏陳水陸各軍克復江西湖口縣城並攻破梅家洲偽城詳細情形疏（七年十月初二日督發）》記：「十三日，楊載福帶外江水師，彭玉麟帶內湖水師，又奪彭澤縣賊船數十號，攻破小姑山賊卡，江面一律肅清。是役也，盡兩晝一夜之力，合水陸之師，或夾擊，或合攻，掃積年踞險負固之窟，通外江內湖水師之路，而潯城岌岌孤絕無援，不獨江西之門戶可保，而東南之大局可圖；是皆仰賴皇上天威，軍士用命，乃能出奇師而成偉績。」

十月十五日，加按察使銜。

《胡林翼全集·胡林翼奏議》卷二十二《奏陳水陸各軍克復江西湖口縣城並攻破梅家洲偽城詳細情形疏（七年十月初二日督發）》記：「上諭：『官文等奏：『官軍攻克湖口縣並梅家洲偽城，請將出力員弁獎勵，開單呈覽』一折；

李續賓等督率諸軍出奇制勝，洵屬可嘉！布政使銜記名按察使李續賓，著遇有布政使缺出，由軍機處提奏；提督銜鄖陽鎮、總兵楊載福，著遇有提督缺出，由軍機處提奏；廣東惠潮嘉道彭玉麟著賞加按察使銜。』（十月十五日接奉）」

十月十三、十四日，仍駐湖口。

《胡林翼全集·胡林翼奏議》卷二十五《奏陳楚師分剿江皖大勝疏（十一月二十七日督發）》記：「竊臣官文等前因楊載福水師乘勝下剿，直達東流銅陵後，仍泝流而上回駐彭湖一帶，偵知江西逆渠偽國宗韋志俊等，由浮梁、健德、都昌、鄱陽等縣，糾集大股逆黨，二萬數千，復竄湖口，圖援九江；而皖賊亦復分路上竄。疊經咨飭水陸各軍，嚴密戒備；一面由李續賓九江營內抽撥陸勇五千人，派候選道李續宜統領，於十月十三、四日拔營馳往湖口，會合楊載福、彭玉麟水師，迎頭剿辦。」

十月十九、二十八等日，率內湖水師，防剿贛河，並留二營駐湖口，協助楊載福、李續賓。

《胡林翼全集·胡林翼奏議》卷二十五《遵旨籌議水師迅速東征疏（十二月初六日督發）》記：「本年十一月三十日，承准軍機大臣字寄……十月十九、二十八等日，復經候選道李續宜擊退賊援，該匪屢思走險，而重濠不能飛越，均被我兵截回；檻獸釜魚，聚殲可待。廣東惠潮嘉道彭玉麟所管內湖水師，以八營防剿江西省河，贛河，以二營留駐湖口，與楊載福、李續賓水陸攻擊；是楊載福一軍，似難全行東下。惟鎮江瓜洲既經克復，又未便以潯城未下，坐失事機。臣等竊念該逆挺而走險，若從金陵竄出，恐其偷渡江北，奔竄安慶；現已咨商楊載福趕緊料理，能否分兵先行下駛，使逆匪不致偷渡北岸；一面由臣等籌畫銀錢、米糧、軍裝、火器必須辦足兩月之用，載以俱行；仍以武昌為糧臺根本，以九江為老營根本；征軍無返顧之虞，長江有建瓴之勢；至水師利用，在乎飄忽無定，不可膠滯一隅；此次水師東下，應於有賊之處，隨機雕剿；無賊之處，奮迅往來，倏忽千里；使逆賊不能測我兵機，窺我江路；則江皖陸師，攻剿必易得手，楊載福用兵謀略，久在聖明洞鑒之中，其審機觀變，分合進止，全在該提督之臨機決斷；茲蒙皇上聖知如神，破格畀任，准楊載福自行奏報，俾得盡其所長，無所牽制，必能殫竭血誠，肅清江面，除飭水陸各軍，力攻九江，迅期克復。並俟楊載福咨商確情，另行具報外；所有現在籌辦兵餉、軍火，一面咨商福建提臣，楊載福能否先期料理東下各緣由，謹合詞恭折具奏。」

十一月十五日，同李續宜分三路攻太湖。

《平定粵匪紀略》卷六咸豐七年條曰：「十一月，揚州軍克復瓜州……而宿松、太湖之逆，憤九江困圍，糾黨麕集於楓香驛、仙田舖、紫方、界水河等處，聲勢相依，合計不下五六萬。官大臣己以湖口任楊提督，復書最都將軍，極意周防，將軍乃於十一月十五日督隊簡員，派糧道唐訓方駐陳德、圍固蘄州門戶。翼長多隆阿、副將鮑超領石清、吉西林、布祿昌、鄭陽和等迎剿太湖。馬步竝進，斬四千餘賊，唐道亦敗賊於陳德圍，級功相埒。是時，楊提督之師已大獲全勝。李布政續賓撥陸勇五千，遣候選道李續宜會水師彭道玉麟分三路直擣。水陸相資，奇正互出，戰必有功。斃賊七千餘名，邀擊殲溺五六千，統計盈二萬奇，裹脅之眾，群散隊攜，又將萬餘逆勢大挫。」

咸豐八年（1858），四十三歲

正月二十七日，咸豐帝命公與楊載福克九江。

《文宗顯皇帝實錄》卷之二百四十四咸豐八年正月二十七日條曰：「現在和春等、正在圍偪金陵、安慶蕪湖等處，賊黨尚多，時往金陵援應，所望九江早克。順流而下，與江南大軍兩路夾攻，使該逆不至他竄，方為妥善。著官文等、傳旨令楊載福彭玉麟等、奮勇圖功，毋得遷延時日，坐失機宜，將此由六百里各諭令知之。」

是月，克湖口彭澤，合圍九江。

《霆軍紀略》卷二戊午咸豐八年條記：「正月，鮑公扼守二郎河。是時，江南帥和春公、張公國樑等圍逼金陵、安慶、蕪湖等處，賊黨時往援應。楊公岳斌、李公續賓、彭公玉麟自迭克湖口彭澤後，合圍九江，功在垂成。北岸宿太馬步，各軍且剿且守，雖楚境幸，臻安堵而皖逆，出沒無常，屢圖上犯，都興阿公奉。廷旨催令，迅殲宿太賊股，以便水陸東下，夾攻金陵。而太湖賊於初一、初二、初七等日竄近蘄州邊界宿松，賊竄近荊橋、好漢坡等處，築壘抗拒。鮑公急欲率師進剿，而都興阿公以二郎河地當衝要令，鮑公按兵靜守，尋經唐公、訓方等擊退太湖竄賊，多隆阿公亦獲勝於風火山、桃花舖等處，賊鋒稍斂。陳玉成尋竄縈它龍山，都興阿公仍令鮑公穩守二郎河。」

二月二十六日起，與胡林翼等商九江戰事。

《胡林翼全集·胡林翼奏議》卷二十九《馳奏官軍克復九江疏（八年四月十一日督發）》記：「竊查九江郡城，據江湖之形勢，實南服咽喉，而湖廣江南

之腰脊也……隨會商福建提督楊載福、按察使銜廣東惠潮嘉道彭玉麟，於二月十六日起，不分晝夜，水陸環攻，終為礮石所阻；旋據逸賊羅奏凱供稱：『城中賊勢雖蹙，賊糧未盡，所種麥苗，將次收穫，逆首林啟榮死守待援。』等語。」

二月二十八日，督勇挖地道，駐守九江郡城。

《胡林翼全集·胡林翼奏議》卷二十九《馳奏官軍克復九江疏（八年四月十一日督發）》記：「竊查九江郡城，據江湖之形勢，實南服咽喉，而湖廣江南之腰脊也……李續賓率王揆一等環城審視，查得大東門外磨盤洲地方，逼近城垣；其中崗高並於城，與左右兩崗連絡，環抱如弓，可於崗下潛開地道；惟立於崗頂，則城上鎗子如雨，遂令各勇依崗形勢，盡一夜之力，培土為牆，以鎗礮對城轟擊；隨立重賞，挑選精悍勇丁，分三處開挖地道，均於二月二十八日開工，仍日夜列隊攻擊，並幫運木梯，多張旗幟，故作登城之狀，以疑之。」

三月二十五日，地道成。

《胡林翼全集·胡林翼奏議》卷二十九《馳奏官軍克復九江疏（八年四月十一日督發）》記：「竊查九江郡城，據江湖之形勢，實南服咽喉，而湖廣江南之腰脊也……至三月二十五日，東門地道轟塌城數丈。」

三月二十九日，地道被太平軍毀。

《胡林翼全集·胡林翼奏議》卷二十九《馳奏官軍克復九江疏（八年四月十一日督發）》記：「竊查九江郡城，據江湖之形勢，實南服咽喉，而湖廣江南之腰脊也……二十九日，南門地道轟塌城十餘丈；兩次均被該逆以大桶火藥拋擲，士卒多傷，未得登城，逆匪旋將缺口磊塞。」

是月末，於九江城北門駐守。

《湘軍記》卷四《援守江西上篇》記：「（咸豐）八年……三月末，東南兩門地雷發，城坍，啟榮輒堵合之。續賓益令軍士日夜穴地，迤東而南，卒轟崩其城。賊奔出者，楊載福、彭玉麟水師截於北門，俘斬無遺。啟榮死亂軍中，尋出寸磔之。於是續賓威名聞天下。朝士以續賓前授浙江布政使，爭請赴本任，專治浙江軍事。胡林翼疏論東征大局，先皖北，次皖南，請以陸路軍事屬之續賓。詔賞續賓巡撫銜以圖皖。」

四月初六日，與楊載福等人進攻九江。

《胡林翼全集·胡林翼奏議》卷二十九《馳奏官軍克復九江疏（八年四月十一日督發）》記：「竊查九江郡城，據江湖之形勢，實南服咽喉，而湖廣江南

之腰膂也……四月初六日，迤東而南地道工竣，李續賓復會商楊載福、彭玉麟陸師攻東、南、西三面，水師攻北門臨江一帶。」

四月初七日寅刻，發火攻克九江。

《楊岳斌集》卷一《率師駐皖並派防上游江面摺（咸豐八年四月二十一日）》有：「奏為率領水師移駐皖境，並派防上游江面事宜，恭折仰祈聖鑒事。四月初七日，臣會合浙江布政使臣李續賓、廣東惠潮嘉道臣彭玉麟水陸攻克潯城，痛加剿洗，噍類無遺。當經飛咨湖廣督臣官文、湖北撫臣胡林翼馳奏在案。現在九江既已收復，臣應即會合江寧將軍臣都興阿馬步隊伍相輔而行，急趨安慶。」

《胡林翼全集‧胡林翼奏議》卷二十九《馳奏官軍克復九江疏（咸豐八年四月十一日督發）》記：「約於（四月）初七日寅刻發火，飭副將沈俊德率元右營，參將劉連升率護軍左營，從東南一帶，以梯登城；參將王載駟率元中營，參將蕭慶衍率貞中營，參將銜游擊楊富有率亨中營，參將李存漢率利中營，從小東門一帶，以梯登城；令王錦雲、黃德、江心才、李斌彪各率舢板，逼城攻打；部署已定，而水陸將士，咸痛三月二十五、二十九兩日傷亡士卒之慘，莫不歔歙飲泣，人盡思奮，及期火發，頃刻磚石飛騰，山岳震撼，轟塌迤東並東南城垣一百餘丈；李續賓飭王揆一、劉運會、毛有銘、李景均等率中營右營；副將李續熹率守備胡鎮南帶副右營；參將朱希廣率前仁營，游擊黃澤遠率新後營，都司銜守備余雲龍率智營；候選知縣蕭積仰率親兵營；都司銜守備李運絡率後仁營；乘勢搶城，騰越而上。都司朱春堂、劉正南，守備銜千總謝芝輝，藍翎千總葉定海、尹得榮，藍翎把總蕭楚勝、譚占秋、陳仕炳，把總李續佳、毛汀泗、李林盛，藍翎外委鄧榮堂、李光耿、王功義，外委舒才錦、黃澤和等，首先登陴，被傷殞命。諸勇忿氣百倍，前者傷後者繼，進衝上城頭，刀矛並舉，呼聲震天！該逆抵敵不住，紛紛亂竄；副將銜參將李登梗率亨右營，副將李長林率利右營，參將唐義訓率強中營，由城外西南一帶截殺；副將成大吉率貞右營，都司張復泰率護軍後營，由西門外一帶截殺；約兩時之久，城內勇掩殺而出，城外勇衝殺而入，該逆無路可奔，號叫之聲，慘不可聞；自卯至午，殲除淨盡，或死於水，或死於岸，屍骸堆積，流水腥紅，軍中逃賊，認識偽貞天侯林啟榮、偽元戎李興隆各賊目，於亂屍中指出；隨將賊屍寸磔，賊首梟示，以抒積憤！」

四月初七日五更，派兵駐琵琶亭。

《胡林翼全集·胡林翼奏議》卷二十九《馳奏官軍克復九江疏（八年四月十一日督發）》記：「約於（四月）初七日……楊載福、彭玉麟先於是日五更，派各營駐琵琶亭，扼賊出竄之路；其由小北門逃出之賊數百人，經李朝斌、李濟清、孫昌國、丁義方督師登岸，概行殺盡。其由龍口河牆子內出賊數百人，經劉德亮、李定升、彭志友督師登岸，概行殺盡。其由大北門墜城逃出賊數百人，經孫昌凱、何昌登、蕭翰慶、李升元督師登岸，概行殺盡。城內城外，本無一處去路，亦無一賊漏網；蓋自北路五年連鎮高唐戰功之後，未有如此次之剿殺無遺，不留餘孽者矣。」

四月初七日卯刻，克復九江府城。

《彭玉麟集·書信》中《致黃翼升（咸豐八年四月初八日）》有：「昌期仁兄大人麾下：別來想戎祉日臻為祝。九江府城昨日黎明克復，城內賊數千無分男婦少長概行屠戮，無一脫網，真快事也。茲奉上玉照一幅，乞察收。再，貴營歷年陣亡各哨勇，請速查明開單付來，以便書刻入祠。即祈查明各陣亡哨勇籍貫、官階，於何年、月、日在何處陣亡，曾否請恤，逐一填注為禱。此請近安。」

《胡林翼全集·胡林翼奏議》卷二十九《馳奏官軍克復九江疏（八年四月十一日督發）》記：「統計斃賊一萬六七千名，九江府城即於初七日卯刻克復。」

按：《彭玉麟集·書信》中《致黃翼升（咸豐八年四月初八日）》只說黎明克復九江，未交待時間。又據《胡林翼全集·胡林翼奏議》卷二十九《馳奏官軍克復九江疏（八年四月十一日督發）》知，克復九江時間為四月初七日卯刻。

四月十七日，加布政使銜。

《文宗顯皇帝實錄》卷之二百五十一咸豐八年四月十七日條曰：「以克復江西九江府城。加湖廣總督官文、湖北巡撫胡林翼、太子少保。浙江布政使李續賓、巡撫銜。按察使銜道員彭玉麟、布政使銜。」

五月，受令於胡林翼，率水師分布江西內湖，並大江、湖口、潯陽等處。調撥江省內河等營水師，並於鄂省添募勁勇二三千名。

《胡林翼全集·胡林翼奏議》卷三十《條陳楚軍水陸東征籌度情形疏（五月二十二日督發）》記：「竊惟九江克復，而江楚咽喉，賴以有備；安麻克復，而楚疆邊患，亦復稍紓現飭李續賓等水陸各軍，乘勝進剿皖豫，先清江北，為直搗金陵之計；謹將籌策調度機宜，臚列各條，為我皇上陳之。查九江上達川

楚，下通三江，為南七省咽喉，自古戰爭之地，收復匪易，防守宜嚴。臣等已撥楚軍五千駐守，其江西各路餘匪，闌入浙閩，惟餘吉安郡城，指日可期克復，則江西漸就肅清，即可抽兵萬餘，以一半益守九江，一半嚴廣饒；既可阻浙省回竄之賊，又可拒金陵上犯之逆。再令彭玉麟水師分布江西內湖，並大江、湖口、潯陽等處；又酌留楊載福水師數營，分駐小姑山、小池口、黃州、武漢要隘，以資巡防，而固水師後路；庶楊載福直達安慶相機下駛，無反顧之虞，得以會合蕪湖紅單船，併力東征。其湖口、東流、彭澤南岸一路，再以步隊輔之，水陸相聯，聲威益壯。再聞紅單礮船，誠屬利器，足以制敵，其將弁中必多戰手；惟船身笨重不如長龍舢板，進退攻擊，風帆便捷；其水勇聞亦性情難馴，應請密飭帶兵大員，與楊載福和衷共濟，合為一體，相機妥辦。……又楚北為上游重鎮，北連皖豫，疆界互長一千餘里，條條是路，仍應嚴密設防。現擬留候選道李續宜統帶步軍，副都統舒保統帶馬隊，分駐九江、黃梅、羅田蘄水、麻城，兼顧襄陽等處；又彭玉麟統帶內湖外江，並調撥江省內河等營水師，並於鄂省添募勁勇二三千名；又酌派巴揚阿安貴，統帶荊州駐防旗兵馬隊二百名，並吉林黑龍江馬隊七十餘名，及水師左光培等礮船三四營，均即守護省垣，兼備各軍後路，緩急調遣，此又楚省上下水陸分防，以資策應者一也。」

七月初三日，駕小舟接曾國藩，行至黃州附近。

《曾國藩全集·日記》咸豐八年七月初三日條曰：「早，因風不順，換坐麥春泉長龍小船，雪琴所遣來接者也。行二十餘里，至陽邏鎮下，遇雪琴駕小舟來接，因同坐一船，敘述別情。行至黃州上三十里，雪琴自歸小舟。餘舟酉刻到巴河，晤孫筱石、王槐軒。溫甫弟棹小舟迎我，中途錯過，晡時始晤，夜談至三更。昨日，自鄂來送我者，屬伯荷、方子白，今早歸去。」

七月十二日，於湖口縣與楊載福、曾國藩商議，設立轉運局。

《曾國藩全集·奏稿》卷十二《遵旨移師援閩摺（咸豐八年八月十二日）》有：「奏為遵旨移師援閩，擬從崇安進剿，敬陳現在賊情軍勢，恭摺奏祈聖鑒事。竊臣自六月十六日長沙拜摺後，旋於二十四日行抵武昌，與督臣官文撫臣胡林翼籌商轉運事宜，七月初四日抵蘄水縣屬之蘭溪，晤巡撫銜浙江布政使臣李續賓，商調所部總兵銜副將朱品隆前營湘勇五百名，副將唐義訓強字營湘勇五百名，隨同援剿。十二日抵湖口縣，與福建水師提督楊載福、布政使銜廣東惠潮嘉道彭玉麟定議，於該處設立轉運局。臣在湖口患病四日，二十一日行至南昌，與江西撫臣耆齡籌商進剿機宜。二十三日疊據廣信探報，偽楊國宗帶大

股賊數萬，從福建浦城竄出二度關，圍攻廣豐、玉山二縣，廣信各屬戒嚴。臣即於二十四日起程，馳援東路。」

約是月，在湖口新修楚君水師昭忠祠。題字「沒鏃飲羽，誠心石穿」。

《彭玉麟集·文集》中《石鐘山楚軍水師昭忠祠記》有：「兵部侍郎曾公，以親喪在籍，有詔起復，治鄉兵。念賊擾長江，非舟師莫能制其死命，遂建三省會剿議，治戰艦於衡州。時承平久，人不知兵，水師尤創舉，相顧……八年四月，克九江，殄賊無遺種。旋收撫州、建昌，石達開竄擾浙、閩。八月，吉安攻克，江境肅清。曾公奉命援浙、閩，軍次湖口。玉麟以水師戰亡諸將士乞疏請敕建昭忠祠。命既下，爰與楊公集議，建祠石鐘山。前楹祀蕭節潯、周貞潯、褚運使、夏運同、副將成章鑒、參將羅勝發、游擊黃國堯，都司史久立、易景照、李洪盛、謝新有、陳友德、郭德山，守備黃開進、白人虎等；而以弁勇三千餘眾祔之後楹。於是玉麟縷述水師緣起及分合之由，鑱諸石以詒後人。」

《曾國藩全集·家書》中《致沅弟（咸豐八年七月十四日）》有：「厚庵近日體氣稍遜。雪琴則神采奕奕，在湖口新修水師昭忠祠，土木之工，一一臂親手經營，囑餘奏明。」

《石鐘山志》卷四《金石·沒鏃飲羽，誠心石穿》篇曰：「咸豐丁巳季冬，偕楊厚菴軍門、李迪菴方伯破賊處。彭玉麟題。」

按：《彭玉麟集·文集》中《石鐘山楚軍水師昭忠祠記》中提到修建昭忠祠一事，然具體時間不明，查《曾國藩全集·家書》中《致沅弟（咸豐八年七月十四日）》，知其七月十四日就已經動工，具體時間推斷在七月。

八月，攻克吉安，江境肅清。

《彭玉麟集·文集》中《石鐘山楚軍水師昭忠祠記》有：「（咸豐）八年四月，克九江，殄賊無遺種。旋收撫州、建昌，石達開竄擾浙、閩。八月，吉安攻克，江境肅清。」

九月，得蘇軾《石鐘山記》墨揭跋後，命胡湘林鉤勒，重鑱碑在坡仙樓。並作文《東坡〈石鐘山記〉跋》。

《彭玉麟集·文集》中《東坡〈石鐘山記〉跋》有：「石鐘山舊有蘇子記碣，風雨飄零，年久蝕落，沒荒蕪中。乾隆戊寅，翁覃谿以宮詹視學江西，過而書付於石，往來遊人多拓之。工竣，適邑侯岑藕舫司馬蓮乙於舊家得翁書《石鐘山記》墨拓一紙來示。予喜見名賢遺跡，不忍湮滅，交幕友大潙山人胡君湘林，鉤而重鑱之，以存湖山故實。就昭忠祠左偏懸崖創坡仙樓，以藏是石。並

貫一聯於樓，曰：石骨聳烽餘，百戰河山增感慨；鐘聲聽浪擊，千秋名士有文章。特記是山之與是記云爾。衡陽彭玉麟跋，時咸豐戊午秋九月也。」

《石鐘山志》卷四《金石‧蘇文忠〈石鐘山記〉》篇曰：「明正統間仆於水。……咸豐丁巳，宮保彭公得墨搨跋後，命胡湘林鉤勒重鑴碑在坡仙樓。」

十月，由皖江下游一帶上羅塘洲開壕防禦太平軍。

《彭玉麟集‧書信》中《致李續賓（咸豐八年十月十三日）》有：「迪庵老兄大人麾下：月前由沈克垣大兄處一函，次又由滌師親兵便函一箋，不知均入英覽否？刻下雄師攻三河，諒賊係遊魂，不難卵覆。唯舒、桐一帶節節留防，有分兵力。而湖、彭諸軍又須普欽堂來始能換防調去大營，究不知前途足資調遣亦單薄否，鄙衷恒念念也。潯江、泏水，以路遠難通音敬，悵結良深。滌師來函，飭弟還前次吾兄代交李筱泉太守銀三百兩。本應專差送呈尊處，因途遙不便之故，留以待梁湘帆開差時托為奉上不誤耳。安慶經厚兄調度已合圍，弟湖口各營亦皆駐皖江下游並安慶後湖一帶（由樅陽進口）。刻下慮有援賊，已由樅陽之上羅塘洲開壕，外通江，內通湖，壕上築牆以禦之。探四眼狗帶大股有上犯之意，未審大營在前後路無顧慮否耶，心甚繫之。」

十月十二日，聞英、法之軍入漢口，深惡痛絕，寫信咨李續賓等人。

《彭玉麟集‧書信》中《致李續賓（咸豐八年十月十三日）》有：「昨奉江西總局來咨，據浙閩制府來文，言上海夷務已經議和妥協，現在英吉、米利堅、佛藍機三國派有船隻上駛，擬看漢口馬頭形勢，一往即回，要我沿江水師各營不得驚疑，任其前往，只須防護等因。讀之令人髮指！夷鬼如是可惡，竟欲深入內江，藐視無人之境，而堂堂當事議和，一再而三，似此不全國體，曷可勝歎，天下事豈可為乎！今引鬼入宅，皆由於姑息養奸，思之泣下。此時或竟上游行過，我軍應如何防護方不失威？倘我優容，而夷性狼豕，稍生事端，聽之耶？抑與之用武耶？用武又恐違背聖衷議和之意，不用武又恐難耐，實處兩難，憤恨奚似！因悶極開戒痛飲，敢以告之，請老兄記責為禱。昨已飛告秀峰中堂，請飛咨浙江，以婉言阻鬼此行，庶足全大體多多也。未知能阻鬼不來否？景鎮初間又敗挫，可歎！且失船炮，江西仍之可笑也。龍翰臣一病作古，尊夫人旋以身殉自經，可悲可慘。特請捷安。諸唯心鑒，示悉近狀。」

十月十四日，聞政府與英法議和，無法贊同此舉，寫信與郭崑燾談。

《彭玉麟集‧書信》中《復郭崑燾（咸豐八年十月十四日）》有：「意城尊兄大人史席：十四得手示，知前函已入英盼，就諗近祉綏和為慰……頃接江局

來咨,據何畊雲制軍咨開:上海夷務,已議和好,不得滋生事端。惟聞英吉、米利堅、佛藍機三國,已派船入江來上游漢口看察馬頭,一往即回,不致久羈。要我軍沿江各戰船勿阻,不必驚疑,但須防護等語。讀之令人髮指。夷狄似此,天下事豈可為乎?如不用之以武,則貽夷人羞,視中華無人境矣。如用之以武,又干當事大臣之怒,且違背國議,實事處兩難。莽闖不得,優容不得,當如何防護之法,我不得而知也。頃飛請秀峰中堂示知矣。草草,即請謀安,保重壹是為佳。」

十月十五日,獲兵援湖口。是日夜遂渡八里江,前往安徽廬州。

《彭玉麟集·書信》中《致李續宜(咸豐八年十月十六日)》有:「希庵五兄大人麾下:日昨有函由馬遞,未知獲入臺覽否?蓋以得悉晉秩柏垣,特申寸賀也。迪兄進剿三河,弟日以其兵單為念,而屢催西江普鎮來湖、彭換防,不至,以致湖、彭之舊防不能撤往,焦灼實深。昨十五普勇才到湖口,湘帆兄即於今早拔營,弟渡其過八里江,擬星夜往廬。乃於申刻接探報,三河於初十寡眾不敵挫敗,金逸亭、李璞階、楊凱臣等均衝圍出,退至桐城,而迪兄已出圍否尚未得信,聞之喉癢難搔,焦急悲痛而已。」

十月十八日,路途中令兵前往桐城助防。

《彭玉麟集·書信》中《致李續宜(咸豐八年十月十八日)》希庵五兄大人麾下:三河初十敗後,弟於十六由六百里飛達,諒入青睞。頃據確探,賊離桐僅六十里。趙國香等誓報仇,必大戰於桐城,彭澤成武臣等、湖口梁湘帆,弟均已催令星夜前往桐城助防,都將軍已派馬隊往助剿。計桐城十有餘營,諒深溝高壘,當可堵禦耳。據逃出火坑之勇稱:迪兄由六安州一路去,因賊隔斷,不能歸桐城。如果爾,則如天之福也。血戰六七年之苦,天心亦必暗護無恙,祈吾兄宜善保養,以顧大局,是為至禱,至禱!厚庵兄已於十七去桐城安撫軍心矣。查璞階、凱臣、彭祥瑞、仁後李運絡、義右張養吾、金逸亭均次第到桐城,其餘各營想皆護迪兄去也。近日湖、潯換防,遊勇混入普軍,相率大至,日夜擄掠,江面不靖。弟日與為仇,擒殺而已。煩悶萬分,心懸迪兄,更多慘切,俟探有確音再飛報。草請勳安。」

十月二十二日,在湖口見曾國荃。

《曾國荃全集·電稿》中《致李續宜(咸豐八年十月二十九日)》有:「弟於十六早抵江省,十九日買舟旋楚,廿二日抵糊口,晤彭雪琴兄,始悉令兄迪庵親家初十日在三河口失利,已退至六安州一路,家六兄與孫小石已至桐城。」

十一月，與吳坤修遊石鐘山。作《石鐘洞序》。

　　《石鐘山志》卷二《山水·石中洞》篇記：「在下鐘岩……咸豐戊午仲冬月彭宮保玉麟、吳公坤修曾入游。彭公《石鐘洞序》曰：『洞濱江倚湖，冬潮落則門出焉。透漏玲瓏，莫可言狀。蜿蜒行男崩，如龍枯蛤滿。峭壁儼然鱗甲，左右旁通，上下數疊，曲折寬敞，可容千人。最上層燭而登，平坦溫煖，老蝠如扇。石峽有子，洞蛇而入，復高廣，三人可坐。丹房二字題於壁，旁岐多小詩，均新奇可喜。如『我來醉臥三千年，且喜塵世無人識』，又如『小憩千年人不識，桃花春漲洞門關』等句，大約皆曩時游人狡獪之作。墨色黯淡，惜無年代可考。蓋全山皆空，如鐘覆地。而上鐘山亦中多空洞，且山勢上銳下寬，似宜以形論，不以聲論。蘇子所謂窾坎鏜鞳，噌吰如樂作者，乃過其門，未入其室也。天下水中山多矣，凡有罅竇，風水相遭，皆有噌吰鏜鞳之聲。風愈激而聲愈洪，不獨此山為然，至酈子所論南聲北音，更不能無疑。予不敏不學，非敢妄議古人，不過親歷其境，身經目覩，而以形象意度之，故敘以待考古君子云爾。時在咸豐戊午仲冬月，越歲庚申，曾文正國藩舟過湖口，眺石鐘，記有曰：『石鐘山者，山中空形如鐘，東坡歎李渤之陋，不知坡亦陋也。』据此說也，則石鐘之應以形，斷無疑義焉。」

咸豐九年（1859），四十四歲

　　是年春，去黃州查有監生稱覓得曾國華全副忠骨一事。

　　《彭玉麟集·書信》中《復曾國藩（咸豐九年五月十五日）》有：「春間，麟往黃州，去李秉苑覓石牌。監生姜瀛往三河尋六世叔忠體遺骸，在湖口請路票護送前往。嗣後王令由霍山送歸忠骸。奉鈞示飭姜瀛不必前往，而維時該監生已由水路繞巢湖往三河去矣，無從追回。今十五，該監生來湖口，據稱覓得六世叔全副忠骨，確實不誤。言渠到三河，覓有偽官李起傳。據李起傳稱，迪庵偕六世叔等到三河，連破賊營多處，乃李起傳之子李賢明帶路作嚮導，其在大營見過六世叔，是以認得。因大營被陷，賊擒李，脅充偽司帥，故得出入賊中，而於港內得六世叔屍，淺埋之。該監生始信真，同與葬處起出，買通賊卡，至大通投紅單船李德麟鎮軍處，衣冠、公服、棺木，皆李鎮軍代辦，盡善盡美，頗豐厚。其一切用費皆李鎮答允代之。刻下靈柩在李鎮營次。該監（生）言，除其用去一百七八十花錢外，李鎮亦用不少。該監生留人守之，因必由皖城下過，恐為賊搜出，不敢載來，必須黃石磯出大隊至安慶，知會紅單船李鎮派船

護送，彼此交替，始得靈柩過皖。李鎮特遣姜瀛先赴上游，言明所以之故，定奪。」

　　按：文中「六世叔」指曾國華。據《曾國藩全集·書信》之二《致彭玉麟（咸豐九年正月十一日第三號）》：「詢曾國華遺骸尚有餘望否？……雪琴仁弟大人閣下：開春伏想新禧量吉，至以為頌。初六、初九等日迭奉二十六日及初二手函，知旌旆有黃州之行，計可與詠翁、希庵暢敘一切。迪公卹典優隆，恭讀朱批，尤令人感涕，同時死義諸君子皆不朽矣。聞何龍臣遺骸亦經尋獲，不審六舍弟尚有餘望否？思之至痛。」可知，彭玉麟受曾國藩所託，尋找曾國華遺骸。

五月十五日，寫信咨曾國藩監生謊稱得曾國華尸骨一事。

　　《彭玉麟集·書信》中《復曾國藩（咸豐九年五月十五日）》有：「麟思此事出於兩歧，前後孰真孰假，皆莫可辨。前次無元，此次有蘭，且據姜瀛所述李起傳覓得遺骸所在，似與去冬逃出各勇所言六世叔盡忠之處相符。且閱該監生呈李起傳所開嚮導，同我軍破賊壘日期相符，似乎曾識六世叔，亦未可知。麟細細盤詰，該監生語言動靜又皆誠謹，非似妄為之人。且受李秉苑深托，慨然攜帶貨物，並同避難一家老小前往虎口。半載以來，頗遭艱險。初至三河，被賊擒抬橋，頭受刀傷，淹留數日，始又逃出賊營，方行覓得李起傳，暗辦此事。又據據該監生稟稱，紅單船李鎮軍初見其覓得六世叔忠骸為喜，故事事照料周備。因於本月初四得厚庵信，言六世叔忠骨已歸梓里，此恐不實，故李鎮亦如入冰窟，且將責姜瀛之妄，欲辦之，扣留姜瀛老小家室□□并貨物於大通，使其來上游請命，以候信息。今姜瀛進退維谷，不特不欲功賞，且懇求再四免累。麟亦未敢作主，特專跑夫同該監生來撫，求夫子定奪，作何辦法。且祈面詢姜瀛一切細底，得尸緣由。据姜瀛言，棺木尚未釘封，原由以瀝血辨認真假耳。以麟之愚見，縱非六世叔，亦必是一具忠骸，但不知誰何耳。當作何安置辦理，求訓示遵行。」

是月，回駐湖口，兼顧九江。

　　《曾國藩全集·奏稿》卷十三《詳悉奏報外所有楚軍連月進攻獲勝及添兵助剿各緣由謹繕折由驛五百里馳奏伏乞皇上聖鑒訓示施行謹奏覆陳防蜀緩急折（咸豐九年六月十八日）》有：「奏為奉到防蜀諭旨……諭旨飭令李定太守饒州，饒廷選守撫州，彭玉麟守九江等因。查彭玉麟現紮湖口，尚可兼顧九江。」

六月初二日，因太平軍撲景德鎮，遂派水師援助。游擊任星元，緊逼西瓜洲，晝夜轟攻，排牆倒壁。

《曾國藩全集·奏稿》卷十三《官軍攻克景德鎮及浮梁縣城折（咸豐九年六月二十二日）》有：「奏為官軍攻克景德鎮及浮梁縣城，江西全省肅清，恭折奏祈聖鑒事。竊臣於五月十一日，派道銜候選知府曾國荃帶領五千餘人，助攻景德鎮。二十二日抵鎮，約會張運蘭等，移營雞腳嶺一帶，層層進逼。二十六日辰刻，營壘未成，賊出三大支過河來撲。各營梟水鈔擊，殺賊百餘，逼溺無數，賊敗回巢。未刻，浮梁援賊大至，偽楊國宗悉銳來犯，計二萬餘人。各螢分三路截擊，鏖戰兩時，陣斬黃衣騎賊及先鋒賊十數名，賊始奔潰。經劈山礮截路排轟，擊斃、溺斃約四五百名。我軍陣亡五人，帶傷四十五人。二十八日，賊復來犯，過河直撲老湘營，餘皆埋伏對河。我軍用鎗礮扼港迎擊。未刻，賊氣已疲，始大呼衝出，殺賊百餘名。六月初二日，賊仍傾巢來撲。馬隊三四百匹，排列對河，而以一支犯老湘營，一支犯岳字營。張運蘭帶隊，將賊擊退，直衝過河，與岳字營逼李村逆巢。窮追過猛，賊從旁路包鈔，我軍陣亡五十三人，都司李印典，守備向其昌、陳玉才均沒於陣。經朱品隆、唐義訓、蕭孚泗等各營接應，回合數次，賊始大敗。自是三戰皆勝，圍逼愈緊，賊糧垂盡，知其不能久踞矣。適天雨江漲，劉於潯水師與彭玉麟派來之水師游擊任星元，緊逼西瓜洲，晝夜轟攻，排牆倒壁。楚軍陸師派隊將湖湘街、黃港、臧家灣等處賊卡焚燒，斷賊接濟。」

七月十九日，同曾國藩於湖口會晤。

《曾國藩全集·奏稿》卷十三《覆陳四次諭旨折（咸豐九年七月二十五日）》有：「奏為欽奉四次諭旨……臣以初十日抵省，十七日至吳城鎮，十九日行抵湖口，與楊載福、彭玉麟會晤。臣所設之報銷局各員，亦隨至湖口。其中有須親為核對者，約須三四日乃能清釐就緒。」

七月二十一日，與曾國藩遊亭臺。

《曾國藩全集·日記》咸豐九年七月廿一日條曰：「早，清理檔。飯後見客四次。寫胡中丞信、莊衛生方伯信。中飯後與雪琴遊歷亭臺，鬯敘一切。是日聞戈什哈等在吳城有騷擾地方情事，心為不懌。日內大北風，微有秋意。各勇受熱病者甚多，或借涼風可少瘳乎？」

七月二十九日傍晚，與曾國藩棹小舟至石鐘山下觀石洞。

《曾國藩全集·日記》咸豐九年七月廿九日條曰：「早起，清理檔。飯後

寫字、掛屏、對聯數件。見客六次。中飯後觀楊軍門與李申夫對弈。傍晚，與雪琴棹小舟至石鐘山下觀石洞。絕壁之下有洞口，口外有昔人珍玉壁四（五）字。攀洞口而入，可數十丈，仍由東大石下出洞口，大石即東坡記中所稱可坐百人者也。石鐘者，山岩中空，其形如鐘。東坡記歎李渤之陋，不知坡亦誤也。上鐘山之下，亦有深岩，餘未及遊。燈時歸。」

八月初二日，與曾國藩等人遊周子墓。

《曾國藩全集·日記》咸豐九年八月初二日條曰：「早，清理檔。飯後與雪琴、少泉、申夫往謁周子墓。墓距咸豐九矩九江府城十五里，在石塘鋪之東南五里。辰正起行，巳正到。其地發脈於廬山之蓮花峰，東行至江濱，繞折迤邐皆平崗，繞至西頭，人脈結穴，係鈐穴。兩鈐本沙，環抱甚緊，坐北向南。近案為一金星，遠朝即蓮花峰，所謂回龍顧祖也。溪水從右流出，微嫌左手外沙太少耳。墓為咸豐五年正月羅羅山所修。墳頂結為龜形，約高六尺，徑一丈四五尺，羅圍高約三尺。羅圍後身碑三通：中為羅山所撰碑文，東為周子舊碑，西為太極圖。墳之南為小牌坊，亦碑三通：中為仙居縣太君貢氏，周子之母也；東為周子墓，碑係羅山所書；西為縉雲縣君陸氏，德清縣君蒲氏，周子之配二夫人也。申初還營。見客三次，頗困倦。雪琴作詩一章。接澄侯弟信一件，自永豐發；季洪弟信一件，自黃州發。將歐公文為姚姬傳所選，而《文粹》、《遺粹》所不收者清出，將抄補於《遺粹》中。」

八月初三日，與曾國藩等人遊山，謁岳飛母姚太夫人之墓。

《曾國藩全集·日記》咸豐九年八月初三日條曰：「未刻，與雪琴、少泉、申甫三人遊山，謁岳武穆王母姚太夫人之墓。墓在九江南四十餘里。坐船行四十里，至沙河鎮上岸，又陸行八里許。墓上地名株嶺，山水粗頑，非佳域也。在山上已更初矣。執燈歸船，二更始至所坐船，為後營蕭輝廷之長龍船，即在上住宿，未帶鋪蓋也。其地去沙河鎮二里，去李鹿革制軍之宅一里許。」

按：此年自七月二十一日起，彭玉麟與曾國藩多次見面暢談，在《曾國藩全集·日記》中皆有迹可循，但因次數頻繁，且在《日記》僅寥寥幾筆，所以在此就不一一引出。

九月二十九日，在石鐘山，寫信請郭崑燾修改石鐘山建昭忠祠《紀述》。

《彭玉麟集·書信》中《致郭崑燾（咸豐九年九月二十九日）》有：「日昨委解餉需員便，匆草一片塵上。修石鐘山建昭忠祠《紀述》，求滌師刪削改正，

恐軍務冗忙不暇，即懇大筆斧修，務使就緒，想達簽曹，謹百拜叩頭，求潤色而芟夷之。弟十二齡棄書，學問一道，實門外漢。軍中同事，諛妄者多，苦無就正筆墨而以文交者，殊可恨也。下游軍情，悉載滌師處，茲不贅。夜半走筆，敬請謀安。諸惟心照，不盡欲言。愚弟彭玉麟頓首　九月廿九日石鐘山下。」

《曾文正公詩文集》中《文集卷二·金陵楚軍水師昭忠祠記》有：「咸豐九年，今侍郎彭公玉麟建水師昭忠祠於湖口，既刻石敘述戰事，又屬余為之記。維時湖口以下，長江千里，皆賊地也。其明年金陵官軍潰敗，蘇、浙淪陷，國藩奉命總制兩江，乃議設淮揚水師一軍，以黃君翼升統之。」

本月，因太平軍久踞池州，遂親黃翼升等，駐黃石磯，與楊載福合屯。

《湘軍志》水師篇第六有：「（咸豐九年）九月，寇將韋志俊以池州反正。玉麟船率內湖軍移駐黃石，與楊載福合屯。」

十一月十三日，親率三營赴池傳齊韋志俊等。

《楊岳斌集》卷一《韋志俊投誠後力戰情形摺（咸豐九年十二月十二日）》有：「此次痛剿之後，古、賴、劉、黃等賊遁歸青陽、銅陵等處，勢頗窮蹙。詎該逆密約偽國宗楊輔清合二萬餘人復攻池州，韋志俊部下除來歸後裁汰老弱當經遣散外，守城尚萬餘人，芻茭不給，城內人心頗為惶惑。彭玉麟因於十一月十三日親率三營赴池傳齊韋志俊等大小頭目，剴切開諭並妥為佈置。」

約是月上旬，親率三營赴池州，韋志俊堅志投誠，剴切開諭，受其降。令獻城贖罪，遂收復池州府。

《胡林翼全集·胡林翼奏議》卷三十八《奏陳逆首投誠獻城旋為賊黨襲踞先後剿撫辦理情形疏（十二月二十日督發）》記：「其著名逆首久踞池州，所部不下數萬，強悍眾多；雖云自拔來歸，究難深信，是以未敢遽行具奏，姑許以我軍礮船協助，責其成功後，始為奏懇天恩，免其治罪；一面飛行布政使銜廣東惠潮嘉道彭玉麟，親督副將黃翼升等率內江各營駐黃石磯……接準軍機大臣字寄：『咸豐九年十一月十四日，奉上諭：『前據和春奏：『池州逆首韋志俊投誠歸順，獻出城池。』志堪嘉尚！惟所部人數眾多，一切安插事宜，著官文等妥籌迅速具奏。欽此。』遵旨寄信前來。臣等遵即咨行，妥籌宣示聖主寬大之恩，該降眾同聲感泣！惟先接探報古賴等逆，密約偽國宗楊輔清糾集徽寧悍賊二萬餘，人復攻池州，韋志俊部下，除來歸後裁汰老弱遣散外，尚有萬餘人，芻茭不給，城內人心惶惑；彭玉麟因親率三營赴池，傳齊韋志俊等，剴切開諭，妥為布置。」

十一月二十日，回黃石磯與楊載福商戰事。

《楊岳斌集》卷一《韋志俊投誠後力戰情形摺（咸豐九年十二月十二日）》有：「（十一月）十五日，賊眾大至，經彭玉麟督率水師各營並韋志俊、李楚材等極力擊退。彭玉麟拊循既定，於二十日仍回黃石磯與臣籌商事件。二十四日辰刻，賊率大股竄至柳波磯地方，李成謀、李朝斌、劉正隆各帶炮船迎擊，斃賊甚多。該逆退匿民房，並潛伏山凹內，各持籐牌、洋槍、抬炮，或隱或見，以誘我軍。水師炮莫能及，嚴陣以待。未刻，李楚材等帶隊衝動賊伏，賊陣一亂，我軍水陸協攻，賊始退去，仍屯聚數里之外。二十五日，賊率大股復擾柳波磯、青溪關一帶，李成謀、李朝斌、劉正隆等各督炮船轟擊。李楚材亦出旱隊攻打，賊仍紮住不退。」

十一月二十日至三十日，在池州，督率水師各營和韋志俊、李楚材等抗擊太平軍。

《胡林翼全集·胡林翼奏議》卷三十八《奏陳逆首投誠獻城旋為賊黨襲踞先後剿撫辦理情形疏（十二月二十日督發）》記：「十一月十五日，賊眾大至，經彭玉麟督率水師各營，並韋志俊、李楚材等極力擊退。二十四日辰刻，賊率大股竄至柳波磯地方，李成謀等轟礮迎擊，斃賊甚多；該逆退匿民房，並潛伏山窩，各帶籐牌洋鎗擡鎗誘敵，我軍嚴陣以待，未刻，李楚材等帶隊衝動伏賊，我軍水陸協攻，賊始退去，仍屯聚數里之外。二十五、六等日，賊眾屬至，韋志俊率隊赴援，該逆分為二股，一當旱隊，一敵水師，施放洋鎗，子落如雨，千總謝如友力戰陣亡；其時內港水涸，礮船不便往來，該逆紮營磯上，遂隔水師於外，逆渠楊輔清率賊眾環攻池城，韋志俊、李楚材與賊接戰數晝夜，軍士勞苦已極，該逆懸立重賞，以購韋志俊、李楚材二人。三十日戌刻，韋志俊正在城外打仗，突有奸細潛開東門，賊眾一擁而進，城內降眾巷戰，死者以數千計，池州府城遂於十一月三十日復陷於賊；旋據韋志俊稟報，衝出重圍，收集潰卒，暫駐泥灣地方，聽候安插；此韋志俊率眾投誠，獻出城池，因賊黨古賴等逆，中途生變，糾集徽寧大股襲陷池郡，並官軍分別剿辦之實在情形也。臣等查韋志俊悔罪來歸，與數萬悍賊連日力戰，屢獲勝仗，斬馘不可勝計，其歸順之心，尚屬可信；徒以部下叛去之古賴等逆，糾集楊輔清大股，與韋志俊懷恨最深，必欲得而甘心，遂至城池復為襲踞；楊載福現在札調韋志俊領眾前來張溪鎮，就近安撫；臣官文、臣胡林翼公同籌商，韋志俊部下強壯者，尚有數千，此時以散其羽翼為要，著已由彭玉麟於香口及東流城外，設局委員查明降

眾怯弱者，發給護票川費，遣歸本籍；其精壯者，酌籌口糧，分別調開，協助水陸各軍，使之立功自效，庶操縱在我，不致復叛以杜後患；一面責令韋志俊立功贖罪，再行籲懇恩施外，謹將池州逆首投誠獻城，賊黨乘夜襲踞，官軍先後剿撫辦理情形；會同繕折由驛五百里馳奏。』」

十二月初六日，在皖江接待鄧守之。

《彭玉麟集‧書信》中《復郭崑燾（咸豐九年十二月初七日）》有：「意城仁兄大人史席：昨鄧君守之來皖江，接讀手書，敬悉種切。荷記注之殷拳，實私衷之慚感。惟示前次所寄篆書信件，不知浮沉何所，至今尚未盥誦也，悵悵。守之先生古道照人，可敬可愛，已歸去，若明正來營，買舟南來，當必護送之，毋縈錦念。弟株守如恒。池州韋逆傾巢投誠，復為楊逆股黨攻敗之，城又為楊所破。刻下商厚庵兄遣散之，而留其精壯，或有用也。一切詳載季公函中，茲不暇贅。因頃以軍事騎馬至厚兄處，驚馳墜地傷足，不耐坐故也。承復，敬請臺安。諸惟心照不盡。」

咸豐十年（1860），四十五歲

正月二十八日未刻，至安徽宿松，見曾國藩。

《曾國藩全集‧日記》咸豐十年正月廿八日條曰：「早出，巡視營牆。飯後清理檔，見客五次。寫家信，專人送歸，言援賊已破，太湖克復，沅弟可不必遽行回營，宜在家，待三月廿八日將祖父母墳撥正後，四月再行來營，蓋一則以叔父病尚未愈，一則弟移新屋，宜粗立紀綱也。寫信二件。未刻，彭雪琴自水營來，與之劇談。中飯後，劉馨室自長沙來，又與久談。自新倉打行仗者回。見客四次。夜與雪琴、馨室等久談。申刻寫胡中丞信。」

按：《曾國藩全集‧日記》咸豐十年正月廿八日條只提到彭玉麟來，未說明地點，查《曾國藩年譜》咸豐十年條曰：「正月，公在宿松大營。賊首陳玉成大股由安慶上犯小池驛，圍撲鮑超營甚急。公與胡公林翼調派各營援之。飛札調蕭啟江一軍馳回援皖。每遇寒風雨雪沉霾陰噎之晨，則終日惶然，以前敵為慮。二十五日，多隆阿，鮑超大破賊於小池驛。二十六日，擊破賊壘七十餘座，克太湖，潛山兩縣城，賊下竄。」知曾國藩當時正駐於宿松。

二月初七日，幫忙操辦曾驥雲喪事。

《曾國藩全集‧日記》咸豐十年二月初七日條曰：「黎明起，因初聞叔訃，不出查牆。飯後移寓城內公館，予備成服行禮各事。請程尚齋作祭文，雪琴定

禮單。午刻行禮，雪琴自為通贊，劉馨室、李筱泉二人為引贊，李繼荃、程尚齋、陳作梅、曾萃田、劉彤皆等為執事，未刻禮畢。見客六、七次。復胡中丞信，約四百字。夜與牧雲痛談家事，溫古文三首。夜倦甚。是日與季弟通信二件。季欲告假回家，余囑其來宿松靈前行禮。」

按：據《曾國藩年譜》咸豐十年條曰：「正月……公叔父高軒公卒於家。」可知，此年曾國藩叔父曾驥雲逝。

四月十一日，派營防守李陽河、烏沙夾一帶，會攻安慶。

《楊岳斌集》卷一《烏沙夾獲勝螺磯賊壘鏟平折（咸豐十年四月十五日）》有：「十一日，復約會李成謀親領炮船前往，並力直搗穴口，殺賊百餘，逆巢濠溝深闊，猝未攻破，現值匯河水漲，稟請添撥炮船會剿。參將劉德亮、丁泗濱各率本營已由池口清溪分路進擊，臣與廣東惠潮嘉道彭玉麟會派守備王吉率嚮導營防守李陽河、烏沙夾一帶，並湖廣督臣官文派來之參將左光培領健捷營前往協防，猶慮兵力稍單。現在北岸陸師進駐集賢關，水師會攻安慶。城賊岌岌待援，必須多派炮船協攻樅陽，斷賊接濟。近又探聞池州添來青陽逆眾數千，正思伺隙渡江以援安慶。刻下江面情形，在在均為吃重，分佈炮船，頗覺不敷調遣。」

四月十五日，由下游登岸取樅陽。

《彭玉麟集·書信》中《復胡林翼（咸豐十年四月十五日）》有：「弟此時因陸師謀十五日進皖城，昕夕事冗，且病骨難支，勉強周旋一切，未得前來暢領教益，非緣慳實福薄耳，悵甚！憾甚！鈞諭欲以蕭輔臣北渡，即由下游登岸取樅陽，而以希兄出練潭夾擊之。老謀勝算，自可操券獲之。而無如此時蕭輔臣為小浦先生七弄八弄，魂已迷失，突棄韋志俊一軍，使令由池州出江，歸水師調遣，而渠獨帶訓營於初五繞道入常、蘇去矣。亦並不將韋軍交代清楚，棄之而行；亦無一字來弟處，弟僅得小浦照會知之也。」

四月十六日，攻克安徽樅陽鎮。

《平定粵匪紀略》卷九咸豐十年條曰：「四月十六日，嘉興府失守。張提督玉良於蘇州衝出，率潰兵赴杭，王巡撫有齡籌備饋需，商令整飭舊部馳往嘉興，以剿為防。藉作省城，屏蔽楚軍水陸敗逆於樅陽，平其偽城，逆踞池州，以殷家匯為犄角，而精銳悉聚於樅陽。復築偽城，堅甚。楊提督、彭玉麟遣投誠之都司韋志俊率步騎由青陽進窺殷家匯，而自統水營總兵李成謀、參將劉德亮駛舢板船進，兩道夾攻，盪毀逆壘，斃賊一千有奇，生擒偽承天福逆目等一

百三十七名,既平殷家匯。進攻池州、平城外四門賊寨,獲逆艇八逆悉眾入城,固守不敢出,遂飭水陸軍乘夜渡江襲樅陽。江蘇候補知州毓長庚帶領桐城練勇來會,遂圍偽城。城逆偽連天福、萬宗勝窮蹙投誠。韋志俊入城受其降,尋察萬宗勝有異志,誅之。偽城遂平,池州逆始孤立。」

五月初二、初三等日,同楊載福督率水陸,克復安慶東路樅陽鎮城二座。

《楊岳斌集》卷一《攻破殷家匯掃平樅陽偽城摺(咸豐十年五月十二日)》臣與布政使銜廣東惠潮嘉道彭玉麟會派劉正隆、王吉各帶本營炮船繞入安慶後湖搜剿賊劃,令李成謀、丁泗濱、左光培等三營督同韋志俊陸師協守樅陽,嚴杜下游援賊,扼絕城賊運道。另派數營往來策應,堵池州城賊北渡。

按:《楊岳斌集》中未提具體會商時間,據《《胡林翼全集·胡林翼奏議》卷四十《奏除籌撥招募並軍情賊勢縷晰情形疏(五月二十二日督發)》記:「竊查……五月初二、初三等日,楊載福、彭玉麟督率水陸,將安慶東路樅陽鎮偽城二座克復。樅陽為安慶之咽喉,賊匪糧道必經之處,且皖北逆首陳玉成及各賊目之妻孥蓄產,盡在安慶城中,譬之鬭者既搤其吭,必伸手足以急求解救,又如人近豺狼之窩巢,則必轉而搏噬,此賊情賊勢之必然,其來援必速,分股必多,固可翹足而待矣。查湖北去冬今春兵力未分,四眼狗陳玉成以十萬之賊西犯,以救潛山、太湖;臣等與曾國藩合力圖謀,血戰月餘,屢瀕於危幸而勝之。」推斷為初二、初三日。

五月十五日,於安慶與曾國藩面商。

《曾國藩全集·奏稿》卷十四《遵旨覆陳並報起程日期摺(咸豐十年五月十七日)》有:「奏為欽奉諭旨,先行覆陳,並恭報起程日期……張運蘭遠在郴州,計須七月乃可趕到。左宗棠續募之勇到皖更需時日臣目下南渡兵數甚單,統將未齊,應先駐紮祁門縣境,東以聯張芾徽州之聲援,西以保江右饒州之門戶。俟鮑超、張運蘭趕到時,即令分赴徽寧、蕪湖兩路。俟李元度五千人趕到時,即令由廣信赴浙蘇一路。計三人到營之期,先後不甚相遠。臣已於十五日自宿松起程,便道至安慶水師營次,與楊載福、彭玉麟面商後,即由建德以趨祁門。倘下游軍情愈迫,鮑超等到營稍速,臣當隨時策應,不敢稍涉拘泥。所有奉到諭旨覆陳,並起程日期,恭摺由驛六百里具奏,伏乞,皇上聖鑒。訓示。謹奏。」

五月二十一日，於黃石磯與曾國藩會面，商籌添辦各路水師之法。

《曾國藩全集·奏稿》卷十四《妥籌辦理並酌擬變通章程摺（咸豐十年六月初二日）》有：「奏為遵旨妥籌辦理，並酌擬變通章程，恭摺覆陳，仰祈聖鑒事。竊臣於五月十五日由宿松起程，十七日於湖口縣境專摺馳報在案……諭旨慮及賊勢趨杭一節，當不至上勞宸廑。至安慶一城，西南瀕江，有楊載福、彭玉麟水師扼紮，東北倚山，有臣弟曾國荃陸軍扼紮，並令韋志俊協守。樅陽城外之接濟漸斷，城內之賊糧尚足。北面雖挖長壕，東面尚未合圍。逆酋四眼狗母妻宗族皆在城中，秋間援賊必至。如能與多隆阿、李續宜各軍合力擊退，則城賊勢窮，可期得手。即不能遽拔堅城，但使陳逆全股與安慶、桐城官軍相持，亦足分下游之賊勢，紓蘇浙之兵力。……臣舟次阻風，於二十日行抵黃石磯，晤楊載福、彭玉麟，商籌添辦各路水師之法。二十七日抵東流，二十八日抵建德。」

按：曾國藩《妥籌辦理並酌擬變通章程折（咸豐十年六月初二日）》中只提到二十日抵黃石磯，未說明與彭玉麟見面之日期，查《曾國荃全集·書札》中《復毛寄雲中（咸豐十年五月二十八日）》有：「（家）長公奉總制兩江之命、於十五日由宿松啟行，二十一日至黃石磯，與厚庵、雪琴諸君面商一切，弟率舍（弟）事恒（弟）亦先期往候焉。二十七日即拔營，由東流、建德馳赴祁門也。」可知曾國藩與彭玉麟見面商談日期為二十一日。

五月二十八日，送曾國藩至建德城外。

《曾國藩全集·日記》咸豐十年五月廿八日條曰：「早飯後起行，由東流至建德。雪琴送至城外，府、縣約送五里許，湘新後營隊伍送二十餘里。寶勇九營自建德來迎十餘里。在鄉村小憩三刻許。」

七月十二日，細坊宣城之況後，寫信與曾國藩商戰事。

《彭玉麟集·書信》中《致曾國藩（咸豐十年七月十二日）》有：「敬稟夫子大人函丈：初九跑夫歸皖，奉到初五鈞諭並宣城輿圖，敬悉種切。……麟未身歷其境，未敢懸擬，只有細訪察實在，必須有把握乃可做事，否則不敢承當，尚求夫子大人就近確訪。究竟可行與否，必問老於江湖者乃深知之。若問讀書士大夫，皆不知深淺利害，照圖宣讀，或走過一次二次，則以為明白其地理，殊不知得其皮毛而忽於骨裏也。言之究未可盡信，尤宜訪確其中有木料否。倘率然奏請辦理，將來做事不成，轉不美也。查此處較淮揚迥別，淮揚乃太湖，如高郵、洪澤、邵伯，千有餘里，此處有賊，可於彼處造之。寧郡乃山湖，雨

多則漲，雨少則涸，四周皆賊，有事則無退路，較鄱陽湖更有天壤之分。鄱湖水師之成功，好在先沖入湖，有戰船百十隻，賊來可一面打仗，一面添造船隻，不必陸師相輔而成一軍。若寧國設水師，乃始也。縱然必須辦理，非籌陸師四五千擇地護衛船廠。吾恐朝設廠午即賊至以擾之，則靠陸師立敵以退，庶可造船，以冀有成也。不可不預為籌定。」

八月，仍駐皖，抱恙。

《彭玉麟集·書信》中《致郭崑燾（咸豐十年八月初四日）》有：「弟精神疲困，不復曩時頑梗。自春間以來，十日九病。加以分派蕭輔丞都轉督兵援浙，口糧軍火，竭盡心力。糧臺儲備，為之一空。徒成就其湖州解圍死綏之忠忱，接辦其身後一切瑣屑，及安頓留防浙中水陸諸軍，今始稍清。而死者已矣，我生者失一臂，其何堪焉。敝軍駐皖，自五月會同厚庵收復樅陽後，謀圍皖城，與沅丈陸軍斷賊接濟。以江水大漲，在處分歧，即在處需船。刻下水面似可無恙，沅丈陸師濠牆周密，多禮堂近逼桐城，李希庵八千人駐青草塥，以為懷、桐後勁，專擊援賊。師門南渡，尚駐祁門，俟季公、次青諸軍到齊，即分路進取。惟餉不易，為憂實深。當此江南殘破、蘇杭灰燼、狗逆狂噬之餘，總制兩江，而加欽差大臣，昔時作客，今作主人，責無旁貸。一篇刺手文章，誠不易做。然天下大局轉機，正在師門。此任蒼蒼者必有以主而佑之耳。草承，即請臺安。能否蜀道之行，便乞示慰。」

九月二十八日後，與楊載福駐枞舊縣對岸。

《楊岳斌集》卷二《紅單船赴下游楚師接防獲勝摺（咸豐十年九月二十六日）》有：「茲據派往接防之副將李濟清等稟稱，吳全美所帶師船先赴下游去遠，李德麟全幫船隻亦於八月二十八日開過蕪湖。臣與彭玉麟前派各營進駐舊縣對岸，並分防三山夾等處。」

按：《楊岳斌集》卷二《紅單船赴下游楚師接防獲勝折咸豐十年九月二十六日》中未提到具體時間，補充《楊岳斌集》卷二《紅單船赴下游楚師接防獲勝折咸豐十年九月二十六日》：「（九月）初五日，參將何瑞祥探聞泥汊地方有無為州分來股匪多名，沿江擄取民船，欲襲舊縣水營。因會同參將劉正隆，並約齊李濟清、羅進賢，各率炮船初六日回營，均往泥汊會剿。適遇賊船解纜進港，何瑞祥等並力追擊，當將賊船燒盡。該處牆賊遂分三股出撲，劉正隆領正後營炮船趨入港內抄賊之後，李濟清領副中營居中，羅進賢領新前營居左，何瑞祥領親兵左營居右，三路登岸迎擊，賊眾敗退。我軍追逼賊濠，

斃賊數十名，餘眾竄入牆內。牆賊開炮抵禦，守備陳高升、外委周太和同時中炮陣亡。我軍環攻多時，見牆賊堅守不下，始各收隊回船。臣會同彭玉麟復派參將鄔世蓮率親兵營防堵大通，調回之前派游擊彭楚漢一營添修船隻。凡蕪湖以上江面，均有佈置，該匪諒難偷渡。」為證，可知時間約為九月二十八日後。

九月二十七日，圍攻安慶，照料黃石磯老營。

《曾國藩全集·奏稿》卷十五《楊載福救拔南陵縣軍民摺（咸豐十年十二月十三日）》有：「奏為提臣楊載福統帶水陸，踏平賊壘，拔出南陵全軍，救全百姓十餘萬人……九月二十七日，准陳大富密函，知賊勢趨重，饑軍萬分危迫，城中餓殍相望，待援甚殷。因定計潛師往援，而留彭玉麟水師圍攻安慶，照料黃石磯老營。九月二十九日，楊載福親督數營碰船，進次樅陽。……十一月初三日，將該軍安插東流縣城。並與彭玉麟勉籌周卹。仍咨臣飭解口糧、軍械，以濟急需。」

是月，派軍援助徽郡。

《彭玉麟集·書信》中《致金國琛（咸豐十年九月）》逸亭大兄大人撝下：頃奉瑤緘，祗悉壹是。徽郡失陷，南岸事大為棘手，曷勝憤激。聞滌帥已調張、鮑入嶺，佈置穩固，祁門大營或可無虞也。承示撥湘中等六營，分三起拔營，暫駐東、建一帶，聽候調遣，足徵謀憲周詳，實深欽佩。至兵勇於華陽鎮過江，弟已與軍門會派左、前、副左三營戰船前往候渡，祈釋錦注。此復，即請勳安。諸惟捷照，不宣。」

十一月初三日，督帶水陸兵勇馳往東流，繞入東門湖內，攻太平軍尾。

《楊岳斌集》卷二《防剿獲勝並克復東流彭澤摺（咸豐十年十二月十三日）》有：「（十一月）初三日，臣與彭玉麟會同總兵陳大富，督帶水陸兵勇馳往東流。距縣里許，該逆先竄入城。彭玉麟帶同都司胡友勝、副將成發翔前、左二營炮船繞入東門湖內，攻賊之尾，參將彭楚漢領親兵右營登岸，由北門殺入，截賊之腰，陳大富督隊由西門殺入，鹽賊之腦，賊不能支，紛潰出城。我軍乘勢追剿，斃賊不可數計，奪獲槍械旗幟多件，當將東流縣城克復。陳大富分派旱營各門駐守。臣復派副將萬化林領副前營駐柴江邊，並分舢舨抬入東北兩門湖內協防。黃翼升帶領各哨，於是日卯刻進攻石塘。」

十一月初四日，因建德失守，公於湖口縣派營趕赴彭澤，隨同楊載福等人防剿太平軍。

《平定粵匪紀略》卷十咸豐十年條曰：「十一月初四日，城陷。曾大臣聞警，先派副將沈寶成往援，知失守，復添派副將唐義訓統祁門各營，與寶成合兵會剿。至利涉口，賊築壘河洲，列陣以待，竝以馬隊扼拒各卡，我軍分東西兩路，緣山上立破賊卡。前軍夾擊河洲賊，而後哨從山上抄賊，後賊敗至三里街。唐義訓復分軍為三，自街口及街左右進攻，城賊及壘中之賊，齊出死拒。官軍軍河南，賊軍河北相持，逾時，有金盔騎馬賊中礮墜地，賊遂潰敗入城。朱聲隆等由南門尾追而入，賊出東門逃逸，收復縣城，其河洲壘賊搜殺略盡。賊撲湖口，水陸各軍擊退，克復都昌縣。建德失陷，寶勇潰散。賊即長驅深入，官軍與賊所必爭者，莫如湖口縣。曾大臣先派記名道吳坤修帶團防營千餘人馳守。彭道玉麟亦遣前營都司胡友勝隨同楊提督水師會剿，而檄左營副將成發翔，後營都司丁義方迅赴湖口協助。」

十一月十二日，自黃石磯赴援湖口。

《曾國藩全集·奏稿》卷十五《水師保守湖口克都昌縣摺（咸豐十年十二月十三日）》有：「竊自大股賊匪十一月初四日撲犯建德，普承堯一軍潰退，賊即長驅深入，連陷六縣。而官軍與賊所必爭之地，莫如湖口與景德鎮兩處，景德鎮有左宗棠一軍駐紮，湖口則並無陸兵，僅有水師後營都司丁義方駐防該縣。自建德失守，臣即派道員吳坤修帶團防營千餘人，馳赴湖口，保守名城。惠潮嘉道彭玉麟一面派前營都司胡友勝，趕赴彭澤，隨同楊載福防剿。一面派左營副將成發翔趕赴湖口，會同丁義方合力守禦。十二日，賊撲彭澤，經楊載福水師擊退。賊仍率大股上竄湖口，離城十五里之馬影橋屯踞。是日，彭玉麟自黃石磯赴援湖口，途次接據成發翔、丁義方稟報，初九日，寶營潰勇紛紛逃至湖口，搶劫錢店。當率水勇沿街彈壓，將無營官統屬之勇，一概驅逐。查有寶護左營金殿安、中護軍營談開亮、護左營江必勝、前營劉吉慶等所帶之千餘人，尚屬安靜。當會商知縣及在城紳董，於三營中擇其精壯者，酌留五百人，每人日給米一升，分布城頭駐守。正慮城大兵單，適臣前派吳坤修之團防營亦於是日趕到。沿途為賊所截，把總李逢貴、六品軍功吳修霖力戰陣亡。營官吳景星、熊烜煌，督率所部入城，當即抽撥大礮數尊，配給子藥，分令寶營、團防營陸師駐守東、南兩門，以防山城。而成發翔、丁義方自率水師駐守西、北兩門，以防水城。此初九日至十二日，水師收集陸軍，協守湖口之情形也。」

十一月十三日，守禦湖口。

《楊岳斌集》卷二《防剿獲勝並克復東流彭澤折咸豐十年十二月十三日》有：「（十一月）十三日，臣帶領各營由芙蓉墩入湖兜剿，探知賊竄湖口，彭玉麟業經督隊前往剿辦，陳大富分派旱隊急往協助，諒可無虞。臣於十七日始回黃石磯照料。此發逆上竄，連陷二縣，當經克復之實在情形也。」

《曾國荃全集·書札》有《致張集馨（咸豐十年十一月十九日）》有：「南岸分竄彭澤之賊，於十三日徑撲湖口縣城，經雪翁督水師登陴守禦，以大炮火藥轟擊，並奪其雲梯百餘架，賊始退去。」

十一月十四日，慰勞將士，重加佈置。

《曾國藩全集·奏稿》卷十五《水師保守湖口克都昌縣摺（咸豐十年十二月十三日）》有：「（十一月）十四日，彭玉麟周城閱視，慰勞將士，重加布置。午後諜知賊於村莊搜覓樓梯，乘此日風雨，夜半復來扒城。當即飭令談開亮，選帶十餘人，潛出偵伺，見賊負梯送三里街，談開亮出賊不意，繞出山凹，賊驚遁散，奪梯多件。」

《湖南褒忠錄初稿》有《寇事述三》記：「（咸豐十年十一月）十四日，賊圍攻湖口，惠潮嘉道彭玉麟擊走之。建德師潰，賊長驅深入，連陷六縣，直犯湖口。曾國藩檄道員吳坤修率團勇千人，入城保守，彭玉麟亦遣師赴湖協守，賊至馬影橋，玉麟由黃石磯馳援。」

是日夜，克復都昌。

《曾國藩全集·奏稿》卷十五《水師保守湖口克都昌縣摺（咸豐十年十二月十三日）》有：「（十二月）十四日……是夜，風雨益大，咫尺不辨。彭玉麟在城垣督飭各營，分頭梭巡。二更後見四山僻徑，隱隱火光，迷漫空谷，自遠而近。各營哨皆雨立垛口，靜以待動。夜半雲暗天昏，陰風怒號，江濤激響，燈光慘澹。守至天明，各營派勇縋城哨探，至三里街各館及馬影橋賊巢，賊已遠遁。詢之民人，言該匪竟夜環伺，無隙可乘，五更倉猝竄去。此十三、十四日夜堅守該逆宵遁之實在情形也。彭玉麟以賊遁不遠，防其回竄，一面函商皖南鎮總兵陳大富，由東流飛撥千五百人，協同吳坤修之團防營，妥籌駐守。並探知另股賊匪，分竄都昌，於十四日抽派成發翔左營戰船二十一號赴援。成發翔於十五日趕至都昌城下，督飭各哨，排碳轟擊。城賊抵敵不住，我軍乘勝登岸，由大南門直追至城根，賊眾慌亂放火，開東、北兩門而竄，立將縣城克復。此水師分營收復都昌之實在情形也。」

十二月十三日，曾國藩為公請賞，交軍機處記名，請補按察使。

《曾國藩全集·奏稿》卷十五《水師保守湖口克都昌縣摺（咸豐十年十二月十三日）》有：「臣查湖口一城，為江楚之關鍵，長江之腰膂。咸豐五六年間，賊目黃文金、胡鼎文等踞守該城，臣率水陸百計攻之卒不能下。厥後七年九月，楊載福、彭玉麟等，以血戰得之。至九年議修新城，今冬甫經告竣。此次黃文金挾賊數萬，撲犯湖口，尚欲力爭此關，以報仇而逞志。經彭玉麟派撥將弁，星夜赴援，於倉皇無備之際，復能收集潰卒，水師登陴，聯絡陸兵，用以力捍危城，維持大局，洵足伐賊謀而壯軍威。布政使銜廣東惠潮嘉道彭玉麟調度有方，籲懇天恩，交軍機處記名，遇有按察使缺出，請旨簡放。」

十二月十六日，與楊載福商派黃翼升由黃溢夾入口直搗張溪。

《楊岳斌集》卷二《防剿獲勝並克復東流彭澤摺（咸豐十年十二月十三日）》有：「臣於十月二十六日回次黃石磯，下游之賊大股上竄，闖入東流縣境之張溪鎮、長安鋪等處，當與彭玉麟會派總兵黃翼升率右營炮船，由黃溢夾入口直搗張溪。探知江窯塘、田土橋、沙磯各地方處處皆賊。」

本月，與吳坤修等在湖口抵賊，固守水陸。

《湘軍記》卷五《援守江西下篇》記：「咸豐十年春……十二月，楊載福水師克彭澤、都昌、鄱陽。而賊之圍湖口者，彭玉麟、吳坤修水陸固守得無恙……」

是年，建上諭亭於下鐘山麓，立上諭碑。

《石鐘山志》卷二《建置·上諭亭》篇記：「原左通濟門內孝感坊。國朝乾隆五年，知縣趙作霖建。前為門，外立木屏，立文武官員駐轎下馬碑二。中為亭，朔望宣講，後殿三楹，榜上諭，前為陛，東西為朝房，前後左右皆繚以墻。咸豐四年逆燬，十年，彭宮保玉麟建亭於下鐘山麓，立上諭碑，以地隘，門殿暫未復。」

咸豐十一年（1861），四十六歲

正月初一日，與莫友芝相識。

莫友芝《邵亭日記》卷一咸豐十一年條曰：「正月廿一日庚戌風，寒，雨雪雜下，竟日夜。午謁李希庵廉訪續宜、彭雪琴觀察玉麟。」

二月十四日，自皖江動身回援武漢。

《彭玉麟集·書信》中《致曾國藩（咸豐十一年二月二十三日）》有：「敬

稟夫子大人函丈：麟奉檄回援武漢於十四動身，以前曾兩肅蕪稟專呈，諒達鈞覽。自皖江開行，逆風逆流，晝夜兼程。」

二月十八日，抵巴河，商防剿地段分佈一事。是日夜，又率向道營王吉駐沙口。

《彭玉麟集‧書信》中《致曾國藩（咸豐十一年二月二十三日）》有：「十八卯刻到巴河，晤希公，即率各營三板渡馬步萬餘人過南岸，羈延一日夜始渡盡。適先派來左營成發翔同鄂中新中營水師曾紹霖自武昌縣等處來見，言省中營務處及各當事朝令夕改，東指西防，茫然無主，徒事奔馳，於事無濟，十分為難。麟思事權必歸畫一，各分防剿地段，庶該營哨得專責成，不致誤事。因於十八夜派定健捷營左光培駐巴河，而分防蘭溪、黃石港、散花料、武昌港；派新中營曾紹霖駐樊口，而分防德興洲上下；派左營成發翔駐鵝公脛，而分防團豐、七磯洪、王婆山渡口、三江口下葉家洲；派定湘營喻俊明駐水口，而分防上葉家洲、陽邏及內湖之界鋪；麟率向道營王吉駐沙口。」

二月二十日，至沙口，分軍兩支防剿武當河、四叉河、蔡店、漢口、漢陽等處。後又親自回援皖南上游。

《彭玉麟集‧書信》中《致曾國藩（咸豐十一年二月二十三日）》有：「二十日到此，知黃陂於十八失守，漢江兩岸驚亂，搬移一空。先是秀帥派張啟基戰船分防潚口，唐瑞廷戰船駐湏口，然皆五零四散，東三隻，西一隻，散慢不稽。麟即派王吉以嚮導營三板分為兩支，一由沙口進武當河、四叉河、潚口、隕口、蔡店等處，昕夕梭巡，作為遊兵以出漢口之襄河；或由襄河進，即出沙口，如是輪流，轆轤不停，遇何處有警，即在何處防剿，以顧全漢口、漢陽。而長江各營分防者，均彼此會哨聯絡，似賊不能渡南岸，而武昌無虞矣。凡禦賊必須在大門之外，則鄂垣臥榻之前，可無須戰船護衛，但派數船稽查奸細，彈壓地方足矣。麟回援上游，於皖南通信頗不易，不知南岸軍情近狀何似？我夫子能即時出江駐東流否也？心念切之至。陳餘庵一軍調赴景鎮，離江邊較遠，其每月所需火藥，可否飭江局就近解交景鎮，以免其由鄱湖出江轉領之難，且麟離皖江更遠，一時難以照料周道也。尚祈酌奪。麟恐誤陳軍之事故也。草肅寸稟，恭請鈞安，伏乞崇鑒。」

《胡林翼全集‧胡林翼奏議》卷四十五《楚軍截剿安慶援賊獲勝疏（四月初七日督發）》記：「嗣臣李續宜與舒保統率所部，於二月二十日，均繞至省垣與臣官文面商機宜，以賊勢趨聚孝感、德安、隨州等屬，蓄意窺伺荊襄，正值

捻逆出巢，由南陽竄入楚境，上游老河口逼近襄陽，而荊襄為中原重鎮，一有疏失，不特豫蜀之寇，遙為響應，且慮秦、晉上游，聞風震動；北路大局所關較黃州尤為喫重；是以臣等權其緩急。臣李續宜以大隊直搗孝感，即於收復縣城後，進攻德安、隨州，仍令成大吉等軍剿辦黃州，現成大吉調援安慶，彭玉麟督率水師，於外江內湖，節節布置，上下嚴密梭巡，以防江面。」

二月二十三日，督各營炮船，上駛至湖北省。

《胡林翼全集‧胡林翼奏議》卷四十五《官軍克復孝感等縣並解麻城縣圍疏（三月十六日督發）》記：「竊皖逆自踞黃州後，分黨數萬，裹脅日眾，竄擾麻城、黃安、黃陂、孝感、雲夢、德安、隨州等屬，勢極披猖。臣官文先將武漢根本重地，籌防穩固，一面商議各軍分道剿辦，並二月二十三四等日，副都統舒保等馬步各隊，於攝口雙廟等處截擊，竄賊迭獲勝仗情形，已會折馳奏在案。嗣臣李續宜統率所部，會合舒保馬隊，先後由灄口進紮雙廟楊店一帶，審察地勢賊情；知悍逆聚踞孝感縣城，而以德安、雲夢、隨州三處，賊踞為長蛇之勢，意圖窺伺荊襄；適統領水師惠潮嘉道彭玉麟，督各營礮船，上駛至省；臣官文面授機宜，即行督隊泝流而上，與臣李續宜商定進兵之策，力攻孝感，以扼其吭。」

三月初一日，入孝感府河。

《胡林翼全集‧胡林翼奏議》卷四十五《官軍克復孝感等縣並解麻城縣圍疏（三月十六日督發）》記：「三月初一日，派道員金國琛等，率湘營勇丁七千餘人，由楊店進紮孝感，離城五里許之東北各路。又彭玉麟率嚮導營花翎都司王吉等，帶舢板數十號入府河，至該縣城河，進攻舒保督帶馬隊，往來策應。」

三月初七日，會商水師分三隊，晝夜轟擊孝感東南兩門之事。

《胡林翼全集‧胡林翼奏議》卷四十五《官軍克復孝感等縣並解麻城縣圍疏（三月十六日督發）》記：「（三月）初七日，陸師均進逼東西北城根一帶，彭玉麟等會商以水師分為三隊，晝夜轟擊東南兩門；金國琛等以陸隊四面圍攻城壘。」

三月初八日夜，夾攻孝感城。

《胡林翼全集‧胡林翼奏議》卷四十五《官軍克復孝感等縣並解麻城縣圍疏（三月十六日督發）》記：「自（三月）初八夜，水陸夾擊，施放鎗礮火器，城賊壘賊，死拒不懈；加以濠溝木城，層層阻隔，力攻一日夜，傷亡弁勇甚眾，而各軍志氣彌厲，不肯收隊，誓破此城而後已。」

三月初九日二更，破城而入，是日亥刻，克復孝感縣城。

《胡林翼全集·胡林翼奏議》卷四十五《官軍克復孝感等縣並解麻城縣圍疏（三月十六日督發）》記：「至（三月）初九日二更，始將木城焚拔，濠溝填滿，四面攻進，立將東西兩大壘踏平，斬擒悍逆數十名，賊眾慌亂，我軍陸師乘勝由大東北等門緣城而入，水師由小東門緣城而入，敗賊急縱火突城逃竄，當於是日亥刻，將縣城克復，派兵防守水師沿岸轟追二十餘里，舒保、金國琛等即率馬步隊，跟蹤追剿，斃賊甚多，天明追至白沙渡，逆眾情急爭渡，落河淹斃者，屍積滿河，馬步力戰兩晝夜，已覺困乏，馬隊又追殺數十里，臟殘賊百餘名，逃往德安城中，我軍振旅回營。綜計此次攻城，追賊殲斃四千餘名，生擒五百餘名，內有偽丞相、偽殿帥、偽指揮、偽檢點等數十名，均即正法；奪獲騾馬五十餘匹，鎗礮、刀矛、旗械無算，偽照多張解散，被擄難民數千名，此三月初九日亥刻，水陸各軍，大獲勝仗克復孝感縣城之實在情形也。」

是日，克復黃州。

《湖南褒忠錄初稿》有《寇事述四》記：「初八日，浙江賊復陷海鹽。初九日，陷乍浦，副都統錫齡阿戰沒。海鹽被陷，賊分犯乍浦，陷之。錫齡阿督隊巷戰，全軍覆沒。二子員外郎銜即補主事榮輝、榮耀亦戰死，妻胡扎爾氏及幼女次媳皆殉。惠潮嘉道彭玉麟、道員金國琛復孝感、黃州。賊分踞孝感，以德安、雲夢、隨州踞，賊為長蛇勢，窺伺荊、襄。彭玉麟會金國琛各率所部，水陸夾擊。初九日，拔賊木城。各軍緣城而入。是夜，亥刻賊逃。初十日，賊陷吉安，旋遁。」

三月二十日，升廣東按察使。

《文宗顯皇帝實錄》卷之三百四十六 咸豐十一年三月二十日條曰：「以廣東按察使伊霖、為布政使。惠潮嘉道彭玉麟、為按察使。」

三月二十一日，湘軍進剿德安、隨州等地。

《彭玉麟集·書信》中《致曾國藩（咸豐十一年三月二十五日）》有：「敬稟夫子大人函丈：自克復孝感回沙口，除專跑夫外由六百里排訂郵寄兩次，均不知浮沉否？昨接詠公來書，自初七後不得鄂中文報，焦灼之甚；而麟處半月以來，公牘私函，不下十數件，皆未到太湖，殊不可解也。王吉進剿德安，同張啟基由黃江口進德安河，一百八十里中多沙灘阻滯，派勇且挖且抬，復集民力助之，乃到城下。水則寬深，地亦平坦無虞，於廿一日將賊船六七十隻焚奪

淨盡。金逸亭陸師互相依倚，城外賊皆逼入城內去，陸師逼東西城根為壘，水師占南北兩面，分抬炮位入陸師壘助攻。陳時永賊頭死守不出，我軍屯兵堅城，昕夕輪攻，不知何日克也，焦急之至。劉岳昭率四千六百人往攻隨州，新霆三營自南省來，秀帥留札黃州之上數十里，相機而進。麟力爭不可，蓋以其新勇難當大敵，且為數只一千八百人，兵單甚，只可深溝高壘，遙壯鄂垣門外聲威，以水師護之，不致為賊算足矣。秀帥聽從頗為然。」

三月二十四日，赴蘄州下游設防。

《彭玉麟集‧書信》中《致曾國藩（咸豐十一年三月二十五日）》有：「黃梅、廣、宿失守，九江、彭澤鼎沸，在在乞撥戰船，防堵剿辦，實屬應接不暇。萬不得已飭定湘營由黃陂一帶拔出，去蘄州以下，分防至武穴；調華鎮前營船一半駐九江、小池口等處，則蘄州以下周密矣。惟巴河以上太單，且近興、冶之地，為奸人出沒之所。麟昨親赴下游，嚴切禁江，不准小劃漁船往來，並於各分防處添設飛劃，架以抬槍、小炮、火蛋、火箭之類，一舢舨管帶五號，旂幟於（與）三板同，化少為多，聊助江面聲威，以待飛調南省淮揚五營來，則撤去飛劃，以節糜費。」

三月二十八日，派人援剿黃州。

《彭玉麟集‧書信》中《致曾國藩（咸豐十一年三月二十五日）》有：「乃巴揚阿、安貴等函致易、段、吳三將官，意在戰，謬信探報，以黃州賊只數百，該三將官十八日出隊往攻，遇雨大敗挫。成發翔、曾紹霖以戰船趕去，轟退追賊，始得收隊歸鵝公脛，軍械勇丁多損傷。刻下駐鵝公脛，有戰船護之，無虞矣。」

四月初三日，派軍營紮湖口，分防橫壩頭、斷窯、章門等處。

《彭玉麟集‧書信》中《復曾國藩（咸豐十一年四月初三日）》有：「惟江西瑞州已失，夾江分宜、清江、新喻皆為賊擾，腹地糜爛，袁、臨甚危，九江亦殆。麟調陽利見淮揚中營紮湖口，分防橫壩頭、斷窯等處。而以九江、武穴交與丁義方，飭楊宏勝淮揚左營駛援章門，上游歸幼坪中丞、李少荃相機緩急調遣之。該兩營炮位，已由少荃將頭批所到之洋炮配發一百零四尊，其口糧暫通融辦理，飭魏召亭張挪墊發。四月一月營官薪水兩百，各哨官暫給十二兩，聽候鈞札定奪。淮揚水師口糧章程歸就畫一，然後再行加補。華鎮三月釐金不知若干？自賊上犯以來，商船裹足，諒閣煒所存無幾。昨聞厚庵出有示諭，禁止民船往來，以清皖江江面。果爾，則釐源斷，而淮揚十營轉瞬齊集，餉從何

出乎？思之焦灼殊深耳！鄂中黃、德、隨之賊實數不少，非可僅視為牽制，若江防稍懈，南北岸賊成一家，禍不可問。」

五月十六日，派水師參將喻俊明管帶礮船，由富池口駛入內湖，直抵州境，攻剿太平軍。

《胡林翼全集・胡林翼奏議》卷四十七《官軍克復通崇咸蒲等縣南岸一律肅清疏（六月二十五日督發）》記：「五月初八日，臣李續宜因武昌縣城，與黃州城隔江對峙，恐賊踞修礮壘，阻我長江，即派道員蔣凝學率湘左、亨左、利左三營兼程前進，迅圖守禦；旋據蔣凝學稟稱：『賊已於初八日竄踞武昌。』該道即於初十日，會同水師游擊曾紹霖、都司陳東友，督帶礮船，水陸夾攻，蔣凝學督率隊伍，直駐武昌近城之西山左右設伏；城賊果分三路來撲，蔣凝學親自督隊，鏖戰二時之久，賊眾不支，伏兵齊起，賊遂大敗。復經水師沿岸轟擊，計是役殺斃騎馬賊目三名，賊匪數百名，淹斃受傷者尤眾，生擒二十五名，訊明分別正法，奪獲旗幟器械多件，賊受創後，閉城不出；經曾紹霖會同代理知縣龍雲，督飭水師，用大礮晝夜向城環攻，賊不能守，遂於十六日四更，奪路而逃，當將縣城克復；該逆大股，仍盤踞興國之龍港等處，擄掠民船，希圖上犯；先經臣官文派撥唐瑞廷、丁長春帶領礮船，駛入梁子湖迎擊，廣東按察使彭玉麟，派水師參將喻俊明管帶礮船，由富池口駛入內湖，直抵州境，連日攻剿，斃賊數百名，焚燬賊船二百餘號，奪獲刀矛器械數十件，賊馬一匹，旗幟二十餘面。」

是日，會同蔣凝學攻復武昌縣。

《平定粵匪紀略》卷十一咸豐十一年條曰：「道員蔣凝學會同廣東按察使彭玉麟水師先於五月十六日攻復武昌縣。」

六月初，派戰船收復咸寧。

《彭玉麟集・書信》中《致曾國藩（咸豐十一年六月十一日）》有：「敬稟夫子大人函丈：咸寧月前經麟派去戰船，擊退賊眾，收復城池，以無陸師往守，旋又失陷。月之初二日，哨船王有桂等三板六只梭巡至咸寧屬之官埠橋，見賊棨有土壘數座，因排炮轟擊兩時之久，土壘崩塌，斃賊甚多，賊不能支，舍壘而奔。該哨官一面追擊，一面知會該縣金令，由彭家嘴（離城十餘里）集團鳴鑼助勢，直抵城下攻擊。該逆知官埠橋壘破，亦即棄城而逃，盡往金牛（興國、大冶之地）而去，金令亦入咸城矣。通城為李次青收復，如急進崇、浦，諒亦易為掃蕩。據探保安、金牛為大股所踞，成大吉、蔣之純去必有大仗開，飽殺

一場，以快人心。乃該逆聞風悉逃，不與我軍戰，誠焦人也。刻下保安、金牛之數萬賊盡歸興國，天氣炎暑，成、蔣兩軍又須追趕，倘興國再無仗打，賊必回江西，徒勞我師賓士而已。奈何！成、蔣兩君手不辣，不能血洗興國，若能痛搜該州從賊戶族，盡其根誅，不留餘孽，或可懲創，以儆將來。否則我兵去，則舉州剃髮，卷旎為農；我兵退，則該州不特農工皆出為賊，即士商亦皆出為賊。以習慣成自然，如作買賣生理，誠湖北之禍胎，為天下長髮賊之苗裔，東南半壁總無承平之日者，皆興國人壞之也。」

六月初三日，同蔣凝學、李元度等克復通城縣，太平軍逃至崇陽。

《軍興本末紀略》卷三有：「（咸豐十一年）縣官大臣會商安徽李巡撫，水陸進剿。蔣凝學、彭玉麟、李元度等於六月初三日克復通城縣，逆眾竄崇陽。」

七月，為父彭鳴九作《鶴皋府君行狀》。

《衡西何隆彭氏族譜》卷二《鶴皋府君行狀》有：「咸豐十一年秋七月，不孝玉麟泣血謹述於湖北黃州水師軍次。」

八月，會同李續燾、蔣凝學等，率水師進剿黃州府，竝飭總兵成大吉率馬步隊駐紮上巴河助戰，克復黃州府。

《平定粵匪紀略》卷十二咸豐十一年條曰：「八月……克復黃州府。黃郡踞逆負隅固守，於城外浚濠築壘，以抗官軍官。大臣胡巡撫調總兵李續燾，即補道蔣凝學等，督八營兵勇會廣東按察使彭玉麟水師進剿，竝飭總兵成大吉率馬步隊駐紮上巴河助戰。是時，宿、黃、廣、蘄既克復。」

九月十七日，同成大吉等復黃州，升安徽巡撫。

《穆宗毅皇帝實錄》卷之五 咸豐十一年九月十七日條曰：「擢廣東按察使彭玉麟為安徽巡撫。未到任前，仍以布政使賈臻署理。」

《清史稿》本紀二十一穆宗本紀一有：「（九月）壬寅，多隆阿、曾國荃等復桐城、宿松、蘄州、黃梅、廣濟。彭玉麐、成大吉等復黃州。湖北巡撫胡林翼卒調李續宜為湖北巡撫，仍駐鄂皖交界，督辦軍務。擢彭玉麐為安徽巡撫。癸卯，浙江官軍復於潛、昌化。粵匪竄嚴州，張玉良等軍潰。」

十月初九日夜，至黃石磯。

《曾國藩全集‧日記》咸豐十一年十月初十日條曰：「早飯後圍棋一局，見客三次，清理檔。聞雪琴昨夜宿黃石磯，本日將到安慶，余出城迎接，至鹽河座船等候，數刻不到。」

十月初十日，午刻抵安慶，與曾國藩見。

《曾國藩全集・家書》致季弟（咸豐十一年十月初十日）條曰：「雪琴於今日午刻抵皖，余率府縣出城迎接。渠已輕裝步行，先入城至余公館矣。春霆亦於昨日到此。雪琴已補安徽巡撫，而渠意尚欲力辭。余以渠與我志同道合，勸之勿辭。」

《曾國藩全集・日記》咸豐十一年十月初十日條曰：「戈什哈楊龍章回言，雪琴尚須下半日乃可到。余仍進城回公館，習字一紙。探馬報雪琴將至矣，余再出城迎接。至中途，則雪琴已登岸，輕裝徒步入城，城外迎候者皆不知也。余回公館，雪琴已在座久矣，與之傾談。旋同中飯，邀鮑春霆、李申夫、隋龍淵等便飯。飯後，也談片刻，圍棋一局。寫季弟信一件，清理檔，寫掛屏三幅、對聯一首。夜與雪琴傾談，又觀渠畫梅蘭二幅。」

十月二十日，訪曾國藩，是時，又令陳發翔率師前往運漕。

《曾國藩全集・日記》咸豐十一年十月廿日條曰：「午刻，雪琴來，囑代改摺稿，因即為核改定。習字一紙。中飯後，圍棋一局。接陳舫仙稟，知運漕於十三、十四、十五水陸接仗獲勝，即將來稟批發，又加派淮揚水師陽利見一營，雪琴亦派陳發翔一營前往。清理檔頗多。酉正寫對聯三付。」

十月二十四日，辭安徽巡撫。

《彭玉麟集・奏稿》卷一《辭安徽巡撫請仍督水師剿賊摺（咸豐十一年十月二十四日）》有：「竊臣衡陽一諸生，父母棄養，終鮮兄弟，孑然一身。少時操習舉業，不知韜鈐，亦無搏擊之勇。徒以逆賊猖獗，激於義憤，遂從帥臣曾國藩於軍旅之中，矢念殺賊。初時創立水師，曾國藩以臣粗有膽識，飭臣同今福建提督臣楊載福製造礮船，編立營哨，候習風濤沙水之性。久而稍諳駕馭，與賊轉戰湖湘，屢瀕危險，幸不覆沒。此皆仰賴聖主威福，諸將帥精心維持，士卒用命，非微臣之力所得與也。中間迭荷鴻恩，超擢不次。每一除授，臣必具稟帥臣，自陳材力粗疏，不諳地方公事，請為代奏開缺。曾國藩亦深諒臣愚衷，非出矯激，屢請留辦軍務，皆邀俞允。不圖恩命有加無已，臣亦何心敢自外於高厚生成。伏念封疆大吏有節制文武之權、鎮撫軍民之責，措置一有未當，必致上負朝廷，下誤蒼生。以臣起自戎行，久居戰艦，草笠短衣，日與水勇、舵工馳逐於巨風惡浪之上。一旦身膺疆寄，進退百僚，問刑名不知，問錢穀不知，譬之跛者行生僻之路，其為顛蹶不待履蹈坎坷而後知也。且臣不學無術，褊急成性，十年江上，身受風濕，筋骨痛疼，

心血虧損，善忘多病，更虞不勝重任。連日與督臣熟商，浼其代為陳情。督臣以向來無此體制，且辭不受命，跡近沽名，必獲譴責。臣再四思維，與其勉強負荷，終貽誤於國家；不若冒昧直陳，冀見原於君父。為此籲懇聖恩，准開臣缺，簡放賢明精幹大員，接任安徽巡撫，整頓吏治兵事，使臣得以一意辦賊，努力前驅。感戴皇仁，實無既極。」

十一月初四日，移營往安慶下游。

《曾國藩全集·日記》咸豐十一年十一月初四日條曰：「早飯後見客二次，清理檔。旋出門至城外送雪琴之行，雪琴則已移營，先赴下游矣，已正歸。」

十一月十六日，隨駐安慶。

《曾國藩全集·奏稿》卷三《揀員署理安徽臬司江寧鹽巡道摺（咸豐十一年十一月十六日）》一文曰：「奏為揀員署理安徽臬司、江寧鹽巡道兩缺，隨駐安慶，恭摺奏祈聖鑒事。竊臣於九月初九日奏明，擬於安慶省城酌派司道數員，分任責成。奉旨：『依議。欽此。』除江寧布政使、江安糧道兩缺容臣另選賢員請旨飭署外，查安徽按察使向隨皖撫駐紮安慶。該臬司張學醇現署布政司，在泗州一帶隨辦防剿。其臬司篆務，本係盧鳳道才宇和兼署。嗣才宇和告病，尚未據委署有人。應遵旨由臣派員署理，隨駐安慶，責令籌辦該省善後事宜……所有揀員署理司、道兩缺各緣由，謹會同安徽撫臣彭玉麟、江蘇巡撫薛煥，恭摺具陳，伏乞皇上聖鑒訓示。謹奏。」

十一月二十日，咸豐帝命公幫辦袁甲三軍務。

《穆宗毅皇帝實錄》卷之十咸豐十一年十一月二十日條曰：「命安徽巡撫彭玉麟幫辦欽差大臣袁甲三軍務。」

十一月二十九日，同治帝命彭玉麟繞道渡淮，攻剿苗沛霖。

《穆宗毅皇帝實錄》卷之十一咸豐十一年十一月二十九日條曰：「又諭，賈臻奏、探聞楚師已抵六安，攻破苗黨文占奎等堅圩。苗逆驚懼，於壽州正陽關等處，添築營壘，意圖抗拒。儻自知各處不能堅守，糾黨北趨，或由阜潁犯陳，或由蒙亳犯宋，則楚師勢成尾追。請飭彭玉麟繞道渡淮，力扼北竄。」

《穆宗毅皇帝實錄》卷之十一咸豐十一年十一月二十九日條曰：「又諭、賈臻奏、聞楚兵已攻破苗黨，苗練驚懼，請飭楚軍迅速進兵，專意主剿等語。楚軍已抵六安，著彭玉麟即將攻克兩圩情形，及如何籌度進剿機宜，迅速馳奏。苗練以求撫款我，實則安心叛逆，惟該練糾黨至二三十萬，一聞楚軍師律甚嚴，亦不能不懾其聲威。此時若得楚兵鼓勇直前，該練眾或可瓦解。儻

－105－

李續宜等能先派楚軍，攻克廬郡，是已扼苗逆之背而奪其所恃。彭玉麟總須設法繞道渡淮，力扼北竄之衝，便於迎頭截擊，至該練部下人數眾多，有誅不勝誅之勢，所有被脅附苗之徒，亦當相機開導，寬其助虐，許以自新。眾志既離，剿辦自易，此中操縱機宜，惟在袁甲三會同彭玉麟相機妥籌，不可稍涉大意。再據勝保奏：探聞粵逆寄信，欲占壽城，而苗沛霖再三阻止，其心欲待轉圜，並宣言於眾，若勝保年內可到，即行薙髮歸附，如其不來，明年正月，再聽我令舉事之語。傳聞之詞，恐係其中有詐。目下剿撫兩端，各不相背。袁甲三、彭玉麟、仍當振耀兵威，解其羽黨，俟該練有可撫之機，再行斟酌辦理，正不必先惑於招撫之說，致沮軍心也。將此由六百里各諭令知之。」

本月，由安慶下駛池州、無為、荻港、運漕、東關，察看前敵水陸各營。

《彭玉麟集・奏稿》卷一《遵議苗逆剿撫事宜並再辭皖撫折》有：「咸豐十一年……十一月初五日……臣前由安慶下駛池州、無為、荻港、運漕、東關，察看前敵水陸各營。」

十二月初一日，始回安慶黃陂夾老營。

《彭玉麟集・奏稿》卷一《遵議苗逆剿撫事宜並再辭皖撫折》有：「咸豐十一年……十二月初始回安慶黃陂夾老營，是以復奏稍遲，合併聲明。」

按：《彭玉麟集・奏稿》卷一《遵議苗逆剿撫事宜並再辭皖撫折》中未寫明回老營時間，查《曾國藩全集・日記》咸豐十一年十二月初一日條曰：「雪琴自下游蕪湖等處歸來，咨敘。旋習字一紙。中飯，請子大與楊樸庵、高蕙生、李師實便飯，申正方散。」可知，具體時間為十二月初一日。

十二月十七日，辭袁甲三軍務之事。

《彭玉麟集・奏稿》卷一《三辭皖撫並陳明不能改歸陸路折（咸豐十一年十二月十七日）》有：「反復思維，殊無長策，惟有仰懇皇上天恩，收回幫辦軍務成命，另簡賢員接任皖撫，俾臣得效命江幹，殺賊圖報，不勝犬馬怖懼之誠。至安徽按察使張學醇、福建汀漳龍道徐曉峰，皆久在袁甲三軍營，歷經保擢，其被參各情，證以臣平日所聞略相符合，應仍由袁甲三查明參辦。」

十二月十八、十九日，同曾國藩至萬壽宮迎接同治帝登極詔書，巳初歸。

《曾國藩全集・日記》咸豐十一年十二月十九日條曰：「黎明，與雪琴同

至萬壽宮迎接喜詔，辰初歸寓。飯後，與雪琴、少荃等鬯談，巳初，雪琴歸去。」

《曾國藩年譜》咸豐十一年十二月十八日條曰：「恭接（同治帝）登极詔書。」

按：「《曾國藩全集‧日記》中記十九日黎明時，彭玉麟與曾國藩一同至萬壽宮迎接喜詔，未說明具體詔書，查《曾國藩年譜》知，二人接的是同治皇帝登基之詔書。」

十二月二十四日，改做水師提督。

《穆宗毅皇帝實錄》卷之十四咸豐十一年十二月二十四日條曰：「改安徽巡撫彭玉麟為水師提督。調湖北巡撫李續宜為安徽巡撫。」

十二月二十五日，升兵部侍郎候補。

《穆宗毅皇帝實錄》卷之十四咸豐十一年十二月二十五日條曰：「改水師提督彭玉麟以兵部侍郎候補。」

本月，會商防勦苗沛霖逆匪進犯壽州一事。

《彭玉麟集‧奏稿》卷一《會商防勦苗逆情形摺（咸豐十一年）》有：「竊以苗逆包藏禍心，傾危反側，實屬罪大惡極。陷壽之後猶復挾制翁同書，詭言求撫，借為緩兵之計，亟宜暴列罪狀，殄滅凶渠，以伸天討。臣續宜前已將應勦情形恭折復奏在案。臣官文因川匪竄踞來鳳，上游情形吃重，劉岳昭一軍原係入川之師，克隨州後，已飭其順道馳往勦辦。雖屢經駱秉章催調赴蜀，尚須來鳳事竣，方能遄行。且楚北襄、棗、隨、孝各郡縣，豫捻不時窺伺，亟應力籌捍禦，而頭頭是道，各路防師均礙難抽調。即駐紮霍、六之成大吉、蕭慶衍、蔣凝學等軍，一以遮罩鄂疆門戶，一以防守六安，使苗黨懾我軍威，借得解散脅從，翦其羽翼。惟各處留防以至兵力未厚，刻難遽行前進。多隆阿一軍留防桐、舒、三河，已商同相機規取廬州，先清皖北，只以備多力分，兵力不敷，前經派員回楚添募勇丁，尚未成軍。又，曾國荃自克無為、運漕、東關等處，在在皆須設防。近攻巢縣，賊潰而復聚，因邊難分兵守禦，節節進勦。業經臣國藩飭令回湘添募勇丁，尚未到皖。臣玉麟部下向止水勇，別無陸路之兵。近因楊載福請假回籍，尚未來營。長江天塹，臣玉麟統籌兼顧，礙難遠離。此楚、皖各軍現在分別防勦之實在情形也。」

按：此篇奏疏並未標明時間，從內容推斷，應作於十二月。

同治元年（1862），四十七歲

正月初一日，在黃陂峽見過莫友芝等人。

莫友芝《邵亭日記》卷二同治元年正月條曰：「立春，初六日己丑晴。馬雨農、姚慕庭招飲，皆辭之，與尚齋、小泉乘長龍至黃陂峽候彭中丞，中丞贈二聯及墨二塊。王鶴樵嵩亦贈二塊。晚飯，以舢板送還，將二更始入城。聞左京堂在婺源亦以廿六勝仗。廣信有告急者，乃以左移軍為此言，非實也。」

按：據莫友芝《邵亭日記》卷二同治元年正月條曰：「初九日壬辰……聞彭中丞聽其辭安徽巡撫，以兵部侍郎候補。可知文中「彭中丞」為彭玉麟。

正月初三日，于黃陂夾與曾國藩等人共賀新年。

《曾國藩全集·日記》同治元年正月初三日條曰：「足日擬赴黃陂夾為雪琴賀年。早飯後，雪琴來面訂，渠即先歸。余約少荃、申夫、眉生同去。辰正起行，至東門外，積雪甚厚，無路可行，轎夫苦之。行五里許，即有大堤，堤上雪為風掃去，易於行，走二十里至黃陂夾。雪琴款接殷勤，供張甚盛。未初中飯。飯後，雪琴與申夫、少荃等出外拜各營官，余在家少睡，與眉生鬯敘。傍夕與雪琴諸人談，夜亦鬯談。」

正月十五日，至安慶拜訪曾國藩。

《曾國藩全集·日記》同治元年正月十五日條曰：「早，各員弁賀望賀節，見客紛紛，至巳正未畢。雪琴亦自黃陂夾前來應酬，至午初止；倦甚，不復能見客，小睡片刻二清理文件。」

按：「《曾國藩全集·日記》同治元年正月十五日條中未說明拜賀地點，查《曾國藩年譜》同治元年條曰：「正月，公在安慶。」可知當時彭玉麟是在安慶見的曾國藩。」

正月二十四日，升兵部右侍郎。

《穆宗毅皇帝實錄》卷之十七 同治元年正月二十四日條曰：「以候補兵部侍郎彭玉麟為兵部右侍郎。未到任前，以內閣學士桑春榮署理。」

二月初三日，親赴各營，管帶水師，於浙江省之五顯殿、白茅嘴、水家村、湯家溝等四路迎剿太平軍，獲勝。

《彭玉麟集·奏稿》卷一《會奏迎剿上竄賊匪獲勝摺（同治元年三月初一日）》有：「奏為水師迎剿沿江上竄賊匪獲勝情形，恭摺馳陳，仰祈聖鑒事。竊粵逆盤踞東西梁山等處，時圖上犯。臣玉麟前經督飭各路水師分段守禦，並親

赴各營指授諸將相機防剿。二月初三日，東梁山偽愛王、西梁山偽親王、裕溪口偽善王糾合雍家鎮榮天福、扳天安、雙天福諸逆，共率黨六千餘人，分三股由蕪湖等處上竄，一至五顯殿，一走水家村，一撲湯家溝。管帶水師正右營福建漳州鎮總兵李成謀飛商各營，四路迎剿。健捷營副將左光培帶所部礮船沿江而下，新右營總兵李朝斌帶所部礮船由三山飛槳過江，一同駛至五顯殿，分隊登岸，由下而上抄賊後路。賊眾大駭，紛紛狂竄。適李成謀率親兵左營參將何昌登、正後營都司郭仕林，各派水師作旱隊，是為左路，從白茅嘴江邊迎頭掩擊。敗賊無路可逃，撲湖亂奔，溺斃無算。維時中路進剿之新前營副將羅進賢，親率水勇，會合德字營五品軍功戴德祥練勇登堤列陣。賊由水家村直前拒敵，鏖戰逾時，抵死不退。戴德祥分隊鳧水過港，出賊不意，攔腰衝入，將賊隊截而為二。兩軍奮力合攻，擊斃紅衣賊目一名，陣獲偽傳宣王勝富一名，賊始敗竄，擒斬尤多。其迎剿湯家溝之副中營總兵李濟清，與親兵右營副將彭楚漢，帶同團練卡勇為右路。甫經出隊，見賊沿堤布列，勢甚兇悍，當即排隊施槍，悉力轟擊，賊亦往來蕩決，自辰至午，相持未下。彭楚漢帶同練勇下堤，繞出田坪，大呼陷陣。該逆前隊不料我軍猝至，懼斷歸路，倉皇欲遁。其後隊經李濟清乘勢督勇騰踔而前，賊即潰亂不復成隊，前後砍斃、轟斃一百餘名。追殺數里，餘匪仍竄回雍家鎮、裕溪口一帶。是役也，我軍四路獲勝，賊屍枕藉，大受懲創，計各營生擒髮賊一百餘名，內有賊目傳宣、丞相、指揮、軍政使等偽官四名，概行正法。並呈繳偽印二顆、偽憑多件，奪獲旗幟四百四十餘面，大小槍九十餘杆，刀矛鋼叉一千餘件。該處團勇亦繳首級三十二顆，旗矛多件。據李成謀等稟報前來。臣等查梁山等處賊匪各率悍黨分股上竄，其氣甚銳，經此次痛剿，洵足以寒賊膽而沮狡謀。除傷亡弁勇查明另行辦理外，所有水師迎剿沿江上竄賊匪獲勝緣由，理合繕摺由驛具奏。伏乞皇上聖鑒訓示。謹奏。」

二月初五日，在黃陂峽舟中見莫友芝。

莫友芝《邵亭日記》卷二同治元年二月條曰：「初五日戊午陰，北風，午晴。晨，搶行十五里黃陂峽，候彭侍郎於舟中，留晚飯，遂泊不行。侍郎贈直幅一，為侍郎作篆聯，識徐雲衢先路，己酉舍弟同歲也，為之作篆聯。」

三月十五日，協曾國荃擊退望城岡太平軍。

《彭玉麟集‧奏稿》卷一《會奏克復巢縣等三城並攻奪沿江要隘折（同治元年四月初四日）》有：「奏為水陸各軍克復北岸巢縣、含山、和州三城，並攻

奪銅城閘、雍家鎮、裕溪口、西梁山沿江四要隘，恭摺馳報，仰祈聖鑒事。竊自逆匪分踞江岸以北，上援廬州，下衛金陵，全恃分佈堅城，據守險要，以通上下之氣，而阻進兵之路。江蘇布政使曾國荃到防以後，與水師營總兵李成謀、成發翔等熟商，以為欲制賊命，必先從巢縣下手，欲攻巢縣必先從銅城閘下手。因分撥陸隊，會合水軍，克期進取。三月十五日，曾國荃自率十二營，由林臺過河，以逼巢縣。東北一路，令劉連捷副後、南後等營赴望城岡，堅修營壘，以扼巢縣。正南一路，復令朱寬義、朱惟堂、朱洪章、楊鎮南馬步各營助之。詎營壘甫築數尺，巢城之賊繞出田埂，分股來撲。我軍排隊迎戰，賊方少卻。把總鄭安盛、張興富，衝賊過猛，殞於陣中。朱洪章馳斬賊酋，劉連捷、朱寬義等揮軍縱擊，斃賊四百有奇，餘悉潰走。我望城岡之營駐紮既定，曾國荃派原駐運漕之陳湜、蕭孚泗、周惠堂等，往約記名總兵成發翔帶內河師船，暨王東華、蔡東祥等帶淮揚師船，夾剿銅城閘之賊。惟時成發翔先撥數營駛入清溪河，而親率所部，同淮揚後營蔡東祥、前營賴榮光、右營成東友、中營陽利見來，會於銅城閘渡口。」

三月十八日、十九日，協曾國荃攻復銅城閘、雍家鎮。

《彭玉麟集·奏稿》卷一《會奏克復巢縣等三城並攻奪沿江要隘摺（同治元年四月初四日）》有：「十八日，議以水師攻閘東石壘，陸軍攻閘西土壘。我軍齊進，賊即出扼，戰不逾時。成發翔、陽利見帶隊登岸，繞壘大呼。眾勇抽刃環刺，遇者輒斃。賊乃棄壘散竄，石壘既破，土壘亦平，立將該鎮克復。銅城閘之前則有雍家鎮，為焦湖之鎖鑰，亦巢、含之外藩。水陸兩軍謀於十九日乘勝進取，陳湜分制字營趨鎮之南，蔡東祥及親兵營分旱隊趨鎮之北，仍以戰艦數十，密排水次，萬礮同轟，聲徹天半。適總兵李成謀、李朝斌、彭楚漢、羅進賢等，帶外江水師由白茅嘴飛槳而來，分路登岸，四面環攻。岸上賊眾悉遁入船，河中賊劃悉擊入水，幸脫之賊十不及一。」

三月二十日，協曾國荃連復巢縣、含山。

《彭玉麟集·奏稿》卷一《會奏克復巢縣等三城並攻奪沿江要隘摺（同治元年四月初四日）》有：「先是雍家鎮一隘尚在攻而未下，曾國荃親率陸師星夜渡河，已至巢縣之背，連營旗山、鼓山、放望岡一帶。王東華水師亦由清溪河進次巢縣之東門外。至是，成發翔、陽利見各率礮劃先後駛抵河下，並力奮攻。時至夜分，城上更鼓忽絕，城中煙焰橫飛。旋獲賊諜訊供，逆酋

偽顧王吳於孝、偽封天義徐同江恐巢北陸師進而合圍，歸路已斷，焚屋燒糧，圖向含山宵遁。曾國荃急令劉連捷、朱洪章、朱寬義、朱惟堂等營，協同水師於二十日辰刻會復城池，而自將張勝祿、武明良、李臣典等十三營及楊鎮南所部騎卒，三路跟追，縱軍截剿，伏屍數十里，乘勝馳抵含山城外。該城守賊甫見敗賊之狂奔，旋駭官軍之踔至，聞風喪膽，不敢拒戰，相率竄奔。各軍遂入含山縣城，搜獲賊糧逾二千石，撲殺餘匪近三百名。會以日暮雨集、徹夜不停，次日駐軍少息。」

三月二十二日，協曾國荃克復和州。

《彭玉麟集‧奏稿》卷一《會奏克復巢縣等三城並攻奪沿江要隘摺（同治元年四月初四日）》有：「二十二日，曾國荃拔營疾進，行未中途，偵知巢、含漏網之三賊渠收集丑黨，尚在鍼魚嘴過江，乃以偏師向鍼魚嘴，而以正兵進襲和州。逆首偽東天義劉惟久、偽伺天安尹賢端未及糾眾交鋒，各營哨以火球、火箭環城壘而轟，乘賊嘩亂克城毀壘，立復和州。殺斃甚眾，得礮械、米穀尤多。乘勝追賊至鍼魚嘴，合軍剿洗，江流盡赤。此二十日連復巢縣、含山，二十二日克復和州之情形也。」

三月二十四日，協曾國荃旋克西梁山。

《彭玉麟集‧奏稿》卷一《會奏克復巢縣等三城並攻奪沿江要隘摺（同治元年四月初四日）》有：「北岸要區悉為我有，所未得者裕溪口而外，尚有西梁山為第一重險。二十三日，曾國荃統全勝之師循江而上，將與各水營共設攻取之謀，乃師次木橋鎮。忽遇零匪七八百眾，排列洲上，呼舟爭渡。即派信字、仁字、嚴字三營及馬隊一營繞出洲前，圍而殺之，無一得脫。維時李成謀外江水師、成發翔內河水師及蔡東祥淮揚水師早至西梁山下，令水勇各執長炬，鎔斷截江鐵索，飛駕師船環轟不下。比曾國荃一軍馳至，見該處倚山為險，深溝高壘，礮眼層列，勢難仰攻，商令水師扼江面以擊賊船，陸師布長圍以困賊壘。籌商甫定，適陳湜、蕭孚泗亦引軍來助，具述彭毓橘、周惠堂等於本日會同蔡東祥、成東友、成俞卿等水軍攻裕溪口克之，隨戰於江心洲，殺賊無算，賊向北岸下游而竄，乃知我軍在木橋鎮洲上圍殺一股，即裕溪口遁出之賊也。是夜，曾國荃冒雨結營，逼壘而陣，另挑銳卒守要路，以杜旁竄。旋有數賊持書自投，詭稱賊目偽錠天義塗萬起已偷渡南岸，餘願舉眾乞降。曾國荃察知情偽，姑執之以觀其變。二十四日向明，賊乘猛雨火器不燃，竟悉眾逾壘而出，向江洲一路沖走。水師、陸師爭起搏擊。該逆先有降約，復有退志，眾心紛亂，引頸受

誅，屍駢洲次，罕有脫者。遂奪取西梁山，撥軍駐守。此二十三日攻取裕溪口、進剿江心洲，二十四日旋克西梁山之情形也。」

四月初五日，隨曾國荃從金柱關截斷太平軍勢力。飭李成謀，會督各營師船由鍼魚嘴駛近采石磯江口，突薄金柱關偽城。又調上游水師赴裕溪口以下。

《彭玉麟集·奏稿》卷一《會奏克復太平蕪湖並金柱關東梁山要隘摺（同治元年五月初三日）》有：「奏為水陸各軍渡江夾剿，克復太平府城、蕪湖縣城，並克金柱關、東梁山各要隘，恭摺馳陳，仰祈聖鑒事。竊自逆匪竄踞金陵，以蕪湖為屏障，以東西梁山為鎖鑰，尤以金柱關之偽城為關鍵。官軍既克北岸之西梁山，賊於南岸三處防守尤嚴。臣玉麟與曾國荃定計，必從金柱關入手，則蕪湖與金陵老巢橫中截斷，賊勢乃孤。遂飭總兵李成謀，於四月初五日會督各營師船由鍼魚嘴駛近采石磯江口，焚船毀壘，率勇登岸，突薄金柱關偽城，萬礮轟擊。幾將得手，以東梁山援賊大至，整隊而還。臣等知該處地險城堅，非水陸並攻不能制賊死命，乃將上游水師悉調赴裕溪口以下。」

四月十五日，馳赴蕪湖下游，駐紮銅陵，督帶各營赴西梁山一帶，察看進兵形勢。

《曾國藩全集·奏稿》卷十九《克復魯港及南陵縣城詳細情形摺（同治元年四月十五日）》有：「再，臣玉麟現在馳赴下游，駐紮銅陵，督帶各營赴前敵西梁山一帶，察看進兵形勢，合并陳明。謹奏。」

四月二十日，協曾國荃攻金柱關。派李朝斌、成發翔、鄧萬林、黃翼升等人分三隊克復太平府城。是夜，水師眾營輪攻金柱關。

《彭玉麟集·奏稿》卷一《會奏克復太平蕪湖並金柱關東梁山要隘摺（同治元年五月初三日）》有：「（同治元年四月）二十日，曾國荃率馬步十五營自西梁山駕舟南渡，近逼金柱關下，沿堤結營。臣玉麟恐築壘未固，賊將擾我陸師，乃派李朝斌帶外江新右營暨喻俊明、任星元、王吉內河水師三營，從上游奮攻，以躡賊後；派成發翔、鄧萬林帶內河左右營暨王明山、萬化林、郭明龍、唐學發外江水師四營，黃翼升、陽利見、陳東友、張元龍、成俞卿、楊宏勝、王東華、蔡東祥淮揚水師八營，從下游環擊，以遏賊前。曾國荃立營既定，料金柱關之賊有水軍牽制，不暇顧及太平府一路，乃率各營哨潛分隊伍，卷旗疾馳。遙望賊在北門修卡，立即揮軍掩襲，斬卡突進。賊方駭走入城，閉關不及。我軍擁進北門，群逆狂奔，驅出南門，截殺三百餘級，遂復府城。蓋賊不料官

軍越蕪湖而先攻金柱關，尤不料甫抵金柱遽襲郡城。此四月二十日克復太平府城之情形也。是夜，水師眾營輪攻金柱關，並未收隊。」

四月二十一日，親率成發翔、李朝斌等人協曾國荃克金柱關、東梁山。

《彭玉麟集·奏稿》卷一《會奏克復太平蕪湖並金柱關東梁山要隘摺（同治元年五月初三日）》有：「（同治元年四月）二十一日，王明山率外江四營先赴下游鍼魚嘴一帶。臣玉麟親率成發翔、李朝斌、任星元、王吉、張元龍等循堤周視，布壘若垤，中峙偽城，雄亙數里，未易猝攻。旋又瞭見曾國荃一軍已繞出三汊河上馳渡，對河而陣，鏖戰方酣。遂相率還營，分水師為三隊，以一隊守定江路，以一隊衝入內河，直逼塔下，以一隊輦礮登陸，環城而轟。牆圮棟折，屋瓦皆飛。賊亦矢石如雨，蔽空而下。時近夜分，黃翼升、李朝斌、成發翔束草為炬，指揮督戰。陽利見、王吉帶同弁勇蛇行而進，將越濠溝，外委王有章中槍殞命，眾軍愈戰愈奮，群以火箭飛射西門哨樓。賊於烈焰中衝突而出，各水勇躍上堤埂，短兵擊刺，積骸滿渠，即時攻復金柱關。而分撥黃翼升、成發翔、賴榮光、蔡東祥、張光泰、王東華、楊宏勝、張元龍等數營，乘風上駛，往襲東梁山。時值曾國荃陸軍擊退內河西岸之賊，引軍來助，甫將偽城及三汊河上馳渡數十壘一律毀平，獲大礮二百七十餘尊、旗幟刀矛萬餘件。而諜者又報東梁山經黃翼升、成發翔等一戰而下，已移軍進次蕪湖。此二十一日連克金柱關、東梁山之情形也。」

四月二十二日，協曾貞幹等人克復蕪湖縣城。又王明山等攻克太平以下兩卡。

《彭玉麟集·奏稿》卷一《會奏克復太平蕪湖並金柱關東梁山要隘摺（同治元年五月初三日）》有：「先是蕪湖賊目陳星斗、沈國萬、陳太和、黃品來等，經選用同知曾貞幹密令黃潤昌設法招撫，本有大兵臨境、舉眾內應之約，至是金柱關、東梁山相繼攻拔，蕪賊已成孤注，正可乘其自疑而圖之。（同治元年四月）二十二日，曾貞幹自率所部將領及周萬倬、劉祥勝新後、祥後等軍，循江而進，逼壘立營。並會商李成謀，決開堤岸，駛入小劃，四面合圍。適黃翼升、成發翔所統淮揚內河各水師自金柱關乘勝飛槳而來，萬礮同轟，聲震天半。群賊內亂，棄壘潰奔，圍而殺之，幾無脫者。城賊惶懼失措，悉向官陡門、濮家店而逃。維時曾國荃親督部隊躪賊至戴橋地方，聞蕪湖已復，揣該縣逸出之賊必折竄而東，一面令彭毓橘設伏於薛鎮渡口，一面以輕騎追及於賈家灣，乘

賊半濟，突起奮截，殺斃甚夥，生擒近二百名。賊乃轉走護駕墩，掠舟偷渡。李朝斌帶各哨舢板自小花津橫出截之，薄暮鏖戰至三更，水師傷亡甚多，李朝斌不肯稍退。比及黎明，賊趨薛鎮渡口，適為彭毓橘伏兵所敗，除殲斃、溺斃外，生擒至七百五十餘名之多，釋放面有刺字者，餘皆駢誅。黃翼升擊賊於清水河，俘馘亦以千計。蕪湖、東梁賊黨漏網無幾。此二十二日克復蕪湖縣城並追賊迭勝之情形也。」

《彭玉麟集‧奏稿》卷一《會奏克復太平蕪湖並金柱關東梁山要隘摺（同治元年五月初三日）》有：「王明山所帶四營之赴鍼魚嘴者，二十二日抵烏江鎮。該鎮對岸有烈山石壘二座，對九洑洲為掎角之勢。王明山帶各船渡江，逼壘攻擊。逾時，壘中旗亂，我師各船分泊上下兩岸，俟賊出壘，登岸截擊，擒斬無算，立破堅卡。其九洑洲之上面，又有大勝關賊壘一座，礮船護之。王明山環攻逆壘，未遽得手，萬化林將江中賊船全行焚毀，壘賊大震，奪路狂奔。我軍四面麕之，鏟平逆壘，奪獲槍礮極多。此又王明山等攻克太平以下兩卡之情形也。」

五月初一、二等日，駐金柱關。

《彭玉麟集‧奏稿》卷一《會奏克復秣陵關等要隘摺（同治元年五月十七日）》有：「五月初一日，曾國荃引軍馳抵關下，毀壘殺賊，轉戰無前。守關賊酋汪伍登、尚彪、周蘭璧等舉眾獻關，得驢馬二十一匹，收降卒四百餘人，餘悉解散。仍飛飭前隊十二營進大定坊，繞出三汊河後，緊逼大勝關。編木作橋，為詰朝進攻計。初二日，曾國荃派撥軍士先伏橋邊，而以後隊六營卷旗疾進，將謀合圍。賊見我軍抄後，懼為長圍所困，乘夜縱火棄巢而逃。公字、敏字、義字、長勝等營逾橋追襲，斃賊數百，遂奪大勝關、三汊河，兩壘平之。此五月初一、二等日攻復秣陵關、大勝關、三汊河之情形也。維時臣玉麟駐師金柱關，聞曾國荃懸軍深入，恐其為賊所乘，急約提督王明山率水師各營，分載和州守卒渡江策應。甫由烈山駛近頭關，適曾國荃亦於（五月）初三日昧爽整旅而來，薄關下寨。眾水勇於狂風巨浪中排礮仰擊，無或少休。陸師乘之，立拔頭關。過此以往，則為江心洲，堅大石壘，倚洲雙礮，對岸賊眾如麻。臣玉麟會同王明山，親督萬化林、王吉、成發翔、郭明鼇、唐學發、陳百向、喻俊明、彭楚漢等八營，直逼洲次，飛礮入壘。賊亦穴牆還擊，群子蔽天而下，士卒傷亡，裹屍更進。戰至日晡，各勇挾火具登岸，蛇行蘆葦中，逼壘縱火，燎及蘆葦，一片火光，江面人聲，喧若鼎沸。我軍振臂齊呼，躍入賊牆燒薙，群丑撲

火溺水，橫塞江流。賊船百餘號、賊礮數百尊，悉為我有。登岸水勇仍上師船，鼓樂飛行，並奪蒲包洲，遂泊金陵之護城河口。曾國荃由陸路倚護水師，驅軍直入，逼紮雨花臺，距城不及四里。城賊數來窺犯，輒行擊卻。此初三日連復頭關、江心洲、蒲包洲之情形也。」

五月初二日，聞金陵城危，率軍前往九洑洲。

《彭玉麟集·書信》中《致曾國藩（同治元年五月初三日）》有：「飛啟夫子大人函丈：初二日在金柱關聞九世叔已拔營抵板橋，離金陵城僅三十里，麟懸念實深（恐受敵也），因率左、定、向、中四營，外江親兵右營，淮揚左前、新右、副後四營，約針魚嘴王柱堂率萬化林、郭明鼇、唐學發、陳百享渡和州，嘉字營武明良過烈山，即行駛往九洑洲頭二關駐泊。西北風大作，又值下風岸，波濤掀天，欲攻剿不能開炮，欲紮營不能開槳。賊之頭卡雖破，而二關在九洑洲頭，兩大石城左右挺峙，對岸賊人林立，我舟進退維谷。又值九世叔初由板橋移各營前來，踏築牆壘，而九洑洲內賊戰船百餘隻，我水師若稍退，則陸師築壘頗難，只得於狂風巨浪中，排炮以待，任憑洪濤掀播。至未刻風稍定，麟商王柱堂等，以萬化林、王吉、成發翔、郭明鼇、唐學發、陳百享、喻俊明、彭楚漢等營直逼兩大石城下，左右插翼輪攻，炮炮入壘。而賊炮密如星、子如雨，我水師不稍退，愈攻而風愈息。鏖戰至戌刻，分水勇一半登岸，蛇行蘆葦中，直逼左岸賊壘下，暗燒蘆柴。火起，我軍乘勢吶喊，鼓樂抵牆下，大喊殺賊，撲入賊牆，縱火燒殺，賊屍橫積如山。而右岸賊亦攻破縱火，所有戰船在賊牆下者，悉為我水師所得。乘勢攻至洲尾，火燒十餘里，攻克九洑洲，奪大炮數百尊，我水師傷亡亦不少。」

五月初三日，駐南京城河口。

《彭玉麟集·書信》中《致曾國藩（同治元年五月初三日）》有：「麟一面乘火飭各營前入南京小河，大燒大攻去矣。諒陸師亦前進，大約天亮乃可收隊也。南京賊今夜必慌，麟停槳匆匆草此，恭叩大喜，余容續報。敬請鈞安，伏乞慈鑒。（受業玉麟謹啟　初三夜南京城河口肅）」

五月初四日黎明，至洲尾白河口。

《彭玉麟集·書信》中《致曾國藩（同治元年五月初四日）》有：「昨夜攻破沿途各壘，至洲尾白河口已五更，稍泊安息，以洲尾尚有大石城一座，今日擬入攻草鞋夾洲，始是九洑洲耳。尚未知能得手否？飛啟。恭請捷安，伏乞慈鑒。」

是日夜，攻九洑洲上面之洲。

《彭玉麟集‧書信》中《致曾國藩（同治元年五月初四日）》有：「敬飛啟夫子大人函丈：昨夜極力攻開九洑洲上面之洲，以大眾皆誤以為即九洑洲，實非也，九洑洲乃俗名草鞋夾是也。」

《彭玉麟集‧書信》中《致曾國藩（同治元年五月初五日）》有：「敬啟夫子大人函丈：初三夜攻開之洲，細詢土人名江心洲，自大勝關起至洲尾，共三十里。靠南京老岸護城河之洲曰蒲包洲，洲頭即百河口，通江東橋，入江東門；洲尾即護城河口，乃儀鳳門也。刻下各營依蒲包洲暫行駐泊，只隔護城河，從船邊到城邊清涼山下，不過一里之遙，夜晚我船即開過北岸，依江心洲宿，放哨玉河口。其九洑洲在玉河口下里許，周圍不過三里大，環圍皆江。據土人云：其初原不險，蓋賊得恃其中防夷大炮數百尊以險也，自張家祥收復後，修以巨石，環以石壕，如螺絲絡者七八道，內可走船，灣灣曲曲，水流湍急。我軍一時難以硬攻，是以險而又險處也。麟擬暫停兵養息士卒，不可蠻攻，徒傷精銳無益耳。儀鳳門下面即有紅丹船，大約與賊講相與者，護城河口內大白洋船一只阻其中，頗礙我軍進攻之路，且日昨我軍攻至河口，該洋船猶開炮擊我，是不可解者。」

五月初五日，在儀鳳門下面設船廠。是日，縱火焚毀護城河岸房屋及江東橋外，攻至金陵城下。

《彭玉麟集‧書信》中《致曾國藩（同治元年五月初五日）》有：「下鈐『第一號、同治元年五月初八日到』條戳。護城河內大艇船數十隻，一包紅旂，桅旂則如夷船，排列清涼山城下，對我軍轟擊。詢之土人云：洋船乃兵船，泊此已久，特收彼國往來稅金，掛上下商船之號者，或因昨日我軍群炮攻賊，有子誤落彼船，而彼乃開炮擊我，亦未可知。惟大拖罟船、紅丹船則是蘇州各潮勇降賊助賊者，可恨也。刻下在儀鳳門下面設船廠，釘戰船，離岸遠，我軍不能燒之。該潮勇等甘為賊役，每日每名得錢四百文、食米一升。今日我軍水勇登岸，縱火焚毀護城河岸房屋及江東橋外賊街，砍護城河沿堤蘆葦。否則，賊得藏身於內，以洋槍從暗中擊我。查江心洲、蒲包洲夾岸賊牆炮臺實密如林，初三夜戰，火烈風狂，人聲江（鼎）沸，賊不知若干官兵，多自慌亂，我軍幸以成功，破此三十餘里之洲夾，否則不易為功。今勢成騎虎，我軍水師不能不守，若避險苟安，稍退回上游二十里或十餘里，則此下兩岸險要必一夜盡為賊有，而炮臺加密矣，將來再攻不易。刻下惟小心謹慎，督率各營以守，以待陸師重

兵雲集，方能謀此石頭城也。水師為金陵而設，苦戰十年，今得到金陵城下，萬不可稍鬆懈矣。瑣陳一切。恭請鈞安，可否入告，乞酌奪。」

五月二十三日，隨曾國荃、楊載福率水師屢克太平、蕪湖等城。力戰過九洑洲，屯兵金陵之雨花臺，然水師兵單力薄，難以進攻。

《吳中平寇記》卷一曰：「同治元年……五月初一日……二十三日，學啟、嗣武、正國等乘勝攻，泗涇復破之。盡毀其營數十廣，富林、塘橋之賊皆遁，滬防肅清。奏入糸將程學啟、張遇春，擢副將游擊劉士奇、陳飛熊，擢糸將守備張樹珊，擢都司通判韓正國，加知府銜，賞花翎，並賞學啟勃、勇巴圖、魯遇春、資勇巴圖魯，糸將滕嗣武、偉勇巴圖魯名號。是時，曾公弟布政使國荃方統陸軍，與兵部侍郎彭公玉麐、提督楊公岳斌水師屢克太平、蕪湖等城，力戰過九洑洲賊隘，屯兵金陵之雨花臺；提督鮑超之軍亦在皖南攻克寧、國等城。詔仍命公赴鎮江助攻江寧，公覆疏密言，臣接督臣曾國藩書：『頗以進攻金陵，兵單為虞。』曾國荃亦言：『官軍止能圍，西南兩面，深溝高壘，以水師為根本，以江面為糧路，先自固以圖賊，非增二萬餘人不能合圍。』臣查金陵城大而堅，和春、張國樑統師八、九萬，圍攻日久，功敗垂成。今蘇、浙兩省，徧地賊區，粘連一片，賊處處可進援，尤與昔年情形迥異，所恃楚師穩練，較勝他軍，賊數眾多，未盡精悍，曾國荃軍數不及二萬，不足合圍，即未能制賊死命。此次李秀城等撲犯松滬，負創而遁，聞將連合杭湖賊眾，赴救金陵。臣急欲馳往鎮江，就近援助，無如原部陸軍僅數千人，分兩處則均不得力，專一路則尚可自立，兵事重大，臣何敢易言之也？」

六月初三日，祭唐兀忠宣墓。

《趙烈文日記》（第二冊）六月初三日甲寅條有：「候彭雪岑侍郎，適撰帥出其舟，少俟，乃得見。撰帥與彭祭唐兀忠宣墓，甫經終事也。并晤魏紹庭太守、高慧生部曹。歸途順訪張畏翁。彭雪岑侍郎來答候。」

六月十三日，在金陵與楊載福查九洑洲之情形。

《楊岳斌集》卷二《籌剿金陵情形折同治元年六月二十六日》有：「六月十三日至金陵，與侍郎臣彭玉麟詳察該處情形，見九洑洲賊壘一座，牆堅濠闊，炮位密排。水師僅攻江面，料難得手，轉恐多傷精銳。查洲左數里外尚有小河，商船上下甚便。其江浦一帶，提臣李世忠派有陸兵駐守，洲之下有淮揚水師扼堵，臣加派炮船，攔截於該洲之上，該逆已不能於北岸擄糧。是規復金陵，暫不繫於九洑洲之得失。……臣伏查安徽撫臣李續宜，威望素著，所至克捷，久

－117－

為發逆膽寒，現駐六安州。若得該撫臣提兵渡江，庶圍剿機宜更有把握。相應請旨，飭下該撫臣李續宜，帶兵速赴金陵，會同攻剿，以期掃穴擒渠，仰紓宸廑。所有籌剿金陵緣由，謹會同兵部右侍郎臣彭玉麟，恭摺由驛六百里馳陳，伏乞皇上聖鑒訓示。謹奏。」

七月，駐紮裕溪口。

《曾國荃全集·書札》中《復黃南坡（同治元年七月）》有：「現在雪琴駐裕溪口，厚庵駐烏江，戈船皆泊陸營後二十餘里之大勝關，求一船護衛釐卡且不可得，遑言接米於下游乎。」

閏八月十三日，飭成發翔、鄧萬林等營會合陸師，禦蘇、杭太平軍於花津護駕墩，五戰卻之，退踞薛鎮。

《彭玉麟集·奏稿》卷一《會奏水陸獲勝力保各要隘摺（同治元年十月十二日）》有：「奏為水陸各營屢獲勝仗，力保蕪湖、金柱關要隘，恭摺馳陳，仰祈聖鑒事。竊自閏八月中旬，蘇、杭群賊大舉內犯，北撲金陵，南擾寧國，中犯蕪湖、金柱關，所有金柱關等處水陸防守及九月十八日之捷，臣國藩已將大概軍情兩次具奏在案。先是偽護王陳坤書等酋擁眾四五萬，突入太平府之張公橋，圖犯金柱關，橫斷寧國、金陵之氣。臣玉麟以該隘下達高淳、溧水，上通灣沚，蕪湖為中段第一關鍵，閏八月十三日，飭成發翔、鄧萬林等於各營中挑集未病礮勇，舢板十船，會合唐修己外江水師一營，王可升、周萬倬、羅逢元、朱南桂陸師數營，禦賊於花津護駕墩，五戰卻之，退踞薛鎮。」

閏八月十八日，親率王吉、左光培等，各駕飛劃，入固城、南漪兩湖迎擊蘇、杭太平軍。

《彭玉麟集·奏稿》卷一《會奏水陸獲勝力保各要隘摺（同治元年十月十二日）》有：「（同治元年閏八月）十八日諜報：賊以戰艦數百由東壩、拖壩而出，佈滿固城、南漪兩湖。臣玉麟親率王吉、左光培等，各駕飛劃，入湖迎擊。詎薛鎮之賊節節延竄，潛約賊船銜尾而西，環泊花津上馴渡之下。臣岳斌一聞此警，留羅進賢、萬化林水軍於大勝關，幫助金陵陸師，而自帶丁泗濱、彭楚漢等五營力病赴援金柱關。適羅逢元、朱南桂等陸軍先在姚老圩毀賊浮橋，獲勝一次，得此水陸依護，賊乃數日不敢過河。」

《湘軍志》水師篇第六有：「咸豐……（同治元年）八月，淮揚軍拒吳淞寇，敗之，平七壘，又攻澱湖北岸石壘，破之，奪舟二十。徽、寧寇負舟越東壩，謀爭金柱，舟蛾集固城、南漪湖，玉麟躬入湖拒之。寇遶出花津，岳斌往拒之。」

《平定粵匪紀略》卷十四同治元年條曰：「九月……閏八月間，偽護王陳坤書糾眾四五萬圖犯金柱關，冀橫格寧國，金陵兵氣。彭侍郎玉麟督禦於花津，五戰皆捷，賊退踞薛鎮。十八日，諜報賊艦數百從東壩、拖壩而出。彭侍郎親駕飛划迎擊。楊提督載福聞警赴援。先在姚老圩毀賊浮橋，獲勝仗。賊乃不敢渡河。」

是日，在蕪湖，派軍防剿糧道。

《彭玉麟集·書信》中《致曾國藩（同治元年閏八月十九日）》有：「麟十八在蕪湖晤春霆，其病稍愈，以兩人扶之行，瘦弱之至，惟精氣如舊，頗以寧國後路為急。據金寶圩稟稱：水陽、新河莊、北山等處為賊踞，皆寧國陸師糧道，該處河窄岸高，若賊由新河莊東門渡過河，不特斷寧防接濟，竟可直奔南陵、繁昌上犯無阻（已派婁雲慶），宜急攻新河莊、北山之賊使退，庶寧防糧通，而上游無礙。所調定、中兩營，以連日南風、西風所阻，未能應急。麟派左光培由蕪湖小河進，派王吉由花津丹陽湖進，會合於金寶圩，前往北山、新河莊相機剿辦，以顧春霆糧道，均於十九五更開差，能得手否未可知也。麟俟定、中營到，即親行督率入寧河佈置察看情形，可搜南漪湖則剿搜一遍，如勢不可搜剿，則保金寶圩、東門渡一帶，使南湖賊船不得入內河為害。肅請鈞安，伏乞慈鑒。」

閏八月十九日，同左光培入寧郡河相機剿辦金柱關、花津之太平軍。

《彭玉麟集·書信》中《致曾國藩（同治元年）閏八月二十一日》有：「敬啟夫子大人函丈：麟調定湘中營由金陵回援鮑軍後路，連日西南風大阻，江闊水溜，不能應急。因金柱關、花津之賊擊退入山，麟乃移緩救急，權撤嚮導營，同左光培於十九日入寧郡河相機剿辦。而宋國永亦派四營紮新河莊後山內，離新河莊十餘里。左光培由蕪湖動身，王吉率嚮導營由花津動身，均以風色不順，左光培十九夜到管家渡，離北山南湘口賊牆卡六里。」

閏八月二十一日五更，約左光培往攻北山，鏖戰至午，未克。

《彭玉麟集·書信》中《致曾國藩（同治元年）閏八月二十一日》有：「廿日往撲，以河窄岸高，未能撲動，受傷數人，收隊，紮管家渡。而該逆由新河莊上游造浮橋，於二十早過西岸新河莊，撲鮑軍四營。該四營營壘初就，帳房、子藥尚未到齊，兼又新病初起之，不敵悍賊數萬，難以立腳，棄壘退歸寧郡去。王吉二十夜到管家渡，今日五更約左光培往攻北山賊壘賊卡。以兩岸賊隊如麻，河寬僅數丈，岸高如牆，鏖戰至午，未能得手。而賊以另股出西岸東門渡，

－119－

於街市屋搭浮橋，出我水師後路，斷截歸途。王吉、左光培以水勇一半登岸，且戰且退，幸得全軍出東門渡，頗有受傷者。」

是日申刻，率軍抵東門渡防剿。

《彭玉麟集・書信》中《致曾國藩（同治元年）閏八月二十一日》有：「麟以賊上犯，寢饋不安，恐寧河兵單船薄，險要太多，不放心（挑一船好勇出差，不一二日必大病二三人，實可憤也）。於廿日抽花津之左營成發翔，於今早五更親率以行，廿一申刻抵東門渡，詢知以上形情若此。而沿河兩岸，烽燧迷天，察看賊勢甚大。水師之入此險途，原為春霆糧道而來。麟既親來，不能不約宋國永能否整大隊再出，以便水陸相依夾擊，以通糧道。麟勉力紮東門渡（防明早五更，必有一場攻擾），俟其回信定奪。否則仍率水師出防外面上游為要。第恐賊大隊出灣沚（今酉刻飭左光培回防清水河、黃池兩處，以固蕪湖矣），包寧國，鮑軍後路斷絕。否則賊必竄南陵，入無人之境，而南岸爛矣！奈何？萬分焦灼，鞭緪莫及也。函請鈞安，伏乞慈鑒。正封函間，賊在東門渡市房拆門板，架成簰一座、小劃兩隻，推過金寶圩。哨船探知，王吉、成發翔率隊轟賊退，悉焚之矣。」

閏八月二十二日，在東門渡與太平軍戰。又遂派喻俊明領軍趕至灣沚，保護皖南。

《彭玉麟集・書信》中《致曾國藩（同治元年閏八月二十四日）》有：「敬啟夫子大人函丈：廿一夜在寧郡河內肅寸啟，其一切情形諒達鈞覽。所約宋國永續派大隊來北山口、東門渡會剿，迄今無復信，想為賊阻，不能達矣。廿二賊又堵東門渡紮牆，我水師攻擊一日，至廿二夜將東門渡賊轟退，而東門渡上面（河寬不四丈，兩岸高俱丈餘）逼窄處之賊卡已成，我舟師不特不能入擊北山口、新河莊，而且東門渡之上皆不能入。鮑軍糧道一時難通，須別尋生路。廿二日，賊踞灣沚，麟深慮該逆一過灣沚河，則入無人之境，馳南陵，驅繁昌，入銅陵、池州，狼奔直上，則皖南復為所有。而江西建、彭、湖口皆是黃文金熟路，任其糜爛無如何矣。適二十二調回金陵中、定兩營來，除病莫能與者不計，兩營僅湊三板十六隻，喻俊明扶疾率來，任星元臥病不能起。麟即飛派喻俊明二十二趕至灣沚，分扼河面，而二十三早賊即退出灣沚，入山內相離一二十里外焚掠。」

閏八月二十三日，會同左光培守黃池、灣水河兩處，以顧蕪湖後路。

《彭玉麟集・書信》中《致曾國藩（同治元年閏八月二十四日）》有：「敬

飛啟者：正封函，接右營窯頭來稟，廿三，大隊賊蜂擁至東岸，洋槍數千，子如雨落。我軍水師正右營、右營、親兵右營三營水師攻敵，賊不畏死，前面鏖戰，後面絷壘，自辰至酉，已成賊壘四座，而太平府城皆賊。上冊渡對岸皆賊，河面窄隘，難受該逆槍子。勇多受傷亡，只得共謀退守金柱關，石湖、丹陽湖賊來戰船數百隻雲。看此光景，風波太大，恐金柱關不保。麟飛飭左營退出金寶圩，會同左光培守黃池、灣水河兩處，以顧蕪湖後路；而親率王吉十三號三板星夜旋老營，以便添防金柱關，而留定湘營暫絷灣沚。事機不順，恐軍務有波瀾矣。焦憤萬狀，奈何！」

閏八月二十四日，督飭水師防剿灣沚、蕪湖。俟鮑春霆來，才出江照應金柱關。

《彭玉麟集・書信》中《致曾國藩（同治元年閏八月二十四日）》有：「麟以灣沚船單，親由寧河繞入灣沚，僅三板十六隻，實不足分防守。一面飛調寧河嚮導營前來，飭成發翔三板十五只留守東門渡，以保全金寶圩而顧蕪湖後路；一面飛函請春霆速由灣沚一路水道可達西河，陸路七十里到寧國，則霆軍有主。幸春霆病已愈八九分，尚可支持。惟扼灣沚一河則保全上游全局甚大，非大隊陸師水旱相依不能也。第恐大股賊復來爭此地西渡，圖竄上游（我軍刻下宜力守灣沚為要，不徒糧道通，霆軍無恙，即可保上游無事），而水師孤軍病勇，麟縱時刻守此維持，終無益耳。奈何！頃已函商鮑春霆能否即日飭寧郡分營來灣沚共守此河，否則王可升一軍移絷此亦可（且是新軍，單不放心），但慮其單耳。麟俟春霆來此，護送其入寧營去，麟始出江照應金柱關。敬請崇安，伏乞慈鑒。（受業玉麟謹啟　廿四巳刻）」

是日卯刻，親率舢板沿灣沚而上，查看河道，至方山紅楊樹往返五十里。

《彭玉麟集・書信》中《致曾國藩（同治元年閏八月二十四日）》有：「再啟者：麟於卯刻親率三號三板沿灣沚而上，查看河道，至方山紅楊樹往返五十里，河面頗寬，再三十里為西河十里牌、灣水淺，十里清弋清（江）皆無賊。據詢百姓咸稱：二十一二等日，賊到灣沚、方山，旋見戰船入河，則二十三陸續退去，屬集西河莊一帶，未過山來。是灣沚以上至清弋江皆無賊矣。寧防糧道由方山起旱五十里到寧國，只要鮑軍分營絷此一路，先通糧道，以免賊上竄蔓延為害，俟春霆入營整頓，再行謀攻新河莊為穩妥之至。麟又啟。」

八月末，飭成發翔援金柱關。

《彭玉麟集‧書信》中《致楊岳斌（同治元年九月初一日）》有：「厚庵老兄大人麾下：清恙諒勿藥，有喜心恒，念念。每欲奉候，均以繭累羈滯，悵甚悵甚。前後寄來宣紙，草率應命。拙書畫誠鄙俗不堪，塵上梅花掛屏四幅、松蘭直條二塊、雜景橫條一件、字五幅，春蚓秋蛇，自慚形穢，乞擲收。秣陵關、小丹陽等處賊上竄，二十六七至上馱渡，二十八已入太平府城，金柱關逃亡一空，肆行燒掠，人民頗遭殺溺。弟抽撥各船未病勇，勉湊三板十餘隻，飭成發翔帶病率領前往，以助正右營兵力。只要擊退，不使盤踞，該城則幸甚，否則防其由花津過河則蕪湖可慮。昨已飛函左子雲、周漢卿嚴行哨探防備去矣。」

九月初一日，調鄧萬林紮傅家墩，分防花津，保蕪湖後路。

《彭玉麟集‧書信》中《致楊岳斌（同治元年九月初一日）》有：「幕府諸公均安。正封函間，成發翔回營，據稱賊已退出太平府城，在張公橋一帶打館，日事擄糧拿人，百姓秋收盡為所有，可憐可歎也。弟前查該處河湖，內通東壩、高淳，左通溧水，右通蕪湖，非有水陸重兵嚴守太平府城上下一帶不可固此要隘也。正右營不宜紮金柱關外，宜紮金柱關內，太平府城之上馱渡、三汊河等處，不時梭巡花津，祈飭知該營為禱。而一營猶單，弟已調右營鄧萬林紮傅家墩，分防花津則可保蕪湖後路，而花津對河各圍田之糧庶不為所有。至於金陵前敵放哨抽開右營，則以中營任星元同定湘營放哨，乞尊處撥一營以補任星元哨期之缺，庶副前營不單。特此，再請勳安，諸惟心照。」

九月初五日，在三汊河與太平軍戰。

《彭玉麟集‧書信》中《致曾國藩（同治元年九月初七日）》有：「三汊橫河水益涸，官圩大股逼龍山橋對岸，於初五日列隊十餘里，洋槍如放爆竹，煙霧迷天，右營頗多傷亡（連日金柱關對岸亦列隊數十里，各營水師亦多傷亡）。賊死雖多，其如太眾何，至今尚未收隊。我兵死一人少一人之力。據擒獲賊供：各偽王商議糧擄足，則日夜與我軍鏖戰，換班打仗，擬攻三個月云。九叔處無火藥，李少山在麟處挪去藥一萬、大小子香繩皮紙各數千，而江西不解藥來，麟自顧不暇，軍火不足，危機也。乞札飭江西總局飛解火藥五六萬為要。查今年僅解正月一月兩萬藥，所濟何事，麟除撥與九叔處一萬，僅餘數千，大敵當前，不敷一仗之用，奈何！敬請鈞安，伏乞慈鑒。」

九月初五日至十二日，隨水陸之師與金柱關、蕪湖禦太平軍。分巡灣沚、蕪湖等各要隘。

　　《彭玉麟集・奏稿》卷一《會奏水陸獲勝力保各要隘摺（同治元年十月十二日）》有：「九月初五日，賊糾大股至龍山橋，先以排礮拒我師船，遂於淺流中結筏偷渡。朱南桂率三哨馳擊。戰無逾時，羅逢元帶隊突至，直搗垓心，王明元力戰死之。朱南桂斜刺而入，截賊數段，縱橫掩殺，未及濟者悉驅入河。不謂賊又增黨數千，倚河築壘，形若貫珠，以冀乘間再逞。初六日，賊以大隊進逼金柱關，水營各船齊開排礮，逆眾稍退復合。管帶親兵前營郭明龕與副後營丁泗濱等帶勇登岸奮擊，馳逐里許。鏖戰方酣，郭明龕突被洋礮子打穿左喉，即時殞命。幸得丁泗濱等奮力衝突，殺退賊眾，搶護忠骸回船。初八、九等日，朱南桂、張定魁商令守蕪湖之周萬倬、吳坤修等各率新後、團防等營，分巡查家灣、梅塘嘴一帶，而於十二日自率勇士涉流而渡，盡焚隔河諸壘，擊斃數十人，群賊始遁往魚壩。此閏八月十三至九月十二等日水陸禦賊，晝夜嚴防之情形也。」

　　約九月十八日至二十二日，代本厚庵照應金柱關、太平府等處。

　　《彭玉麟集・書信》中《致曾國藩（同治元年九月二十六日）》有：「敬啟夫子大人函丈：廿一戰事已達大概，諒邀鈞覽。各營亦詳稟冰案。至十八、二十一水師戰狀，麟僅定湘喻俊明、右營曾泗美兩營，而外江有九營，當以厚庵咨牘作主。麟以厚庵去金陵不在金柱關，恐無人照應，不過來金柱、太平府等處，代厚庵調度照料數日耳。」

　　九月二十三日，派周萬倬等營過東岸，哨探太平軍情報。

　　《彭玉麟集・書信》中《致曾國藩（同治元年九月二十六日）》有：「廿三，派周萬倬、梁、王、吳、朱、羅各營過東岸，哨探賊情，擒斬甚多。」

　　九月二十四日，因雨未出隊。

　　《彭玉麟集・書信》中《致曾國藩（同治元年九月二十六日）》有：「廿四日雨，未出隊。」

　　九月二十五日，前往薛鎮途中遇賊，自辰至午於象山、洞陽等處剿太平軍，未刻收隊。

　　《彭玉麟集・書信》中《致曾國藩（同治元年九月二十六日）》有：「廿五雨住，各營出大隊分三路擬剿薛鎮，而中途象山、洞陽等處有巨股截阻我軍，

自辰至午痛剿殺賊，屍橫片（遍）野，焚賊館賊糧不可數計。周萬倬奪賊洋槍、洋炮數十杆，擒斬老毛悍賊甚夥。登象山細看，薛鎮及小丹陽聯絡一片，山裏山外處處皆賊，旌旗林立，賊列隊如蟻。據擒獲賊供：薛鎮老幼皆回小丹陽去，由秣陵關調來老毛三萬，以禦我軍。而周萬倬猛戰衝入賊林數次，左腿帶大刀傷，猶裹血戰不休。賊退去山後，我軍未刻收隊，未便深入，恐兵單吃虧耳。其戰狀飭各營自報不贅。」

九月二十五日夜、二十六日，因雨駐金柱關未出。

《彭玉麟集‧書信》中《致曾國藩（同治元年九月二十六日）》有：「昨夜大雨，今日風雨更甚，麟飭各營收隊。梁、吳、周回蕪湖，王可升俟風息，即由金柱關赴金陵。梁美材稍息一二日可赴寧國矣。敬請鈞安，伏乞慈鑒。（受業玉麟謹啟　廿六日午刻金柱關）」

九月二十七日，回裕溪老營。

《彭玉麟集‧書信》中《致曾國藩（同治元年九月二十七日）》有：「麟日昨遣團防、湘後及梁美材等營回蕪湘，又將金柱關防守事宜佈置妥當，即於今日旋裕溪老營。詢悉張樹聲五營僅有自備帳房，而軍械槍炮不齊，且無口糧，每日小口糧百錢，俟至上海點名驗收乃起大口糧。刻下種種為難，兼聞過江至蕪湖生恐有賊交仗，惶懼頗甚。似此光景，安望其守地土？……麟已批飭張樹聲暫不必過江，紮住雍家鎮運漕一帶，等候鈞札定奪矣。肅此，恭請崇安，伏乞慈鑒。正肅函間，張丞來稟，口糧維艱，自是實在情形。麟已於各水師口糧中挪借九八錢一千串與之矣。麟派李質堂兩營水師守上冊渡、窯頭，派外江彭楚漢、蔡國祥兩營守護駕墩，商吳竹莊撥兩營紮窯頭，更為穩妥。派定湘同左營紮大龍口（以拒東壩來路）。再啟者，前奉讀鈞咨，調李成謀折回下游。刻下金陵、蕪、太事機已轉，厚庵病亦痊可，似無須李成謀折回。而湖北前已截留其防剿襄須。刻下鄂境肅清，可否飭其由鄂南旋，以遂歸志。蓋將官乞准假一次，如登天然，似宜體恤之。且北風日緊，縱其由鄂東下，亦難速到，究不若南旋風便為快易耳。祈鈞裁酌奪，再請崇安。」

九月二十九日，謝莫友芝贈石，回贈書畫之扇一把。

《彭玉麟集‧書信》中《復莫友芝（同治元年九月二十九日）》有：「子偲先生大人史席：別久思深，菊黃秋老，諒起居多佳，無容贅頌。前在灣沚奉到手片，承文郎鐫印章，蒙賜石，感謝無既。維時蘇、浙來援賊數十萬，驚風惡

浪，變態非常。率部下東補西漏，應接不暇，未得肅箋報答，歉仄靡已。幸月之十八、廿一三五等日，水陸合力夾攻，將蕪湖、金柱兩境內數萬賊殲除，獲保兩要隘無恙，弟獲返棹老營，料理積務。金陵防剿亦松，惟寧國尚吃緊，知念附聞。寄上拙書畫粗扇一柄，非酬文郎之勞，藉以將意云耳。乞飭交世兄檢收，因不知號，故空之待補。撥冗修復，即請道安，兼鳴謝臆。」

是日，奉諭與曾國藩、楊載福密商購買外國船炮，籌管帶員弁。

《曾國藩全集·奏稿》卷五《密陳購買外國船礮預籌管帶員弁摺（同治元年十二月十二日）》有：「奏為遵旨籌辦，恭摺密陳，仰祈聖鑒事。竊臣等承准議政王軍機大臣密寄，同治元年九月二十九日奉上諭……臣等遵即與侍郎彭玉麟、提督楊岳斌往返密商。適值金陵、寧國援賊大至，東壩抬來之賊船散佈寧、太各湖，大港小汊，一片逆氛。水師上下防剿，數月以來，刻無暇晷。茲據楊岳斌、彭玉麟密復前來，查有統帶巡湖營提督銜記名總兵蔡國祥，勇敢耐勞，久隸楚軍水師，歷著功績而又籍屬廣東，易與洋人熟習，堪以統轄七船……本年二月間，經臣國藩據實陳明，旋奉寄諭：現籌購買船礮，本擬用於江面，並非施之海洋。仰荷聖謨閎遠，俯順物情，宣示軍中，咸知感激。倘蔡國祥經管之後，由楚勇而參用浙勇，參用閩、粵之人，由上海而至寧波，漸至山東、天津，亦未必終不可出洋巡哨，觀政海邦。惟目下一二年內，則須堅守前約，不令放洋。俾臣等不失信於將士，庶幾恩誼交孚，號令易行。區區愚忱，不得不重言申明，惟求聖慈鑒諒。所有遵旨籌辦緣由，謹會同兵部侍郎臣彭玉麟、福建水師提督臣楊岳斌，由驛復陳，伏乞皇上聖鑒訓示。謹奏。」

十月初三日，在灣沚架槍炮拒敵，未敵。

《彭玉麟集·書信》中《致曾國藩（同治元年十月初六日）》有：「近日旬餘，三板日夜相持苦守。初三來大股賊，蜂擁由山後入灣沚，踞鎮穿一帶鋪屋磚牆架槍炮拒敵。日夜不歇，拆房柱門板，爭架浮橋，均經戰船抵敵未成。」

十月初五日，在灣沚又戰。申刻，渡西岸，焚太平軍。

《彭玉麟集·書信》中《致曾國藩（同治元年十月初六日）》有：「初五，該逆不架橋，列大隊登岸，與我水師槍炮互擊。紅楊樹初四亦到大股，與哨船六號互攻，上下牽制，乃於中段方山之下、灣沚之上四里沙灘淺處，初五申刻，涉水渡過西岸，焚殺頗慘。刻下王吉扶病在內招呼，任星元病初愈，未復原，亦星夜趕去，並添調左營成發翔暫緩進水陽，率該營船於初六卯刻駛往灣沚，相機會合中、向兩營剿辦（麟受風寒，自金柱關回，日事湯藥，未能去灣沚；

即去亦無如何,水日涸難為力)。惟紅楊樹嚮導六船為賊阻斷河道,尚未衝出,大約今日必可衝出,不過多傷亡勇哨耳。西岸上游雖經夫子日前預有防備,而地段大寬,防不勝防,實可危也。安得有勁旅由魯港前進,攔頭截剿。韋志俊雖在南陵,然病死薛金榜、蕭得勝兩戰將,兼新集潰散之勇萬不可恃,奈何!蒿目時艱,東補西漏,焦人欲死。」

十月十三日,飭樹字五營由北岸赴上海援剿。

《彭玉麟集・書信》中《致曾國藩(同治元年十月十七日)》有:「十三日奉大咨,已飛飭樹字五營仍由北岸立赴上海。查該營此時尚在蕪湖,未有北渡資訊,不知是吳竹莊請留否。蕪湖有周萬倬等營,足資防守。」

十月十五日,上命在公與楊載福中選派一人至江陰及狼福山口一帶統帶師船。

《穆宗毅皇帝實錄》卷之四十六 同治元年十月十五日條曰:「下游江陰及狼福山口一帶江面,近聞賊船林立,防堵師船。甚不可恃。前經諭知都興阿查辦,雖據該將軍奏稱尚無蠢動信息,惟聞水師兵船,多朽壞失修,誠恐不能得力。該大臣所奏杜截南岸竄逆,以保北岸腹地。都興阿、黃彬等、盡力籌辦,上慰憂廑等語,似亦係紙上空談。楊岳斌、彭玉麟、二員中,如能酌派一員,前來下游江面,統帶師船,常川駐紮各該處空虛要口,稽察巡查,方足以資彈壓而靖奸宄。著曾國藩、都興阿、李鴻章、迅速籌商辦理,如有兵弁玩誤通賊各情,隨時審明正法。儻黃彬意存袒護,即著一併嚴參。李鴻章前奏、派白齊文管帶常勝軍,赴金陵援剿,現在諒已早到,是否得力。著曾國藩查明具奏,將此由六百里各密諭知之。」

十月十六日,飭軍守浦口,又與本厚庵商防剿上海之事。

《彭玉麟集・書信》中《致曾國藩(同治元年十月十七日)》有:「昨又奉鈞示,已飭陳東友、賴榮光仍守浦口不動,固屬顧慮周詳,裨益大局。但該營奉前一次札,催赴上海,已於本月初四解纜拔營去矣,浦口空空。昨商厚庵,亦未能分防。至於新開河及江口,漸亦涸,難久通行。燕子磯沿江一帶復為賊踞,並設釐卡矣。肅此,恭請崇安,伏乞慈鑒。」

十月十七日,因太平軍助踞西河,池防尚鬆,遂飭該兩營輪流查看裕溪老營。

《彭玉麟集・書信》中《致曾國藩(同治元年十月十七日)》有:「敬啟夫子大人函丈:頃接張錦芳、唐敏義來稟,知奉鈞札飭駐池防。惟該新營勇初招,

必須歸老營點驗清查，以及報銷、支領等件，嚴行訓練數次，整頓一切，庶使根基穩固，知所遵循，不致散漫無律也。刻下賊尚踞西河，池防尚鬆，已飭該兩營輪流歸裕溪老營點驗查看，以一營守池州無礙。倘事緊，麟即親赴上游各處佈置，不誤鮑春霆望。何、吳兩軍救援甚急，若稱此時賊未過南陵河，有定湘營扼守。（再過十餘（日）水乾，不能扼矣）。其何、吳兩軍到皖，似宜飛赴魯港，由南陵一帶迎頭堵剿，而會合鮑軍由清弋江出隊夾擊，當可驅逐該逆過河東，實足保上游繁、銅、池完善之地。若僅分派該兩軍防上游，守株待兔，是一笨著，尚求鈞裁酌奪可否。」

十月二十三日，與曾國藩通信商上海、蕪湖防剿之事。

《彭玉麟集・書信》中《致曾國藩（同治元年十月二十三日）》有：「敬啟夫子大人函丈：頃接九世叔廿日來示，賊由浦口過北岸，實有兩萬餘人，李良臣頗吃緊，須防沿江上犯。已抽周惠堂、張光明一千人暫紮西涼山，擬分四百人紮裕溪，顧江面，以保金陵糧路，云云。麟已函復，請紮西涼，不必分紮裕溪。雖裕溪無一營船，而各營留守坐船尚有長龍十餘號可防，暫保釐局，惟運漕當巢、含、無為之中，似不可無陸師。蓋其處為各軍操辦糧米之所，軍民雜遝，尤為李良臣豫勝軍往來生意盤踞之所，混濁不分，難免奸細潛藏耳。李良臣能堵禦於浦口、江浦則已，否則北岸較南岸尤難支，除盧州石清吉外，無一旅之師，而無為、運漕向為該逆出糧之地，必難保完善也。」

《彭玉麟集・書信》中《致曾國藩（同治元年十月二十三日）》有：「頃接春霆來信，以吳竹莊函達其許以王可升來，即率團防兩營，會合周萬倬前進助剿。鮑請其團防營去紮南陵，而請周萬倬紮黃麻渡。是空蕪湖不守，此著斷不能行。北岸又有事，周萬倬之穩守蕪湖，以聽北岸動靜，再行調遣。此一定之見，不可搖惑也。至於團防營左左之右右之，皆無不可。然周萬倬不動，團防營亦不宜進前，仍乞飛飭王可升速進南陵，先顧鮑、張糧道為要，鈞裁當為然也。麟已復鮑春霆，言周、吳不能去矣。」

十月二十五日，太平府東境肅清，飭成發翔出江，保金柱關。

《彭玉麟集・書信》致曾國藩十月二十五日敬啟夫子大人函丈：刻下太平府東境肅清，值花津水日涸，竟有處可以三板橫作橋。麟飭成發翔俟賊退穩，即率三板同右營出江，此時金柱關更保無虞矣。」

十一月初四日，會商本厚庵，派船守鯁魚嘴。

《彭玉麟集・書信》中《致曾國藩（同治元年十一月初四日）》有：「前聞

賊渡江，飛商厚庵就近派船守鰳魚嘴，以楊占鼇紮彼處，離和城只八里。賊至江邊，見戰船，立即退去。所有無為州運漕、桐陵閘、東關，麟均稍為佈置妥當，但水窄，無陸師難以久恃。河路分歧，處處相通，水雖深而岸高，河面逼窄，僅以水師孤軍深入，萬不放心，然又不能不勉為支持，以俟援兵陸師。想夫子此時焦煩，亦無從設法以調也。北岸蔣、蕭、成恐難離汛地，若果苗先生為勝帥調去，則穎、壽事鬆，或可調也。肅此。恭請鈞安，伏乞慈鑒。」

十一月初六日刻至初八日，督軍守運漕，保裕溪老營。

《彭玉麟集・書信》中《復曾國藩（同治元年十一月初八日）》有：「此次賊散處村圩，王吉、成發翔率船抵禦，沿岸擊轟，而該逆拆房屋並盆桶之內，力爭渡港，擬入運漕。向、左兩營包運市之背，兩頭抄剿，自初六午刻至今日，已鏖戰兩日兩夜，賊死固多，而我水勇傷亡頗甚，蓋賊盡是洋槍隊故也。幸離裕溪老營尚近，有陣亡受傷者載之歸，又挑好哨勇繼進，兩日來已輪換三次勇哨矣。此之謂蠻堵蠻剿，聊以舒憤恨，於事實無濟也。能保運漕，則無為之防可不緊，而裕溪老營亦可無虞；否則運鎮失，賊必兩頭抄裕溪口也。然運鎮終不能保，麟處昨日換去此班哨勇，再經受傷，則萬不能保運漕矣，只好聽之。賊後隊頗重，裹脅更多，非有大隊官兵迎頭截擊痛剿，則北面之賊不可幸了也。敬請崇安，伏乞慈鑒。」

十一月十五日，上命其酌派水師援剿巢湖。

《穆宗毅皇帝實錄》卷之四十九 同治元年十一月十五日條曰：「九洑洲係李世忠之軍圍攻，何以任令賊匪竄出，是否不肯出力，抑或兵少賊眾之故，著曾國藩等查明具奏。至巢縣之濡須口，和州之梁山，地處險要，是否未為該逆占踞，曾國藩尤當設法保全。彭玉麟等水師，應酌調駛入巢湖，會合攻剿。其南岸蕪湖等處，為曾國荃大營後路，更應嚴加防範。」

十一月二十二日，我軍於三汊河與太平軍戰。

《彭玉麟集・書信》中《致曾國藩（同治元年十一月二十七日）》有：「金柱關廿二夜賊由窯頭水陸並進，偷撲三汊河朱南桂陸營，為哨船所覺，開炮轟抵，水師副前、新後、副左、正右四營出隊接應，賊敗走。我軍追奪三板廿一只。以黑夜不敢遠追，四更收隊。」

十一月二十三日，飭喻俊明調船暫紮魯港口外，保裕溪老營。

《彭玉麟集・書信》中《致曾國藩（同治元年十一月二十三日）》有：「連日水退猛，裕溪口如落瀑，而魯港以內，如鵝橋、石碚、三不管，黃麻渡皆

乾涸，僅深尺許，窄處三板兩邊擠岸可作橋矣。已飛飭喻俊明調出內中各船暫紮魯港口外，三山河亦乾，實可慮耳。運漕、桐城閒之賊，連日撲雍家鎮、湯家溝、王家渡，勢甚猖獗。據難民百姓稱：該逆分兩頭，一股上竄，一股份兩岸下竄。上竄者擾無為，否則撇開無為，走神塘河去廬江；下竄者欲一由雍家鎮，一由王家渡，夾岸洋槍以大擾裕溪也。惟裕溪水溜洶洶，戰船難以起椗，只可坐擊，難招呼前後兩岸，但竭力盡心以守而已。特肅。敬請鈞安，伏乞慈鑒。」

十一月二十四日，調喻俊明率營往無為州及白菜嘴一帶分防助剿，且留船守魯港。

《彭玉麟集·書信》中《致曾國藩（同治元年十一月二十七日）》有：「南岸魯港以內水乾，只可入四五擔小劃，戰舡不能紮，而無為州樹營小挫（廿四日），麟已調喻俊明率定湘營往無為州及白菜嘴一帶分防助剿，仍留船守魯港。蕭軍若到無為，與水師會合進剿，必可得手。運漕收復……連日夜雍鎮、裕溪皆吃緊。已飭水師極力分堵剿禦，築卡壘，登岸嚴防，或可無大虞。」

十一月二十六日，函商吳竹莊，並派周萬倬、戴得祥等渡黃麻，夾擊石硊、三不管等處。

《彭玉麟集·書信》中《致曾國藩（同治元年十一月二十七日）》有：「麟昨函商吳竹莊並派周萬倬、戴得祥約王可升由黃麻渡，均於今日（廿七日）五更出隊，夾擊石硊、三不管等處。若能得手，則鮑有轉機。此時尚無資訊，不知若何。」

十一月初九日，寫信回曾國藩說明無法立刻會剿灣沚之由。

《彭玉麟集·書信》中《復曾國藩（同治元年十二月初九日）》有：「昨奉大咨，會剿灣沚，此著萬無用處。彼即肅函，交竹莊處專撥，諒達鈞覽。今初九午刻，竹莊遞來初三日手諭，急切須剿灣沚一次，以救鮑糧道。……我夫子此時無法救鮑，即麟三思，亦無法救鮑。所籌救之法均已謀之於前，皆以一誤再誤，錯失機宜。此時除鮑本軍若干人不計外，而援兵何、王、梁合計亦約有八千人，會合其本軍，挑選精銳，共湊萬餘人，令鮑春霆自行督率，趕緊迎頭痛擊，以期得手，庶可以自救。否則，專靠夫子調援師東湊西湊，萬不足濟事。春霆一路境遇太順，未受挫折，今一有挫折便忙亂無主，草木皆兵。加以驕傲，其病固日深一日，況有抽身（丁艱）意，是可憂也。特肅，謹復。恭請鈞安，伏乞慈鑒。水陸約初十夾攻運漕。」

十二月初九日，親令二營師船駛抵運漕上游，渡蕭慶衍陸師過河築寨，防剿王一枝等賊。

《彭玉麟集·奏稿》卷一《會奏巢縣小挫銅城閘兩次獲勝摺（同治元年正月十二日）》有：「十二月初九日，臣玉麟令右營、定湘營師船駛抵運漕上游二里許，渡蕭慶衍陸師過河築寨，未及盡濟，乃該鎮踞逆糾股突出，逼營而陣，圍裹數重。我軍在水次燃礮仰轟，仍分舢板數號接渡後濟之軍，環起縱擊，殲獲頗眾。毛有銘正帶馬隊渡黃雒河履勘形勢，一聞運漕礮聲，飛騎助戰。賊知不敵，敗遁歸巢。」

十二月初十日，率軍克運漕鎮。先飭兩營護定陸師向運漕，自上攻下。又親督三營向三汊河自下攻上。因三汊河有三石卡，未易攻取。又親自從三汊河引軍西上。其餘太平軍歸併銅陵城閘而去。

《彭玉麟集·書信》中《致曾國藩（同治元年十二月十三日）》有：「蕭擬十二日始進剿，但恐天變，麟飭喻俊明商約，定於初十進剿，派左營成發翔、嚮導營王吉、澄海營唐敏義，由雍家鎮進攻三汊河，自下擊上。定湘同右營護陸師攻運鎮，自上攻下。」

《彭玉麟集·奏稿》卷一《會奏巢縣小挫銅城閘兩次獲勝摺（同治元年正月十二日）》有：「（十二月）初十日，我營修築既成，臣玉麟飭曾泗美右營、喻俊明定湘營護定陸師向運漕，自上攻下。親督成發翔左營、王吉嚮導營、唐敏義澄海營向三汊河自下攻上。該處有三石卡，一大石壘堅峙街心，未易攻取。成發翔帶飛劃由水路進，王吉帶水勇登陸由北岸進，唐敏義帶水勇登陸由南岸進。戰不兩時，遂斷浮橋，悉焚卡壘，賊之攖刃墮河而死者不止數百人。臣玉麟自三汊河引軍西上，與曾泗美、喻俊明遇，乃知大馬頭一橋二壘亦就毀平。蕭慶衍督率馬步等營四面縱火，斬隘直入，縱橫抄殺，立復運漕一鎮。乘勝躡賊，直至黃墩，誅斬無算，餘匪歸併銅城閘而去。此十二月初十日水陸各軍會克運漕鎮之情形也。」

《曾國藩全集·奏稿》卷二十一《近日軍情片（同治元年十二月二十七日）》有：「再，近日軍情。北岸水陸各營，於十二月初九日，在運漕上游擊賊獲勝。初十日，彭玉麟水師攻毀三汊河賊壘，蕭慶衍陸軍攻克運漕鎮，悉焚賊巢，誅戮無算，餘匪遁歸銅城閘而去。」

《曾國藩全集·奏稿》卷二十一《官軍攻克運漕並銅城閘勝仗摺（同治二年正月十二日）》有：「奏為……十二月初九日……初十日，我營修築既成，臣

玉麟飭曾泗美右營，喻俊明定湘營，護定陸師向運漕自上攻下；親督成發翔左營、王吉嚮導營、唐敏義澄海營向三汊河自下攻上。該處有三石卡，一大石壘堅峙街心，未易攻取。成發翔帶飛划由水路進，王吉帶水勇登陸由北岸進，唐敏義帶水勇登陸由南岸進，戰不兩時，遂斷浮橋，悉焚卡壘，賊之攫刃墮河而死者不止數百人。臣玉麟自三汊河引軍西上，與曾泗美、喻俊明遇，乃知大馬頭一橋二壘亦就毀平。蕭慶衍督率馬步等營四面縱火，斬隘直入，縱橫鈔殺，立復運漕一鎮。乘勝躙賊，直至黃墩，誅斬無算，餘匪歸併銅城閘而去。此十二月初十日，水陸各軍會克運漕鎮之情形也。」

《曾國藩全集‧奏稿》卷二十一《官軍攻克運漕並銅城閘勝仗摺（同治二年正月十二日）》有：「奏為……十二月初九日，臣玉麟令右營定湘營師船駛抵運漕上游二里許，渡蕭慶衍、陸師過河築寨，未及盡濟，乃該鎮踞賊糾股突出，偪營而陣，圍裹數重。我軍在水次燃礮仰轟，仍分舢板數號接渡後濟之軍，環起縱擊，殲獲頗眾。毛有銘正帶馬隊渡黃雒河履勘形勢，一聞運漕礮聲，飛騎助戰。賊知不敵，敗遁歸集。」

十二月十三日，欲回裕溪老營，是日抵達蕪湖。

《彭玉麟集‧書信》中《致曾國藩（同治元年十二月十三日）》有：「以西涼、裕溪不放心，麟十三日回營。」

《彭玉麟集‧書信》中《致曾國藩（同治元年十二月十三日）》有：「再啟者，劉南雲奉到鈞札，即在無為州拔營，現已到蕪湖。麟止其拔營之信在路間錯過。然已到蕪湖，似宜由三山進，合王可升扼要駐紮，方於鮑軍有益，否則無益。而蕪湖、金柱關之防兵萬不可動，一動則變故大矣。賊以大股圍金寶圩（該圩今年所用火藥，皆麟濟之，此時不能通濟矣），已破外面數重，危在旦夕。安得勁旅進攻黃池一帶，使該圩億萬生靈知外有救兵，極力衝圍而出乎！否則億萬生民無焦類矣。奈何！該圩一破，則蕪湖萬緊，或留劉南雲添紮蕪湖以厚兵力，亦是一著穩法。乞鈞裁酌奪。」

十二月十九日，飭令喻俊明、成發翔、王吉、唐敏義等攻破水旱諸卡，隨結小划為橋，渡過陸師全隊。

《彭玉麟集‧奏稿》卷一《會奏巢縣小挫銅城閘兩次獲勝摺（同治元年正月十二日）》有：「其銅城閘一路，賊於要衝築四卡以阻我陸師，又築一水卡以阻我舟師。蕭慶衍先於（十二月）十四日移軍黃墩張家渡，旋派營勇平渡口土埂，俾利戰船駛擊。十九日，臣玉麟飭令喻俊明、成發翔、王吉、唐敏義等攻

破水旱諸卡,隨結小劃為橋,渡過陸師全隊。二十一日,蕭慶衍令趙太和率為左營、郭鵬程率毅右營,攻陶家觜第一壘。洪致祥率亨中營,胡發達率強右營攻陶家觜第二壘。復令朱吉玉率為右營、蕭恒書率為前營,攻大申村賊壘。仍自率貞中營及劉長槐之元左營為各路策應。天甫向曙,諸道並進。賊正欲出壘迎拒,我軍已環逼濠邊,火器飛擲,燃及哨棚。眾勇於烈焰中躍過濠溝,摩肩而上,一壘既破,各壘盡亂,駢戮盈千,並斬偽安燕福文姓、黃姓諸酋。水師亦分隊連毀沿堤數卡,乘勢進取岷山岡逆壘。賊皆惶遽失措,逾牆欲遁。蕭慶衍麾軍直進,立焚二壘,擒斬尤多。遂繞出銅城閘後,奮攻石壘,尋以援賊麕集,相持未下。」

十二月二十一、二十二日,湘軍進攻銅城閘毀壘獲勝。

《彭玉麟集‧奏稿》卷一《會奏巢縣小挫銅城閘兩次獲勝摺(同治元年正月十二日)》有:「二十二日,蕭慶衍派趙太和、朱吉玉、蕭恒書、劉長槐四營,於近接該閘之黃龍口地方相度營基,分隊移紮。又派洪致祥、胡發達、郭鵬程三營,親帶貞中一營,整軍以為之備。不移時,而閘中群賊糾合陶家廠、關門鎮、銅城廟、洋獅觜、新塘街、五顯集、百旺市、東關各股,分三路來犯。蕭慶衍率各營縱兵抄擊,少挫凶鋒。中路之賊敗過閘口,左右兩路之賊退聚閘後,眾軍乘之。賊又從閘後出兩大股,一走閘西堤埂,一走岷山岡之東。蕭慶衍令蕭恒書、朱吉玉堵住東路,潛遣洪致祥、郭鵬程、趙太和等分伏黃龍口村內,而以劉長槐、胡發達等隊赴閘口誘賊。賊果輕我兵寡,蜂擁齊出。劉長槐、胡發達斂軍佯退,俟賊撲過村口,伏兵突發,亂刃交刺,該逆無心接戰,衝出重圍。維時岡東一股聞風竄遁,閘西一股亦經水師擊走。我軍日暮收隊,略有損折。此二十一二日等日蕭慶衍一軍進攻銅城閘毀壘獲勝之情形也。」

本年,子彭永釗為二品蔭生。

《彭玉麟集‧奏稿》卷一《謝子永釗內用恩摺(光緒三年八月)》有:「奏為恭謝天恩,仰祈聖鑒事。竊臣子永釗,由同治元年二品蔭生本年入都考試……」

同治二年(1863),四十八歲

正月,在江北率水軍屯濡須。

《湘軍志》曾軍後篇第五條曰:「咸豐九年……(同治)二年正月,國藩自安慶出巡諸軍屯。是時,曾國荃屯江寧城西南,江北則楊岳斌將水軍屯烏

江，皆當前敵。其南則羅逢元守太平，屯金柱，周萬倬、吳坤修守蕪湖，而彭玉麟將水軍屯濡須，在江北。溧水、高淳寇時來窺太平、蕪湖，運漕、東關寇反出濡須，上與和、含山、巢寇相響應。劉連捷、毛有銘等屯石澗埠，遇寇西南。」

正月二十三日左右，令任星元、左光培等移師船於清水河，為之倚護周萬倬、吳坤修兩軍剿李世賢等人。

《曾國藩全集・奏稿》卷六有《蕪湖金柱關苦戰屢月獲勝摺（同治二年三月二十七日）》有：「奏為水陸各軍在蕪湖、金柱關一帶，累月苦戰獲勝，續報詳細情形，仰祈聖鑒事。竊蕪湖、金柱關水陸各營，自去秋以來，戰爭不休，金陵解圍以前，業經縷晰具奏。十一月以後，節次戰勝，並奪回灣沚一隘，臣國藩已將大概軍情先後具奏，並聲明續行詳奏在案。上年十一月間，偽侍王李世賢自金陵敗遁後，糾悍賊數萬人，礮船、槍劃數百號，突出東壩，將犯金柱關，分竄蕪湖……水師彭楚漢等，適自梅塘嘴追賊而至，一鼓蕩洗，餘賊盡溺於河。此正月二十四日兩路同捷，二月初一、初三、十五、十六等日兩次小挫、兩次大勝之情形也。先是周萬倬、吳坤修兩軍剿賊於南新圩三不管等處，進踞四壘，斬首頗眾。臣玉麟以該處近逼蕪湖，不能專恃陸師，乃令任星元、左光培等移師船於清水河，為之倚護。正月二十三日，賊黨自三里埂循河而下，距蕪湖不遠。任星元、左光培率各船溯流迎擊，王三錫登堤督戰，中賊槍子，洞穿右肋，仍復揮兵衝突，將賊擊退。二月初四日，灣沚踞賊將犯我清水河，萬化林會商任星元、左光培等，乘夜駛船潛往。五更即抵灣沚，各船方燃礮轟發，適霆營新破西河之賊，派舢板從清弋江而下駛，合力猛攻，更於晨霧中分水勇為旱隊，在街口積薪焚之。賊不及防，以為官軍水陸並至，急遽無措，出巢紛竄，我軍遂收復灣沚一隘。旋值河水漲溢，萬化林、左光培、任星元等進攻三里埂賊壘，日夜不息，朱洪章等亦率陸軍來會。賊於三月初十日焚壘宵遁，退並黃池。萬化林等飛駕舢板，直逼黃池石壘之下。該逆自恃岸峻壘堅，列礮以待。任星元、萬化林二營奮力仰轟，左光培帶數哨登岸，與水面戰船摩壘夾擊。各賊驚潰，我軍立復黃池，鏟平右壘。朱南桂、羅逢元等陸師會約彭楚漢等水營，亦於次日盡破伏龍橋、護駕墩、花津賊巢，擒斬甚夥，群賊遁往金寶圩、溧水、丹陽一帶。此二月初五日水師攻克灣沚，三月初十、十一等日續克黃池、悉收內河要地之情形也。」

　　二月初四日，於裕溪口見曾國藩，詢悉李世賢連日撲犯該處之情
形。

　　《曾國藩全集·奏稿》卷二十一《查閱沿江各軍並近日軍情摺（同治二
年二月十二日）》有：「奏為微臣查閱沿江各軍，現抵金陵大營，恭報近日軍
情，仰祈聖鑒事。竊臣親赴前敵各軍查閱營伍，曾於正月二十七日附片陳明
在案。次日，自省起程，乘舟下駛。二十九、初一兩日行過池州、大通，聞
蕪湖金柱關軍情喫緊。初三日趕至蕪湖。初四日周歷城壘。旋赴裕溪口，晤
侍郎臣彭玉麟，由東西梁山駛赴金柱關，詢悉偽侍王連日撲犯該處，二十四
日在醰鎮獲勝一次，初一日在梅塘觜始戰小挫，旋獲大勝，初三日復獲勝一
次。」

　　三月初，調周萬倬、劉祥勝等渡江援石澗埠之軍，又與蕭慶衍會軍
於黃雛河。

　　《曾國藩全集·奏稿》卷二十二《石澗埠六安州廬江等處戰守情形摺（同
治二年四月十二日）》有：「奏為忠逆大股疊撲城營，官軍苦守力戰，石澗埠、
廬江、桐城、舒城、六安州先後解圍……（三月）初七日，毛有銘挑銳卒潛出
濠外，突焚積草。劉連捷復於初九日派隊奮擊，悉毀攻具，賊為少卻，仍於營
前營後增壘盈百，層層合圍。營中文報不通，糧運汲道一時俱絕，如是者又數
日。曾國荃在金陵聞警，即派彭毓橘率馬步八營，倍道而至。彭玉麟亦調周萬
倬、劉祥勝等渡江來援，遂與蕭慶衍會軍於黃雛河。」

　　三月十六日，親督水師，進次海子口，牽制東關一路，遣死士溷入
石澗埠營中，密約會戰。是夜，東關太平軍援為水師堵退，各黨分向小
嶺開成橋而遁。

　　《曾國藩全集·奏稿》卷二十二《石澗埠六安州廬江等處戰守情形摺（同
治二年四月十二日）》有：「（三月）十六日，彭玉麟親督水師，進次海子口，
牽制東關一路，遣死士溷入石澗埠營中，密約詰朝會戰。是夜四更，彭毓橘率
師進攻釘子壩、皇圖寺各賊壘，蕭慶衍、周萬倬率各師進攻黃龍岡、迎珠塔各
賊壘，號礮齊發，毛有銘即於重圍中衝出，政草鞋嶺之壘，劉連捷出攻石澗埠
之卡，王載駟等亦馳出戰賊於羊虎山。瞥見黃龍岡、迎珠塔火光突起，知黃雛
河援軍先已得手，遂乘勢猛進，併力夾擊，俘斬無算。彭毓橘亦自皇圖寺來會，
縱橫盪洗，群壘悉平，而東關賊援亦為水師堵退，忠酋各黨乃分向小嶺開成橋
而遁。此三月十七日力解石澗埠重圍之情形也。」

四月初五日，於銅陵攻剿李秀成一行。商令蕭慶衍、彭毓橘等專攻銅陵城閘，派水師曾泗美會合劉連捷、毛有銘專攻東關。

《彭玉麟集·奏稿·電稿》有《會奏攻克東關銅城閘兩要隘摺（同治二年四月二十七日）》曰：「奏為水陸各軍會克東關、銅城閘兩隘，恭摺馳報，仰祈聖鑒事。竊自偽忠王李秀成在六安州解圍下竄，鮑超跟蹤追擊，即從柘皋進兵，以攻巢縣之北，劉連捷、彭毓橘、蕭慶衍等從迎珠塔進兵，以攻巢縣之東，臣國藩於四月十二日附陳大概在案。惟是欲圖巢縣，必先力取東關、銅城閘以毀其門戶。初五日，臣玉麟商令蕭慶衍、彭毓橘等專攻銅城閘，派水師曾泗美會合劉連捷、毛有銘專攻東關。踞東關者為偽閏天安蕭逆，高壘深溝，擁眾堅守。劉連捷知該隘之未可力爭也，乃於初六夜令師船由蟹子口進，潛渡陸師，緣堤埂而進，伏於九峰山下。另派譚國泰帶勇士數十人，從東關近處以木盆偷渡，毀柵越濠，突逼壘下，肉薄而登。賊以礮石外擊，密若飛蝗。胡德雲、石太和從煙焰中架梯直上，中礮死之。劉連捷遂督副後、南後兩營奮力繼進，曾泗美從水際列礮環轟，聲徹霄半。壘賊惶遽欲遁，九峰山下伏兵齊出，合軍衝殺，立破石壘，遂於五更克復東關。黎明，七陳村、打鼓山、南水坳之賊一齊來援，劉連捷令譚國泰守定石壘，親率副後等營由九峰山斜刺而入，賊乃卻走。我軍以賊未受創，必將復至，遂於石壘之旁增修一壘，以為掎角，嚴陣以待之。俄報賊又從林頭鎮、吳家村揚隊而來，毛有銘隨令葛清泰向南水坳進，自率湘右營繼之。劉連捷令李瑞二向打鼓山進，自率副後營繼之。王載泗向九峰山進，劉秉珩向七陳村進。分道並進，搏鬥移時。王載泗等聞南水坳、打鼓山之兵已將得手，即帶部卒搶上九峰山。曾泗美率舢板從河曲中出，斷賊歸路，擒斬甚眾，盡焚各賊卡賊壘而還。此四月初七日攻克東關並擊退援賊之情形也。」

四月初七日，令喻俊明、成發翔等鑿開土埂，師船從決口駛入南北兩圩，輪番擊太平軍。

《彭玉麟集·奏稿·電稿》有《會奏攻克東關銅城閘兩要隘摺（同治二年四月二十七日）》曰：「其陸師之分攻銅城閘者，蕭慶衍、彭毓橘等軍於初六日由黃墩渡河，過八角廟下寨，會約喻俊明、成發翔、張錦芳、唐敏義水師四營奮攻一日夜。賊但堅修老巢，伏匿不出，並於南北兩街各添四壘，為負隅死守計。時值河水泛溢，圩田皆成巨浸。臣玉麟於初七日令喻俊明、成發翔等鑿開土埂，師船從決口駛入南北兩圩，直薄賊巢之下，更番擊之。初九日，各軍會商，留彭毓橘所部扼守八角廟，分蕭慶衍所部移剿百旺市、五顯集一帶，先清

銅城閘之後路，分軍為三。百旺市接戰正酣，三汊河、雍家鎮兩支亦至，遂將兩處卡壘一律平毀，振旅而旋。水師之入南北圩者乘勢猛攻，環賊壘之三面皆有舢板小劃，拋擲火球。陸軍亦萬槍齊發，五更時踏毀南街土壘，遂攻破銅城閘一隘，駢屍塞道，幾無脫者，而林頭鎮另股亦旋為水師擊走。此四月初十日續克銅城閘之情形也。」

四月二十日，同治帝命公與楊載福派水師援剿湖北。

《穆宗毅皇帝實錄》卷之六十四 同治二年四月二十日：「並令成大吉回顧鄂疆。彭玉麟、楊岳斌所部，各派水師赴鄂，協同防剿。」

四月二十一日，同治帝命公巡察九洑洲。

《穆宗毅皇帝實錄》卷之六十五 同治二年四月二十一日條曰：「長江水師。上下游聲勢尚壯。其港汊紛歧處所。有無逆黨潛藏。飭令彭玉麟、楊岳斌等、加意巡邏。毋稍疏忽。九洑洲要害之地。能否飭令水師乘閒攻擣。如果此處得手。則金陵城賊。勢更窮蹙。即皖北群醜。歸路斷絕。亦必亡魂喪膽。剿辦更易為力。著曾國藩與曾國荃等。隨時相機妥籌進取。將此由六百里各諭令知之。」

五月初十日，親率三營，與楊載福等六營同入內河，剿李秀成餘黨。一併收復江浦、浦口，沿途追剿至九洑洲。

《彭玉麟集・奏稿》有《會奏攻克江浦浦口及九洑洲摺（同治二年五月二十七日）》曰：「奏為水陸各軍會克江浦、浦口二城，草鞋峽、燕子磯等數隘，並力破九洑洲一關，江面一律肅清，恭折馳陳，仰祈聖鑒事。竊自巢、含、和三城相繼攻克，旋破雨花台等處石城石壘，臣等於五月十二日陳奏在案。厥後鮑超與蕭慶衍、劉連捷等在和州息軍數日，正擬席捲東下，迭據探報：賊中以雨花台連破石壘，恐官軍大舉攻城，又以崑、新既克，恐滬軍大舉圍蘇，李秀成與諸偽王紛紛改圖，議由江北返援，近救金陵，遠救蘇州。於是天長、六合、來安等處次第解圍，群醜南渡，而賊之分踞橋林、小店者亦於五月初五日冒雨掠舟紛紛搶渡，江面人聲喧闐不絕。蕭慶衍渡江浦，浦口各賊股將無固志矣，乃遣騎隊襲之，行未中途，聞浦口之賊先已棄城遁走，江浦之賊獻書詣營乞降。鮑超、劉連捷察知其詐，於初九日引軍疾進，蕭慶衍出烏江，與各水營會師約戰。適李朝斌統太湖水師將赴滬上，亦於是時道出金陵。初十日，李朝斌派部將鄔桂芳、李助發、江福山等師船由大江沖下，先駐浦口，以扼忠酋餘黨之未渡江者。臣玉麟自率定湘、澄海、清江三營，

臣岳斌自率親兵左後、護衛等營，並調正中、副後、副右、親兵前四營同入內河。詎師次江浦，而賊又聞風宵遁，遂會合陸師，將江浦、浦口一併收復，仍沿途追剿，抄過逃賊之前。賊正竄並九洑洲，洲上偽城之賊不納。我舟師截江圍擊，賊不得渡，爭向蘆葦中駭竄。不知叢葦密處水深丈許或數丈，昔道光年間備夷之濠，張國梁禦賊之濠，及群賊歷年添修之濠，溝港縱橫，人馬紛逐，一蹶即溺，死者駢積以數萬計。」

五月十一日，我軍水師分隊登陸九洑洲城。是夜，與曾國荃、楊載福會勘。

《彭玉麟集・奏稿》有《會奏攻克江浦浦口及九洑洲摺（同治二年五月二十七日）》曰：「至（五月）十一日，餘賊饑啼江邊，既為新開河所隔，不得仍回北岸；又為大江所阻，不得徑渡南岸。各水師分隊登陸，盡日輪攻，攖刃就戮者半，墮江自沉者半。惟新中營副將鄔桂芳，飛槳前驅，徑奪洲隘，中礮死之。此五月初十日克復江浦、浦口兩城之情形也。二浦既復，我軍將有事於九洑洲。曾國荃乘夜至新江口，與臣玉麟、臣岳斌會勘。該洲在驚流急湍之中，高峙偽城，巨礮層列，對岸有攔江磯、中關諸石壘，又有草鞋峽、下關、七里洲、燕子磯十數堅壘，賊艦、賊划與為倚護，斷非陸師所能飛越，亦非水師所易猝攻。計莫如先取南岸數隘，庶撤其藩蔽而九洑洲乃有下手之處。」

五月十二日，親督成發翔、任星元兩營據九洑洲上游，作欲攻不攻之勢，使太平軍兼顧不暇。

《彭玉麟集・奏稿》有《會奏攻克江浦浦口及九洑洲摺（同治二年五月二十七日）》曰：「（五月）十二日，派丁泗濱、許雲發、楊明海、胡俊友等四營為頭隊，從下關進；派喻俊明、唐敏義、陶樹恩、嚴定國、羅宏裕、楊占鼇等六營為二隊，從草鞋峽進；更派彭楚漢、傅敏才、顏海仙、張錦芳等為三隊以應之，臣岳斌仍與李朝斌往來督戰。臣玉麟親督成發翔、任星元兩營據九洑洲上游，作欲攻不攻之勢，使洲賊不暇兼顧南岸。」

五月十三、十四日，湘軍迭克下關、草鞋峽、燕子磯三隘。

《彭玉麟集・奏稿》有《會奏攻克江浦浦口及九洑洲摺（同治二年五月二十七日）》曰：「（五月）調派既定，十三日，天未向明，丁泗濱、喻俊明、彭楚漢等仍循南岸飛駛而下，將逼賊巢。賊竟萬礮齊轟，猝不得近其壘。我軍預以枯荻灌油縱火江上，先焚其舟，數百賊艦一時俱燼。眾勇乘勢薄壘，有緣牆而上者，有從礮眼中搶險而入者，遂平下關、草鞋峽八賊壘，移師轉向中關，

該關內倚小河，外濱大江，水流箭急，師船不能上駛。胡俊友捨舟遵陸，突出壘下，方將一躍而登，忽為槍子洞腹，遽殞於陣。陶樹恩、許雲發憤極搏戰，復裹重創，士卒亦損折過眾，回軍暫息。乃於次日分兵襲破燕子磯，殺賊毀壘而還。此十三、十四等日迭克下關、草鞋峽、燕子磯三隘之情形也。」

六月初二日，收曾國藩令，欲奔赴臨淮，援剿苗沛霖。

《曾國藩全集·奏稿》卷二十二《覆陳金陵壽州軍情摺（同治二年六月十二日）》有：「奏為欽奉諭旨，恭摺覆陳，仰祈聖鑒事。

同治二年六月初四日，承准議政王軍機大臣字寄，五月二十七日奉上諭：曾國藩前奏鮑超等軍追賊已至江浦……五月十二日之戰，毀東皋峰數壘。不謂六月初二日，運米者甫入，而下蔡外委邱維城旋於初四日四更舉城獻賊，毛維翼力戰死之。臣以壽州既陷，皖北與豫鄂三省震動，乃檄蔣凝學暫駐三河尖，辦足米糧，移紮潁州，以保要郡而衛豫境。檄成大吉仍紮三河尖，以蔽鄂疆。檄周寬世退紮六安州，以固皖省。毛有銘暫駐六安，為諸路游擊之師。亦因傷亡過多，難遽進剿也。苗沛霖既得壽州，凶燄彌熾，勢必窺伺臨淮。臣現飛調何紹彩四營由寧國北渡，馳赴臨淮，歸唐訓方調遣。前調之黃翼升淮揚師船，須俟李朝斌抵滬後，始得交替防務，上駛入淮，輾轉需時，尚恐緩不濟急。又飛咨彭玉麟、楊岳斌選派舢板八十號，星赴臨淮，援剿苗逆，待黃翼升到淮，仍令各回本汛。臨淮能否保全，尚不可知。其蒙城一軍，則更無兵撥。鞭長莫及，憂愧徒深。此壽州失陷後，力圖補救之情形也。」

六月十九日，九洑洲已克。與曾國荃、楊載福商，欲合圍金陵。

《曾國荃全集·奏稿》中《恭謝天恩並陳金陵近日軍情疏（同治二年六月十九日）》有：「頃者九洑洲既克，外間謀議又復不一。或謂鮑超一軍宜先克廣德、東壩、句容、二溧，而後可進金陵之東；或謂宜調鮑超蕭慶衍揚州、鎮江諸軍，同時並進，大舉合圍，迅奏膚公。臣與彭玉麟、楊載福等熟商，趁此時浙攻富陽、滬攻蘇州，金陵亦宜合圍，三處同時並顧，亦可期一處得手，或者致力於此口口口質之臣兄國藩，意見亦相符合。」

六月二十二、二十五等日，與楊載福率舢板八十號，由九洑洲先後開行，抵臨淮。

《曾國藩全集·奏稿》卷二十二《彙報近日各路軍情摺（同治二年七月十二日）》有：「奏為彙報近日各路軍情……苗逆圍陷壽州後，遣黨在正陽關增壘浚濠，尚未蠢動。何紹彩陸師四營於六月二十六日取道廬州前進，彭玉麟、楊

岳斌所派舢板八十號，亦於二十二、二十五等日由九洑洲先後開行，計此時均已趕到。臨淮得此水陸倚護，唐訓方之老營可期穩固。惟蒙城糧路將絕，危殆萬分。」

六月二十七日，與曾國藩咨商援剿江西之事。

《曾國藩全集·奏稿》卷二十二《彙報各路軍情摺（同治二年六月二十七日）》有：「奏為彙報各路軍情……十九、二十三等日，復來堅山圍營，攻撲甚猛。江忠義雖係宿將，而所部老勇較少，新募居多，李榕則全係新立之軍，未經大敵，殊可危慮。由湖口下至彭澤、馬當、東流，上至屏峰、南康、都昌，濱江濱湖，一片逆氛。臣現咨商彭玉麟多帶礮船，親赴湖口，援剿江西。」

七月初九日，赴援江西，進剿苗沛霖。

《曾國藩全集·奏稿》卷二十三《覆陳籌援臨淮摺（同治二年八月十二日）》有：「奏為欽奉疊次諭旨，恭摺覆陳，仰祈聖鑒事。竊臣承准議政王軍機大臣字寄，同治二年七月初十日奉上諭：『昨因彭玉麟赴援江西，諭令曾國藩迅催楊岳斌督率水師，駛赴臨淮藉資援救。此時苗逆勢極猖獗，援兵早到一日，庶得早救一日之倒懸。仍著曾國藩遵旨嚴催，毋稍遲玩。唐訓方仍就現有兵力妥籌守禦，以待援師。並飛催蔣凝學、周寬世、毛有銘等軍迅速進紮溜子口等處，約期會剿，不可稍有鬆勁。等因。欽此。』」

八月初一日，赴湖蔡道。

《曾國藩全集·書信》（同治）二年八月二十日曾國藩寄沈葆楨信曰：「初一日馮、蔡與彭雪琴同赴湖蔡道在此面稟公事三件：一言京米太少，江西本屆須解漕米進言九江洋稅可以三分之二解江、席，一分解安慶；一言茶葉地稅洋人紛紛不服，且華商於落地稅之外，別無釐稅，洋商於地稅之外又別有子口稅，亦不公允，宜將新章更改等語。弟比以京米、洋稅二者，須稟撫轅；洋稅尚可函稟，京米必須進雀稟；至落地稅新章應改之處，准由該道稟請酌改，但須與前次出告示不相矛盾等語告之。」

八月十二日，派喻俊明率水師達茅坦援助青陽之師。

《曾國藩全集·奏稿》卷二十三《青陽援師大捷解圍摺（同治二年九月十二日）》有：「奏為青陽苦守三十八日，援師大捷……（八月）遂於十二日派鄭陽和、陳由立各將三百人進紮袁橋，守城將士遙望援兵初進，亦出隊應之，奮擊西北兩門卡壘，冀通內外之氣。詎鄭陽和牆濠甫成，被賊撲陷，水師柳壽田亦挫敗而歸，陳由立以背水孤營，被賊層層圍裹，封壁不動。自未刻至四更，

苦戰固守，逮賊之環攻少懈，始得振臂一呼，引軍突出。自是，外援絕而城中飢饉益甚矣。幸臣所調之喻吉三陸師、彭玉麟所派之喻俊明水師已達茅坦。」

八月二十二日，派水師防守銅陵縣。

《曾國藩全集·奏稿》卷二十三《近日軍情並調金國琛回皖片（同治二年八月二十七日）》有：「再，近日軍情。青陽一城，黃文金等偽王圍攻已歷一月零六日，文報不通，米糧久斷。八月十二日，李榕部將鄭陽和等至距城十里之袁橋紮營，旋被該逆攻陷。喻吉三率三營繼進，十八日紮營徐家村，二十一日攻破袁橋賊壘，小有斬捨。二十二日，江忠義、席寶田兩軍繼進，將合謀力戰，以解重圍。得朱品隆密稟，城中草根樹皮採食俱盡，能否忍飢為數日之守，殊不可知。青陽迤北為銅陵縣，突有藍逆月股竄入，彭玉麟派在防水師，一戰卻之。」

八月二十五日，從池州至董家村，商防守之策。

《曾國藩全集·奏稿》卷二十三《青陽援師大捷解圍摺（同治二年九月十二日）》有：「此七月二十至八月二十四等日賊圍青陽，苦籌戰守之情形也。疊據朱品隆遣死士易服而出，蠟書隱語，言軍中米糧既盡，食及牛馬，牛馬既盡，食及草根樹皮。閱者為之隕涕。適彭玉麟來自池州，周歷形勢，見董家村路口對峙二卡，右枕高岡，左臨溪隴，卡後地稍平衍，結壘者四，將以拒我援軍。乃與諸軍熟商，議定江忠義精捷八營出董家村山後，為攻卡正兵。喻吉三護軍三營出陳家村後，包過田隴，為攻卡鈔襲之兵。李榕先派鈞前、副右兩營，守定糭子店、烏魚潭後路。而自率鈞中、左、右營，徑渡兩岸，由獅子山頂壓下，會於董家村口，為護軍接應之兵。並以喻俊明、柳壽田水師分進夾山、洪山兩口，專攻袁橋、陳家村、大小羅村各賊壘，為陸師依護之兵。二十七日五更蓐食，水陸大舉。」

按：「根據《曾國藩全集·奏稿》卷二十三《青陽援師大捷解圍摺（同治二年九月十二日）》前後文時間提示，可推彭玉麟到達董家村應為八月二十五日。」

九月二十六日，親率喻俊明、唐敏義水師兩營，並約陸師六營出金寶圩之北，將有事於水陽。

《彭玉麟集·奏稿》卷一《會奏迭復水陽等隘及高淳等四城摺（同治二年十月二十七日）》有：「九月二十六日，風雨蔽天，賊備少懈，喻俊明、唐敏義乘夜運礮過河，密排洲次，徹夜環轟。比曉石壘半圮，遂合劉祥勝等鼓噪而前，

李濟清、吳坤修亦駕小划入亮陡門，平圩埂數壘，並攻水陽，破之。其南路則有成發翔、張錦芳等帶舢板進南湖，毀夾岸兩卡，即於次日沖過新河莊，從油榨溝倒擊而下。時鮑超浮橋未成，弗克東流。王可升偏師獨進，正與賊眾相持。各水勇升岸大呼，逾濠競入，力攻新河莊，又破之。水陽迤北曰滄溪，距滄溪十餘里曰塘溝，為直達高淳之要路。」

九月二十七日，攻破水陽、新河莊。

《霆軍紀略》卷六癸亥同治二年條記：「十月，霆軍攻毀東夏賊壘，會克東壩偽城，收復建平縣城，降其眾數萬，遂復溧水縣城。時曾文正公奉寄諭：『曾國藩即飭，鮑超等軍實力攻剿，務將皖南各賊一律肅清，不得任令回竄江西，並會合浙軍力圖攻剿。』鮑公自上月進兵仙人橋將攻新河莊，因浮橋未成，不克即渡。而彭公玉麟、楊公岳斌水師已於二十七日攻破水陽新河莊兩隘。」

九月二十九日，令吳坤修、萬化林往取滄溪，親督水師及傅家桂等陸師襲取塘溝。

《彭玉麟集·奏稿》卷一《會奏迭復水陽等隘及高淳等四城摺（同治二年十月二十七日）》有：「臣玉麟於（九月）二十九日令吳坤修、萬化林往取滄溪，親督水師及傅家桂等陸師襲取塘溝。進塘溝數里曰高淳，湖口東西兩壘，萬槍齊發，阻我陸軍進步。」

本日，獲咸豐帝御製全集。

《彭玉麟集·奏稿》卷一《謝賞文宗顯皇帝御製全集恩摺（同治二年九月二十九日）》有：「奏為恭謝天恩，仰祈聖鑒事。竊臣接准兵部咨稱，奉旨頒發文宗顯皇帝御製詩文全集一部共六本驛遞到，臣當即恭設香案，望闕叩頭祗領訖。」

本月，親督水師攻克窰灣、金寶圩、水陽、新河莊、塘溝、滄溪等地，駐高淳、湖口。

《曾國藩全集·奏稿》卷二十三《近日軍情片（同治二年十月十二日）》有：「再，近日軍情。臨淮一路穩守如常。富明阿於九月二十六日親赴蒙城督剿……湖南道州有警，孫長綬以江西南邊空虛，咨調席寶田一軍赴贛州防守，臣又令江忠義一軍回駐饒州境內。江西設有緩急，添此兩軍，足資防禦。大江南岸寧國、太平以東，久為賊藪。彭玉麟親督水師會合王可陞、吳坤修等陸師，於九月杪攻克窰灣、金寶圩、水陽、新河莊、塘溝、滄溪各賊壘，駐師高淳、湖口。」

十月初一日，湘軍克長樂鎮。親察高淳縣太平軍頭目楊友清乞降之詞，許之降，且令其與楊輔清餘黨自相攻鬥。

《彭玉麟集·奏稿》卷一《會奏迭復水陽等隘及高淳等四城摺（同治二年十月二十七日）》有：「十月初一日，唐敏義、王仁和於槍子如雨之中會合各舟師，疾駛而進，拔其堅壘。又數里曰長樂鎮，街市之中賊築石城，礮臺旌旗迷目。我軍略不停槳，沖入湖心，忽梗一橋，洋槍集於橋下。喻俊明、羅宏裕、李濟清傍兩岸，悉力衝擊；唐敏義、王仁和爭拔椿木，斫斷橋樑，一躍而上，舉火立燔石城。該鎮既克，劉祥勝、傅家桂亦渡旱隊來助，吳坤修、萬化林亦自滄溪戰勝而還，乃合軍謀進高淳。先是，高淳賊目楊友清乞撫不許。至是該賊目遣人通款，伏地涕泣自陳。臣玉麟察其情詞可信，令與偽輔王餘黨自相攻鬥，始許之降。」

十月初二日，率師前往高淳縣受降，因輔王府餘下之軍有變，頃已計斬之矣，遂入城安撫，悉遣降眾，收復高淳縣城。

《彭玉麟集·奏稿》卷一《會奏迭復水陽等隘及高淳等四城摺（同治二年十月二十七日）》有：「十月初一日……初二日，率師前往受降，及至西門外，煙焰上騰，殺聲未絕，楊友清率眾扣馬告曰：偽輔王府餘孽有變，頃已計斬之矣。於是入城安撫，悉遣降眾。是夜，略地而東，並取固城一鎮。此九月二十七至十月初一日水陸連破七隘、初二日收復高淳縣城之情形也。」

《曾國藩全集·奏稿》卷二十三《近日軍情片（同治二年十月十二日）》有：「高淳守賊楊友清遣人乞降，十月初二日，收復高淳縣城。」

十月初七日，親率水師八營及旱勇六營，入東壩。因太平軍築高壘，遂令喻俊明、唐敏義等五營依護吳坤修、劉祥勝各隊，直出壘下，克東壩要隘。

《彭玉麟集·奏稿》卷一《會奏迭復水陽等隘及高淳等四城摺（同治二年十月二十七日）》有：「初七日，臣玉麟率水師八營及吳坤修、劉祥勝等旱勇六營，鮑超亦率馬步十三營合趨東壩。見上壩高峙三大壘，壩後築有偽城，亙互數里。正議分軍立寨，偽隨王楊柳穀馳告：壩賊梗命，楊輔清實為謀主，乞速進兵，以踐黎立新之約。鮑超即令譚勝達、李文益、熊鐵生、黃海清、孫得友等繞壘圍攻，臣玉麟亦令喻俊明、唐敏義等五營依護吳坤修、劉祥勝各隊，直出壘下。適臣岳斌飛槳而來，督令李濟清、王仁和、羅宏裕等專向水路助陣。戰不逾時，殲賊盈千，賊多逾壘而逸者。楊輔清從亂軍中敗往溧

陽，而楊柳穀立獻偽城，乃克東壩要隘。東壩復而建平之捷書亦至。自馮標入境宣諭，張勝祿等十二人感極涕零，矢志不貳，即於是日斬偽跟王藍仁得，舉城以降。建平復而溧水之降書又至。踞溧水者為楊英清，黨眾萬餘，願繳軍械，各散回籍。」

《曾國藩全集·奏稿》卷二十三《近日軍情片（同治二年十月十二日）》有：「東壩賊黨黎立新等亦即具稟納款，願為內應。彭玉麟知東壩一股已無固志，商同鮑超率師疾進，楊載福亦帶師船來會，旋於初七日攻克東壩，留黎立新降眾三營，餘則誅夷殆盡。此次幸仗天威，得此東壩要隘，不特皖南可冀肅清，即東至蘇州，北至金陵，攻取亦較有把握。除水陸剿撫各情形另折續報外，合先附陳大概，仰慰宸廑，伏乞皇太后、皇上聖鑒。謹奏。」

十月初八日，與鮑超共理東夏侵犯東壩之事。

《彭玉麟集·奏稿》卷一《會奏迭復水陽等隘及高淳等四城摺（同治二年十月二十七日）》有：「初，新河莊既克，尚有東夏四壘為建平、東壩之樞紐。初八日，鮑超令馮標、周有勝、王衍慶等屯軍曹塘，進攻東夏。賊恃牆闊濠深，堅伏不出，馮標摩壘而進，手刃悍酋。周有勝、王衍慶率眾爭抽鹿角，奮力齊登，一壘平而眾壘俱下。自是東壩守賊黎立新等上書水營，請為內應；建平守賊張勝祿等上書陸營，請獻城池。定議建平撫事使馮標任之，東壩戰事則鮑超與臣玉麟同任之。」

按：據《霆軍紀略》卷六癸亥同治二年條記「東夏賊」，知此是與東夏戰。

是日，東壩克而建平亦復。

《霆軍紀略》卷六癸亥同治二年條記：「初八日，鮑公令馮標周有勝、王衍慶等屯軍曹塘攻，東夏賊恃濠闊牆，堅伏不出，標摩壘而進手及悍酋。有勝、衍慶率眾爭抽鹿角齊登，一壘平而眾壘俱下。於是東壩守賊黎立新等請為內應，建平賊張勝祿等請獻城池。鮑公因令馮標、任建平撫事而自率馬步十三營趨東壩，見壩上高峙三大壘壩，後築有偽城，橫互數里，正議分兵立寨，偽隨王楊、柳谷馳告壘賊梗。命楊輔清為謀，主乞速進兵以踐黎立新之約。鮑公即令譚勝達、李文益、熊鐵生、黃海清、孫得友等繞壘圍攻。彭公楊公亦派隊向水路助陣，戰不逾時。殲賊盈千，賊多踰壘而逸者。我軍乘勢將沿河賊館、賊卡數十處一律踏平，追殺三十餘里，斃賊二千餘。楊輔清從亂軍中敗往溧陽，楊柳谷立獻偽城遂克東壩要隘，鮑公於降眾中察出脅從者三千餘人，悉遣散，其老賊一律正法，當東壩未克。時曾文正公奉寄諭：『東

壩為金陵水陸要衝，廣德為皖浙門戶，與湖州毗連，一經得手，則賊之險要已失。著曾國藩即飭，鮑超迅速攻克。』等語。及東壩克而建平之捷書。亦至自馮標入境宣諭，張勝祿等十二人感激涕零，矢志不貳，即於是日斬。偽跟王藍仁德舉城以降，建平復。而溧水之降書，又至踞溧水者，為楊英清黨眾萬餘，願繳軍械，各散回籍。」

至十月十二日，會同楊載福，連克復建平、溧水二縣及東壩一隘。

《彭玉麟集·奏稿》卷一《會奏迭復水陽等隘及高淳等四城摺（同治二年十月二十七日）》有：「十二日，臣玉麟會同臣岳斌帶隊進城，溫詞撫慰，盡資之行，不復稍留降眾另立新營。此十月初七至十二等日剿撫兼施，克復建平、溧水二縣及東壩一隘之情形也。」

是日，東夏降。

《霆軍紀略》卷六癸亥同治二年條記：「十二日彭公、楊公往受其降，盡資遣之。曾文正公併案保獎出力人員奏給，降人楊柳谷、張勝祿、鄭魁武等十四人都守虛銜。疏稱：『江皖接壤之區，以東壩為最要關鍵，仰賴天威，震疊詟服群，酉旬日之間收取四城，並奪東壩重險，臣現檄。』鮑超全軍駐守東壩保此三省扼要之地，即為附近游擊之師，當黎立新等之乞降也。彭公玉麟致書鮑公云：『茲有東壩一百一十天，將黎立新功勳定，天福明邦，蜀率頭目李為樑、李為棟、金大順等，又隨王龍旂隊長譚體乾、石興元等來稟投誠弟，均批候。霆軍抵壩辦理，究不知該逆等真心向化否。今特專三板將該逆投誠之稟送來尊處，以便進兵辦理，如其是真，即可免死，如其詐偽，即行剿殺淨盡可也。如吾兄東壩克復，留重兵守之分剿溧水、溧陽，皆可迎刃投誠省得許多兵力，請迅攻東壩為要。』後又致書云：『辰刻派水師同楊軍門進東壩，會合雄師剿撫兩施。酉刻，專弁回欣悉東壩已克，所收之。楊柳穀、黎立新等不可設立營頭，總宜遣散，以免後累弟。已有告示曉諭，如有精壯，由尊處挑選分與各營可也。弟作惡人，一定遣散。兄作好人，暗收安插，則免許多後患。弟辦理高淳遣散事件，一人不留，當須數日乃能善後清楚，始來東壩一行。』」

十一月五日，同治帝賞黃馬褂。

《穆宗毅皇帝實錄》卷之八十四 同治二年十一月五日條曰：「以戰功疊著，賞兵部右侍郎彭玉麟黃馬褂。」

同治三年（1864），四十九歲

正月初十日、十一日，至安慶拜訪曾國藩。

《曾國藩全集‧日記》同治三年正月初十日條曰：「早飯後見客二次，衙門期也。清理檔。圍棋一局未畢，周雲來上學，行禮畢。又見客三次，再圍棋一局，倦甚。雪琴來，吃中飯，是日先生入學，備有酒席也。」

《曾國藩全集‧日記》同治三年正月十一日條：「早飯後清理檔，見客一次。旋出城拜客，雪琴晤談片刻，厚庵、南坡俱未會。」

按：上文未說明拜訪地點，查黎庶昌編《曾國藩年譜》同治三年條曰：「正月，公在安慶。初六日，賊由寧國縣上竄，陷績溪縣。初九日，唐義訓引軍收復績溪，追賊於歙縣南境破之。賊竄遂安，開化之境，勢趨江西。」由此可知，彭玉麟在安慶拜訪的曾國藩。

正月二十八日，謝賞黃馬褂。

《彭玉麟集‧奏稿》卷一《謝賞黃馬褂恩摺（同治三年正月二十八日）》有：「奏為恭謝天恩，仰祈聖鑒事。竊臣接准兩江督臣咨稱：同治二年十一月初五日，內閣奉上諭：『兵部侍郎彭玉麟，督帶水師剿賊江南，所向有功。本年五月間，克復九洑洲要隘；八月間，解青陽之圍，迭著戰績。此次收復高淳、溧水城池及東壩要隘，剿撫兼施，亦屬甚為出力。彭玉麟著加恩賞穿黃馬褂，以示優獎。欽此。』當即恭設香案，望闕叩頭謝恩訖。伏念臣謬統舟師，未宣凱奏，雖會同水陸幸收尺寸之功，而規復金陵尚愧遷延之役。涓埃莫報，夙夜懷慚，乃荷優獎特加，聖慈曲被。溫綸下賁，真逾華袞之榮；章服仰邀，頓壯行衣之色。恩光至渥，感悚難名。臣惟有勉助（勖）東征，冀勘南服。督犀軍而益奮，蹴鯨浪以胥平。三千里天塹肅清，更奏掃穴擒渠之捷；六五爻坤裳元吉，長依垂紳正笏之班。所有微臣感激下忱，理合繕摺叩謝天恩，伏乞皇太后、皇上聖鑒。謹奏。」

四月初九日，在安慶，拜曾國藩幕府中人，又外出拜客。

《曾國藩全集‧日記》同治三年五月初九日條曰：「早飯後見客，坐見者一次。接見未畢，彭雪琴來久談。大雨如注，似深秋凝寒之象。旋陪雪琴拜幕府諸公。巳初，雪琴出外拜客，清理檔，圍棋一局二見客，立見者四次：摺弁邱明泰等自京歸。」

按：「据《曾國藩年譜》同治三年條曰：『公在安慶』，知曾國藩此年一直

在安慶指揮戰事，因此《曾國藩全集‧日記》同治三年五月初九日條中記載彭玉麟見曾國藩之事，皆應在安慶。」

四月初十日，由安慶馳赴九江、湖口，防剿北岸鄂皖江面，兼顧南岸鄱湖、都昌一帶。

《曾國藩全集‧日記》同治三年五月初九日條曰：「中飯，請蘭泉餞行便酌，座有雪琴暨楊仲乾、方存之、涂閬軒、洪琴軒（西）等，申初散：雪琴出城，明日即赴九江、湖口等處辦理防剿事宜矣。閱本日文件，核批札各稿：陰雨愁悶，再圍棋一局。寫沅弟信一封。至眉生處一談。傍夕小睡片刻。夜寫信一葉與雪琴。」

《曾國藩全集‧奏稿》卷二十四《近日軍情片（同治三年四月十二日）》有：「再，臣前次奏報湖州、丹陽均已克復，常州亦有得手之說……前奉旨飭於彭玉麟、楊岳斌二人中，派一人泝流而上，統率鄂軍。現接官文來咨，鄂省江面防剿有李濟清、萬化林等師船足敷分布，請於彭玉麟、楊岳斌二人中，商派一人布置九江以下。臣即商請彭玉麟率師上駛，已於四月初九日過安慶，初十日由安慶馳赴九江，防剿北岸鄂皖江面，兼顧南岸鄱湖、都昌一帶。自徽軍失利後，臣慮婺源、樂平、饒州、景鎮或致淪陷，不意均得保全。且聞竄江之賊，因糧食不繼、號令不一紛紛逃散。仰託聖主威福，此股或不足深慮。惟皖北陸軍，僅潁州、六安、廬郡、巢縣等處置有防兵；其餘潛太英霍桐舒等縣，皆係昔年髮捻往來熟徑，調守無兵，空虛可慮。臣睹此時事孔棘，焦灼彌深，惟有力疾調度，勉撐危局，庶冀仰慰宸廑。除各路戰狀彙案續報外，合先附陳大概，伏乞聖鑒。謹奏。」

四月二十三日，至安慶訪曾國藩，是日酉正，回湖口。

《曾國藩全集‧日記》同治三年五月廿三日條曰：「彭雪琴自湖口來，一日到此，久談約二時許，酉正去。閱本日文件畢。上海又解銀九萬，將至金陵，專解鮑軍，因辦咨札，改解金陵沅弟軍。傍夕小睡。夜核批札稿，溫《書經‧微子》篇，又溫《盤庚》篇，未畢。是日上半天甚熱，申刻大雨，夜間甚涼。」

五月初三日，派喻俊明、張錦勞等，自湖口各率師船駛入省河。

《曾國藩全集‧奏稿》卷二十五《近日軍情片（同治三年五月十二日）》有：「再，近日軍情，湖州、廣德各賊黨分踞如故，尚無上竄之信。賊之在徽州擊潰者，由婺源德興併入江西，道員王德榜率長左營截殺於弋陽境內，大

獲勝仗。據稱賊眾數萬，全股殲滅，其所報賊數與徽軍所報敗遁僅有數千者，多寡懸殊。雖彼此均有不實不盡，而此股賊勢之贏弱，誅戮之將盡，尚屬可信。侍逆一股攻破建昌之萬年橋卡，以小枝牽制官軍，以大枝疾趨而西，疊陷宜黃、崇仁兩縣，即在崇仁繕城擄糧為久踞計。凡樟樹鎮及豐城、新淦、峽江等縣處處喫緊，省城戒嚴。沈葆楨調湖口守將萬泰、王定國管帶潯兵，於五月初三日進省。彭玉麟派喻俊明、張錦勞等，亦自湖口各率師船駛入省河。臣飛檄周寬世銓字七營從景鎮、饒州雇船赴援，必能先後趕到，省垣重地必可無虞。」

五月初六日，同治帝命公督飭水師至九伏洲下游。

《穆宗毅皇帝實錄》卷之六十六 同治二年五月六日：「賊勢東趨，並著檄飭鮑超、蕭慶衍等、乘勝進取和含二浦，直偪九洑洲賊壘，彭玉麟亦當督飭水師，駛赴下游，會同揚防舟師，肅清江面。並著都興阿等隨時嚴飭梁正源等督帶礮划，相機會同擊剿，俾該匪南北隔絕，則九洑洲之師，更易得手。」

約五月十七日，赴下游會剿金陵。

《曾國荃全集·奏稿》中《遵旨統籌會剿金陵疏（同治三年）五月二十二日》有：「提督鮑超、黃翼升於五月初十、十一等日均來安慶，接見一次。臣飭鮑超速援江西，十七日已至九江。飭黃翼升速回金陵，接統楊岳斌外江水師。仍俟楊岳斌行抵江西，換出彭玉麟所部師船駛赴下游，謹遵會剿金陵之命；仍須回顧上游，兼防鄂省東下之賊。」

六月初一日至十六日，湘軍於金陵挖築地道，鏖戰城中，抄剿東、北兩路。

《彭玉麟全集·奏稿·電稿》有《奏報攻克金陵盡殲全股悍賊並生俘逆酋李秀成洪仁達摺（同治三年六月二十三日）》曰：「奏為克復金陵、全股悍賊盡數殲滅，恭報詳細情形，仰祈聖鑒事。……自六月初一日起，各營輪流苦攻，傷亡極多。李臣典偵知城內米麥尚足支持數月，又見我軍地道三十餘穴都已無成，官軍五萬餘人筋力將疲，若不趁此攻克，事久變生，深為可懼。李臣典願率吳宗國等從賊礮極密之處重開地道，蕭孚泗、黃潤昌、熊登武、王遠和願距城十數丈修築礮台數十座，通派各營隊伍刈割濕蘆、蒿草堆捆山積，上覆沙土。左路地勢甚高，利於聲攻；右路地勢極低，利於潛攻。如是者半月，未曾一刻稍休，肉薄相逼，損傷精銳不可勝數。總兵陳萬勝、王紹義、郭鵬程等素稱驍將，數日之內，次第陣亡，尤堪憫惻。」

　　《彭玉麟全集·奏稿·電稿》有《奏報攻克金陵盡殲全股悍賊並生俘逆酋李秀成洪仁達摺（同治三年六月二十三日）》曰：「十五夜四更，地道裝藥之時，曾國荃與李臣典正在洞口籌商一切，忠酋李秀成突出死黨數百人，由太平門傍城根直犯地道大壘；別從朝陽門東角出數百人，裝官軍號衣，持火蛋延燒各礮壘及附近濕蘆蒿草。官軍久勞之後，夜深幾為所乘，賴伍維壽、李臣典、黃廷爵、張詩日堵住左路，斃賊無算；彭毓橘、熊上珍、陶立忠等堵殺右路，擒斬亦多，幸克保全洞口。」

　　《彭玉麟全集·奏稿·電稿》有《奏報攻克金陵盡殲全股悍賊並生俘逆酋李秀成洪仁達摺（同治三年六月二十三日）》曰：「十六早向明，曾國荃將四路隊伍調齊，預飭各軍穩站牆濠，嚴防衝突，惟將太平門、龍膊子一帶自黎明攻至午刻。李臣典報地道封築口門安放引線，曾國荃懸不貲之賞，嚴退後之誅，劉連捷、朱洪章、武明良、伍維壽、熊登武、陳壽武、李臣典、張詩日，各率營官席地敬聽，願具軍令狀，誓死報國。遂傳令即刻發火，霹靂一聲，揭開城垣二十餘丈，煙塵蔽空，磚石滿谷。武明良、伍維壽、朱洪章、譚國泰、劉連捷、張詩日、沈鴻賓、羅雨春、李臣典等皆身先士卒，直衝倒口而入，各弁勇蟻附齊進，銳不可當。而左路城頭之賊，以火藥傾盆燒我士卒，死者甚眾，大隊因之稍卻。經彭毓橘、蕭孚泗、李祥和、蕭慶衍、蕭開印等以大刀手刃數人，由是弁勇無一退者。而武明良、伍維壽、朱洪章、劉連捷、譚國泰、張詩日等各率隊伍登龍廣山，與右路太平門之賊排列轟擊，移時賊乃卻退。李祥和、王仕益從太平門月城攻入。群賊知此次地道缺口，不復似前次之可以堵禦矣。維時官軍分四路剿擊：王遠和、王仕益、朱洪章、羅雨春、沈鴻賓、黃潤昌、熊上珍等進擊中路，攻偽天王府之北。劉連捷、張詩日、譚國泰、崔文田等進擊右路，由臺城趨神策門一帶，適朱南桂、朱惟堂、梁美材等亦率隊從神策門地道之旁梯攻而入，相與會合齊進，兵力益厚，直鏖戰至獅子山，奪取儀鳳門。其中左一路，則有彭毓橘率羅朝雲、趙清河、黃東南與武明良、武明善、武義山等由內城舊址直擊至通濟門。左路則有蕭孚泗、熊登武、蕭慶衍、蕭開印率蕭致祥、周恒禮、李泰山、蕭清世、蕭恒書、朱吉玉、趙太和、劉長槐、蕭上林等分途奪取朝陽、洪武二門，城上守陴、城門守樓之賊及附近一帶賊隊悉被殺戮。其抄截疾馳，各路同一神速；其留兵置守，各門同一佈置。此十六日地道成功、城中鏖戰及東、北兩路抄剿之情形也。」

六月十六夜，湘軍攻破天王府。

《彭玉麟全集‧奏稿‧電稿》有《奏報攻克金陵盡殲全股悍賊並生俘逆酋李秀成洪仁達摺（同治三年六月二十三日）》曰：「方朱洪章等與賊搏戰於偽天王府城北之時，沈鴻賓、周恒禮、袁大升等率隊從左路卷旗疾趨，繞偽城之東，設伏出奇，為擒渠掃穴之計。迨朱洪章戰馬帶傷，悍賊隱扼石橋，我軍隊伍不能飛越城河繞偽城之西。當日暮苦戰之後，正兵收隊龍廣山，而伏兵深入，由偽城之東逶迤而南，不能收隊，時已三更矣。偽忠王傳令群賊將天王府及各偽王府同時舉火焚燒，偽宮殿火藥沖霄，煙焰滿城。袁大升、周恒禮、沈鴻賓等見偽殿前南門突出悍賊千餘人，執持軍器洋礮，向民房街巷而去，知是洪逆竄至民房，遂率隊腰截擊之，殺賊七百餘人，奪偽玉璽二方、金印一方，寬廣約七寸，即洪酋僭用之印也。其偽宮殿侍女縊於前苑內者，不下數百人，死於城河者不下二千餘人。其時偽城火已燎原，不可向邇，街巷要道，賊均延燒塞衢。官軍以暮夜路徑生疏，不能巷戰，遂收隊站城。此十六夜攻破偽天王內城、斃賊極多之情形也。是夜四更有賊一股，假裝官軍號衣號補，手持軍器洋槍，約千餘人，向太平門地道缺口衝突。經昆字、湘後、左、右各營截擊，多用火桶火蛋焚燒，人馬死者已多，約尚有六七百人騎馬衝出，向孝陵衛定林鎮一路而逃。伍維壽、楊鈿南、陶立忠等急率馬隊跟追。曾國荃一聞騎賊裝扮官軍逃出之信，即加派張定魁、李泰山、黃萬鵬、黃廷爵等馬隊七百騎追之，並飛咨溧水、東壩、句容各守將會合追剿。」

六月十九日酉刻，湘軍生擒李萬材。是夜，蕭孚泗搜擒洪仁達。

《彭玉麟全集‧奏稿‧電稿》有《奏報攻克金陵盡殲全股悍賊並生俘逆酋李秀成洪仁達摺（同治三年六月二十三日）》曰：「直至十九日酉刻，伍維壽、黃萬鵬等回營面稟，追至純化鎮，生擒偽烈王李萬材，帶領前進追至湖熟鎮，見逃賊在前，當經馬隊圍住，全數斬刈，未留一人。又追至溧陽，據百姓言前路並無賊蹤。經過曾國荃親訊，李萬材供稱：城破後，偽忠王之兄巨王、幼西王、幼南王、定王、崇王、璋王乘夜衝出，被官軍馬隊追至湖熟橋邊，將各頭目全行殺斃，更無餘孽。又據城內各賊供稱，首逆洪秀全實係本年五月間官軍猛攻時服毒而死，瘞於偽宮院內，立幼主洪福瑱重襲偽號；城破後，偽幼主積薪宮殿、舉火自焚等語。應俟偽宮火熄，挖出洪秀全逆屍，查明自焚確據，續行具奏。至偽忠王李秀成一犯，城破受傷，匿於山內民房。十九夜，提督蕭孚泗親自搜出，並搜擒王次兄洪仁達。」

六月二十日，克復金陵。

《彭玉麟全集·奏稿·電稿》有《奏報攻克金陵盡殲全股悍賊並生俘逆酋李秀成洪仁達折（同治三年六月二十三日）》曰：「二十日，曾國荃親訊，供認不諱。應否檻送京師，抑或即在金陵正法，咨請定奪。……臣等伏查洪逆倡亂粵西，於今十有五年，竊踞金陵亦十二年，流毒海內，神人共憤。我朝武功之盛超越前古，屢次削平大難，焜燿史編。然如嘉慶川楚之役，蹂躪僅及四省，淪陷不過十餘城。康熙三藩之役，蹂躪尚止十二省，淪陷亦第三百餘城。今粵匪之變，蹂躪竟及十六省，淪陷至六百餘城之多，而其中凶酋悍黨如李開方守馮官屯，林啟容守九江，葉芸來守安慶，皆堅忍不屈。此次金陵城破，十萬餘賊無一降者，至聚眾自焚而不悔，實為古今罕見之劇寇。然卒能次第蕩平，剗除元惡。臣等深維其故，蓋由我文宗顯皇帝盛德宏謨、早裕戡亂之本，宮禁雖極儉嗇，而不惜巨餉以募戰士；名器雖極慎重，而不惜破格以獎有功；廟算雖極精密，而不惜屈己以從將帥之謀。皇太后、皇上守此三者，悉循舊章而加之，去邪彌果，求賢彌廣，用能誅除僭偽，蔚成中興之業。臣等忝竊兵符，遭逢際會，既慟我文宗不及目睹獻馘告成之日，又念生靈塗炭為時過久，惟當始終慎勉，掃蕩餘匪，以蘇子黎之困，而分宵旰之憂。此次應獎應恤人員，另繕清單，籲懇恩施。臣國藩拜摺後，即行馳赴金陵。李秀成、洪仁達應否獻俘，俟到金陵後察酌具奏。所有金陵克復、全股悍賊盡數殲滅緣由，謹會同陝甘總督臣楊岳斌、兵部侍郎臣彭玉麟、江蘇巡撫臣李鴻章、浙江巡撫臣曾國荃恭摺由驛六百里加緊馳奏，伏乞皇太后、皇上聖鑒訓示。謹奏。」

六月二十九日，被賞一等輕車都尉世職。

《彭玉麟集·奏稿》卷一《謝賞世職並加太子少保銜恩摺（同治三年八月十七日）》有：「奏為恭謝天恩，仰祈聖鑒事。竊臣接准兩江督臣咨稱，同治三年六月二十九日內閣奉上諭：『兵部右侍郎彭玉麟，前在江、楚等省屢著戰功，及與楊岳斌同領水師，迭克魯港、南陵、蕪湖、金柱關、銅城閘、東西梁山等要隘，招撫高淳、溧水降眾，克復東壩，肅清江面，實屬勇敢有為。著加恩賞給一等輕車都尉世職，並賞加太子少保銜。』等因。欽此。當即恭設香案，望闕叩頭謝恩訖。」

本月，於金陵會曾國藩，談金陵攻剿緣由。

《彭玉麟集·奏稿·電稿》有《遵旨統籌會剿金陵摺（同治三年五月二十二日）》曰：「奏為遵奉諭旨，會師籌剿金陵，恭摺復陳，仰祈聖鑒事。竊臣承

准議政王軍機大臣字寄，同治三年五月初八日奉上諭……擬俟北岸軍事稍鬆，臣於六月親赴金陵，會同李鴻章、彭玉麟、曾國荃籌商攻剿。倘屆時安慶警急，亦即乘坐輪船星夜上駛，總當兼權緩急，量而後動，斷不敢顧彼失此，致煩宸廑。所有遵旨會剿金陵緣由，謹會同兵部右侍郎臣彭玉麟、浙江巡撫臣曾國荃，繕摺由驛五百里馳奏，伏乞皇太后、皇上聖鑒訓示。謹奏。」

八月十七日，奏謝被賞一等輕車都尉世職之事。

《彭玉麟集·奏稿》卷一《謝賞世職並加太子少保銜恩摺（同治三年八月十七日）》有：「奏為恭謝天恩，仰祈聖鑒事。竊臣接准兩江督臣咨稱，同治三年六月二十九日內閣奉上諭：『兵部右侍郎彭玉麟，前在江、楚等省屢著戰功，及與楊岳斌同領水師，迭克魯港、南陵、蕪湖、金柱關、銅城閘、東西梁山等要隘，招撫高淳、溧水降眾，克復東壩，肅清江面，實屬勇敢有為。著加恩賞給一等輕車都尉世職，並賞加太子少保銜。』等因。欽此。當即恭設香案，望闕叩頭謝恩訖。」

是月，受命赴安慶駐軍。

《湘軍志》水師篇第六有：「（同治三年）五月，黃翼升還統外江軍。內湖軍將孫昌國克貴溪。岳斌至南昌，陸軍大將鮑超已破江西寇，無所為，則奏劾江西統將席寶田以違節度，奪三階。六月乙酉，江寧平。戊戌，詔論國藩功，以捇立舟師為首。八月，進長江圖。岳斌督陸軍赴陝西，黃翼升為水師提督。詔玉麟駐安慶。國藩奏：『今議立長江水師，當周歴區畫。』」

九月，作《王太夫人行狀》。

《衡西何隆彭氏族譜》卷二《王太夫人行狀》有：「同治三年秋九月，不孝玉麟述於江南水軍舟次。」

是月，回玉溪老營佈置軍事。

《彭玉麟集·書信》中《致曾國藩（同治三年十月二十一日）》有：「再啟者，儀庵尚未來，九月之約已失，恐未必來矣。麟旋玉溪口須佈置老營一切事件，稍有數日延住。」

十月初，至金陵辦送安徽通省應試卷資後，又下海門崇明。

《彭玉麟集·書信》中《致曾國藩（同治三年十月二十一日）》有：「月初當趕到金陵辦送安徽通省應試卷資，請示定奪，下海門崇明去。其岳州至九江，已委喻俊明去過細查閱。彼此上下往返，計回老營，總在年底矣。長江水師章程議妥，再行呈覽核奪入奏，至快亦須明年夏初，此舉誠非易易也。」

同治四年（1865），五十歲

正月初十日，回濡須營。

《彭玉麟集·書信》中《致曾國藩（同治四年正月十八日）》有：「敬啟夫子大人函丈：叩別顏溫，初十夜旋濡須營次。連日大風雪，春寒逼人，為十年所僅見。河凍可以走人，上下船不通行，今日始擊開能流通矣。儀庵親家今辰刻始回，大約出月乃可南歸耳。」

正月二十四日，寫信致曾國藩舒胸中塊壘，此時病重，右手足麻木。

《彭玉麟集·書信》中《致曾國藩（同治四年正月二十四日）》再，麟自去秋以來，遇事多搖惑，心旌懸懸不能定，每事踟躕徘徊，不能如早年果斷，立即了當。而右手足日作麻木，甚至寫信作字，必須停筆數次，始得一事之完，否則手不管事，致筆垂落，此誠不可解也。憂悶殊深。」

二月十日，升漕運總督。

《穆宗毅皇帝實錄》卷之一百二十九 同治四年二月十日條曰：「丙子，兩廣總督毛鴻賓降調以漕運總督吳棠署兩廣總督。兵部右侍郎彭玉麟署漕運總督。」

二月十四日，奉曾國藩令，擬長江水師分汛地及營制等件。

《彭玉麟集·書信》致曾國藩二月十四日敬啟夫子大人函丈：奉鈞命擬長江水師分汛地及營制等件，麟實義無可辭，否則不學無術，誠不足當此任也。茲勉強擬就，實感瑣屑，無一當者，咨呈冰案，聊以塞責云爾，尚求鈞處會商沿江各督撫從長計議定奪為要。萬壽摺求代發。未奉恩詔，不知是十齡正生否？耑肅，恭請鈞安，伏乞慈鑒。受業玉麟謹啟 二月十四日再者，有敬求者，月前面懇飭劉君畫長江地輿圖一份見賜，已蒙鈞諾。恐以公冗置之高閣，敬乞催劉君畫之為感也。」

二月十六日，辭漕運總督。

《彭玉麟集·奏稿》卷一《辭署漕督並請開兵部侍郎缺摺（同治四年三月初二日）》有：「奏為欽奉恩旨，瀝陳下情，並請開兵部侍郎本缺，恭摺仰祈聖鑒事。竊臣承准議政王、軍機大臣字寄，同治四年二月十六日奉上諭：『漕運總督命彭玉麟署理。』等因，欽此。聞命之下，感悚莫名。竊惟臣以諸生從戎十有三年，仰蒙文宗皇帝暨我皇上逾格恩施，洊擢至兵部侍郎，前年蒙特恩賞穿黃馬褂，去歲金陵克復，又蒙賞加太子少保銜，並給予一等輕車都尉世職。

自顧何人,叨竊寵遇,至於斯極。夙夜祗懼,若涉春冰。茲又欽奉恩命署理漕運總督。以臣之愚,再四忖度,有不能不披瀝上陳,仰瀆聖聰者。」

二月二十九日,於安慶訪曾國藩,閒時畫梅。

《曾國藩全集·日記》同治四年二月廿九日條曰:「是日為內子五十生日。早間,雪琴即來。余因微病,概不見客,只有數人來簽押房一見,余俱由紀澤等款待。內外吃面之客八席,晚飯亦然。清理文件,圍棋二局。午刻核批稿,雪琴來坐時許。余日內禁油葷,体中小有不适。中飯後寫告示一張,閱本日文件。旋小睡片刻。看雪琴畫梅,又看李質堂等射箭。酉刻批振字等營欠餉稟,直至二更三點始畢。勾稽數目,最勞心神,睡後不甚成寐。」

三月初二日,再辭署漕督,並請開兵部侍郎。

《彭玉麟集·奏稿》卷一《辭署漕督並請開兵部侍郎缺摺(同治四年三月初二日)》有:「伏查東南轉漕,關係國計甚巨。軍興以來,河運久停,現幸軍務將竣,自須規復舊制。本年漕臣吳棠試辦河運三萬石,似因實創,頗費經營。此後通籌全局,重立新章。全改海運,既無成案之可循;盡復河運,又無糧船之可用。督撫雖各任其責,漕臣實總攬其綱。臣於斯事全未諳究,何可冒昧嘗試,貽誤京儲。此臣之不敢受命者一也。臣於咸豐十一年蒙恩簡任安徽巡撫,自揣才力難勝封疆之任,三次具疏力辭,仰荷聖慈垂察,改補今職。彼時粵逆鴟張,苗練、捻匪交相構煽,皖江南北有岌岌不可終日之勢。臣方專力水師,其艱難與皖撫相等,區區愚忱,既為皇上優容,亦為天下共諒。以目前情形而論,漕臣責任雖重,較之十一年之安徽巡撫,則有勞逸之別、難易之分。若辭皖撫於昔年而任漕督於今日,未免辭勞而就逸、舍難而就易,既變易乎初心,恐貽譏於物議。此臣之不敢受命者二也。臣本有失血之證,軍中時時舉發,久居水次,積受風濕,遍身筋骨疼痛,右手、右足悉作麻木。近來心血過虧,逐漸加甚,早欲以疾上陳。惟新設長江水師,上自岳州,下至崇明,相隔四千餘里,中間設汛分官,事事創始。兩江督臣曾國藩以臣久領水師,於風濤沙水之異宜、江面港汊之歧出,較為諳習,屢屬擬立章程,無可推諉。頃於舟中篝燈屬稿,凝思稍久,即覺心搖搖不能自主。執筆在手,偶一停頓,心手不相貫注,往往筆落於幾而不知。自訝蒲柳早衰,萬難再膺重任。此臣之不敢受命者三也。綜此數端,躊躇萬狀,惟有仰求皇上天恩,另行簡員署理漕運總督,俾臣得稍安愚拙之分,不勝幸甚。……惟有再乞天恩,俯准開兵部侍郎本缺。臣亦不敢遽作歸計,容將營中各事料理清楚,再行具折請旨回籍。此後有生之年,皆出

皇上之賜，臣不敢輕率從事，亦非敢矯激鳴高。所有瀝陳下情緣由，理合專折由驛五百里馳奏，伏乞皇太后、皇上聖鑒訓示。謹奏。」

三月十八日，《辭署漕督並請開兵部侍郎缺折》被遞會，仍被命赴署任。拜摺後，馳回裕溪口營次，咯血復發。

《彭玉麟集·奏稿》卷一《再辭署漕督並請開侍郎缺摺（同治四年三月二十五日）》有：「奏為接奉諭旨，再陳下悃，恭折仰祈聖鑒事。竊臣於三月初二日具折力辭署理漕運總督之命，並請開兵部侍郎本缺。茲於本月十八日兵部火票遞回原折，軍機大臣奉旨：「知道了。仍著迅赴署任，毋庸固辭。」欽此。跪誦之下，罔知所措。臣上次自江寧拜摺後，馳回裕溪口營次，春令木旺，舊時失血之證感觸復發，較前加甚，夜不成寐。正調理間，復奉諭旨，仍令迅赴署任。以嬰疾未愈之身，蒙君父期望之切，旁皇惝慄，有不得不再行瀝陳者。」

三月二十日，拜訪曾國藩，欲辭漕督之任。

《曾國藩全集·日記》同治四年三月廿日條曰：「早飯後清理檔，旋司道來見，雪琴來久坐。旋又見客，坐見者二次，立見者一次，圍棋一局。習字一紙，閱《漢書·地理志》畢，核科房批稿。中飯，請雪琴與幕府諸人便飯，在後園設席，與之遊覽良久。閱本日文件，見客一次。倦甚，小睡。夜核批札、各信稿，旋溫古文《士相見禮》、《觀禮》，二更四點睡。是日雪琴帶到朱批，仍令赴漕督之任，雪意又欲具摺固辭。」

三月二十五日，再辭署漕督，並請開侍郎。

《彭玉麟集·奏稿》卷一《再辭署漕督並請開侍郎缺摺（同治四年三月二十五日）》有：「此次欽奉恩命署理漕運總督，並飭迅赴署任。臣自度褊急之性，迂愚之識，羸病之軀，斷難勝此巨任。若強不能以為能，譬猶責弱者以舉重，命跛者以疾行，其為顛躓，可立而待。與其僨事而追悔，何若量分而瀆陳。伏乞皇上天恩，另行簡員署理漕運總督，仍准並開兵部侍郎本缺，俾臣以閑員效力軍中，料理長江水師善後應辦事宜，實為至幸。抑臣更有請者，現在粵東、淮北兩處防堵均極緊要，臣未能迅速赴淮，吳棠即未能交卸赴粵。前次具折請辭，往返已逾半月。此次重申前請，若皇上責臣以必行，臣惟有負罪而再辭。在臣因辭官而獲嚴譴，固屬咎有應得，而兩處軍務未免耽延貽誤，關係實非淺鮮。惟有仰求聖慈曲諒，允臣所請，庶幾微臣一身倖免隕越之咎，而粵、淮兩地速得主持之人，不勝戰慄屏營之至。所有再申下悃緣由，理合專折馳陳，伏乞皇太后、皇上聖鑒訓示。謹奏。」

三月二十七日晚，至瓜洲口與曾國藩在舟上久談。

《曾國藩全集·日記》同治四年三月廿七日條曰：「傍夕至瓜洲口灣泊，凡行一百七十里。雪琴來久談。夜在舟小睡。二更四點睡，不甚成寐。」

三月二十八日，同曾國藩等人登焦山。

《曾國藩全集·日記》同治四年三月廿八日條曰：「午正緣仲請吃中飯，未正飯畢。登焦山絕頂一覽，同遊者為彭雪琴侍郎玉麟、李小湖大理聯瑗、黃昌岐軍門翼升、鄧守之布衣傳密、方元徵大令駿謨、陳小浦廣文方坦，皆隨余自金陵來者也；李雨亭都轉宗羲、莫子偲大令友芝、張莒堂觀察富年皆自揚州來者也。在山頂、山北兩寺小憩良久，酉刻歸。寺僧索題識，於兩手卷各題數字以記歲月。又觀《瘞鶴銘》及寺中所藏周鼎、阮文達所施置漢定陶鼎，又觀所藏鄧完白墨蹟。傍夕觀雪琴、守之作書數幅。燈後，雨亭請吃晚飯。旋歸舟。倦甚，小睡。」

《曾國藩全集·日記》同治四年三月廿八日條曰：「早飯後清理檔。開船赴焦山，舟次圍棋一局。已初至焦山，見客多次。方丈大和尚名芥航。常鎮道許緣仲道身亦寓此山。周覽各院寺樓，各寺皆在山之南。觀寺中所藏楊忠湣公所書手卷二件，近代名人題識甚多，又觀王夢樓所書壽屏等件，又觀純廟所賜平定安南、平定臺灣等印圖。午初芥航請吃齋麵。午正緣仲請吃中飯，未正飯畢。登焦山絕頂一覽，同遊者為彭雪琴侍郎玉麟、李小湖大理聯瑗、黃昌岐軍門翼升、鄧守之布衣傳密、方元徵大令駿謨、陳小浦廣文方坦，皆隨餘自金陵來者也；李雨亭都轉宗羲、莫子偲大令友芝、張莒堂觀察富年皆自揚州來者也。在山頂、山北兩寺小憩良久，酉刻歸。」

三月二十八日，在瓜洲見莫友芝等人。

莫友芝《郘亭日記》卷三同治四年三月條曰：「廿八日癸亥晴。湘鄉相公昨晚泊瓜洲，晨乘炮船至山下泊，彭雪琴漕督、黃昌祺軍門、鍾山山長李小湖及幕中陳小圃、方元徵、鄧守之同來，諸公會觀山中弆藏，遂過許緣仲午飯。余已飯，不往，遂獨遊山中。前日未到已到皆遍，憩別峰寺，隱幾臥，將二時許醒，尋後徑下山，東繞山足而還。諸公方索余不得，比還，諸公亦還，同晚飯於芥公方丈，雨亭為主人，聞吳漕督告邳州撚警，促防射陽湖。」

三月二十九日，至九里灣與曾國藩等人夜談。

《曾國藩全集·日記》同治四年三月廿九日條曰：「傍夕，泊於九里灣。

夜與雪琴、守之等圍談，二更後寫吳仲仙信一件，核批札各稿，寫紀澤信一件。二更四點睡，不甚成寐。」

　　按：「是月，彭玉麟又於二十六、二十七、二十八、二十九日多次拜訪曾國藩，皆記載於《曾國藩全集‧日記》中，因未詳細記錄拜訪過程，在此不做引。僅二十八、二十九日有詳細記錄，遂在此引文。」

四月初三日，與曾國藩各駛船行至中關。

《曾國藩全集‧日記》同治四年四月初三日條曰：「早飯後，清理檔。開船行十餘里至中關，登岸入張仙舫鹽局一談。旋至雪琴船上，言及國事與渠家事，歔欷久之。渠旋作別，回裕溪口，余亦回省。」

四月初八日，辭漕督之任，上允之。

《曾國藩全集‧日記》同治四年四月初八日條曰：「是日接奉批旨，雪琴辭漕督之任，已邀俞允。」

四月初九日，與曾國藩咨商，酌派水師數營，布置湖口、南康、饒州、吳城四處，分防水路。

《曾國藩全集‧奏稿》卷二十七《疊奉諭旨覆陳摺（同治四年五月初一日）》有：「奏為欽奉疊次諭旨……該軍先於四月初九夜，在上杭城外糧絕而譁，幾釀巨禍，逼脅妻雲慶率之回江就食。幸江省聞信後，隨發銀六萬兩迎解軍前，上杭飢噪一軍，或可不致決裂。而金口叛亂一股，斷難再事羈縻。臣現調劉連捷、朱洪章、朱南桂三軍，由宿松渡過九江，徑赴瑞州、臨江兩府，嚴防陸路，以保贛河之西。並咨彭玉麟酌派水師數營，布置湖口、南康、饒州、吳城四處，分防水路。一面出示撫慰在閩霆營，無令與金口潰卒勾結；一面飛致鮑超，星速來江招安已叛之卒，總以解散為妙。此辦理霆營叛勇之大概也。」

《曾國藩全集‧奏稿》卷二十七《覆奏劉銘傳等軍赴防摺（同治四年四月十六日）》有：「奏為欽奉疊次諭旨……兵部侍郎臣彭玉麟於未奉諭旨飭撥碸船之先，已派定海鎮總兵喻俊明管帶水師前往清江協同防剿。倘賊勢趨重下游，擬親統所部兼程赴援，正與聖謨不謀而合。目下捻氛所至，又在郯城西北，似東路漸鬆而西路喫緊。臣當曾商吳棠、李鴻章飭令黃翼升、張樹聲等力固東防，劉銘傳、周盛波等嚴扼西境，各專責成，冀與北路僧格林沁大軍共收夾擊之效。所有欽奉疊次諭旨，恭摺由驛覆陳，伏乞皇太后、皇上聖鑒訓示。謹奏。」

四月十八日，抵江西。

《霆軍紀略》卷八乙丑同治四年條記：「（四月）十八日開往贛郡。沿途騷擾聲言至省索餉。文正即加函并致孫公略云：『敝處所調水陸諸軍均落後著，若非倉猝剽掠省城，則上杭一軍終可設法安撫金口，叛卒亦斷不能成大氣候。苟劉、朱、朱三軍，彭、鮑兩帥次第趕到，則大局總可無礙。承示各單江省釐局、米局，共解過霆軍餉數六十餘萬，各屬辦解軍米尚不在內，沙井上杭滋事續解近二十萬亦不在內。可謂優待霆軍不遺餘力，前恐裘部煽亂思，消患於未萌，故詢及給餉之數。今事已如此，祇宜籌後之補救，不必問前之釁端，弟於金口潰勇告示中每人賞銀十兩，計八千人共須銀八萬兩。咨明由湖南協解江西給發。』等語。上杭既譁，經孫公一面具奏一面發銀六萬兩，迎解軍前其變，遂定。時文正奏言：『金口叛亂，一股斷難，再事羈縻。臣現調劉連捷、朱洪章、朱南桂三軍由宿松渡過九江徑赴瑞州臨江，兩府嚴防陸路以保贛河之西。並咨彭玉麟酌派水師數營，布置湖口、南康、吳城四處，分防水路，一面出示撫慰在閩霆軍，無令與金口潰卒句結，一面飛致鮑超星速來江招安已叛之卒，總以解散為妙。』」

四月二十三日，親率舢板兩營，駛赴清淮，與黃翼升共籌防剿。後曾國藩令公由浦回江，馳駐湖口。

《曾國藩全集·奏稿》卷二十七《疊奉諭旨覆陳摺（同治四年五月初一日）》有：「侍郎臣彭玉麟前於四月二十三日親率舢板兩營，駛赴清淮，與黃翼升共籌防剿。目下清淮軍事已鬆，東境又勢難兼顧，臣愚以為彭玉麟、黃翼升可不必溯流上駛，應以黃翼升留駐清江一路，而以彭玉麟回駐江西一路，會同孫長紱籌防叛勇及閩匪諸事。其劉銘傳一軍，亦不必遽入直隸，宜剿賊於黃河以南，不宜聽賊渡黃，震驚畿輔。如蒙俞允臣即咨商彭玉麟由浦回江，馳駐湖口，藉以鎮撫上游；並檄行劉銘傳暫留江皖，相機防剿。此又籌辦齊豫捻匪之大概也。臣智小謀大，精力日頹。髮捻未平，而叛勇復起，兵力已弱，而事變紛乘，夙夜憂灼，不知所籌有當萬一否。所有疊奉諭旨飭辦各緣由，謹繕摺由驛五百里覆陳，伏乞皇太后、皇上聖鑒訓示。謹奏。」

四月二十六日，與曾國藩等登舵亭。

《曾國藩全集·日記》同治四年四月廿六日條曰：「李季荃來，與雪琴等同登舵亭上一看。傍夕小睡，夜間又睡。旋閱韓文。」

十二月二十一、二十二等日，撥外江炮船，前赴九江上下游，分途扼截河南太平軍。

《劉坤一奏疏》卷二《捻匪竄扰黃州籌辦江防片（同治五年）》有：「再，臣於上年十二月二十一、二十二等日，遞據廣饒九南道俊達、九江府知府祖綿、署德化縣知縣張光裕等稟稱：河南捻匪，因湖北防軍噪餉之變，乘間竄入黃州府屬，肆行焚掠，蔓延甚寬，等情前來。臣以湖北黃州府屬與江西九江府屬毗連，雖有一江之隔，亦不可不嚴為之備。當經一面咨請兵部右侍郎臣彭玉麟，迅撥外江礮船，前赴九江上下游，分途扼截；一面商請記名提督孫昌國，先撥內河礮船，兼程出江，梭織遊巡；並令該管文武督同兵練，稽察津渡，謹守城垣，以期有備無患。現據福綿等稟報，湖北防軍已經安緝，捻匪有回竄河南之信。如果逆氛已遠，或彭玉麟礮船抵潯，臣仍令孫昌國礮船撤回本汛。」

十二月二十八日，與曾國藩合奏長江水師營制事宜。

《曾國藩全集·奏稿》卷八《會議長江水師營制事宜摺（同治四年十二月二十八日）》有：「奏為會議長江水師營制事宜……謹議事宜三十條、營制二十四條，分繕二摺，恭呈御覽。計戰船七百七十四號。除提督已頒關防外，新設總兵四員，撥出兼隸之總兵一員，副、參、遊三項營官二十四員，都、守、千、把、外委等哨官七百七十四員，兵數一萬二千餘人。兵餉、船價、廉俸、雜費、修艦之資，約計每月五萬有餘。凡選將、練兵、餉項、捕務暨考核、教演之法，莫不嚴定章程，冀垂令典。請旨敕下軍機大臣，會同吏、戶、兵、工等部暨總理衙門核議施行。所有會議長江水師營制事宜緣由，謹會同漕運總督臣吳棠、護江蘇撫臣劉郇膏、安徽巡撫臣喬松年、江西巡撫臣劉坤一、湖北巡撫臣鄭敦謹、湖南巡撫臣李瀚章恭摺由驛具奏，伏乞皇太后、皇上聖鑒訓示。再，此折係臣曾國藩、彭玉麟主稿，合併聲明。謹奏。」

同治五年（1866），五十一歲

二月十八日，奏改制水師。

《李鴻藻年譜》同治五年丙寅（一八六六）條曰：「二月十八日官文、曾國藩、李鴻章、彭玉麟奏上長江水師事宜三十條，營制二十四條。」

五月二十二日，在長江督軍，與曾國藩互通信件。此年身體抱恙，仍心繫戰事。

《彭玉麟集·書信》中《致曾國藩（同治五年）五月二十二日》有：「敬

啟夫子大人函丈：前月晦日肅函，諒達鈞覽。刻下日氣炎炎，遙維禔躬蔓弗，軍務勝常，當如臆祝。撚氛復擾徐、宿，銘軍休息（戚）不卜，各軍剿辦何似？東補西漏，彼擊此竄，各省未能合作共圖了此狂寇，不知流於胡底。徒賴我師調度其中，未免勤憤憂勞過甚。天時酷熱，尚祈善衛柱石之躬為幸。麟自春至夏，病魔纏擾，苦況難名，時近端陽，筋骨漸松，月餘紅症未發，心沖亦稍平，精氣較冬、春差勝，堪慰鈞懷。江上亦無恙，擬即溯運河來濟恭謁，顏、溫諸友人力以天暑為阻，只好待秋風起矣。九世叔聞發足疾，大約皆舊時濕毒所致。鄂事自文忠去後，兵治、吏治大壞不堪，真令人聞之憤懣，須賴九叔勵精圖治，破除情面，抽梁換柱，割愛忍痛，趁此烽氛在遠，痛加懲創，庶幾新軍政而肅官常，以福鄂民也。長江水師章程，部議久不復，奈何。黃昌期當早到濟矣。」

十一月十二日，沿途察看安徽潁河、壽縣軍營。

《彭玉麟集·書信》中《致曾國藩（同治五年十一月十二日）》有：「敬啟夫子大人函丈：周口侍坐，日灸。顏、溫鈞範叩違。倏忽一月，耿耿此衷，略有所失。吉人天相，想尊恙日就平服，道躬康泰，當如心照也。昨在旌揚購就裁料，匆肅蕉箋，飭定湘營哨官龍大渠由陸路專呈，尚不知達鈞鑒否？麟返棹自潁、壽、兩淮，沿途細心察看，外江各營哨弁，老者少，新者多，能振作出息者三分之一，委疲不堪者多。蓋精銳皆已往陝、甘，此皆各營官後放哨弁，就地取材而充數者。巡湖營哨弁初以為老而出力者多，昨查閱詢問，出力老哨僅存五六人。殷定文笨拙，看其素日打仗尚佳，利心一厚是其短處，或能教誡痛改前非，未可知也。至江外查看陶棱恩、蔡定發、趙得勝等營哨官，其中亦新老各半，堪補缺者亦皆有人，將來外江九營哨弁似宜公平分補，其營官或改補都、守哨缺之處，尚祈鈞裁酌奪。蔡國祥一營已遣散清白，尚無生事處，敬求以副將降補，以恩施異鄉之員。其舊哨勇為黃昌期商少荃宮保，札委譚鴻聲挑選一半，立為淮揚新兵中營矣。麟征帆甫卸，積牘勞形。嚴冬酷寒，敬祈保衛柱石之躬為禱。手肅，恭請崇安，伏乞慈鑒。」

同治六年（1867），五十二歲

正月十六日，於江南水師軍次之龍驤戰艦中作《〈衡西何隆彭氏族譜·生生錄〉序》。

《彭玉麟·文集》中《〈衡西何隆彭氏族譜·生生錄〉序》有：「時同治六年丁卯新春十有六日，玉麟謹識並書於江南水師軍次之龍驤戰艦西窗下。」

正月二十八日，與曾國荃商，派軍扼紮巴河、黃州、蘄州一帶。

《曾國荃全集·奏稿》中《賊從羅山犯鄂派軍馳剿疏（同治六年二月初六日）》有：「（正月）二十八日，邊馬擾至羅山之仙花鎮、白菜園等處。先是，臣廷襄咨會兵部侍郎臣彭玉麟，派王吉、李宏試率長江水師二營，扼紮巴河、黃州、蘄州一帶，以顧沿江地段。昨又檄鄂省水師由襄河節節下駛，並調藍斯明率明勝營、湯聘珍率洋槍隊移駐瀰口，保衛漢鎮。復調孟麟、施定國帶承勝營，馳往黃州，駐守府城，而令姜玉順、劉維楨二軍由黃、孝馳赴麻城，預備防剿。臣國荃飛催彭毓橘、譚仁勞、熊登武、伍維壽等，率馬步各營由襄陽、隨州馳赴黃、麻一帶，會合剿辦，日內均可到防。」

約二月初十日，派炮船駛至潯郡，防守上下游。

《劉坤一奏疏》卷四《潯郡防禦捻匪撫卹難民片（同治六年二月二十八日）》有：「再，湖北捻匪於二月初八日由蘄水竄至廣濟縣之武穴，初九、十等日分竄隆坪、湖市北及黃梅縣之蔡山、新開鎮、鯿魚塘、白湖渡、七里湖一帶，蔓延數百里，均係北岸濱江地面，焚燒擄掠，勢甚鴟張，與九江府城及瑞昌縣城僅祇一江之隔，難民紛紛南渡，人情未絕驚惶。經署廣饒九南道許應鑅督同九江府及德化，瑞昌二縣，調集民團，分守沿江渡口，並令北岸民船夜間悉過南岸，以防該逆擄船偷渡。又派九江關礮船六號駛赴武穴、隆坪江面遊弋，自與九江府知府福綿共坐輪船前往巡查，商同九江鎮總兵黃開榜派撥潯標弁兵，分紮南岸之九華門、龍開河、官湖、城子鎮等處，以張聲勢。適兵部右侍郎臣彭玉麟派記名提軒張錦芳、丁義方各率礮船，次第駛至潯郡，分佈上下游，嚴行扼截。臣接據稟報，復飛咨統傾內河水師記名提督孫昌國，派記名總兵汪懷俊率後營礮船十六號，記名提督劉光裕帶中營礮船十八號，先後出江，會同堵禦，並合游擊何明亮率亮字營陸勇赴德化，游擊朱長發率長字營陸勇赴瑞昌，以資彈壓。」

二月十三日，亦親督師船，於小池口泝流而上，追剿湖北太平軍餘黨，疊獲勝仗。

《劉坤一奏疏》卷四《潯郡防禦捻匪撫卹難民片（同治六年二月二十八日）》有：「十三日，捻逆馬步千餘人至武穴江邊，馳驟窺探，當被礮船擊遲。十四日，逆眾突至潯郡對岸之小池口滋擾，亦為礮船轟走，遲踞蔣家營，黃開榜即率潯兵渡江，紮小池口，彭玉麟隨亦親督師船，泝流而上，人心始定。現聞湖北官兵跟蹤追剿，疊獲勝仗，該逆上竄蘄水之菩提壩、蘇家壚，另股由廣濟僻徑逸去，近日沿江村鎮已無賊蹤。」

二月十六、七日，督師船，駛往安慶江面。

《李文忠公奏稿》卷十一《籌軍援鄂請催鮑超前進摺（同治六年三月初九日）》記：「奏為鄂省軍情緊急，籌派各軍援剿，並請旨飭催鮑超力疾督隊前進，恭摺奏祈聖鑒事。竊臣進駐周家口，業將籌商，調度各情。於二月二十日馳報在案，旋接各路探稟：任、賴捻逆，於二月十四、五日，由廣濟、黃梅竄近皖邊，適山西藩司劉秉璋、涼州鎮總兵周盛波等統軍由羅田、英山，於十五日趕至太湖，迎頭攔截。兵部侍郎彭玉麟復督師船，駛往安慶江面，署安徽藩司吳坤修督勇布置省防，撫臣英翰所部亦分赴潛、太、英、霍堵禦，賊即於十六、七日，由蘄州蘄水回竄。」

六月初十日，同曾國藩合奏江寧省城昭忠祠合祀楚軍水陸各營之事。

《曾國藩全集·奏稿》卷九《江寧省城昭忠祠合祀楚軍水陸各營片（同治六年六月初十日）》再，江寧省城建立昭忠祠，請祀湘軍陣亡各員弁，臣於同治三年十月二十二日具奏，欽奉諭旨允准在案。當建祠之始，係在金陵初克之時，就偽王府略加修葺，專祀圍攻金陵之陸軍將士，計陣亡病故不下二萬四五千人，未能推及水師。亦因水師昭忠祠先於咸豐八年奏建於湖口縣之石鐘山，已足以妥忠魂，不必更以金陵專祠為重也。惟論金陵克復之功，實賴水師肅清江面，斷絕賊糧。上游三千里濱江城隘，皆由水軍苦戰得來，最後九洑洲一役，戰功尤偉，死事更多。而江寧昭忠祠僅及陸師，未列水師，究不足以彰公道。現擬略易規模，重加釐訂，其陸軍哨勇之祔祀者，業於同治三年遍立神牌，應即仍如其舊。惟將祠內正屋改造一層，並祀水師之統領營官，庶幾於理至順，於心始安。相應奏明請旨，准將江寧昭忠祠合祀楚軍水陸各營，仍飭地方官一併春秋致祭，在國恩尤為公溥，而眾心亦皆允愜。理合會同兵部侍郎臣彭玉麟附片具陳，伏乞皇太后、皇上聖鑒訓示。謹奏。」

六月二十九日，咯血病發加劇。

《彭玉麟集·奏稿》中《請開缺回籍補守制摺（同治七年六月十八日）》有：「同治六年春夏又大病，六月二十九日咯血傾盆，立時暈倒，幾乎不起。今年春夏，發更加劇。」

八月十六日，病中與趙烈文談天下事態變化，倍感虛弱疲乏。

《趙烈文日記》（第三冊）同治六年八月十六日丙申條有：「答候彭宮保久譚，彭患血症及氣虛，上息頗委頓，大非往日之態。坐三板戰船夾帳，暴赤日

中，酷暑殊甚。余勸之將息，彭曰：『天下方多故，恒恐一習變安，順流之勢不可復挽。余統水師十五年，未嘗陸處，今雖疲，要有一死耳。人欲可畏，灘溜中不敢不勉強力爭，庶免破舟失楫之患。』」

十月二十八日，在裕溪口與趙烈文談話。贈趙烈文畫梅一幅，石刻二種，畫紈扇一個。

《趙烈文日記》（第三冊）同治六年十月二十八日戊寅條有：「辰刻過西梁山，巳刻到裕溪口，候彭雪芹宮保久譚。返舟，即下顧，又堅留午飯後行。寫滌師信。未刻，赴雪帥之招，識其幕中李召南、張雲城、顏詠之，三人同余飯，飯後去。宮保又陪少譚，并贈畫梅一幅，石刻二種，為余畫紈扇，甚雄秀。申科舟行，傍晚到蕪湖尚五里，磯下水流急，風微，不得上，遂泊野港。」

同治七年（1868），五十三歲

二月三十日，同黃昌岐等人至金陵，為曾國藩妻賀壽。

《曾國藩全集·日記》同治七年二月三十日條曰：「早飯後，因內人生日，雪琴、雨生及黃昌岐約來拜壽。旋清理檔。出門至白下寺送雨生之行，又至水西門河干送雪琴之行，歸。」

按：「因《曾國藩全集·日記》同治七年二月三十日條未說明地點，於是查《曾國藩年譜》，發現同治六年三月初六日條曰：『抵金陵，還署。』，據原文可知，直至同治七年仍在金陵停留，所以，此次彭玉麟賀壽，應去的是金陵。」

三月初五日，會同曾國藩將擬補水師長江各缺陳奏，經軍機大臣會同各衙門復議具奏。

《彭玉麟集·奏稿》中《請開缺回籍補守制摺（同治七年六月十八日）》有：「茲於同治七年三月初五日，兩江督臣曾國藩會同臣將擬補水師長江各缺詳析（晰）陳奏，經軍機大臣會同各衙門復議具奏。五月初三日奉上諭：『未盡事宜十條及大衛借補小缺章程，均著照所議辦理。』等因。欽此。跪誦之下，仰見聖慮周詳，規畫久遠，曷勝欽佩。惟念臣自出身從戎以來，與水師相終始。今幸東南肅清，發、捻平靖，軍事已完。長江水師新設衙署、汛地，均皆勘定，其善後應辦事宜，有長江水師提臣黃翼升，精明強幹，練達營務，辦理有餘。臣之下情苦衷，有不能不瀝陳於君父之前者。」

四月二十六日，與周壽山商上海軍防之事。

《彭玉麟集·書信》中《致曾國藩（同治七年四月二十七日）》有：「敬啟

夫子大人函丈：設立水師初議，麟本擬防江必須防海，海防嚴則長江益固，江海打成一氣，外侮自難興患，此一定之理也。為國家計，長久似必宜如是。昨周壽山來，一片血忱，擬議兩廣、閩浙、燕臺、天津海防打成一片，同心合作，此舉實善，於國家實固金湯。惟深慮不得人維持。馬穀山制府同我夫子自是一氣，第兩廣瑞、李恐意見參差。若得幼丹或廣督、或廣撫，此君實心實力關顧大局，我夫子海涵包容，隨時提倡，則兩廣、閩浙，直至天津海防，一氣呵成，江海同清，誠為國家大利也。惟此時兩廣當事未有遷調，幼丹難去，聞雨生有廣、閩、浙打成一片之意，則意見大略相同。機似不可失，乞鈞裁卓識維持成之，實天下幸甚。麟已力請周壽山至上海伺候鈞駕面商，酌奪辦理，若得奏明請旨飭兩廣瑞、李照辦，亦不慮其不同心合力。或商之雨生中丞，舉廣東得力大紳出頭合辦，有錢有人，亦不慮瑞、李掣肘矣。麟勉力陪壽山一日，疲困不堪，夜咳通宵不臥，筋骨痛楚非常，展轉床褥兩日，今日始起坐，扶疾草肅，恭請鈞安，伏乞慈鑒。」

《彭玉麟集・書信》中《致曾國藩（同治七年四月二十七日）》有：「敬再啟者：壽山力約麟同舟來上海，無如病魔苦纏，不敢冒風遠出，是不果來。刻下天氣晴明，諒鈞駕已臨海上，但不知龍驤吃浪尚平穩否？深為懸念。長龍船亦不知過海能受風不？致幕府同人目眩否？壽山有滿腹應商事件，在金陵匆匆未吐，我夫子在上海晤時，詢之必能陳說也。麟再四思維，兩廣、閩浙、燕臺、天津海防一氣聯絡，實足壯國家軍威而固藩籬。」

六月十八日，請開缺兵部侍郎，回籍補行終制。

《彭玉麟集・奏稿》中《請開缺回籍補守制摺（同治七年六月十八日）》有：「奏為……古來臣子，往往初年頗有建樹，而晚節末路，隕越貽譏，固由才庸，亦其精氣已竭也。臣每讀史至此，竊歎其人不知善藏其短，又惜當日朝廷不能善全其長。是以知進而不知退，聖人於《易》深戒之也。伏維皇上以孝治天下，合無仰懇天恩，俯准開臣兵部侍郎本缺，回籍補行終制，借可修理祠墓，以贖十餘年遠離先壟之愆，不致時抱終天之憾；靜養病軀，得以醫治。臣雖至愚，感且不朽。如果調治復元，則報國之日正長，斷不敢永圖安逸。所有瀝陳下情，懇請開缺緣由，理合專摺上陳，伏乞皇太后、皇上聖鑒訓示。謹奏。」

七月初十日，同治帝准其開缺回籍，補行守制。

《彭玉麟集・奏稿》卷一《謝准開缺回籍恩摺（同治七年七（十）月十一日）》有：「奏為恭謝天恩，仰祈聖鑒事。竊臣准調任直隸總督臣曾國藩咨稱，

八月初二日接准吏部咨開，同治七年七月初十日奉上諭：「侍郎彭玉麟奏病勢日深請開缺回籍一折，據稱治軍十餘年，身受重傷，積勞多疾，咸豐二（三）年間母喪未能終制。現在東南肅清，發、捻平靖，軍事已完，懇請開缺回籍等語。情辭懇切，出於至誠，自應俯如所請。兵部右侍郎彭玉麟，著准其開缺回籍，補行守制。該侍郎帶領長江水師多年，戰功卓著；近年辦理善後一切事宜，悉臻妥協。朝廷倚畀甚深，著於終制後即行來京陛見，聽候諭旨。」欽此。當即恭設香案，望闕叩頭謝恩訖。」

七月二十二日，穆宗以朝廷缺員之由暫緩其回籍，命其於百日後迅赴江、皖，擇地駐紮。

《穆宗毅皇帝實錄》卷之二百三十九 同治七年七月二十二日條曰：「諭軍機大臣等、前因侍郎彭玉麟奏：病勢日深，兼未終制，懇請開缺回籍，當經降旨允准。仍令於終制後來京陛見，候旨錄用。惟現在曾國藩調補直隸總督，長江水師營制，係屬初創，恐黃翼升一人不足以資控制。著彭玉麟於百日後迅赴江皖地方，扼要駐紮。兼以養痾，朝廷仍不畀以員缺。於該侍郎本意亦屬相符，諒該侍郎素性忠義。經朝廷如此體諒，當亦不敢再行瀆請，即著劉崐傳知該侍郎，於百日後迅赴江皖，擇地駐紮。庶黃翼升得有商榷，而各舊部亦有所稟承也，將此由四百里各諭令知之。」

九月十四日，奉上諭，酌帶舊部得力將弁，酌量招募勇營，迅速前往廣東，會同張樹聲、裕寬妥籌布置，以籌辦法使脫利古乘兵船來津，並帶六隊兵船至廣東尋釁一事。

《請纓日記》卷三曰：「（同治七年）九月十四日，法人入寧平省，據之，巡撫阮尉因有和議，遂迎降也。寧平接壤河內、山西、興安等省，為南北坼往來要道。至是，富春消息不達，北坼恭讀八月二十三日上諭：「法越構兵一事，法人自攻順化河岸礮臺，即迫脅《越南議約》十三條，該國情形危急，法使脫利古，現乘兵船來津，並有以六隊兵船至廣東尋釁之說，恫喝要求，詭計叵測，南北洋防務均關緊要，亟須實力籌辦，以期有備無患。廣東兵力單薄，守備尚虛，著派彭玉麟，酌帶舊部得力將弁，酌量招募勇營，迅速前往廣東，會同張樹聲、裕寬妥籌布置，該尚書接奉此旨後，即行部署起程，毋稍延緩。南洋海防責成左宗棠，悉心規畫，妥慎辦理長江防務，著責成左宗棠、李成謀督飭各營，認真籌備，均不得稍有疏懈。」

十月十一日，遵旨暫緩回籍。

《彭玉麟集·奏稿》卷一《遵旨暫緩回籍片（同治七年十月十一日）》有：
「伏思長江水師事宜，本係曾國藩會同臣一手經理，數月來趕將分汛各事一一
佈置，約須臘月方能啟程回籍。業於折內陳明。現又欽奉諭旨，慎重江防。伏
讀再三，仰見聖慮精詳，體恤周至。憐臣衰病已久，許為閒散之員；因臣閱歷
較深，略責馳驅之效。臣雖至愚，能不感激奮興圖報萬一。惟水師章程業已大
定，但能恪守規模，即可遠資控制。黃翼升資格最老，廉潔勤慎，所有補缺各
員大半曾隸麾下，情誼相聯，不虞隔閡。目前曾國藩奉旨調任直隸，臣當慎之
又慎，回籍之期並不以年內為限，總須條理精密，交代清楚，俟明春再行起程。
將來到家後，遇有緊要事件，盡可寄書商榷，或須臣覿面參酌，亦可輕舸東來，
逕赴江、皖，會同料理，仰副聖主廑念南服之意。理合附片陳明，伏乞皇太后、
皇上聖鑒訓示。謹奏。」

十二月二十九日，長孫女彭見貞生。

俞樾《孫婦彭氏傳》有：「生於同治七年十二月二十九日戊申，卒於光緒
二十年五月十七日癸巳，年二十有九。」

同治八年（1869），五十四歲

正月十五日，交卸軍符，歸黃翼升統理長江事務。

《彭玉麟集·奏稿》卷一《遵旨暫緩回籍摺（同治八年二月初九日）》有：
「惟有仰體皇上慎重江防之至意，暫緩歸期，先於本年正月十五日交卸軍符，
歸黃翼升統理長江事務，佈置一切。」

二月初九日，在金陵具奏交卸水師事宜。挑選大礮為衡州防守。

《彭玉麟集·奏稿》卷一《挑選大礮運赴衡州片（同治八年二月初九日）》
中有：「再，咸豐初年，發逆下竄，曾國藩以衡州一府，地居上游，物產齊備，
率臣等倡立水師，為規復金陵之計。仰仗朝廷威德，幸獲成功。臣查衡州為水
師發凡之地，實長江上游扼要之區，城垣雖堅，武備實少。前此發逆屢次三面
圍逼，全仗眾志成城，而城上實無大礮，殊非經久有備無患之道。臣在營歷年，
制辦洋莊大礮，今除分歸長江水師提鎮各標外，尚有存餘，謹挑選一千餘斤至
六百斤大礮三十尊，為衡州防守之用。查有江南狼山鎮總兵王吉，尚未到任，
現在請假修墓，飭委帶回湖南，交衡州協副將收存軍裝局，以資城守而備不虞。
理合附片陳明，伏乞皇太后、皇上聖鑒。謹奏。」

《李文忠公奏稿》卷十五《代奏彭玉麟回籍養病摺（同治八年七月十七日）》有：「奏為據情代奏，仰祈聖鑒事。竊准前兵部右侍郎臣彭玉麟函稱：『玉麟於同治八年，二月初九日，在金陵具奏交卸水師事宜，不敢遽作歸計，仍須巡察周妥，再行回籍。』一摺。」

二十三日奉上諭，准其回籍。維時玉麟舊傷痛發，咯血更甚。

《李文忠公奏稿》卷十五《代奏彭玉麟回籍養病摺（同治八年七月十七日）》有：「時因咯血舊疾日重，先赴江浙就醫，三月二十九日奉，到二月二十三日上諭：『長江水師關係東南大局，彭玉麟於交代後不即回籍，擬赴江浙就醫，仍回長江周歷勸勉，具見悃忱，深堪嘉尚。該侍郎在江上十餘年，氣體日衰，朝廷不忍遽拂其意，准其回籍。等因。欽此。』跪讀之下，感泣莫名，維時玉麟舊傷痛發，沉痼日深，春氣感動，咯血更甚，服藥總不見效……」

四月下旬，由浙、蘇折回泝江西，沿途查看，上自瓜洲鎮起，按營逐次勉勵。

《彭玉麟集・奏稿》卷一《遵旨暫緩回籍摺（同治八年二月初九日）》有：「奏為……先於本年正月十五日交卸軍符……臣亦不敢遽行回籍，擬乘暇赴江浙就醫一次，仍返長江巡視，察看各標營次，上下周歷兩月。」

《李文忠公奏稿》卷十五《代奏彭玉麟回籍養病摺（同治八年七月十七日）》有：「玉麟因是不待醫治就痊即於四月下旬，由浙、蘇折回泝江西，上自瓜洲鎮起，按營逐次勉勵，於七月初四日行抵岳州，沿途察看兩月有餘。」

五月初二日，於蘇州婁門與趙烈文、潘季玉、何子永、李質堂會談，自此歸衡州。此時氣體委頓，由盛轉衰。

《趙烈文日記》（第四冊）同治八年五月初二日癸酉條有：「移舟婁門，候彭雪琴侍郎久譚。長江水師分汛已畢，其糧臺償口糧皆足，猶存三十萬金以遺武昌、江寧兩鹽道為水師經費。歷年扣存錢串向不入官者亦數萬緡，自來糧臺有司無不窟穴其中，觀此可以愧矣。……赴李質堂軍門招，同座彭雪琴宮保、潘季玉觀察、何子永中書。慎修。飲散下舟，李質堂、彭宮保皆來答候送行。彭自此即歸原籍衡州，氣體頗委頓，言不能復至此，語次欲涕，對之殊難為情。人生盛衰如夏電射於天空，非不令人奪目，而轉瞬已杳，況不足以語此者哉！余自甲子冬送沅老於江上，時亦病甚委頓。」

六月中旬，道經湖北，與李鴻章接晤。

《李文忠公奏稿》卷十五《代奏彭玉麟回籍養病摺（同治八年七月十七

日）》有：「臣查六月中旬，彭玉麟道經鄂省，臣與接晤，病體未愈，耳目衰憊，所陳均係實情，謹繕折據情代奏，伏乞皇太后、皇上聖鑒，訓示，謹奏。」

七月初四日，行抵岳州。接見水師各將弁。時公體弱咯血，兼之右耳重聽，右目失明。擬由岳州就近回籍。

《李文忠公奏稿》卷十五《代奏彭玉麟回籍養病摺（同治八年七月十七日）》有：「玉麟因是不待醫治就瘳即於四月下旬，由浙、蘇折回泝江西，上自瓜洲鎮起，按營逐次勉勵，於七月初四日行抵岳州，沿途察看兩月有餘。長江數千里，仰賴皇上恩威，盜賊斂跡，舟楫不驚，軍民商賈各安其業，雖凋敝之後，一時未能復元，已漸有昇平氣象。接見水師各將弁，諄諄勉誡，以大義鼓舞，以至情亦皆恪守成規，巡防勤謹，均能上體朝廷，慎重江防專一事權之至意。現有提督黃翼升周歷巡查悉臻妥協，但使上下一體，公不徇私，恪遵定章，永遠不懈，加以時和歲稔，斷不至變故，忽生上勞。聖慮玉麟近因接對營弁語言過多，酬應稍煩，氣復上衝，時加歲嗾，偏體筋骨痛楚莫名，兼之右耳重聽，右目失明，實形委頓，儻不急行調理，恐遂成為廢人。玉麟才識庸愚，深荷恩遇，初志不惜軀命與兵事相始終，今幸東南肅清，水陸安晏，玉麟傷疾雖難速愈，固無遺恨於心，擬由岳州就近回籍，如果調理就瘳，尚堪驅策，斷不敢稍圖安逸，自外生成。所有遵旨回籍調理緣由，請為轉奏等情前來。」

本年約春季，與俞樾結識於荊州。

俞樾《春在堂尺牘》卷二《與彭雪琴侍郎》有：「西湖講舍，得識荊州，飫之以清尊，寵之以妙墨，何幸如之！比想旌斾，已在越中，探禹穴之幽深，攬蘭亭之清朗，較西子湖頭，風景又勝矣。樾登舟後，於二十日抵蘇，肺疾已愈。出月下浣，又可放棹武林。望從者於湖樓從容小住，再當追陪觴詠，接續墜歡也。茲有湘鄉相公一書，代為寄奉，乞察入。」

按：《俞樾函札輯證》按：「按，同治八年（1869）春，彭玉麟居詁經精舍養病局，俞樾與之一見如故。札中即稱『西湖講舍，得識荊州』，則當作於嗣後。」

同治九年（1870），五十五歲

正月九日，咯血病發。

《彭玉麟集·書信》中《致劉崑（同治九年五月）》有：「韞齋仁兄大公祖大人閣下：入春病劇，音敬多疏，歉甚歉甚。紅榴照眼，節屆天中，恭維福壽午至，德祉申亨。槐院風清，喜三湘之安謐；麥塍雨潤，占五夏之豐成。引企

祥暉，曷勝神往。弟正月九日發失血舊恙，纏綿至今，不時咯嗆。入夏更發舊創，筋骨疼痛，本火司令使然。必俟秋風涼爽，肝肺氣平，積得痊可。草庵靜養，虛擲駒光，乏善可告。手此蕪啟，敬賀午禧。虔請臺安，諸惟愛照不備。」

三月，法以兵脅嗣王立新約二十七條，盡攘其兵權、利權、政權，並申明越境全歸保護，中國不得干預。公親辦粵防。

《清史稿》志一百三十七邦交三曰：「九年三月，戰事起。法據南定，旋為劉永福所敗。會越王薨，法以兵脅嗣王立新約二十七條，盡攘其兵權、利權、政權，並申明越境全歸保護，中國不得干預。中國聞之，乃命唐炯、徐延旭出關，彭玉麟辦粵防，張佩綸會辦軍務。會山西、北寧連陷，官軍退守太原，法乘勢擾浙、閩，陷基隆、澎湖，至是始宣戰。」

六月十四日，同治帝命其赴江南，會同沿江督撫整頓長江水師。

《穆宗毅皇帝實錄》卷之二百八十四 同治九年六月十四日條曰：「宋晉又片奏：長江水師緊要，請飭彭玉麟迅赴江南整頓，調楊岳斌同往。及密飭劉銘傳來直，並將來京引見之副將韓殿甲暫留差委等語。本日已寄諭沿江各督撫整飭水師，並令彭玉麟迅赴江南矣，至劉銘傳能否來直，楊岳斌起用能否得力，韓殿甲有無謀略，足資差遣之處，均著該督悉心體察，據實奏聞，將此由五百里密諭知之。」

七月，仍在衡州老家養病，始愈。

《彭玉麟集・書信》中《復曾國藩（同治九年七月初五日）》有：「麟咯血半載，近月始痊。筋骨又疼。茅庵踈處，閉戶養屙。惟春日苦雨，夏日苦旱，衡郡各屬米價七八百錢，且無從可買。人心頗惶，設粥廠，開積倉，多不濟事。伏莽思逞，杞憂實深。禾正懷胎，田又開裂，急沛甘霖，人心乃定耳。岸肅，敬請鈞安，伏乞慈鑒。」

同治十年（1871），五十六歲

七月二十日，在衡陽退省庵養病。

《彭玉麟集・書信》中《致郭崑燾（同治十年七月二十日）》有：「迄今春失紅，舊恙大發不止，半肩書本，養屙入山。借榻岳庵，得偕老僧遍遊紫藍、煙霞、祝融、天柱、岣嶁、芙蓉、蓮花諸峰。幸結山水因緣，消卻胸頭塊壘。於天中節後出山，返我退省茆庵。刻下秋涼，肺不作楚，紅亦不吐。惟春、夏木火司令，心忡氣逆，不可耐，實可厭，恐歲歲年年，已成定局。苟延殘喘，

得過且過而已。令坦令郎所索拙書畫，遲之又久，今走筆寫就。非故為延滯，實以病腕不能搦管，祈諒之。茲以鴻便寄上，查收。匆匆手此，敬請大安。諸惟鑒照，不盡神馳。」

同治十一年（1872），五十七歲

二月初四日，曾國藩卒，諡文正。

《曾國藩年譜》同治十一年條曰：「二月初二日，公方閱案牘，握筆而病作，遂止。初四日午後，公乃散步署西花圃，子紀澤從。公連呼足麻，扶掖回書房，端坐三刻乃薨。是日戌時也。」

按：《彭玉麟集·聯語》為其作聯《挽曾國藩》：「為國家整頓乾坤，耗完心血，只手挽狂瀾，經師人師，我侍希文廿載；痛郯城暌違函丈，永訣溫顏，鞠躬真盡瘁，將業相業，公是武鄉一流。」

三月十一日，在湖南水鷺洲見郭嵩燾。

《郭嵩燾日記》同治十一年三月條曰：「十三日。熱，微雨。將往水鷺洲就見彭宮保，則已於午後開行矣。胡文忠夫人移居通泰街新宅，便道往賀，因留飯。同席周礪松、畢潤生、羅兩明、周桂伍諸君。」

三月十六日，於湖南長沙起程，順流東下，帶病沿江周歷察看水師各營。

《彭玉麟集·奏稿》卷一《巡閱長江片（同治十一年七月十六日）》有：「奏再，臣於五月十五日在江西途次准署湖南撫臣王文韶咨，承准軍機大臣字寄同治十一年四月初二日奉上諭：「王文韶奏彭玉麟起程日期據情代陳一摺，彭玉麟病體未痊，殊深廑念。該侍郎已於三月十六日由長江（沙）起程，渡湖東下，即著王文韶傳知彭玉麟，將沿江水師各營周歷察看，妥籌整理，並一面加意調治。俟簡閱事畢，病體稍痊，即遵前旨來京陛見。」等因。欽此。

至本年春間，已舟渡洞庭、武漢、九江、鄱湖、狼山海口等處，統計五省之中，上下五千餘里，周歷二十四營，考核官弁七百數十員。

《彭玉麟集·奏稿》卷一《巡閱長江片（同治十一年七月十六日）》有：「臣何人斯，仰蒙聖慈軫念病軀，飭令加意調治，仍令病痊後進京陛見。凡臣下難達之隱，均荷俯加體恤，無微不至。聞命之下，感悚莫名。伏念臣自八年開缺回籍，仰沐天恩，得以養疴鄉里，雖舊疾不致增劇，而咯血心忡、筋骨疼

痛等證，每至春夏必發數次，至秋後始漸退。長江水師係臣與前兩江督臣曾國藩創辦之事，臣雖退職閒居，而繫懷大局。追維曩事，深愧才智短拙，既於創議章程之時未能斟酌盡善，又於將弁歸標之時未能逐一訓誡，以致頻年以來時招物議。夙夜兢兢，不勝祗懼。迭奉巡閱長江、整頓水師之命，何敢再以疾辭？本年春間，帶病起程，以一葉扁舟渡洞庭，經武漢，繞鄱湖，按部密查，順流東下。行抵九江及鄱湖等處，咯血頗甚，深恐巡閱未能周遍。仰托皇太后、皇上福庇，冒暑遄行，竟得直達狼山海口。統計五省之中，上下五千餘里，周歷二十四營，考核官弁七百數十員。一一認真查辦，示以峻厲，力戒因循。各將弁之庸劣不職者，從嚴參劾，不敢稍存姑息。惟其中有從前打仗立功、實係身經百戰者，臣患難與共，知之實確。該員等補缺後未能稱職，雖未便仍留實任，致有遺誤，亦不得不酌留虛榮，稍示體恤。除於清單內分晰注明外，不敢不將微臣酌度苦心直陳於聖主之前。臣行抵狼山後，因精力疲憊，略作休息，先將參劾各員弁定稿後，咨送署兩江督臣何璟會銜馳奏；一面將擬補各員確加遴選；專摺奏補，並將長江水師未盡事宜酌核條款，再行會商具奏。仍俟料理清楚、病體稍痊，即當啟程北上，恭請陛見，跪聆聖訓，以稍紓十餘年來戀闕之忱。仍懇天恩，准臣回籍養疴，借延殘喘，不勝感激屏營之至。所有查閱長江水師事竣緣由，合先附片陳明，伏乞聖鑒訓示。謹奏。」

八月初一日，自湖口鎮起程北上。

《彭玉麟集‧奏稿》卷一《請銷木質關防片（同治十一年八月初一日）》有：「再，臣此次奉命巡閱長江水師，自衡州下駛，凡文移檄飭，均隨處借用關防。及至湖口鎮以下，案牘較繁，遇有緊要之件，未便借用，即經刊刻木質關防，其文曰『欽命巡閱長江水師前兵部右侍郎之關防』，所有咨札各件均經印用，以資憑信。臣沿途查閱，並無專摺陳奏之件，是以未經附陳。現已查閱事竣，前項關防應行銷毀。理合附片陳明，伏乞聖鑒。再，臣拜摺後，定於八月初一日起程北上，合併聲明。謹奏。」

是日，定奏水師章程，命水師專習槍炮，嚴行禁止陸居和兼習弓箭。

《彭玉麟集‧奏稿》卷一《長江水師不兼習弓箭片（同治十一年八月初一日）》有：「再，查長江水師章程第三十條：『水師以使船為第一義，善放礮次之。凡考槳糧，須令一人駕一小劃，渡江一二次；凡考礮糧，須令連放五礮，無走火遲鈍等弊。』等語。並無考核弓箭之說。惟內有哨官「仍考試技藝，以定等差」一語，以致近年以來，提臣閱操兼習弓箭，各弁勇等紛紛講

求，既荒本業，兼多糜費。其尤為貽誤者，借此肄習弓箭之名，即開登岸陸居之漸。查水師陸居為向來之積習，臣與前兩江督臣曾國藩初次定章，嚴行禁止，不准陸居。嗣後隨時誥誡，奚止三令五申，豈可借端登岸，敗壞營規。況水師人員向不以弓箭為重，即赴部考驗亦只試演燃礮，並不責以騎射。以臣愚見，不但長江水師不准兼習弓箭，即江蘇新改之外海、內洋、內河水師亦宜專習槍礮，不習弓箭。庶幾專精一技，既可免旁雜之心，兼可杜陸居之弊。相應奏明，請旨飭下各該提臣，嗣後隨時操演及考拔各缺，均應遵照定章，不准再習弓箭，以仰副聖天子慎重水師名實相符之意。理合附片陳請，伏乞聖鑒訓示。謹奏。」

是日，又為整頓水師事宜，奏將材、積習、軍政、體制四條意見。

《彭玉麟集・奏稿》卷一《詳酌水師事宜摺（同治十一年八月初一日）》有：「奏為詳酌水師事宜，敬陳管見，恭折仰祈聖鑒事。竊臣奉命查閱長江水師，所有參劾各員及應補各缺，業經會同各督撫隨時具奏外，臣戀直愚昧，以一介書生隨同前大學士臣曾國藩從事戎行十有餘年，自維材識迂疏，生平未嘗學問，於古人馭將治兵之道未能窺見一二，徒恃一味樸誠激勵士卒，以此稍得其力，幸立戰功。茲奉簡命查閱長江，仰維聖慮，實欲整頓江防，為東南久遠之計。而臣智慮短淺，深恐無以上副聖懷。伏查長江上自荊湖、下訖海澨，以南北論之，則天塹之險也；以東西計之，又建瓴之勢也。而水師一軍，據其要害，實可左顧右盼，雄視四方。惟是地面遼闊，將卒賢否不齊，為統帥者非有深沉大略，而又出以兢業小心，至誠為國，則一時之利，或為異時之害。是以曾國藩無恙時，每與臣論及水師，即謂宜隨時變通，以防流弊，不可株守成法，實係確有所見。臣此次簡閱所至，竊見此軍改歸經制，甫及五年，而弊端已伏，不可不急謀整頓，俾無失設軍初義，以仰副聖主顧慮東南之意。管見所及，約有四條，用敢分晰臚舉，為皇太后、皇上陳之……」

九月初五日，入京，升兵部右侍郎，被賞給紫禁城內騎馬。

《穆宗毅皇帝實錄》卷之三百四十 同治十一年九月五日條曰：「命署兵部右侍郎彭玉麟在紫禁城騎馬。」

《穆宗毅皇帝實錄》卷之三百四十 同治十一年九月五日條曰：「丙戌，諭內：彭玉麟著署理兵部右侍郎，童華毋庸兼署。前據彭玉麟奏：懇恩於陛見後回籍養疴。本日召見時，復再三陳請。彭玉麟辦事認真，深堪嘉尚，刻下傷疾已痊，精神亦健，特令留京供職，用示朝廷倚任之意，該侍郎毋得固辭。」

九月初六日，謝署兵部侍郎。

《彭玉麟集·奏稿》卷一《謝署兵部侍郎恩並陳明未能到任摺（同治十一年九月初六日）》有：「竊臣由諸生從戎，迭荷恩施，洊躋卿貳，養屙鄉里，報稱毫無。本年奉命查閱長江水師，事竣後遵旨入都陛見，瞻天顏於咫尺，荷訓誨之周詳，感勒私衷，非可言喻。茲復仰承溫綸，褒寵迭加，聞命之餘，彌深慚悚。惟念臣力疾從公，甫經入覲，尚須從容調攝。能否到任，俟大婚禮成後，再行具摺奏聞。所有微臣感激下忱並未能到任緣由，謹繕摺叩謝天恩，伏乞皇太后、皇上聖鑒。謹奏。」

九月十五日，同治帝大婚，作《同治十一年壬申九月十五日大婚慶典，恭紀七律十首》。

《彭玉麟集·詩詞》卷四《同治十一年壬申九月十五日大婚慶典，恭紀七律十首》有：「元黓涒灘十一年，星輝雲爛九秋天。黃羅喜詔頒三殿，紫陛恩綸遍八埏。禮樂千秋夫婦始，子孫萬代帝王賢。蓬萊宮闕多佳氣，五色雲中慶 㷀綿……」

九月二十五日，乞回籍養病。

《彭玉麟集·奏稿》卷一《請開缺回籍養病摺（同治十一年九月二十五日）》有：「臣自十餘年來，帶兵江上，風餐露宿，右手、右足積受重傷，每逢春夏之交，肝氣發動，血不歸營，稍一用心，遂至神識昏迷，舉動失措。本年奉命巡閱長江，事竣入覲，沿途復咯血數次，因至狼山略作休息，始行就道。是以臣於啟程摺內即陳明陛見後回籍養屙，迨蒙召見，復又陳請。現在秋涼氣爽，尚可勉力支持，轉瞬冬盡春來，舊患必然復發。臣於部務本未通曉，加以素性褊急，遇事不能含容，迨至僨事之餘即治臣罪，而誤公已屬不小。與其履而知艱，不如量而後入。且臣初到軍營，自知才短不能服官，與軍士相約，不任職守。是以咸豐年間歷拜浙江金華府知府、廣東惠潮嘉道、廣東臬司之命，俱未履任。迨皇上御極，畀以漕運總督、安徽巡撫，亦俱具摺固辭。仰荷生成，鑒其愚戇，不忍拂其初志，曲允所請。今以衰病之餘，忽忝卿貳之列，是臣之始終不能一轍，上不免有欺於君父，下無以對江上各營。前年，臣請開缺回籍，渥荷恩綸，許不畀臣以員缺。臣之私計，仍欲籲懇聖慈，俯踐前旨，准開署缺。俾赴江浙一帶就訪名醫，取道回籍，或者枯朽之餘，仰托矜全。將來長江水師如有廢弛，需臣整理之處，拜奉詔書，即刻就道，斷不敢稍有遷延推諉，以期仰副宸廑。總之，臣渥受兩朝知遇，犬馬餘生，一息尚存，此身無所愛惜，惟

願保屏軀而報國，非敢辭高位以沽名。若其問田求舍，適志山林，以為娛老之方，臣實恥之。區區微忱，敢邀慈鑒。所有微臣傷疾未痊，請開署缺緣由，謹繕摺瀝陳，伏乞皇太后、皇上聖鑒。臣不勝惶悚屏營之至。謹奏。」

同日，同治帝允其回籍，命其每年巡閱長江一次。

《彭玉麟集‧奏稿》卷一《謝准開缺恩並遵旨每歲巡江摺（九月二十七日）》有：「奏為恭謝天恩，仰祈聖鑒事。本月二十五日，內閣奉上諭：『彭玉麟奏傷疾未痊、懇請開缺回籍一折，侍郎彭玉麟，平日辦事認真，勤勞夙著，前於陛見時，令其署理兵部右侍郎，以資倚任。茲據該侍郎奏稱，帶兵江上十有餘年，傷疾未痊，仍懇回籍調理。覽其情詞懇摯，姑允所請。彭玉麟著開署兵部右侍郎缺，回籍調理。新授長江水師提督李成謀，初膺重任，一切情形未能盡悉，著該侍郎順道馳赴長江一帶，會同李成謀佈置周妥，再行回籍。嗣後每年著巡閱一次，遇有應行參劾及變通之處，准其專摺具奏。應需辦公經費，著兩江、湖廣各總督籌款，奏明交該侍郎支領，以副朝廷慎重江防至意。』欽此。」

九月二十七日，謝准開缺恩，並遵旨每歲巡江。

《彭玉麟集‧奏稿》卷一《謝准開缺恩並遵旨每歲巡江摺（九月二十七日）》有：「竊臣猥以菲材，備員卿貳，曾無報稱，負疚五中。昨以傷疾未痊，陳請開缺，干瀆宸聰，無任悚惕。乃蒙聖主察其真誠，俯允所請。凡此宏恩之曲逮，實非始願所敢期。仰荷生成，曷勝感戴。伏查咸豐年間，原任大學士曾國藩創立水師，臣曾從事其間。迨江寧克復，各軍凱撤，因此軍粗有益於江防，酌立規條，留為重鎮。不期日久漸有廢弛，臣不敢自謂力能整頓，而在防既久，略識指歸，惟有恪遵聖訓，先行會同提臣李成謀妥為佈置。嗣後每年巡閱一次，遇有應行參劾及變通之處，斷不敢稍涉徇隱，以冀仰答高厚鴻慈於萬一。所有微臣感激下忱，謹繕摺叩謝天恩，伏乞皇太后、皇上聖鑒。謹奏。

十月十六日，請訓出京。

《彭玉麟集‧奏稿》卷一《奏報巡江並定每年巡閱章程摺（同治十二年三月十六日）》有：「奏為恭報微臣由浙起程巡江日期……旋於十月十六日陛辭，請訓出京。」

十月二十五日，至瓜洲商長江水師佈置之事。

《彭玉麟集‧書信》中《致朱學勤（同治十一年十二月初五日）》有：「弟於月初五出都，廿五日抵清江舟次，嘉平四日到瓜洲。在德州道上發賤恙，失

血一次，餘皆無恙。李與吾軍門自閩乘輪舟亦於是日到瓜口，幸相會晤，比商定長江一切佈置事宜。細察其舉動言論，未改當年橫實，而精細詳明，要言切中則勝囊日多多。蓋留心世道人心，閱歷自深故也。不禁為長江欣喜。鄙衷為之一寬，渠已專摺謝恩，請入都陛見，擬在瓜洲候批。如免其來京，則年內西上至太平府提署接印視事。所有新舊交替，自有一番文繁須待佈置，兩三月方能察其新政。弟此時無所為事，擬偷閒渡江入浙，借西湖水色山光滌我面上三斗塵，以便覓醫調理，俟春暖出湖，即自蘇河巡視，溯江逆流而上，沿途在在稽查，以及風帆阻滯，大約秋冬之間方能旋我湘東退省菴庵。惟是今年賤恙，血不歸經，秋冬亦亂發，不循往歲春夏舊例，深為可憂。不卜明春所發何如？不才朽木，奈何奈何。耑請臺安，兼鳴謝悃，統祈心照，不盡神馳。」

十二月初八日，行抵江南瓜洲江岸，同李成謀面晤交代長江應辦事宜。

《彭玉麟集·奏稿》卷一《奏報巡江並定每年巡閱章程摺（同治十二年三月十六日）》有：「於十二月初八日行抵江南瓜洲江岸，適新調長江提督李成謀由福建航海到此面晤。臣謹遵諭旨，督同該提督將長江應辦事宜商酌周妥，交代佈置一切。該提臣李成謀，老成諳練，強幹精明，所論長江情形防務均中肯要，足以上副朝廷慎重江防之至意。臣因病擬入浙就醫，曾經奏明在案。此次在途復發失血，乘此暇時即行渡江而東。於去年年底到浙江省，避居湖濱養屙調理。」

十二月十八日，借寓湖樓，歇珂鄉。

《彭玉麟集·書信》中《致朱學勤（同治十二年正月初七日）》有：「京華小住，諸荷關垂，銘感万万。客臘在瓜洲晤李與吾提軍航海而來，比即遵奉諭旨，交代布置一切，小作勾留。因血症大發，一葉輕舟渡江，於嘉平十八日抵珂鄉，借寓湖樓，冀稍養息。承良朋見愛，不能拼絕筆墨應酬。憶隨園老人有好都能累此生之句，不禁悔當初不應與姑射仙人交契之深也。奈何如之。茲有政府四信，乞吾兄閱過（文、沈二函），封好飭遞為感。精神疲极，不贅。耑請臺安，心照不盡。」

是年，巡閱長江五省水師，至狼、福海濱，兼查內外洋面。

《彭玉麟集·書信》中《致嚴蘭史（同治十二年六月十五日）》有：「於去年春暮之初由籍起程，巡閱長江五省水師，首至狼、福海濱，兼查內外洋面。」

同治十二年（1873），五十八歲

三月二十日，由浙江起程，出江陰下游，道過珂鄉，於蘇垣盤桓兩日，又自蘇河江陰一帶，溯江西上，帶病巡查長江水師，並擬在浙江湖上修退省庵三間。

《彭玉麟集·奏稿》卷一《奏報巡江並定每年巡閱章程摺（同治十二年三月十六日）》有：「奏為恭報微臣由浙起程巡江日期……入春以來，心忡氣逆、筋骨疼痛等證依然，次第舉發。茲屆春深，應行出江巡閱之期，未敢以病稍為羈延。茲定於三月二十日由浙江起程，自蘇河江陰一帶巡查，溯江逆流，按部西上，認真察看，不敢姑容。臣迭受殊恩，涓埃未報，惟有盡此血忱，實力實行，以圖報效朝廷於萬一。惟每年自上游湖南長沙起，至蘇省江陰以下止，縱橫五省，凡湖河之歸長江分防者，均應周歷。合之長江，程途五千餘里，一往一返，共萬有餘里，須八九閱月始能差竣回籍。及抵里調理，為日無多，又須出巡。姑無論老病年增，弱體不支，且年年歸途川費，似是空糜。茲擬自上游本籍出巡，到江蘇下游差竣，即在江浙客籍度歲一次。次年由江浙下游起程，逆江溯流，巡至上遊湖南長沙差竣，即在本籍衡州度歲一次。似此可節空返川費，兼免長江經過各營員弁一年兩次迎候之勞。臣無家室之累，在籍修退省茅庵三間，孤居獨處。擬在浙江湖上亦修退省庵三間，以為巡江往來差竣，調理病軀之所。至於巡江公費，臣素行省儉，輕舟減從，用費無多。前於八年交卸長江水師兵符回籍時，餘有閑款。臣以寒士始，願以寒士歸，未敢攜帶分文，概行清釐，咨交兩江、湖廣總督發南北兩鹽道，存為修理長江水師提鎮各衙署以及長江辦公要需。茲查除修理各衙署已告竣用去外，尚有餘存在兩江生息，臣擬每年巡江公費即在此生息項下節省提用。以公辦公，實為兩便，無須兩江、湖廣各總督另籌他款，以節糜費而免報銷。臣愚昧戇直，不敢稍存欺飾。謹將由浙起程、巡江日期及所需公費酌量提用，毋須另籌，並分年居住上下游各緣由，專折由驛具陳，伏乞皇上聖鑒訓示。謹奏。」

《彭玉麟集·書信》中《致嚴蘭史（同治十二年六月十五日）》有：「三月奏報巡江，於廿日自浙起程，出江陰下游，溯流西上，道過珂鄉，於蘇垣盤桓兩日，覺人煙輻輳，不減當年。」

四月，巡閱至泰州，咯血復發。

《彭玉麟集·書信》中《致嚴蘭史（同治十二年六月十五日）》有：「麟於四月巡閱至泰州，復大發血，迄猶未止，不能勞心故也。差事在身，按部查看，

安得不用心。每日接見營哨將弁，整頓營務，教誡種切，辦理公事，舌敝唇焦，手腕欲脫。諸凡清理，未有幕友。江湖綿亘，每年往返萬數千里，名則歸籍養屙，似此歲歲奔駛，何能養屙。然受恩深重，此身久非我有，夫何恤焉。惟有盡此血忱，報效朝廷而已。行抵鄱陽湖，手此扯雜，以當面談。崇候臺祺，統祈愛照，不盡神馳。」

至六月，帶病沿途巡閱長江。

《彭玉麟集・書信》中《復朱學勤（同治十二年六月二十日）》有：「四月八日行底里下河則大吐，直至本月初間方始止住，沿途精疲力困，不可言狀，只好聽之。醫家均以靜養為言，其如勢有不能。承來示怒事莫怒心，此真藥石箴規。奈賤性褊急，遇事離奇則怒心，甚至事過而心怒未已，此不學無術，所以意氣不平也，奈之何哉！今歲巡閱較去年逆心事尚少，而李與吾軍門絲毫認真，敝處應行參辦事體均咨商李與吾，歸其匯辦會奏，以歸畫一。以其初到新任，諸事又能認真，和衷共濟，與以面子文章更好看也。」

六月二十日，行抵江西鄱湖。

《彭玉麟集・書信》中《復朱學勤（同治十二年六月二十日）》有：「弟刻下行抵江西鄱湖，炎日爍金，肝肺如炙，適坐舟滲漏，須大行油艙，擬出湖口小住月餘，收拾船隻，交秋方行巡閱武漢、荊沅一帶，渡洞庭岳州去。茲因鴻便，途次匆匆，手此。敬請臺安，諸惟愛照，不備。」

閏六月初，出湖東下。

《彭玉麟集・書信》中《致劉秉璋（同治十二年閏六月十四日）》有：「昨道出濡須，聞大旆先一日榮返珂鄉，不獲趨迓舟次。一面之慳，彌深悵悵。想錦里小作周旋，而牙檣又將就道。禔躬篤祜，即事多欣，當符臆頌。西江四月苦旱，五月苦漲，萬頃鄱湖，幸慶安瀾。弟於閏初出湖東下，惟老病頹唐，不堪言狀，不時咯血，氣逆心忡尤甚，似此殘廢，有何補救於江防，清夜思維，恧恧憂懼而已。時際維艱，乏善可告。天門舟次，匆匆手此，專請大安，統希亮照不備。」

八月初三日，與李成謀商捐錢曾文正公祠之事。

《彭玉麟集・書信》《致李成謀（同治十二年八月初三日）》有：「與吾賢弟閣下：前在石鐘山，共議長江捐銀三千兩於長沙曾文正公祠。昨到湖北，眾同鄉復勸長江各營捐武昌省會館。兄思長江各營清苦，如此捐項，實來不及。然梓桑誼重，萬不可免。今再三思之，不如將前所商捐文正公祠三千兩內分一

千，捐作湖北武昌省會館，寄交武昌府方菊人太守處查收；以兩千寄長沙郭筠仙中丞處，為文正公祠費。如此撙節移挪辦理，以免長江各營為難，而於鄉誼公私兩為周道妥當也。」

九月，始回衡陽養病。

《彭玉麟集·書信》中《致朱學勤（同治十二年九月初八日）》有：「幸賤恙秋深肝氣平服（血漸不吐，惟心忡疲困），巡查事件，現亦差竣入告，可歸衡陽舊廬休息調養，苟延殘喘，且到春氣發動再為理會也。」

九月初五日，至長沙。

《彭玉麟集·書信》中《復李成謀（同治十二年九月二十日）》有：「九月初五日到長沙。」

九月十六日，抵衡州。

《彭玉麟集·書信》中《復李成謀（同治十二年九月二十日）》有：「十六日歸衡州，發摺銷差。塵肩甫息，俗務紛來，草草勞人，乏善可告。除公牘咨折稿外，手此，耑候近祺，諸希霞照，不盡神馳。」

《彭玉麟集·奏稿》卷一《奏報巡江事宜摺（同治十二年）十月二十六日奏》有：「為恭報微臣巡閱長江水師事竣日期……臣巡查至湖南長沙事竣後，於九月十六日回衡州原籍。綜計周歷長江五省水師各營，雖較上年均有起色，不敢遽信為可靠。惟有殫竭血誠，歷久不懈，以仰副聖主慎重江防之至意。至巡江經費一款，臣於長江公款所存兩江生息項下提銀四千兩，撙節動支，已可敷用。前由兩江督臣李宗羲、湖廣督臣李瀚章奏准籌撥之一萬兩，臣並未提用，以節經費而昭核實。所有巡閱長江水師事竣並陳事宜緣由，理合恭摺馳陳，伏乞皇上聖鑒。再，臣此次拜摺，即用奏明刊刻之木質關防，合併聲明。謹奏。」

九月十九日，在荊沅，採辦炮位之事。

《彭玉麟集·書信》中《復李成謀（同治十二年九月二十日）》有：「與吾賢弟閣下：月前一函，諒入英盼。想此時巡察下游，諸凡安吉，當如遠頌。昨在荊沅接讀來函並採辦炮位等件清單，借悉種切，至為欣慰。工欲善事，必先利器，今利器得矣，而良工惟吾弟是賴，一笑。麟上駛以來，秋氣清肅，肝氣平斂，途次無恙，堪以告慰。」

同治十三年（1874），五十九歲

正月二十一日，畫梅花屏風六塊，贈郭崑燾。是年春，咯血發。

《彭玉麟集・書信》中《致郭崑燾（同治十三年正月二十一日）》有：「意城尊兄大人閣下：客冬寄上屏幅並寸箋，諒入青覽。新春多佳，當如臆祝。梅花六塊，於除夕前在鄉間寫就。病腕草草，不足當大雅一盼。鴻便托寄，希哂收。星槎、鑒山兩君索畫，亦並作來。弟入春以來，大發失紅舊症，寢饋不安，舉動氣逆，苦狀莫名，乏善可告。扶疾手此，敬請籌安。」

三月二十日扶病起行，巡江東下，由湘、沅、荊、鄂。

《彭玉麟集・書信》中《復朱學勤（同治十三年四月二十九日）》有：「夏間聞清恙咯血，恒為懸繫，承示中止，一切如常，天相吉人，深慰遠念。只以季秋廿日旋里後杜門鄉居，莫覓鴻便，音敬久羈。執是之故，五中歉仄，清夜尤深，而馳係之私無日不在左右間也。流年似水，在家悠忽五閱月，俗累糾纏，如蠶縛繭。冬間托庇無恙，入春以來，心忡氣逆，筋骨疼痛，次第舉發，咯血四次，精力疲困，不可名言。於三月廿日扶病起行，巡江東下，由湘、沅、荊、鄂⋯⋯」

四月十八日，抵湖口，因風大不能入，遂赴鄱饒，前進章門。

《彭玉麟集・書信》中《致劉坤一（同治十三年四月二十三日）》有：「弟於月之十八抵湖口，連日南風，怒濤山立，不能入湖，殊為焦悶。一俟風平，即赴鄱饒，前進章門。奉候臺端，快聆塵教。茲有京信致朱修府丞一函，求飭折弁便帶，妥為送去為感。耑請臺安，即賀午禧，餘容面敘。」

四月二十九日，抵潯陽。

《彭玉麟集・書信》中《復朱學勤（同治十三年四月二十九日）》有：「刻下已抵潯陽。查察各營汛尚振作，不似曩時怠忽。間有不肖，痛為懲誡之。惟李與吾軍門總領綱維，始終不懈，則江防或不至壞。否則鄙人不才，精神日衰，雖往來奔駛亦不無恐懼，撫躬滋愧，徒深杞憂而已。」

五月十九日，近日發血症，兼差劃打艍油。

《彭玉麟集・書信》中《復李成謀（同治十三年五月十九日）》有：「與麟近發血症，兼差劃打艍油，六月底可到下游瓜洲一帶也。手此，耑候勳祺，不盡。」

六月十七日，在金陵佈置水師。

《彭玉麟集・書信》中《致朱學勤（同治十三年六月）》有：「六月十七，

弟在金陵再三慰之而行，言或有急，我在下游就近可以調度，請放提督李與吾上巡武漢、岳州去。」

十九日，抵焦山，督築炮臺之事。

《彭玉麟集・書信》中《致朱學勤（同治十三年六月）》有：「先是，聞臺事星夜由太平請與吾到金陵，扣留不使動，至是始放與吾歸太平料理上駛。弟則下駛，擇築炮臺各要口。十九抵焦山，二十一接主人翁六百里飛函，因接上海探報言倭奴？六萬人欲犯內江，謀金陵。兼於金陵盤獲倭奴二名，已星飛請與吾回金陵，一面六百里飛調上游岳、漢、湖、瓜四鎮戰船，齊來瓜洲駐紮。弟閱信惶駭，不禁汗流夾（浹）背，漫言探報不實，不可如此亂動，即探報確實亦不宜。如亂動，不思五省戰船乃經制之師，一旦盡行調赴瓜洲，即以之搭浮橋亦用不完。若以之擋敵舶開花炮子，則此用良得愈多愈善，敵人喜之不盡，取之不窮，計良得也。若為自家，愈少愈好，何也？兵在精不在多，一旦敵來，即以瓜洲四營戰船，依炮臺護之足矣，何用多為。且不思安徽、江西、湖北、湖南哥老會散勇伏莽甚多，近年以來不時竊發，均賴江面有戰船不得渡，而陸兵得以消滅之。倘忽五省戰船調之一空，吾恐外侮未入而內患已接踵興起，吾省回應，禍豈易消耶！思之不能不呆立不語乎！弟星夜六百里函復，極言利害，萬萬不可調。如有事，不才願當之。而與吾軍門已星夜折回，趨至金陵，問悉詳細，飛札阻止上游各鎮標戰船，但預備子藥聽調，萬萬不可驟行下駛，仍舊歸汛地如常防矣。否則幾乎鬧得不堪問。不才詢之，何以如此，不先商之而驟行調之。彼復函不自認錯而推之幕友所行，未嘗過目。似此則更荒謬之極，此飛調五省經制水師，悉行撤防來瓜洲，而聽幕友為之，不親看稿乎！為之可笑之極。不才代為擇定狼山上遊南岸之鵝鼻嘴，北岸之劉聞沙，此頭一關也；次則江陰上游孟河南岸之圖山關，江北岸之三江營一帶，此二關也；再則鎮江南岸之象山，揚州江北之都天廟，江中心之焦山，此天造地設三關也。過此三關則深入內江，豈可禦之以退乎！」

八月二十日，抵江陰，督辦炮台之事。

《彭玉麟集・書信》中《致李成謀（同治十三年八月二十三日）》有：「與吾賢弟閣下：焦山聚首，忽忽月餘。別後沿途羈滯，於月之廿日抵江陰吾弟吉旋芳署，堂上康強，當如心領。大小石灣炮臺已成，兩座鐵門板是在上海辦來（牆內外兩大塊用螺絲絡緊，頗佳），熟鐵較自鑄生鐵為佳多多，且價廉，似象、焦、天都廟等炮門鐵板宜照辦。手此，耑候近祺，不具。」

八月二十三日，過金陵。

《彭玉麟集·書信》中《復朱學勤（同治十三年八月二十四日）》有：「弟昨過金陵，以一樽往哭之，見其所撫子，雖八九歲，尚韶秀聰明，體氣結實。」

九月初六日，抵蘇垣。

《彭玉麟集·書信》中《致李成謀（同治十三年九月初九日）》有：「麟於初六日抵蘇垣，應酬數日，頗為困苦。

九月十五日，蘇垣拜摺，去往浙江。

《彭玉麟集·書信》中《復郭崑燾（同治十三年九月二十八日）》有：「弟奔波江上，舊恙頻發，年朽一年。頹唐老我，無益江防，徒滋罪戾，惶愧何似？月之十五，在蘇垣拜摺，銷去今年差事。於月之廿一日抵西湖退省庵廬。惟期海波不揚，可以在此與湖山度歲。否則隨時出江，行蹤莫定。倭奴專使入都，諸事狡詐。索取兵費，出於非常，迄今尚未定議，恐是緩我以待其謀也。然縱歸和局，不過目前苟安，未可為恃。和事可百年不背，而兵事不可一日不防。自強之道，是所望於疆吏，作三年蓄艾之計，萬萬不可幸和而松江海之防也。狂悖之言，不才無忌，諒我兄有心人當為然耳。所幸大江南北年歲大熟，民心甚安。湖湘不卜何似？內裏大工告停，實天下蒼生之幸。目睹時事，深用杞憂，不才亦可謂多事而不自安分矣。遙想起居安善，即事多欣，當如臆頌。昨在焦山，以海防事小住一月。僧人好事，代刻梅花一石，茲楊兩幅，外延陵季子聖書十字碑一幅，伴函。匆匆手此，耑請臺安，欲言不盡。」

《彭玉麟集·書信》中《致李成謀（同治十三年九月初九日）》有：「擬十五日拜折，即入浙江去。據蘇垣傳述，刻下英夷在京使臣代倭奴於總署說和，尚無定議，大約總歸此路了局，可保目下無事。惟期疆吏乘此機會，同心合力，作三年蓄艾之計，方能立自強腳跟。否則，旦夕偷安，後患不堪設想。不才好杞憂，亦自覺可笑可歎也。手此，耑候勳祺，不具。」

十二月初五日，同治帝駕崩。

《彭玉麟集·奏稿》卷一《籲懇節哀摺（同治十三年十二月二十八日）》有：「奏為叩泣瀝陳，籲懇聖躬稍節哀情，仰祈慈鑒事。竊臣接准浙江撫臣來文，准禮部咨，驚聞十二月初五日，大行皇帝龍馭上賓，伏地搶呼，莫知所措。」

十二月十八日，書節哀摺。

《彭玉麟集·奏稿》卷一《籲懇節哀摺（同治十三年十二月二十八日）》有：「奏為叩泣瀝陳，籲懇聖躬稍節哀情，仰祈慈鑒事。……欽維大行皇帝御

宇十有三年，孝治克諧，規模擴於無外；武功大定，聲教洽於群生。凡在臣工，靡不涵濡德澤，何期奄棄，黔庶遽慟賓天？我皇上寅紹丕基，至情肫摯，當此追攀莫及，伏願聖懷，稍節哀傷，勉紓悲痛，上以慰在天付託之重，下以副率土謳歌之誠。臣不勝哀慕籲懇之至，為此瀝誠具陳，伏乞皇上聖鑒。謹奏。」

十二月二十三日，為同治帝守國制。

《彭玉麟集·書信》中《復李成謀（光緒元年正月十五日）》有：「即於二十三日入城，隨同中丞文武成服，哭臨三日，遵守國制，孝服二十七日，稍盡犬馬微臣之心。須滿百日，方始拜折出巡，吾弟亦當滿百日以巡上游矣。安慶千總周慶基、外委殷啟祿，既經該本鎮兩次請求開復翎頂，未便不准，請即飭還之可也。麟入春以來心忡氣逆，筋骨作苦。然司空見慣，只好聽之。當此國步艱難，嗣皇四歲，尚在沖齡，重勞兩宮太后垂簾，惟願疆臣大吏合力同心，勵精圖治。軍政、吏治兩大端均須破除情面，認真整理，以迓天麻，庶幾歲稔民安，兵強國富，否則，杞憂方深，能勿懷之，吾弟亦當為然也。手此，復請勳安，並頌春祺。」

是年，作《續修〈湖口縣志〉敘》。

《彭玉麟集·奏稿》中《續修〈湖口縣志〉敘（同治十三年）》有：「古者國有史，掌書言事之嬔旨。其掌之天子之外史則曰四方之志，即侯國所紀錄，昔人以為晉乘、魯春秋之屬是也。秦漢以來，天子有史官，紀書大政，而侯國雖設史職，紀錄襃貶，不逮於古董孤、南史之風邈乎遠矣。蓋列侯治國，一秉天子之法令，其賞罰一秉之天子，則士大夫之清議不行。清議行而國法廢，然其存者猶有大史官之遺風，則補得失觀鑒之林也。《漢書》紀地理河渠，綜括九州，戶分條剖，南北異尚，古今殊風，豈不信哉！禮樂政教，陳其綱領，蓋一代盛衰興廢之機紐矣。自時厥後，增減變易，大同小殊，范、陳、蕭、沈，如出一軌。文人雅客，不能登班馬之門？史官之筆者，乃相與各紀所聞，各陳所目，或紀風土，或狀草木，或述先賢之遺德，或臚郡邑之故實，炳炳麟麟，代有成書，非一二所能舉目也。揆其用心，豈不以鑒往昔、訓來茲哉！前明命官，因元之舊置中書行省，省各有志，或數十載一編葺，又數十載踵而修之。郡邑亦如之，至於今不廢，然裁制亦各殊矣。邑志之嬔，競推康、陸，希蹤繼躅，或亦以為當然也。湖口置縣，肇自南唐，名山大川，有廬阜、彭蠡之勝，鑰章貢之波流，匯潯陽之九派，蓋所謂澤國。其人士稟山川之靈，磅礴亢爽，足以肩艱巨者，代不乏人矣。予從宦往來湖口幾二十年，以蕩寇往來此邦又二

十年矣。大難既平，其城郭祠祀、官司之所治，次第畢舉，而縣尹湖州張君芝
言復與都人士舉邑志續修之，用心之勤，不可無以發之也。蓋古者世運之盛衰，
繇風教得失，基之羲軒，至今未之改也。人士處危困則思所以屬其志氣，以求
百事之集。方其燕安，相與忘之，積懦成窳，積窳成釁。履霜堅冰，以為未然，
豈不悲哉！張君隨與都人士臚舉前事，紀興廢之跡，將與斯民鼓舞，而日思其
所以求翊聖天子之至治，不偉歟！僕老矣，謬膺簡命，江上賓士，公務雜踏，
塵俗塞胸，徇張君偕都人士之請，走筆敘之，凡思慮之所不及，亦欲張君與都
人士有以發之也。同治十有三年，歲次甲戌，五月既望，欽差巡閱長江、太子
少保，賜黃馬褂、花翎、紫禁城騎馬，前兵部右侍郎、一等輕騎都尉、詳勇巴
圖魯彭玉麟撰。」

同年，修《衡陽縣志》。

《湖南地方志中的太平軍史料》附參考方志目錄有：「衡陽縣志十二卷。
清殷家儁、彭玉麟纂修。清同治十三年刻本。」

光緒元年（1875），六十歲

二月二十一日左右，又發咯血。

《彭玉麟集·書信》中《復李成謀（光緒元年二月二十一日）》有：「與吾
賢弟閣下：月之廿日，接誦來函，借悉一切。所有金陵營戴都司、楊署將互稟
揭一案，既經撤任查辦明晰，而該弁等均知悔過自新，希即飭各回都、守本任
可也。麟近發咯血症，較往年為甚，靜養當瘥矣。復候勳祺，欲言不盡。」

三月十九日，巡閱長江。

《翁曾翰日記》光緒元年三月條曰：「十七日 晴，風。顧緝庭來。暮謁曾
沅圃河帥，未晤。得叔父二次來函，一切均好，昨日動身回京，過盤山或作半
日遊，十九必到也。楊岳斌奏請回籍養親，得旨該前督忠勳素著，准其歸養，
仍會同彭玉麟巡閱長江水師，並准專摺奏事。廣壽、夏同善奏結查辦事件，奉
旨一道。」

本月，奉諭旨，與楊載福密薦水師宿將赴吉林。

《李文忠公奏稿》卷三十七《遵籌吉林防務摺（光緒六年四月初七日）》
記：「奏為遵籌吉林選將、造船，調取軍火各事，恭摺覆陳，仰祈聖鑒事。竊
臣欽奉光緒六年三月十六日寄諭：『銘安奏：『練兵必先擇將，請調直隸通永鎮
總兵唐仁廉及在宣化練軍之郭長雲赴吉差遣。』等語。該二員現在能否派往，

若界以總統吉林官兵之任是否相宜，著李鴻章酌度具奏，等因。欽此。』遵查通永鎮總兵唐仁廉，前在提督鮑超軍中剿辦粵逆，素稱驍勇；嗣調隨臣剿捻，奮往無前。自赴通永鎮任，飭統馬步四營，駐防北塘、海口要地，捍衛近畿，正當修守礮臺喫緊之際，礙難遽易生手，派赴吉林。至儘先副將郭長雲，湖南沅州人，向隨將軍多隆阿轉戰有年，經宣化鎮總兵王可陞稟委管帶練軍馬隊左營，訓練精勤，紀律嚴整，邊防雖關緊要，而吉林練兵需人，自應遵旨派往差遣。其現帶馬隊，應另委接替。該將久當大敵，曉暢戎機，能耐勞苦，若令募練數營，戰守當可得力，俟該處情形熟悉，再酌委總統，庶幾人地相宜。又奉諭旨：『該將軍以三姓一帶，擬造舢板戰船，請飭彭玉麟、楊岳斌密薦水師宿將一二人，酌帶船匠、水勇數十人，赴吉舉辦。』等語。」

四月二十日，為解內患外侮之難，陳「四端」之計整頓軍制。

《彭玉麟集·奏稿》卷一《敬陳管見籌自強之計摺（光緒元年四月二十日）》奏為敬陳管見，仰祈聖鑒事。竊臣少更憂患，長從軍旅，近則鋒鏑餘生，久攖痼疾，自問生平，無日不在憂危困苦之中。目睹時局艱難，內患外侮伏於無形，我皇上沖齡踐阼，兩宮皇太后垂簾聽政，日理萬幾。臣受恩深重，不能稍分宵旰之憂，耿耿此心，如負重疚。每當中夜傍徨，為國計民生通籌大局，誠有亟宜自強、不容一日稍緩者。然如購備船礮、廣儲軍火、籌畫餉需，似自強矣，而非自強之根本也。論今日之時勢，譬猶大病之後，元氣久虛，治表尤須治裏。又如樹木，欲其枝葉茂盛，必先培養根株。竊不自揆，妄抒愚戇之見，熟籌自強之策，請為皇太后、皇上縷晰陳之。」

四月二十六日，光緒帝命公督辦江防海防。

《德宗景皇帝實錄》卷之八 光緒元年四月二十六日條曰：「江防與海防表裏。著彭玉麟、楊岳斌、會同李成謀勤加操練。俟海防船礮購成，應擇要添設兵輪船若干隻，配兵練習。」

五月初八日，從浙江至金陵。

《彭玉麟集·書信》中《致劉秉璋（光緒元年五月初九日）》有：「昨過金陵，晤峴帥詢悉禔躬篤祜，政教鼎新，曷勝佩慰。弟本朽木，病骨離支，自客秋精力愈疲，心神恍惚，今春咯血尤甚。由浙出江，沿途稽查各營汛，日無暇晷，更覺難支。惟際此時艱，未敢以疾偷安。」

五月初九日，抵湖口，因風勁，不能入。俟風止，巡閱鄱饒一帶。

《彭玉麟集·書信》中《致劉秉璋（光緒元年五月初九日）》有：「今初九

抵湖口，南風甚勁，不能入湖。俟風定即巡視鄱饒一帶，當專誠抵章門奉候，以聆教益。余容面敘，不盡欲言。耑請臺安，神馳無既。」

六月二十日，巡閱至江西之湖口鎮地方。

《楊岳斌集》卷十四《經閱運河各情形及到江寧摺（光緒元年六月二十日）》有：「奏為遵旨巡閱長江水師，便道天津，並經閱南北運河情形，及到江寧日期，恭摺仰祈聖鑒事。……現在，前兵部右侍郎臣彭玉麟巡閱至江西之湖口鎮地方，臣擬由金陵上駛，會商一切機宜，再行東下查看吳淞、崇明各海口及長江一帶形勢。」

七月十九日，於江西湖口鎮，與楊載福、李成謀會商江防。後即往九江上游，巡閱湖北荊州、湖南沅江等處。

《彭玉麟集·奏稿》卷一《會商江防情形摺（光緒元年七月二十八日）》有：「奏為會商江防情形，恭摺仰祈聖鑒事。竊臣岳斌前於抵金陵時，敬將到防日期陳明在案。隨於七月十三日由江寧起程上駛，十九日至江西湖口鎮，與臣玉麟會晤。適提臣李成謀亦由上江巡至湖口，臣等三面會商，總求實濟。……臣玉麟入夏以來，舊病頻發，不敢以精力疲困稍懈巡察，於會商後即往九江上游，巡閱湖北荊州、湖南沅江等處。臣岳斌即東下狼山海口，查看吳淞、崇明等處，再行返棹，巡閱上游。所有臣等會商情形，謹繕折具陳。再，臣等分道巡歷，相距每四五千里，會銜奏報，實恐往返羈遲，擬請於尋常事件自行單銜具奏；遇有大局緊要事件，仍遵旨會銜，以昭慎重。合併陳明。是否有當，伏乞皇太后、皇上聖鑒訓示。謹奏。」

《楊岳斌集》卷十四《會商江防情形摺（光緒元年七月二十九日）》有：「奏為會商江防情形，恭摺仰祈聖鑒事。竊臣岳斌前於抵金陵時，敬將到防日期陳明在案。隨於七月十三日由江寧起程上駛，十九日至江西湖口鎮，與臣玉麟會晤，適提臣李成謀亦由上江巡至湖口。臣等三面會商，總求實濟。將領則以訓練弁兵，慎重操防為要，兵丁則以熟習水性，勤操槳舵為先。每至一汛，必令汛船蕩槳中流，察看其精熟者獎之，生疏者責之，力不能勝者革換之。哨弁自都守以下悉試其槍炮，分別中的，不中的，鼓勵而嚴加教訓之。此外緝拿奸宄，護送行旅，均須照章認真辦理，不准稍有怠忽。至總兵、鎮將，則與之講求陣法，精益求精，務期江防與海防相表裏，以俟將來扼要設守，為慎固吾圉之計。」

八月初七日，過潯陽，勘查九江塔山炮臺。

《彭玉麟集·書信》中《復劉秉璋（八月初七日）》仲良仁兄大人閣下：「日前奉到琅函，以潯江炮臺見托，便道查看，比即修復，諒達簽曹。月之初七早，敝舟道過潯陽，面晤品蓮觀察、崇周（軒）鎮軍，偕至塔基山左右再四履勘。查塔山下面經諸君躝定臺基一所，甚為妥適，惟只能炮口向下游，不能兼顧上游。凡炮臺總須上下兼顧，庶免敵人回舵反攻之患。此地若兼顧上游，則為塔山所擋，地勢生就，他無良處。而塔山上面為九江關驗票之所，地勢平廠，可為臺基。然只能招呼上游，不能招呼下游，亦為塔山所擋故也。弟深察上下地形，必須兩面兼顧，莫若就地形勢變通辦理。以拙愚之見，塔山右手諸君勘定之基，則以三尊炮專顧上游塔山左手查驗關票。下手造兩尊炮臺，專顧上（下）遊，而相隔只一塔臺，雖分然相離僅咫尺，兵力之護炮臺者仍相聯合也。此九江塔山炮臺地勢情形如此。至岳師門迫在城隅，經諸君勘定九廟敦上手臺基一所，亦甚扼要，亦不能上下兼顧，因中為九廟墩土阜所擋故也。若挑平九廟墩，就墩為臺，然潯陽紳耆多惑於風水，頗有煩言。然上手又有一廟巍峙，亦礙上顧炮子出口之事，若照塔山臺變通，分九廟墩左右築之亦可，而九廟墩左手江灣逼在城根，不能為臺也。弟再四細勘，亦須稍為變通辦理，即就九廟墩右邊諸君所定之基址，原縮在江邊內，以拙愚之見，略移出數丈，直抵江邊堤岸，於舊日原有之石岸外加築一月堤，就此造臺則無擋礙，可以上下左右兼顧矣。惟炮門以拙見必須有外八字，庶一炮可放三炮。若只用平口炮門，不能左右移動，則一炮只能開一炮，不能作三炮用，此又愚忧所及也。但不才老病頹唐，不諳軍旅，而於炮臺之築造尤是門外漢，未曾目睹果何如效驗，亦未曾經造果何如有把握，茲只據地勢情形以理而妄論如此，亦以諄諄重托，聊陳鄙見耳。尚祈我兄神而明之，並將此函抄達峴帥精心細察定奪，飭炮局委員辦理，是為至禱。弟即刻解維上巡，倚舷匆匆，謹復臺囑。」

八月十六日，到達湖北。

《彭玉麟集·書信》中《致劉秉璋（光緒元年八月十七日）》有：「弟於月之十六日抵鄂，稍有數日羈滯。勞人草草，乏善可陳，匆匆手此，恭賀大喜，敬請臺安，即希荃照，不盡神馳。」

約十月，與劉坤一面商江陰築炮臺之事。

《劉一坤奏疏》卷十《察看各處工程事竣回省片（光緒元年）》有：「再，臣奏明三月十九日出省，於二十三日行抵上海。次日查看機器局各廠，該局正

在製造鐵甲輪船及各項槍礮鉛藥，頭緒極為繁多。臣以西洋船礮日事新奇，而中國經費有限，應否先行擇其得力合用者，與直隸、福建各局分途製造，各專各藝，以期精熟而收成功，擬與直隸督臣李鴻章及海防大臣沈葆楨妥為商酌。旋由上海起程，履勘各處新築礮臺。查吳淞口破臺已有六、七分工程；該處雖不足以關鎖長江，亦可捍衛蘇、淞各郡，當飭趕緊修築。江陰水面收束，實為長江第一重門戶，現築之鵝鼻觜一帶礮臺，洵足制敵。惟大石灣地勢太縮，飭令不必多築，而於下游添築兩座，以固藩籬。其江陰北岸之劉聞沙，初築一座尚在未成，餘皆僅填基址。該處與南岸各礮臺緊對，恐兩岸開礮時均有窒礙。臣與前兵部侍郎彭玉麟面商，飭令停工，而於下三里之十圩港地方另築數座，庶與南岸互為犄角，鎮江之焦山、象山、都天廟與江寧下四十里之烏龍山、沙洲圩等處礮臺，均得形勝；而焦山、象山、都天廟三方鼎峙，尤為扼要，惟礮門略為修改，以期合法。此外鎮江下之圖山關，亦屬險要之區，須俟經費稍充，從容布置。至江寧下關礮臺，近在堂室，略壯觀瞻。此臣履勘沿江礮臺之實在情形也。」

按：「由《彭玉麟集‧奏稿‧會商江防情形摺（光緒元年七月二十八日）》一文知曉彭玉麟於七月十九日之後巡閱湖北、湖南等處，而《劉一坤奏疏‧察看各處工程事竣回省片（光緒元年）》一文中提到彭玉麟與劉坤一於湖南江陰會面，又《劉一坤奏疏‧密陳會匪情形設法鉗制片（光緒元年十月）》中與劉坤一面商數次，據此推斷，二人會面應在十月左右。」

本月，與吳元炳、楊載福、劉坤一等，面商數四，憂江蘇哥匪之事。

《劉一坤奏疏》卷十《密陳會匪情形設法鉗制片（光緒元年十月）》有：「再密陳者：江蘇匪徒內有安清道友、哥老會兩大起。安清道友多在江北，所有劫殺重案及包販私鹽、掠賣婦女，皆其夥黨所為，固不可不嚴行拏辦，以靖地方。哥老會匪，目前雖未若安清道友之滋擾，然已蔓延湘、鄂、浙、閩、雲、貴、川、陝、安徽、江西各省，而江蘇為尤多。前督臣曾國藩曾言：『不問會與不會，但問匪與不匪』。該前督臣明知無會而不匪之理，第以黨與既眾，不得不為姑寬之詞以安反側。近則該哥匪等各立山名、堂名，甚至分設偽官，製造偽印及旗幟等項，漸有萌動之勢。臣與撫臣吳元炳及巡閱長江前兵部侍郎彭玉麟、前陝甘總督楊岳斌等，面商數四，深以釀禍為憂。當經密飭瓜洲鎮總兵吳家榜，設法查拏，隨獲頭目易文富等數名，究出首從頗多。當將該頭目等正法，其情罪較輕者，留作眼線，委派妥弁押同。躧輯首惡；一面出示曉諭，解

散脅從，並將示稿咨送沿江各省，以期一律施行。惟該哥匪等，分門別戶，散布各省地方，狼狽為奸，行蹤極其詭秘。相應請旨飭下湘、鄂等省，密查妥辦，以杜已發之萌而消未然之患。又查該哥匪等，半係軍營遣撤牟勇，其中竟有二、三品武職人員，前曾充當偏裨，易於招呼丑類，且係久經戰陣，尤恐猝為厲階。此輩甘為游蕩者固多，其迫於饑寒者亦復不少。」

十一月二十五日，在衡州為族祖掃墓。

《彭玉麟集‧書信》中《致嚴蘭史（光緒元年十一月二十五日）》有：「今日長至，敝俗祀祖，合族會同掃各處公墓，二三日後始各省各支私墓。先祖父母塋地遠近不一，須數日方可畢事。兼數載未歸，族中應清理事多，必須嘉平下浣，乃可擺脫返郡擬迎吾弟來鄉，小作盤桓。無如聚族祖遺陋室僅兩間，局促不能約客，良用悵然。已飭豚兒躬請臺旌過退省苑庵，屈駕度歲。麟當趕緊事竣出城，快謀良晤。撥冗手此，專候臺安，不盡欲言。」

是日，又奔赴長江。

《彭玉麟集‧書信》中《致嚴蘭史（光緒元年十一月二十五日）》有：「長至三更再者，麟老病頹唐，不堪言狀。奔駛江上，無益時艱。清夜自思，徒深愧恧而已，乏善可陳。未奉手書，不卜此次臺旌由粵返吳，亦由吳返粵，便乞示我數行。余容面敘，再候近祺，不盡馳繫。」

十二月，歸衡陽退省庵。

《彭玉麟集‧書信》中《復嚴蘭史三月十八日》有：「麟別後，於除夕前三日始歸郡庵度歲。」

光緒二年（1876），六十一歲

正月六日，咯血又發。

《彭玉麟集‧書信》中《復嚴蘭史三月十八日》有：「新正六日即發咯血舊恙，而心忡氣逆較昔日尤甚。」

二月，咯血止，筋骨痛。

《彭玉麟集‧書信》中《復李成謀（光緒二年三月二十三日）》有：「麟今春病血，正月初六咯至二月望後始止，而筋骨疼痛，右邊為甚，足不能行者廿有餘日。」

三月十八日，在長沙、岳州一帶，見楊載福，詳商長江事宜。

《彭玉麟集‧書信》中《復李成謀（光緒二年三月二十三日）》有：「楊

宮保亦於月之十八日到長沙。吾弟自蘇返棹，當可聚晤於石鐘山下，面敘一切。

《楊岳斌集》卷十四《巡閱長江啟程日期摺（光緒二年三月初一日）》曰：「遵於三月初一日，由乾州原籍啟程取道長沙、岳州一帶，會晤前兵部右侍郎臣彭玉麟，詳商長江一切應辦緊要事件。臣即分道巡查，按營訓練，斷不敢偶生怠惰，稍徇情私。仍趕將所查記長江五千餘里地輿形勢，反復考訂，一俟編集明備後，謹當繪圖進呈。」

按：楊岳斌《巡閱長江啟程日期折光緒二年三月初一日》中說與彭玉麟會晤，彭玉麟有書信《復李成謀（光緒二年三月二十三日）》說實際會晤時間為三月十八日。

三月二十日，在衡州起程東下。

《彭玉麟集·奏稿》卷一《巡閱長江水師考查技藝並行抵蘇州省城摺（光緒二年）》有：「臣奉命巡閱長江水師，本年三月二十日在衡州起程……」

《彭玉麟集·書信》中《復李成謀（光緒二年三月二十三日）》有：「精神日衰一日，氣血年弱一年，老病頹唐，可憎可丑也。奈何如之！時際艱難，毫無補救，愧憤尤深，不敢以疾辭，勉力於三月廿日由衡起程東下。」

三月二十四日，抵長沙省城。

《彭玉麟集·奏稿》卷一《巡閱長江水師考查技藝並行抵蘇州省城摺（光緒二年）》有：「臣奉命巡閱長江水師，本年……業於三月二十四日在長沙省城專折奏報。奉旨：「知道了。」欽此。欽遵在案。臣拜摺後，扶疾起程。」

閏五月初十日，到大通。

《彭玉麟集·書信》中《致李成謀（光緒二年閏五月十四日）》有：「與吾賢弟閣下：昨在湖口一函，為大通事並公文一件，諒入英覽。於初十到大通，細詢前所控案件皆實。似此何能徇忍枉法！許步青不查看例案，視違例如故常，蓋聰明人作糊塗事，尤為氣人。幸於件件詢問，直認不諱，尚有可取也。易其祥書識多嗜好，並勾朋引類，慣食煙滋事之人派為屬弁。書識明知例禁，有意大膽犯壞營規。許步青飭扣軍餉，每弁六錢，送王紹曾舉人。此端一開，凡送卷告幫，皆可攤扣。而親兵不獨虛數，且以放馬之謝繼漢派左哨六隊外委。三板兵口糧一分，若照例攤扣，餉項虛少，親兵縱容親友食煙，以私自馬夫扣哨兵口糧，不僅革職不敘用，且有餘罪。兄愛莫能助，不敢廢例枉法。再三思維，曲全人材，只就案而論，與以失察處分，摘去翎頂，以示薄懲。餘案不究，

從輕辦理，均歸敝處一辦了之，以免吾弟多一番為難，則前次請閣下查辦之咎，當作罷論可也。」

閏五月十四日，到太平。咯血復發。

《彭玉麟集·書信》中《致李成謀（光緒二年閏五月十四日）》有：「兄發血症，近頗難支。十四到太平，詢太夫人安泰可喜。手此匆匆，即候勳祺。再，按營操閱查察，有可取而平日明白勤謹者一單，請吾弟細查斟酌升用。又大通張漢槎病一缺，應拔補候補外委劉盛世。此弁隨潘參將入都，及潘在黑水洋死後一切實賴該外委保全，且不失一物，忠義可嘉之至也。又及。」

七月十一日，於巡江路途中奏謝光緒帝賜書。

《彭玉麟集·奏稿》卷一《謝賜〈剿平粵匪方略〉恩摺（光緒二年七月十一日）》有：「奏為恭謝天恩，仰祈聖鑒事。竊臣接准兩江督臣沈葆楨咨，承准軍機處咨開，奉旨頒發《剿平粵匪方略》一部、《剿平捻匪方略》一部，由差弁敬謹齎送前來。臣當即恭設香案，望闕叩頭謝恩祗領訖。伏念臣以諸生從戎十有餘年，統率舟師馳驅江上。當夫潢池盜弄，積寇稽誅，文宗顯皇帝命將出師，威伸撻伐；穆宗毅皇帝繼志述事，運啟中興。臣身在行間，親承指授，迄乎寰瀛波靜、函夏風清，異數殊施，叨竊逾分，實始願所不及，豈夢想所敢期？每與從征將士歌詠聖恩，追述廟略，愧無鴻筆，摹繪乾坤。茲者巨典告成，賜書下逮。捧函莊誦，益啟顓蒙。撫時事之多艱，更寸心之滋懼。兢兢業業，常懍軍中鼙鼓之聲；子子孫孫，永守天上琳琅之賜。所有微臣感激下忱，謹繕摺叩謝天恩，伏乞皇太后、皇上聖鑒。謹奏。」

七月二十六日，出江西。

《彭玉麟集·書信》中《致劉秉璋（光緒二年七月二十七日）》有：「別後赴饒，沿途風逆，雪浪山堆，滯至月之廿六始出湖中。刻擬於此修整坐船，稍有羈延，借以清釐下游積牘。近維褆躬綏福，即事多欣為頌。弟逐浪奔波，時艱無補，乏善可陳。匆匆手此，敬請臺安，兼鳴謝悃，諸惟愛照不盡。」

八月十六日，抵孟河。

《彭玉麟集·書信》中《復劉秉璋（光緒二年八月十六日）》有：「刻下巡抵孟河。手此，復請臺安，敬璧大版，即欲秋禧。」

八月二十日，行抵蘇州省城，查閱沿江各營及狼山海口等處槳兵訓練之事。

《彭玉麟集·奏稿》卷一《巡閱長江水師考查技藝並行抵蘇州省城摺（光

緒二年）》有：「茲於八月二十日行抵蘇州省城，所有沿江各營及狼山海口等處，均已查閱一周。擬即遵照奏定章程，至浙江休息度歲，調理病軀。如有應辦之事，仍隨時咨會長江提臣李成謀等會詳辦理。」

九月，到浙江養病。

《彭玉麟集·書信》中《復劉秉璋（光緒二年十月二十日）》有：「弟九月抵浙，養屙湖上，雖肝氣稍平，而心忡神疲如故，乏善可陳。特請臺安，諸惟亮照。」

光緒三年（1877），六十二歲

五月，子永釗入都考試。

《彭玉麟集·奏稿》卷一《奏報巡江起程摺（光緒四年三月二十二日）》有：「奏為……臣一子永釗，以蔭生於上年五月朝考，仰蒙天恩，內用主事，簽分刑部，在山西司行走。

五月二十日，子永釗內用主事，簽分刑部。

《彭玉麟集·奏稿》卷一《謝子永釗內用恩摺（光緒三年八月）》有：「奏為恭謝天恩，仰祈聖鑒事。竊臣子永釗，由同治元年二品蔭生本年入都考試，五月二十日吏部帶領引見，奉旨：『彭永釗著內用。』欽此。簽分刑部。」

七月初，至湖口，查饒氏族人鬥爭之事。

《彭玉麟集·書信》中《復劉秉璋（光緒三年七月十七日）》有：「弟到湖口已半月，而饒姓合族號泣焚香，不避風雨炎暑，跪呼江乾數日夜。細閱其稟，饒跡昌因饒履綏、饒履福痛毆，其子饒明采具帖投訴親鄰，豈有其子饒明采不仇毆渠，渠饒履綏等，而轉仇其父殺之之理，一刀已甚，總狼毒豈忍數十刀並下之理？且逆案須憑族長，合鄉左右鄰之切結為據。豈有族昌老少共擒送縣之兇手，繳凶刀不為據，而以其子送染舊褲，兩點豆大之血為莫須有，斷為逆案乎？刻下湖口四鄉無分老少紳耆士庶，極口為饒明采呼冤。不才亦廣詢博訪，國人皆曰饒履綏等可殺，而饒跡昌死者之子饒明采為大冤。半月以來聞之熟矣。紳耆中竟有談此事為饒明采下淚者。弟不能不准咨請明公飭司究辦，非敢多事也。乞原之。若坐實逆案，吾不知黃令存心矣。」

約九月，回本籍衡州退省庵調理身體。

《彭玉麟集·奏稿》卷一《奏報巡江起程摺（光緒四年三月二十二日）》

有：「奏為恭報微臣巡閱長江五省水師，由籍起程日期，仰祈聖鑒事。竊臣奉旨每年巡閱長江一次。上年九月事竣，回本籍衡州退省庵調理病軀，業經專折具奏，奉旨：『知道了。』欽此。在案。」

　　是年，孫女彭見貞與俞樾之孫俞陛雲定親。

　　《春在堂全書・俞曲園先生年譜》有：「光緒三年（丁丑）五十七歲條曰：「春先生自杭繞道至龍湖書院參觀；院中有小泉石，風景頗勝。彭雪琴尚書自浙出巡長江，過蘇。先生攜孫陛雲出見，時甫十齡。彭公一見屬意，以漢玉一枚相贈，旋由勒少仲（方錡）中丞為媒，以長孫女見貞（字素華）許配陛雲。」

光緒四年（1878），六十三歲

　　二月二十七日，子永釗回籍途中因病逝，年三十三歲。

　　《彭玉麟・文集》中《皇清誥授奉直大夫員外郎銜刑部主事彭君諱永釗字寄生墓誌銘（光緒四年）》曰：「光緒三年，永釗以蔭生試京師，內用主事，簽分刑部山西司。假旋，過揚州。玉麟年近六旬，重申前議，請命於餘，並乞永釗次子見綏為孫，因許而定焉。詎永釗途次感風寒，歸就醫藥弗瘳，於今年二月二十七日未時病終江東岸草廬，距生於道光二十六年正月十五日辰時，得年三十有三歲。」

　　《彭玉麟集・奏稿》卷一《奏報巡江起程摺（光緒四年三月二十二日）》有：「奏為恭報微臣巡閱長江五省水師，由籍起程日期，仰祈聖鑒事。竊臣奉旨每年巡閱長江一次。上年九月事竣，回本籍衡州退省庵調理病軀，業經專摺具奏，奉旨：「知道了。」欽此。在案。……臣一子永釗，以蔭生於上年五月朝考，仰蒙天恩，內用主事，簽分刑部，在山西司行走。請假回籍，福薄災生，途次抱病。冬月抵家，醫藥罔效，於今年二月二十七日身故。」

　　《彭玉麟集・書信》中《致郭崑燾（光緒四年四月二十七日）》有：「豚兒扶疾出京，誤於醫藥，到家已成瘵。歲又雲暮，百感交集。入春以來，賤恙心忡氣逆，舊創咯血，次第舉發，而兒病危矣。醫簽藥灶，是我生涯；悶獄愁城，從此鑽入。只以命蹇德薄，遂使遭家不造。豚兒不孝，於二月廿七長辭膝下而去，弱媳幾以身殉，小孫尚在孩提。內無成童，外無次丁；死者已矣，生者何堪！明知數定，何必喪明？伯道之悲，亦屬無濟。惟舍弟亦無嗣，年亦六十，拙性素不耐瑣碎，白米紅鹽，於寒士時即未經理。今不獨男婚女嫁累及老柯，而日用細故，亦須安頓清釐。」

三月初十日左右，籌備獨子永釗喪葬之事。

《彭玉麟集·書信》中《復嚴蘭史（光緒四年三月初十日）》有：「弟客冬返里，一咯血，今春兩咯血，而心忡氣逆，舉動為尤甚，精力已不支。而命蹇德薄，遭家不造。豚兒分部當差後福薄災生，病誤於醫。請假出京，勉支抵里，又誤於藥，於二月廿七日竟違老柯長辭膝下而去。明知數定，無足悲傷，然弱媳多病，小孫黃口，家無次丁。兒子生前經手事件，大眾茫然。罔知家政就荒，從此始矣。彼已不孝，撒手乾淨；全家細小，累遺老柯。死者已矣，生者何堪！然此乃私事，不敢以私廢公，致負朝廷深恩，愈茲罪戾。」

《彭玉麟集·書信》中《復嚴蘭史（光緒四年三月初十日）》有：「巡期已迫，茲惟趕急料理，喪葬畢即行束裝東下，不能顧及家事，只好付之一歎，以不了了之而已。心緒惡劣，欲言不盡，用訃以聞。萬不敢勞寸香片楮吊慰，希諒苦衷。匆匆手此，專候臺祺，暨內外均吉。」

三月十五日，重刊《欽差巡閱長江前兵部右侍郎關防》片。

《彭玉麟集·奏稿》卷一《奏重刊木質關防片（光緒四年三月二十二日）》有：「再，臣奉命巡閱長江，曾奏明刊刻木質關防，其文曰『欽差巡閱長江前兵部右侍郎關防』。數年以來，木質開裂，篆文亦有模糊。現經重刊一顆，並用清、漢文合璧，以昭鄭重。業於二月十五日開用。所有舊刻關防即於是日銷毀，此次折封，即用此關防。理合附片陳明，伏乞聖鑒。謹奏。」

三月二十八日，擬由衡州起程，巡閱東下。

《彭玉麟集·奏稿》卷一《奏報巡江起程摺（光緒四年三月二十二日）》有：「奏為……茲定於三月二十八日由籍起程，巡閱東下，與前陝甘督臣楊岳斌和衷共濟，督同長江提督李成謀先後分道按營察看，務期各鎮將員弁兵丁勤慎操練，勿染壞習。劣者嚴參，怠者重懲，隨時咨明沿江各督撫並長江提督匯案辦理，以一事權。臣智慮所及，不敢徇隱示恩，私執己見。其有稍涉嫌怨之事，自當遵旨專奏，以仰副宵旰憂勤，慎重江防之至意。除俟查閱五省情形事竣，另行具奏外，所有扶疾起程巡閱日期，理合恭摺具陳，伏乞皇太后、皇上聖鑒。謹奏。」

三月下旬，作《皇清誥授奉直大夫員外郎銜刑部主事彭君諱永釗字寄生墓誌銘》。

《彭玉麟·文集》中《皇清誥授奉直大夫員外郎銜刑部主事彭君諱永釗字寄生墓誌銘》曰：「玉麟始祖聲揚公，前明由江西泰和遷衡陽崇善里，世居焉。

祖啟象、府君父鳴九、府君，均累贈光祿大夫；祖妣氏王，均累贈一品夫人。玉麟兄弟二人，次玉麒，而玉麟亡室鄒氏僅生子永釗。自軍事興，玉麟與弟卅年在外，特永釗綜理家政，間數年一聚首。不意彼蒼者天，今又奪永釗以去。嗚呼慟哉！

永釗生而循謹，鄒氏拙於鞠育，先妣王太夫人提攜保抱，跬步不離。至七歲時，太夫人棄養，永釗就傅清泉馬司馬振勤家。司馬飲食教誨，視猶己子。既而玉麟督師江上，與同邑常觀察豫訂婚姻。永釗受觀察教育近十年，同治初完婚禮，始成室焉。迨東南底定，玉麟得請歸里，永釗率兒女迎候，不覺為之色喜。數年間，又添子女，共七人，益撫而樂之。惟玉麒有子早殤，妻趙去世，數置妾不得子，以事寓揚州，請以永釗承兩祧。光緒三年，永釗以蔭生試京師，內用主事，簽分刑部山西司。假旋，過揚州。玉麒年近六旬，重申前議，請命於余，並乞永釗次子見綬為孫，因許而定焉。詎永釗途次感風寒，歸就醫藥弗瘳，於今年二月二十七日未時病終江東岸草廬，距生於道光二十六年正月十五日辰時，得年三十有三歲。嗚呼慟哉！

玉麟少孤居貧，性尤不耐煩碎，門戶撐持，係太夫人是賴，迄身歷行間，不敢有負君恩，更何敢顧惜私情，區區寸衷，夙達天鑒。所恃家事付託有人，無煩內顧也。及今備歷艱險，老病頹唐，及轉以女嫁男婚之役，累及老身。人非金石，其何以堪！

玉麟奉天子命，每年巡閱長江五省一次，行期已促，據形家書言，城北七里井甌架山祖塋大利，即以三月二十三日卜葬於太夫人之側，乾山巽向並戌辰。

永釗娶常氏，生子四，長見綬，初就傅，聘清泉楊氏候選員外郎柄女；次見綬，繼玉麒為孫；三見□、四見紱，均幼。女三，長許字浙江俞氏翰林院編修樾長孫阿龍；次、三未字。銘曰：汝之生，祖母鞠汝；汝之歿，祖母翼汝。既固既安，以庇賴汝。光緒四年歲次戊寅春三月下浣彭玉麟書」

四月末，巡閱至荊州。

《彭玉麟集‧書信》中《復郭崑燾（光緒四年六月十六日）》有：「意城仁兄大人閣下：四月底於荊州詳泐一函，郵遞富蘭生都統處，乞轉交。頃於鄱湖巡次，奉漢江惠書，捧誦回環，似前函尚未達臺覽。想驛馳東去，錦帆西來，其間作洪喬故事矣，悵悵。」

至五月十六日，已巡閱湘、荊、鄂、饒、吳之水師。

《彭玉麟集・書信》中《復劉秉璋（光緒四年五月十六日）》有：「弟春末出巡，由湘而荊而鄂，沿途麥秋均不豐，大河南北、太山左右□甘霖，而牛種不易，惟期大江南北歲大熟，又多蝗患，尚不卜秋收何似，時世可□□□。弟□巡視饒、吳一周，即行出江，精力不支，心緒惡劣，委靡不振，未能趨候起居，不維大歉，而實罪甚。不識大君子能憐而恕不才否？」

八月初一、九日，奉諭辦理武昌縣有民築壩湖北樊口之事。

《彭玉麟集・奏稿》卷一《遵查樊口情形摺（光緒四年九月十九日）》有：「奏為遵旨查明樊口地方江水入湖之處必應修補老堤、建築新閘，以衛民田，恭摺仰祈聖鑒事。竊臣承准軍機大臣字寄，光緒四年八月初一日奉上諭：『前據李瀚章奏，湖北武昌等縣刁衿攔河築壩，有礙水利，調派兵勇前往平毀。茲有人奏，樊口堤閘關係農田民命，委員勘報不實，請飭復加查勘等語。樊口地方應否建築閘壩，為商民利害所繫，亟應詳細查明以昭慎重。著派彭玉麟、楊岳斌前往詳細查勘，悉心酌度，據實具奏。原折及李瀚章前奏折片均著抄給閱看。將此各諭令知之。』欽此。又，承准軍機大臣字寄，光緒四年八月初九日奉上諭：『前有人奏，樊口堤閘關係農田民命，請飭復加查勘。當降旨派彭玉麟、楊岳斌前往確查。茲據李瀚章等奏，武昌縣匪徒違禁，復欲築壩，調派營勇前往查拿，解散獲犯懲辦等語。樊口地方究竟應否築壩？該督等所奏匪徒兇橫不法，分別正法究辦各情，辦理是否允當？著彭玉麟、楊岳斌迅速前往確切查明，據實具奏，毋稍徇隱。原摺著抄給閱看。將此各諭令知之。』欽此。仰見聖天子軫念民艱、實事求是之至意。跪誦之下，欽服莫名。」

八月初十日，在江蘇瓜洲巡閱差次。

《彭玉麟集・奏稿》卷一《遵查樊口情形摺（光緒四年九月十九日）》有：「奏為……臣玉麟於八月初十日在瓜洲巡閱差次，先奉八月初一日寄諭，當即奏報起程日期，並聲明先行密查等因。」

八月二十三日，行抵湖北樊口。

《彭玉麟集・奏稿》卷一《遵查樊口情形摺（光緒四年九月十九日）》有：「奏為……拜摺後即改裝易服，搭坐民船星夜上駛，於八月二十三日行抵湖北武昌、黃岡兩縣所屬之樊口。雇小劃入樊口三里餘，即築堤、毀堤興訟之處。該堤雖毀，形跡猶存，橫寬不過數十丈，直寬不十丈。由此再進，則名九十里長港，屬黃岡縣者六十里，屬武昌縣者三十里。此港九十里內，港汊分歧，旁

通各湖，如蔓繫瓜。其右有洋湖、魚湖、月山湖、涇頭湖、鴨兒湖、江夏湖、鮓洲湖等湖，共十二湖；其左有根洲湖、夏新湖、三山湖、保安湖等湖，共六湖。每年江水未漲之時，各湖十餘里、數里不等。若江水盛漲，由樊口入港，右則薛家溝、東港、沈家溝等處，灌滿各湖；左則由楊澤溝、曾邱溝、東溝等處，灌滿各湖。九十里長港盡頭處曰磨刀磯，過磯始入梁子湖，湖心有山、有市鎮。此湖於江水未灌時，周環不過三百餘里，而東、西、南、北所通，俗稱九十九汊，東通武昌、黃岡所屬之長港即樊口港也；西通咸寧、興國所屬各汊；北通江夏所屬各汊；南通大冶、武昌等縣所屬各汊，而總匯出入之路則實在樊口，舍此無路消瀉。每年江水灌入各湖，港汊不分，一片汪洋，濱湖各田無不變成澤國，周環則七八百里，小民流離轉徙，慘不忍言。此樊口以內之湖、河、港、汊江水浸灌之實在情形也。」

是年秋，抵瓜洲，暗訪七州縣，查湖北樊口挖毀橫堤一案。

《彭玉麟集・書信》中《复郭崑燾（光緒四年九月二十三日）》有：「弟於秋中抵瓜步，奉上諭會同楊厚帥查辦湖北樊口挖毀橫堤一案，即將坐船寄泊瓜洲。以樊口內梁子等湖屬七州縣，非改裝易服親勘其處，不得詳細情形。因隨舉外委一弁、親兵一名，半肩行李，星夜附輪舟上駛，匿跡至黃州，易民划入樊口，作為地師，水陸兼行，遍歷濱湖七州縣，明勘暗訪，獲免地方官紳迎送之苦，而盡得實在情形。不能不作翻案文章，不敢不遵旨悉心酌度，毋得循隱，据實詳細具奏矣。」

八月十七、十九日，查辦湖北樊口挖毀橫堤一案，後又至鐵瓮城下易舟，赴瓜步東下，繼續巡閱長江。

《彭玉麟集・書信》中《复郭崑燾（光緒四年九月二十三日）》有：「初擬候厚帥到會同辦理，而厚帥於八月廿五拜摺乞假一月，此時未能前來。弟未敢隱跡漢皋，久延時月，於十七日露面渡江一晤兩主人，即於十九和盤托出，拜折復奏以行。仍須下駛，了結今年巡務，大約小陽月半後始能入浙。所過五省，沿江皆為陽侯所虐，山內亦豐收（歉）不一。我衡亦為孟賊所害，穀多虛飄，不過五六分收成。蓋藏多空，湘中各處不靖，雖經解散，終未大創，恐有癰患之日。當道仁慈，固是百姓之福。第慮伏莽，不知火烈，玩而思逞。有心世道者，能不芒棘在背、寢饋不安耶？思之悸甚。」

《彭玉麟集・書信》中《复郭崑燾（光緒四年九月二十三日）》有：「承示湖上美人石，仍复墮落，為之黯然。非彼薄命所致，蓋以彭郎老大，情深不若

潭水耳，一笑。第慮心不可轉，湖上龍宮留作司香女，則不能援之以游人世間也。子靜須到上海，必有竹報回湘。弟則到鐵甕城下易舟矣，赴瓜步東下。匆匆倚輪手复，敬請道安，欲言不盡。」

光緒五年（1879），六十四歲

是年春，咯血加重。由浙出江，至岳州、荊州。

《彭玉麟集·書信》中《致胡大任（光緒五年六月十七日）》有：「賤恙咯血心忡，年年依舊，今春更添暈眩倒地之症，受朝廷深恩，不敢告勞，惟擬盡殘喘以了。無如磨蠍難星照命，苦未吃完，尚須留此殘喘，奈何！春間由浙出江，扶疾支持，沿途未敢遲滯。……實擬今歲差務早竣，秋時到舍料理一切。滿擬入荊江，道出車河，謀晤大教，稍開鄙懷。不意水風皆逆，江漲未消，縴路湮沒。因改道岳州，渡西湖，出藕口，抵荊州。不入荊河則不能趨庭一快敘矣。悵悵實深，手此代面，諸求善保道躬，是為至要至禱者也。專請頤安，統祈心照，不盡依依。」

六月十八日，至岳陽樓。

《彭玉麟集·書信》《復嚴蘭史（光緒五年六月十八日）》有：「今六月十八巡江抵岳陽樓下，接誦去冬葭月惠翰，欣悉熟路輕車，仍權嘉篆。」

八月十六日，回衡州退省庵，臥病兩月。

《彭玉麟集·奏稿》卷一《復奏水師宜練陸戰摺（光緒五年十一月三十日）》奏為欽奉諭旨水師宜練陸戰，恭折復奏，仰祈聖鑒事。竊臣於本年巡閱五省長江事竣，八月十六日奏明回衡州本籍退省庵養屙在案。只以六、七兩月冒暑巡行，積受伏熱，歸里後感發時證，臥病兩月，近始調理就瘳。」

八月二十六日，從荊州返衡陽。

《彭玉麟集·書信》中《復唐樹森（光緒五年八月二十六日）》有：「昨於荊州巡次奉到琅函並京信一件，荷蒙綺注，感愧交縈。就諗營務釐延，起居安善，至慰頌私。際此秋深，想公私葉吉，即事更多欣矣。弟今夏苦熱，覺三伏炎蒸為從來未有，每日坐船頭閱兵講武三四處，目眩心恍，寢饋俱廢，抵荊江則病，勉支事竣，刻已生返衡陽，病亦痊可，堪以告慰錦念。」

十一月初九日，奉諭飭筋長江提鎮，命水師兼練陸戰之技。

《彭玉麟集·奏稿》卷一《復奏水師宜練陸戰摺（光緒五年十一月三十日）》有：「奏為……茲於十一月初九日承准軍機大臣字寄，光緒五年十月十七日奉

上諭：『光祿寺少卿劉錫鴻奏水師宜兼練陸戰之技一摺，據稱師船水手必當兼練火槍、刀牌、跳躍、擊刺之技，其利有四，不可專恃大礮。等語。水師各營練兵之法，原不專恃船礮。劉錫鴻所陳，有各營向來兼習者，惟當加意訓練，精益求精。其未經兼習各營，著李鴻章、沈葆楨、彭玉麟、李成謀按照所奏情形酌量籌辦，並著分別知照，沿江、沿海各督撫一體酌度辦理。原摺均著抄給閱看。將此諭知李鴻章、沈葆楨、彭玉麟並傳諭李成謀知之。』欽此。跪誦之下，欽悚難名。遵即恭錄分別咨飭長江提鎮，並遵旨知照沿江、沿海各督撫，一體欽遵酌度辦理。」

是年，與俞樾通信，商孫女婚禮之事。

俞樾《春在堂尺牘》卷五《與彭雪琴親家（光緒五年）》有：「五月中詳復一箋，未知得達青覽否。比想大旆已安抵退省庵中，今年夏秋間暑熱殊酷，舟行不勞頓否？舊疾不發否？甚以為念。弟素性能達觀而不能忘情，雖承勸慰殷殷，終覺心胸鬱鬱。附去詩卷，覽之可知鄙懷。伏念去歲老母見背，今年內人繼之，似乎鄙人行期亦當不遠。弟視死生，不過如蘇杭之往返，此亦何足掛懷。但思年來與閣下同住西湖，湖樓對宇，湖舫連檣，未知此樂尚能為繼否。此亦弟能達觀不能忘情之一驗也。所最念者，小孫陞雲，荷蒙雅意，許訂朱陳，而吳楚迢遙，弟又日形衰老，初議壬午歲閣下巡江東下，攜令孫女俱來，癸未春再成大禮。然至今日，情事又殊，不識弟尚及相待否。伏念內人在湖樓時，尚癡望得與令孫女相見，今則泉臺永隔矣。昔人云：『既痛逝者，行自念也。』以弟自問，必不永年，即以老親家積勞久病之身，此等事亦宜早了為是。不揣冒昧，輒敢瀆商，可否於明年巡江東下時，即攜令孫女同至西湖，在退省庵度歲，至辛巳之春，擇吉過門，是年令孫女妙齡十六矣。憶二小女完姻，亦止十六歲，是亦不為過早。惟小孫則止十四，擬先完花燭大禮，俟一二年再擇吉圓房。如此辦理，雖似局促，然使弟目中得見令孫女過門，此後時至即行，一無遺恨矣。惟老親翁矜許焉。內人臨卒，留有金釧、翡翠釧各一事，遺言塚孫婦入門時答其拜見之禮。弟謹藏篋笥，俟見令孫女交付，以副內人九泉之意。書至此，又不勝泫然矣。」

俞樾《春在堂尺牘》卷五《與彭雪琴親家（光緒五年）》有：「得十月二十四日書，又承勸慰殷殷。……下屆巡江，又請挈令孫女同來，若少夫人未能忍然，不妨再隨旌麾歸去，如此兩往返，令孫女與小孫年皆長成，便可擇吉圓房。此則女大須嫁，人事之常，少夫人亦可弗戀戀矣。此策也，有三善焉：少夫人

母女以漸分離，相忘不覺，一也；令孫女往來吳楚，於寒家眷屬，日形浹洽，二也；老親翁高年多病，跋涉長江，得令孫女隨行，則軍旅之間，有家庭之樂，三也。思之狂喜，輒布陳之，幸力言於少夫人，曲從鄙意。」

光緒六年（1880），六十五歲

是年初，巡閱長江。

《彭玉麟集·書信》中《復嚴蘭史（光緒六年正月二十八日）》有：「舊恙頻發，只好聽之，桃花漲暖時仍當扶疾東巡長江。年年歲歲，徒益薪勞。愧於江防毫無補救，奈何如之。」

正月二十八日，寄梅花圖一幅、麗紙掛屏四塊，扇一柄給嚴蘭史。

《彭玉麟集·書信》中《復嚴蘭史（光緒六年正月二十八日）》有：「茲以鴻便，寄上拙書梅花一幅、拙書麗紙掛屏四塊，扇一柄，藉以伴函，用以補壁。粵嶠湘江，懷思何限？」

二月十五日，奉諭籌備長江水師事宜。

《彭玉麟集·奏稿》卷一《遵旨整頓水師預籌佈置摺（光緒六年三月十六日）》有：「奏為遵旨整頓長江水師，預籌佈置，恭摺由驛復奏，仰祈聖鑒事。竊臣於本年正月初十日承准軍機大臣密寄，光緒五年十二月十七日奉上諭：『此次崇厚出使俄國議辦條約章程，擅自回京。現已降旨，將崇厚革職拿問，著各該將軍、督撫等預為籌畫。』等因。欽此。又，於二月十五日承准軍機大臣密寄，光緒六年正月二十一日奉上諭：『本日據王大臣等會議籌備邊防事宜一折，長江水師著彭玉麟、李成謀認真整頓，隨時加意巡防。』等因。欽此。」

《劉坤一奏疏》卷十五《預籌江防片（光緒六年）》有：「再，臣於三月初二日在湖南新寧縣原籍接准署兩江總督臣吳元炳密咨，光緒六年二月初十日奉上諭：『著劉坤一、何璟、張樹聲、吳元炳、譚鐘麟、裕寬、勒方錡、譚鈞培懍遵疊次諭旨，將沿海沿江一帶防務妥籌佈置，借杜詭謀。福建之臺灣、廈門等處，江蘇之吳淞、長江等口，尤扼要吃重之區，該督撫等當各就地方情形，悉心區畫，務策萬全，並須簡練陸軍以輔水師，為未雨綢繆之計，毋得稍有疏虞。長江水師，著彭玉麟、李成謀認真整頓，隨時加意巡防，以期周密。該督撫等接奉此旨，即著於一月內將籌辦事宜，次第舉行，迅速詳細具奏，勿得視為具文。』等因，欽此。仰見廟謀宏遠，睿慮周詳，伏讀之餘，莫名欽佩。」

三月初九日，在衡州起程，巡閱長江。

《彭玉麟集・奏稿》卷一《奏報巡江並會操兵輪船摺（光緒六年九月十八日）》有：「奏為恭報微臣巡閱長江事竣，並在吳淞口會操兵輪情形，仰祈聖鑒事。竊臣奉旨每年巡閱長江，本年復奉調操兵輪之命。三月初九日在衡州本籍起程，十六日行抵長沙，恭摺奏報在案。

三月初十日，路途中，奉上諭命其前往吳淞口，會同李朝斌操練輪船駕駛事宜。

《彭玉麟集・奏稿》卷一《遵旨調操兵輪船片（光緒六年五月初一日）》有：「再，臣承准軍機大臣字寄，光緒六年三月初十日奉上諭：『吳元炳奏密陳江海防務各摺、片、覽奏，均悉。吳淞口為由海入江要道，江防、海防本屬一氣，必須互相聯絡，臨事方無隔閡之虞。彭玉麟、李成謀於輪船駕駛操練各事宜素所諳習，著各於每次巡閱長江之便，就近赴吳淞口，會同李朝斌於常操之外將各兵輪船調操一次，嚴核勤惰，分別賞罰，以期互相參證，精益求精，彼此呼應較靈，更為得力。』等因。欽此。臣查吳淞口係長江咽喉，最關緊要，海防較江防尤須慎重。該處所設兵輪船，自宜加意操練，與長江水師聲勢聯絡，互相策應，庶幾有備無患。臣一俟巡閱長江事竣，即當欽遵前往吳淞口，會同李朝斌調集各兵輪船，認真合操，分別賞罰，以期悉成勁旅。謹附片先行復陳，伏乞聖鑒。謹奏。」

三月十六日，行抵長沙。

《彭玉麟集・奏稿》卷一《奏報巡江並會操兵輪船摺（光緒六年九月十八日）》有：「奏為恭報微臣巡閱長江事竣，並在吳淞口會操兵輪情形，仰祈聖鑒事。竊臣奉旨每年巡閱長江，本年復奉調操兵輪之命。三月初九日在衡州本籍起程，十六日行抵長沙，恭摺奏報在案。」

是日，奉諭整頓長江水師。

《彭玉麟集・奏稿》卷一《遵旨整頓水師預籌佈置摺（光緒六年三月十六日）》有：「奏為遵旨整頓長江水師，預籌佈置，恭折由驛復奏，仰祈聖鑒事。竊臣於本年正月初十日承准軍機大臣密寄，光緒五年十二月十七日奉上諭：『此次崇厚出使俄國議辦條約章程，擅自回京。現已降旨，將崇厚革職拿問，著各該將軍、督撫等預為籌畫。』等因。欽此。又，於二月十五日承准軍機大臣密寄，光緒六年正月二十一日奉上諭：『本日據王大臣等會議籌備邊防事宜一折，長江水師著彭玉麟、李成謀認真整頓，隨時加意巡防。』等因。

欽此。仰見我皇太后、皇上宵旰憂勤，睿慮周詳，無微不至。跪誦之下，欽悚難名……至於長江水師，臣奉命巡江，督率操防，是其專責。惟有盡心竭力，期策萬全。已密商提臣李成謀，慎選久於戰陣將弁，抽調江南安徽提標、瓜洲鎮標舢板、戰船為前隊，江西湖口鎮、湖北漢陽鎮兩標舢板、戰船為二隊，湖南岳州鎮標舢板、戰船為三隊。其各標未派出師將弁各戰船，不獨各守本汛，並派兼防已調出師之汛地，嚴密梭巡，使江面不致空虛，預防土匪竊發。茲已規模粗定，一聞有警，即可照派出師，不致顧此失彼。刻下無事，臣惟有扶疾督同提鎮，認真整頓，不動聲色，照常操防，仰副我皇太后、皇上迭次諭旨，妥慎辦理，以期周密之至意。臣賦性愚戇，荷累朝知遇最深，目擊時事艱難，一息尚存，斷不敢顧惜身家，亦不敢鹵莽僨事。惟當靜以待動，隨機應變，持以謹慎小心，冀以維持大局。至長江水師，臨陣除槍礮外，尚有應需制敵器具，臣當與沿江各督撫和衷商酌，隨時咨取應用，以免貽誤。所有遵旨整頓長江水師，預籌佈置緣由，是否有當，理合恭摺由驛馳陳，伏乞皇太后、皇上聖鑒訓示。謹奏。」

三月一日，整頓長江水師。

《李鴻藻年譜》光緒六年庚辰條曰：「三月一日密諭李鴻章統籌營口、煙臺海防。彭玉麟、李成謀整頓長江水師。左宗棠籌畫新疆防務。劉坤一、何璟、曾國荃等籌備沿海及內外蒙古、東三省防務。命劉錦棠幫辦新疆軍務。命吳大澂前往吉林幫辦一切事宜。調提督宋慶赴營口駐紮。」

六月二十九日，與劉坤一商酌，以長江口為鎖鑰，以防俄軍上竄。

《劉坤一奏疏》卷十六《查覆江南兵餉及上下江防敬攄管見摺（光緒六年六月二十九日）》有：「奏為查覆江南兵餉及沿江防務，並敬攄管見，恭折密陳，仰祈聖鑒事：竊臣於光緒六年正月二十五日及三月初二日，在湖南新寧縣原籍，先後接准署兩江總督江蘇巡撫臣吳元炳咨，光緒五年十二月十七日奉上諭：『俄人挾制多端，心懷叵測，此時雖事機未定，不可不亟籌防務，豫備不虞。所有兵、餉兩端，及佈置之法，著各該將軍督撫等，豫為籌畫，妥慎辦理。』等因，欽此。光緒六年正月二十一日奉上諭：『若俄人暗嗾日本生事，狼狽為奸，必將滋擾洋面。南洋地段遼闊，必須嚴密設防，方能有備無患。著劉坤一、何璟、張樹聲、吳元炳、譚鍾麟、裕寬、勒方錡、譚鈞培懍遵疊次諭旨，將沿海、沿江一帶防務，妥籌佈置，借杜詭謀。福建之臺灣、廈門等處，江蘇之吳淞、長江等口，尤扼要吃重之區，該督撫等當各就地方情形，悉心區畫，務策

萬全，並須簡練陸軍以輔水師，為未雨綢繆之計。」等因，欽此。經臣兩次附片陳明，俟抵江南查明據實覆奏在案……臣與江蘇巡撫臣吳元炳，再三籌商，以吳淞口尚有礮臺，且上海為各國租界，洋人有所顧忌。惟長江口當敵船之沖，江面又極遼闊，非吳淞礮臺所能兼顧。即江南提臣李朝斌所統輪船，僅四五號，亦屬左支右吾，擬以北洋撥來蚊船盡數益之，以資分佈。第該蚊船修理需時，且未審果否得力耳。長江口以內，如江陰、鎮江等處，江流略為收束。經前督臣李宗羲、沈葆楨等分築礮臺，原是重關設險之義。臣復與前兵部侍郎臣彭玉麟酌度形勝，逐節經營，務以此為鎖鑰，以遏敵船上竄之路。中流上連木筏，下伏水雷，左右則以巨礮夾攻，誓不任其飛越。仍於南北兩岸各駐重兵以護礮臺，並派遊弈之師，與蘇、松、常、太、通、泰、淮、揚各處軍營遙為聯絡。所有沿江港汊，亦以艇船、扒船彌縫其間，不使敵船抵隙乘瑕，入我腹地。此係詳切規畫，幸而海疆晏然，亦必未雨綢繆，不敢稍涉鬆懈，仰副皇太后、皇上諄諄告誡『毋蹈因循陋習，毋作紙上空談』之至意。萬一南洋告警，應否增募一軍，則在臨時察看機宜，奏明辦理。至於現駐江南淮勇，可否仰懇天恩，飭下直隸督臣李鴻章毋得抽調，李鴻章於南、北洋視同一體，且江南為淮軍餉源，必不以臣言為私也。」

七月初，巡抵江陰以下狼、福海口，又返棹入江，現暫行駐泊焦山，就近整頓南北岸礮臺防務。時為瘧疾所困，疾病纏身。

《彭玉麟集·奏稿》卷一《遵旨酌度分駐處所摺（光緒六年八月初一日）》有：「奏為……臣於七月初巡抵江陰以下狼、福海口，由該處返棹入江，現暫行駐泊焦山，就近整頓南北岸礮臺防務。而今年舊病增劇，近復為瘧疾所困，秋暑尚盛，已披重綿，自顧羸軀，深恐難以任重。第君父焦勞於上，為臣子者豈容一息偷安。江防更責無旁貸，設有風鶴之擾，謹當相機分赴各該處，督同各將領實力嚴防，不敢借病稍涉推諉。」

七月二十六日，在鎮江府途次。復陳吳淞、江陰江防事宜，以分駐代專駐之命。

《彭玉麟集·奏稿》卷一《遵旨酌度分駐處所摺（光緒六年八月初一日）》有：「奏為遵旨酌度微臣分駐處所，以聯聲勢而赴事機，密折復陳，仰祈聖鑒事。竊臣於七月二十六日在鎮江府途次，承准軍機大臣字寄光緒六年七月十一日奉上諭：『詹事府右庶子張之洞奏，臚陳應防要地事宜，開單呈覽。所稱江防應專派重臣督辦，宜令彭玉麟親駐吳淞、江陰等處，及早籌備一條，自係為

扼要設防起見。彭玉麟能否專駐各該處籌辦？即著酌度具奏。』等因。欽此。仰見朝廷垂念江防、不厭求詳之至意，欽佩難名。竊以言江南海口防務者，悉謂吳淞口扼長江之要，宜於該處並力設防。臣愚非謂可置吳淞口於不問也，但以水道變遷靡定，今昔情形不同，偏注一隅，恐有顧此失彼之患，是以奉命巡江以來，隨處隨時留心察看。謹撮舉形勢並酌擬臣分駐處所，為我皇太后、皇上陳之。」

八月二十六日，偕李成謀乘輪船由江陰出海，駛抵吳淞。是日，齊集，親督江蘇省各兵輪會操。

《彭玉麟集·奏稿》卷一《遵旨酌度分駐處所摺（光緒六年八月初一日）》有：「奏為⋯⋯除江防應辦各事隨時函商督撫臣密為籌備外，所有遵旨酌度微臣分駐處所是否有當，謹由驛四百里密陳，伏乞皇太后、皇上聖鑒訓示。再，各省均在籌辦防務，各兵輪一時未能齊集吳淞，臣已函約江蘇、浙江兩提臣，於八月底巡海會哨之便，齊集該處，由臣親督會操一次，俾本位不致拋荒，亦藉以節省經費，合併陳明。謹奏。」

《彭玉麟集·奏稿》卷一《奏報巡江並會操兵輪船摺（光緒六年九月十八日）》有：「奏為⋯⋯臣拜摺後溯江下巡，查察湖南、湖北、江西、安徽、江蘇五省水師，考驗各弁兵槳舵，並登岸校閱洋槍、叉矛、刀牌各雜技，隨處嚴加告戒，分別責懲。八月二十六日，偕長江提臣李成謀乘輪船由江陰出海，駛抵吳淞。其時，安徽省之定海，江蘇省之馭遠、威靖、測海、靖遠，浙江省之伏波、超武、元凱各兵輪，已先期齊集該處，合共兵輪八號。臣隨會同李成謀，及江南提臣李朝斌、署浙江提臣喻俊明，督率合操。先演大礮，中水鼓者八成、九成不等。復於吳淞大校場調集各船勇登岸演放洋槍，中靶者亦八成、九成不等。臣量給獎賞，以示鼓勵，其未能命中者則面予戒飭示懲，並與各管駕官三令五申，令其勤加訓練。察看各船員弁勇丁，營規整肅，勤奮耐勞，則提臣李朝斌認真講求之所致也。各兵輪製造尚堅，堪以涉歷風濤。惟一得之愚，竊謂用以接仗衝鋒，尚須注意頭、梢兩礮較為得力。」

是月，查江陰以上、焦山以下，南北兩岸炮堤基址情況，並督飭將弁重新修築。

《彭玉麟集·奏稿》卷二《籌辦焦山以下江陰以上海防片（光緒七年二月二十七日）》有：「再⋯⋯查江陰以上、焦山以下，其中有南岸圖山關、北岸東生洲，江面最為險隘。臣以前兩江督臣李宗羲興造沿江礮臺時所擇之地，歷年

以來兩江督臣屢易，悉以軍需總局司道所議庫款空虛，於此要隘未及修理。臣去年八月親赴該處確查，舊有道光二十二年所築兩岸礮堤，基址尚固，稍為損壞，尚易修理。所有以前存堤廢礮，年久為風雨鏽爛，多不可用。然其地柳林、蘆葦，實足以安礮，作埋伏之師，合乎兵法出不意、攻不備也。無如難籌大礮，以及兵勇守護，一時不能應急。臣因商長江提督李成謀，於長江上游水師各汛不急之處抽調洋裝大礮，及各陸路搜尋舊存可用之大礮，共得七十餘尊，以船運來該兩處。飭派瓜洲鎮總兵吳家榜就近調該標將弁，抽撥長龍、舢板戰船，齊集圖山關、東生洲一帶，擇要重新修築礮堤、營壘、營房及子藥房，添做礮架，開濠築壘。即以吳家榜督修，不日成之。抽調水師戰船兵一半，登岸駐守，操演各堤大礮；仍留兵一半，在各船以防不虞，為一時權宜應急之計。惟慮後路空虛，旋商兩江督臣劉坤一，派來九江鎮總兵章合才所統合字老湘勇兩營來，分紮兩岸，幫同防守。自去秋及今春，均能各盡心力無懈。」

九月初九日，在江蘇狼山。奉上諭總理水師江防事宜。

《彭玉麟集‧奏稿》卷一《遵旨酌度摺（光緒六年九月十八日）》有：「奏為遵旨酌度，恭摺復陳，仰祈聖鑒事。竊臣於光緒六年九月初九日在狼山洋次承准軍機大臣字寄八月二十二日奉上諭：『祭酒王先謙奏，長江水師請飭彭玉麟酌度，或將各營量為調撥，審擇要隘歸併屯紮，船隻礮位有不合用之處，酌量變通，務求盡善。閩、滬船廠所造兵輪船，請並歸彭玉麟總理，並令保舉賢員，協同管理。將弁勇丁嚴加簡汰，由長江水師中選擇換補。其不合用之兵船，由該侍郎會商船政大臣奏明改造。等語。所奏各節是否可行，著彭玉麟體察情形，酌度具奏。』等因。欽此。仰見朝廷博采兼諮、不厭求詳之至意，欽佩難名。臣承辦江防，責無旁貸，天良具在，斷不敢稍存推諉之心。而再四籌思，惟求於事有益，若不自揣其勝任與否，而浮慕任事之名，亦非臣之所敢出也。既荷聖明垂問，謹將愚慮所及者悉心酌度，為我皇太后、皇上陳之。」

九月初十日，入江沿途巡閱圖山關、三江營等處。

《彭玉麟集‧書信》中《復唐定奎（光緒六年九月十四日）》有：「俊侯賢弟閣下：江陰別後，附輪舶到吳淞晤瑞生軍門。一演示臺炮，小住數日。初十附輪入江，仍坐舢板上駛，不及登岸造貴營候問起居，歉歉。沿途查看圖山關、三江營等處。」

九月十三日晚，回焦寓。

《彭玉麟集‧書信》中《復唐定奎（光緒六年九月十四日）》有：「沿途查

看圖山關、三江營等處，於十三晚始回焦寓。初卸征帖，塵牘山積，手批目送，勞形不遑。頃間弁來，接誦惠翰並抄報，借悉種切。就潘營務鞏延，順時綏福，至以為慰。承厚惠食物，心領璧謝。前過弟營愧受食物，心猶歉歉，此次實未便受，希為恕之。俄夷鬼域用事，和局萬不能成，加緊預備戰事為妥，確探夷情為要。復頌秋喜，即候勳安，諸希朗照不具。」

九月十八日，奏請趕造小兵輪十隻，為江陰以下海防之用，並交李朝斌合操。

《彭玉麟集‧奏稿》卷一《請造小輪船片（光緒六年九月十八日）》有：「再，昔之所謂海戰者，多係剿辦中土水寇。前明之倭患棘矣，未聞用兵輪也。彼族衽席風濤，船堅礮利。我捨海口可扼之險，而角逐於茫茫巨浸中，臣愚未敢信其確有把握。前兩江督臣沈葆楨所以於鐵甲船三致意者，其大指恐彼族以鐵甲船橫截海口，則內外之氣脈立斷。他船非鐵甲之對，不得不以勢均力敵者拚與一衝。兵家所謂救急之兵，非謂有鐵甲船而諸船可廢也。若用以爭勝洋面，則我少彼多，彼不妨置破甑於不顧，我不能為孤注之一擲。孰贏孰絀，得失判然。臣博訪周諮，講求數四，似宜多造十七八丈長之小兵輪，以期利用。閩局所造各船，分撥各省外，存者無多，且尺寸亦未能恰好，非通力合作不足以濟急需。此項船至少須有十號，方可自成一軍。每號工料約須七八萬金，稍充其數，有百萬足以集事。其船重在頭、梢兩礮，亦酌配邊礮以輔之。由長江選派久經戰陣之員為管帶官，再選通習洋語、算學之學生為幫辦、管駕。募沿海各島漁戶為兵勇，既可收熟習風水沙性之人材，為將來推廣之用，又可免敵人招此漁戶作奸細，為害內地。該船不爭大洋衝突，無事時則巡緝洋面，有事時則防堵海口。若敵船竟沖入江，則以之四面環攻，跟蹤追擊；或誘致淺處，彼已如陷泥淖，我則游泳自如，尤為勝著。臣與長江、江南兩提臣及狼山、福山、蘇松三鎮熟商至再，詢謀僉同，不敢不將一得之見上乞宸裁。如蒙俞允，應請旨飭下兩江、兩廣督撫臣，福建將軍、督撫臣及船政大臣，分飭廠局趕造此項小兵輪十隻，以為江陰以下海防之用，仍交江南提臣李朝斌合操，以資熟手而壯軍聲。是否有當，謹附片縷陳，伏乞聖鑒採擇施行。謹奏。」

九月二十六日，與劉坤一商籌於圖山關修築炮堤一事。

《劉坤一奏疏》卷十六《帶印出巡沿江礮臺摺（光緒六年九月二十六日）》有：「奏為恭報微臣帶印出省巡閱沿江及吳淞口各處礮臺日期，恭摺馳陳，仰

祈聖鑒事：竊江寧之烏龍山及鎮江、江陰、吳淞口各處礮臺，經前督臣等因地制宜，扼要佈置。臣於本年入都陛見時，業經順途察看，抵任後，復諄飭守臺各將領，勤加操練，逐節講求。並商之前兵部右侍郎臣彭玉麟，於圌山關修築礮堤，以輔焦山之聲勢，此外亦間有損益之處。現在防務吃緊，礮臺為江海幹城，參酌不厭精詳，親歷較有把握。謹於本月二十六日，乘坐兵輪巡閱各礮臺，就近與彭玉麟及各提鎮等面商一切，所有詳細情形，容俟事竣後，再行奏報。理合先將出省日期，恭摺由驛四百里馳陳，伏乞皇太后、皇上聖鑒。」

九月二十七日，與劉坤一履勘炮臺，飭湘勇合字營將弁於下游分設水靶試演焦山及象山、都天廟三處炮臺之礮。

《劉坤一奏疏》卷十六《察看江防增籌軍餉摺（光緒六年十月初七日）》有：「奏為巡察江防，分派汛地及添募營勇，截撥餉糈，恭折密陳，仰祈聖鑒事：竊臣於光緒六年九月二十六日曾將帶印出省、巡視沿江礮臺具奏在案。臣即日乘坐登瀛洲輪船駛赴鎮江府之焦山，二十七日會同前兵部侍郎臣彭玉麟履勘礮臺，隨飭湘勇合字營將弁於下游分設水靶試演焦山及象山、都天廟三處礮臺之礮。」

九月二十八日、二十九日、三十等日，與劉坤一以次前往圌山關兩岸、江陰縣兩岸及上海縣之黃浦江口，將各炮臺、炮堤逐一履勘，礮位逐一試演。

《劉坤一奏疏》卷十六《察看江防增籌軍餉摺（光緒六年十月初七日）》有：「奏為……二十八、二十九、三十等日，臣與彭玉麟以次前往圌山關兩岸、江陰縣兩岸及上海縣之黃浦江口，將各礮臺、礮堤逐一履勘，礮位逐一試演。」

本月，奏造小兵輪船十隻，以為江陰以下海防之用。

《劉坤一奏疏》卷十七《湊款興造小兵輪船摺（光緒七年四月二十六日）》有：「奏為製造小兵輪船經費無出，擬由南洋及沿江各省湊解，先行興造五隻，恭摺仰祈聖鑒事：竊光緒六年九月，巡閱長江水師前兵部右侍郎彭玉麟奏造小兵輪船十隻，以為江陰以下海防之用……」

十月初六日，與劉坤一並閩、廣督撫、閩省船政、江南製造局，往返籌商，酌定造船樣式。

《劉坤一奏疏》卷十七《湊款興造小兵輪船摺（光緒七年四月二十六日）》有：「十月初六日，臣准軍機大臣寄到諭旨，飭臣會商妥辦等因，當即欽遵咨

行彭玉麟並閩、廣督撫、閩省船政、江南製造局，往返籌商，經彭玉麟酌定樣
式，計每船長十八丈，馬力一千五百匹，需經費銀十六萬兩，礮價在外。閩、
滬廠局，均可仿造，粵局則因有現辦要件，未能另承此工。惟十船一時同造，
則力均未逮，現擬分作兩次興辦，閩廠同時起造三隻，滬局同時起造二隻，一
俟五只告成，隨後即籌續造。臣現已將彭玉麟所定該船尺寸價值，咨行閩省船
政及江南製造局，預備開工。惟閩廠只能造船，未能籌款，滬局雖有江海關二
成洋稅可用，然專以制辦軍火，亦難兼辦兵輪。刻下先造小兵輪五隻，共需銀
八十萬兩。此船既為江陰以下海防之用，如臣所收南洋經費稍為充裕，自當從
寬撥解，濟此要工。無如近年各省釐金項下經費，閩、粵、浙三省均已奏准停
解，江西則抵作新餉，湖北則現經奏請劃解北洋，僅有關稅項下之款，上年所
收止得四十二萬餘兩。而沿江礮臺防營，星羅棋佈，防守輪船日添日多，月餉
軍火費用甚巨，現又修築圖山關礮臺，實屬無力另造兵輪。惟彭玉麟奏造此船，
實以該船安設頭梢兩礮，輔以邊礮，無事則巡緝洋面，有事則防堵海口，若敵
船竟沖入江，則以之四面環攻，跟蹤追擊，誠為巡防江陰以下可戰可守必不可
少之利器，不得不趕緊遵旨造辦，即不得不設法挪措，以資動工。臣再四籌酌，
南洋經費，每年粵海關應解之數，實為的款大宗。」

　　本月，與劉坤一督飭瓜洲鎮總兵吳家榜等，就勢培修。

　　《劉坤一奏疏》卷十六《察看江防增籌軍餉摺（光緒六年十月初七日）》
有：「奏……臣旋於十月初一日起程回省，勘驗烏龍山兩岸及省城下關礮臺礮
位，至初三日抵署。……本年秋間，臣與彭玉麟督飭瓜洲鎮吳家榜等，於該四
處培修土堤，安設土礮，以應一時之急，將來尚須經營，若一律添築明臺，所
費亦屬無幾。……下關近在江寧城跟，烏龍山距省僅四十里，均經築有礮臺，
以為不虞之備，現因浙江提督吳長慶抽帶該處親兵六營前往山東，尚須另行部
署。此外沿海、沿江以及內地城鎮，如何杜敵人覬覦，如何防土匪萌動，臣當
與彭玉麟及撫臣吳元炳，會督地方文武相機辦理。」

　　《劉坤一奏疏》卷十七有：「《出省前往圖山度地開築礮臺片（光緒七年）》
再，圖山關及東生洲、西成洲、固土洲四處，道光年間舊有礮堤，歷年既多，
半形殘缺。先經臣與前兵部右侍郎臣彭玉麟，督飭瓜洲鎮總兵吳家榜等，就勢
培修，以應一時之急。嗣經履勘，該處仍須添築明臺，於光緒六年十月初七日
巡察江防折內聲明在案。查該處江流曲折，形勝天成，實焦、象各臺之輔，亟
宜綢繆未雨，以免臨事張惶。」

十一月，在吳淞防次咯血一次，十日始痊。

《彭玉麟集・奏稿》卷二《奏報巡江起程折（光緒七年二月二十七日）》有：「奏為……臣楚南散材，以久病之殘軀，沐聖恩之優渥，不責臣以官守，得以差事餘閑隨處養病。自顧何人，膺茲殊眷，感激涕零，雖碎骨粉身，莫能圖報萬一。往年冬令肝平，病不增劇，可借調理休息，稍蓄精神。去冬以海防吃重，十一月在吳淞防次曾咯血一次，十日始痊。」

是年秋，為王之春《談瀛錄》作序。

《談瀛錄・附錄》有《談瀛錄序》曰：「光緒五年冬，伊犂地未歸，朝廷方遣使入俄，南洋大臣沈文肅公恐夷情猾譎，議或梗，將為思患豫防計，捍東南以拒西北，謂防俄必先防日。日之國，東與俄鄰，近年崇尚英、佛諸奇伎，益獷悍慓狡，托名互市，實則蠢蠢欲動。往者臺灣之役，琉球之取，皆若自外聲教而罔怵王靈者。俄侵軼而東，必先從事於日，日折入於俄，俄將不可制。否則連衡勾結，驅日人為之先，以分我兵力，俄從事於後，禍叵測。顧欲防日，而不先悉其形勢要害、風俗美惡、政治得失，則無由攻瑕擊隙，以制其死命。而又慮臨之以師旅，則易啟爭端，重之以使節，則反招猜忌也。思欲得一不動聲色、直探巢穴、密訪周覽，洞悉虜情於胸臆者，久之艱其選。王爵棠觀察聞命奮袂請行，附輪舶出入顛風駭浪中，往返三十餘日，行程二萬數千里。每至一處，輒與其國之士大夫交，筆墨酬答，晨夕遊歷，爭為之導而輸其款。有不及畢達者，則購其圖籍以歸，考核印證，挈領提綱，著《談瀛錄》三卷，言簡而義賅，俾日國情形，一翻閱而瞭若指掌。固不徒闕補《山經》，遺拾《海志》已也。余重為日人歎焉！日為泰伯後，夙遵文教，今乃盡棄其學，而學泰西，頹綱毀紀，務為邪淫。竭舉國之財力，作無益以害有益。田賦十之七，舟車徵求無藝，不足則稱貸於英人，為數二千萬有奇。私貸民間者，幾倍之。國瘠民貧，外強中乾，本之不存，末將立折，欲不自速陵夷也，得乎？欲求為中國附庸也，得乎？方今聖天子懷遠招攜，不忍勞師相襲取。苟日人自非不典，或依附俄人而張其焰，將來有事於東方者，准是編為指南。知神戶之炮臺不足恃，則舟師可徑入。知民力民財之久匱，則東、西兩京可坐困。蝦夷一島，直以靴尖踢倒耳。彼俄人聞之，亦動色相戒，懍然自戢其異志，罔敢為覆轍之尋。然則《談瀛錄》所談，誠防日以防俄之秘鑰，亦服日以服俄之韜鈐也。若第賞其紀載之詳明、議論之精當、歌詠之沉雄，安識作者之深意哉？光緒六年庚辰季秋月衡陽彭玉麟敍。」

光緒七年（1881），六十六歲

正月立春後，咯血發作，舊創筋骨發損疼痛，逐病加劇，不忘督水師操練之事。

《彭玉麟集·奏稿》卷二《奏報巡江起程摺（光緒七年二月二十七日）》有：「奏為……今年正月立春後，心忡氣逆咯血，以及舊創筋骨發損疼痛，逐病加劇，心動神疲，恒難自主，頹唐老病，苦狀難名。然以一介書生，受恩深重，一息尚存，不敢以夙疾久攖，因私廢公，稍涉遲延。雖仰臥呻吟，不須奔走，有舟可行。茲定於三月初十日由江南海防差次起程，先出吳淞海外，曾同江南提督李朝斌閱操兵輪船水陸槍礮技藝；再行入江，督同長江提督李成謀，先後分道按營察看，務期各鎮將弁兵，安不忘危，勤慎操練槍礮、槳舵、刀矛、藤牌、跳躍各雜技，精以求精，劣者、怠者嚴參懲責，隨時咨明沿江各督撫並長江提督，匯案辦理，以一事權。臣智慮所及，不敢徇私示恩，其有稍涉嫌怨之事，自當凜遵諭旨，專奏特參。於此海上得一日平安無事，正海內得一日整頓武備之時。臣不敢自昧天良，因循顧頇，以壞朝廷功令而疲軍政，惟知盡職盡心，以仰副宵旰憂勤、慎重江海防務之至意。除俟查閱五省情形事竣另行具奏外，所有扶疾起程、巡閱江海日期，理合先行恭摺具陳，伏乞皇太后、皇上聖鑒訓示。謹奏。」

二月二十七日，查江陰以上、焦山以下江防事宜。因俄事結，將兩岸操練堤炮之將弁兵丁仍調回各船，悉歸上游各汛地，以重江防而專職守。

《彭玉麟集·奏稿》卷二《籌辦焦山以下江陰以上海防片（光緒七年二月二十七日）》有：「再，臣去秋巡江事竣，迭奉諭旨籌辦焦山、江陰以下至吳淞一帶海防事務。維時俄事吃緊，警報頻來。臣學淺才疏，惟有盡職盡心，以力之所能為者而為之，力疾籌辦，未敢稍存欺懈。查江陰以上、焦山以下，其中有南岸圖山關、北岸東生洲，江面最為險隘……刻下俄事已結，春水方生，長江各港汊分歧，急須水師各歸汛防。此時此處無事，不須長江水師將弁兵丁在此羈留兼顧。……臣已飭吳家榜，將圖山關、東生洲兩岸操練堤礮之將弁兵丁仍調回各船，悉歸上游各汛地，以重江防而專職守。所有去秋在長江上游水師提鎮各標調來應急洋裝大礮，仍飭以船運歸還各標應用。所有臣於別處陸路籌來或萬斤或數千斤之大礮即存此處，以備將來有事之用，均商南洋大臣劉坤一，飭陸師老湘合字營專管，以免遺失，以一事權。」

四月十七日，光緒帝命公查辦江西水師統領萬重暄、江西南贛鎮總兵王永勝被參之案。

《德宗景皇帝實錄》卷之一百二十九 光緒七年四月十七日條曰：「又諭，有人奏：江西水師統領萬重暄，素善鑽營，不理營務，乘坐綠呢大轎，所管船隻八十餘號，每船扣勇一名，月餉又皆減半發放。並將巡哨為名，收受各營規禮，及一切供應，營官向各勇攤派，且復大開賭局。帶勇各員，無不入其局中，候補文員，亦多赴局。又江西南贛鎮總兵王永勝，在任以來，惟以演劇飲酒，囤積販運為事，且慣狎優伶。並貪買民間女子入署轉為販賣等語。武職大員，有整頓營伍之責，宜如何潔己自愛，奉公守法，茲據所糸各節，貪鄙縱佚，行同無賴。如果屬實，大干軍律，亟應嚴加懲辦。著彭玉麟確切查明，據實糸奏，毋稍徇隱。原摺著鈔給閱看，將此諭令知之。」

四月二十八日，抵江寧。實地調查萬重暄、王永勝之事。

《彭玉麟集·奏稿》卷二《再辭江督並請開差使摺（光緒七年八月初十日）》有：「奏……本年二月二十七日在海防專摺馳報，三月初十日起程，奉旨「知道了」在案。臣拜摺後，先出吳淞，會同長江提督李成謀、江蘇提督李朝斌，調各輪船出大洋打碳靶。旋回吳淞，操各輪船槍枝，畢即由海入江。自江蘇狼山、福山、江陰以次按營，認真校閱，於四月二十八日抵江寧府。奉命查辦江西省並贛州鎮事件，旋又奉查復兩江總督被參各款並查復各碳臺之諭。臣往返查察，均據實在情節陳明，於拜摺後仍巡江皖，上駛湘、鄂。」

五月初四日夜，乘輕舟啟赴江西。

《彭玉麟集·奏稿》卷二《遵查武員參款摺（光緒七年六月初五日）》有：「奏為……當將即赴江西省並往贛南密訪各緣由，於五月初二日恭摺具奏在案。臣金陵閱操事竣，即於初四日輕舟星夜上駛……」

五月十二日，過江西省河。

《彭玉麟集·奏稿》卷二《遵查武員參款摺（光緒七年六月初五日）》有：「奏為……當將即赴江西省並往贛南密訪各緣由，於五月初二日恭摺具奏在案。臣金陵閱操事竣，即於初四日輕舟星夜上駛，於十二日過江西省河……」

五月二十四日，行抵贛州。

《彭玉麟集·奏稿》卷二《遵查武員參款摺（光緒七年六月初五日）》有：「奏為……當將即赴江西省並往贛南密訪各緣由，於五月初二日恭摺具奏在

案。臣金陵閱操事竣，即於初四日輕舟星夜上駛，於十二日過江西省河，於二十四日行抵贛州……」

六月初三日，歸至江西省城，沿途密訪萬重暄、王永勝被參之事，並請奏將其一行人革職。

《彭玉麟集·奏稿》卷二《遵查武員參款摺（光緒七年六月初五日）》有：「奏為……當將即赴江西省並往贛南密訪各緣由，於五月初二日恭折具奏在案。臣金陵閱操事竣，即於初四日輕舟星夜上駛，於十二日過江西省河，於二十四日行抵贛州，復於六月初三日歸至江西省城，均改裝易服，不動聲色，沿途密訪，始行印證明確，謹分別據實為我皇太后、皇上陳之……伏查兵燹之後，仕途流品太雜，非大加澄汰，莫肅官常。其身膺閫寄及派充統領營官者，皆一、二品大員，朝廷不惜高爵厚祿，儲養禦侮之材，宜如何操練師船、整頓營伍、潔己奉公、力圖報稱。道府為監司方面大員，知縣亦身膺民社，莫不責重事繁，際此時艱，不思勉力共濟，乃或則蕩檢逾閑，或則挐捕是好，居恒未能守法，何堪馭眾臨民？實屬不知自愛，有玷官箴！相應據實奏參，請旨將記名總兵萬重暄、南贛鎮總兵王永勝、記名總兵蕭福均革職，永不敘用；江蘇候補道朱麟成，江西候補知府潘駿群、候補知縣楊春澤、陳長吉、張銘、李文同，試用通判顧長齡，亦一併革職；已革知縣章澍、柯榮，均勒令回籍，以儆官邪而肅吏治。其江西水師，應由督撫臣遴員接統管帶，所遺南贛總兵員缺，請旨迅賜簡放，以重職守。仍先知會撫臣，委員馳往接署，俾免曠誤。」

六月初五日後，又上駛湘、鄂繼續巡閱長江水師。

《彭玉麟集·奏稿》卷二《遵查武員參款摺（光緒七年六月初五日）》有：「奏為……又，臣於此次拜摺後，仍巡閱長江水師，上駛湘、鄂，合併陳明。謹奏。」

七月初五日，在江西鄱陽湖口巡次，奉諭查劉坤一被參之事。並辭擇要駐紮之令。

《彭玉麟集·奏稿》卷二《遵查兩江總督參款摺（光緒七年七月十六日）》有：「奏為遵旨確切查明，據實具奏，仰祈聖鑒事。竊臣於光緒七年七月初五日在江西鄱陽湖口巡次，承准軍機大臣字寄六月十三日奉上諭：「有人奏兩江總督劉坤一嗜好素深，又耽逸樂，年來精神疲弱，於公事不能整頓；沿江礮臺多不可用，每一發礮，煙氣眯目，甚或坍毀。又有人奏該督嗜好過深，廣蓄姬妾，稀見賓客，且縱容家丁，收受門包；在廣東所築礮臺，一經霢雨，盡行坍

塌。各等語。現在東南海防正關緊要，所奏是否屬實，著彭玉麟按照所參各節確切查明，據實具奏，毋稍徇隱。江海防務辦理有年，究竟有無把握，著彭玉麟擇要駐紮，將水師各營認真整頓，不必拘定巡視長江原議，以專責成。原折、片著摘鈔給與閱看。將此諭令知之。」等因。欽此。臣素性迂謹，恭膺巡視長江之命，惟期與沿江文武諸臣和衷共濟，思患豫防，職任之外不敢與聞。今奉諭旨，查明督臣劉坤一被參各節，自應據實復陳，不敢稍有徇隱。……若縱容家丁，細訪劉坤一，實無此事……至諭旨飭查劉坤一在廣東時所築礮臺一經霪雨盡行坍塌一節。臣相去甚遠，無從訪查。竊思海防礮臺，關係緊要，兵可百年不用，不可一日無防。防備不實，與無備同。應請諭令兩廣督臣張樹聲確切查明，始事如有未周，繼任宜即補救。封疆大吏責無旁貸，應改造者力圖改造，應修整者力圖修整，必思於國事有濟，豈得以前後相推。張樹聲素性公忠，曉暢軍事，自能熟籌盡善，防患未然。……伏讀諭旨，令臣擇要駐紮，將水師各營認真整頓，不必拘定巡視長江原議，以專責成一節。查巡視長江是臣職所應盡之事，不敢不竭盡微忱。惟整頓水師，必須巡閱往來，查訪方周，操練方熟，勢不能擇一要地駐紮，反覺散漫難稽。見在俄事已結，海宇澄清而防患未然，正當乘此無事之時，力固海疆之屏障。臣久病之軀，難兼海防重任，仍請天恩，派南洋大臣專辦海防，俾微臣專巡長江，免致貽誤。」

七月初六日，前往江寧，籌辦長江加築炮臺之事。

《劉坤一奏疏》卷十八《遵旨進京陛見候代起程摺（光緒七年閏七月初九日）》有：「奏為欽奉諭旨進京陛見，候代起程，恭摺仰祈聖鑒事：竊臣於光緒七年閏七月初五日承准軍機大臣字寄：『七月二十八日奉上諭：『彭玉麟奏遵查沿江礮臺請擇要修築一折，據稱長江興築礮臺，道員趙繼元專司其事，只修焦山、象山、江陰兩處，至圖山關並北岸各隘盡棄不築，所築多暗礮臺，故煙氣迷目。又於大小石灣、黃山港等江難守之處修築多臺，不問有礮無礮各等語。本日有旨，令劉坤一來京陛見，兩江總督並辦理通商事務大臣令彭玉麟署理。彭玉麟威望素著，向來辦事任勞任怨，具見體國公忠，兩江地方緊要，該侍郎迅即前赴署任，以便劉坤一交卸來京。長江所築礮臺，應行加築增修之處，即著彭玉麟次第籌辦，以期扼要適用，於防務實有把握，用副委任。並將各處礮臺添置礮位，精求製造火器之法，隨時操練各營，俾有實濟。彭玉麟未接篆以前，劉坤一責無旁貸，所有防務及地方事宜，仍當悉心經理，毋稍諉卸。』等因，欽此。」跪誦之餘，莫名感悚。伏念臣於上年五月請訓出都受事，倏逾一

載，當江海設防之日，矢涓埃圖報之心，而力薄才輕，深虞隕越。茲幸上蒙恩召，趨赴闕廷，俾得仰接天顏，渥聆聖訓，五中循省，益戴鴻慈。當即恭錄諭旨，委派文武員弁齎領，乘坐威靖兵輪船，於初六日起碇，馳赴湖北接彭玉麟前來江寧。如彭玉麟已回湖南，則兵輪船留鄂，以待該員弁等赴湘投文，隨侍彭玉麟下駛。俟彭玉麟抵寧，臣交卸篆務後，即由海道北上。彭玉麟未到任以前，所有海防及地方一切事宜，臣仍當悉心經理，仰慰宸廑。所有臣奉旨陛見候代起程各緣由，謹恭摺由驛具陳，伏乞皇太后、皇上聖鑒訓示。謹奏。」

七月十六日，奏請籌費命閩局、滬局趕造小輪船。事後，即上駛湘、鄂，繼續巡江。並請奏回籍，卜葬弟彭玉麒。

《彭玉麟集·奏稿》卷二《請籌費趕造小輪船片（光緒七年七月十六日）》有：「再，臣愚見凡礮臺必須另有水陸二師互相輔助，不成孤注，始有把握。如長江內各礮臺，有長江水師舢板，臣已商定長江提督李成謀預為派定，若為前隊，若為後隊，若為接應，臨事即由李成謀會同各鎮將分派到臺，相機相輔，不致有誤。至敵或捨舟登陸，則非長江水師所能兼顧，必有礮臺後路游擊之陸師方免僨事，此最要著，萬不可不預為籌及。至於吳淞礮臺，懸在海濱，長江舢板戰船，勢不能往助於洪濤巨浪之上。此時雖有李朝斌所調操之江、浙、皖省各輪船，臣愚以為無事時虛壯海上聲威則有餘，有事時輔助礮臺實用則難恃。何也？海疆無事，各省輪船不難前來會操，一旦有警，則各省自有門戶，俱需輪船保守，方且應各本省差遣探報之不暇，何能舍己從人，悉來吳淞以保長江門戶？此情理所不能強，即軍令亦不能施。故臣去冬奏請須自行修造十八丈小輪船十隻，專為防吳淞海口一軍，已蒙恩准飭修造。第慮經費不足，難應急需，尚祈我皇上飭催南洋大臣，籌費解閩局、滬局趕造，若能迅成，操練精熟，與沿江礮臺相輔而行，江海防務始敢言有把握……臣拜摺後即循舊章，上駛湘、鄂，俟巡江事竣，仍懇天恩，賞准臣如往年定章回籍，稍養病軀，藉以卜葬臣弟。設或有緊要事件，當即星夜下駛，扼要駐紮。臣一息尚存，報國之志不敢稍懈，滯延時刻，致誤事宜。合併申明，伏乞聖鑒訓示。謹奏。」

七月十二日，與劉坤一查奏江海防務緊要，江南修築礮臺所費。

《劉坤一奏疏》卷十八《確查經手建築礮臺各員委無情弊摺（光緒七年閏七月二十六日）》有：「奏為確查建築礮臺動用銀數，經手各員委無侵挪混銷情弊，據實覆陳，仰祈聖鑒事：竊臣於光緒七年七月十二日承准軍機大臣字寄：『七月初三日奉上諭：『御史李郁華奏江南狼山、鵝鼻觜及焦山等處所築礮臺

未能得力，惟圖山卡及焦山近江地段土礮臺十數座，可安礮位百數十尊，左右推移，三面可擊，較為靈便，聞所費不過三千金，而狼山等處礮臺動用數百萬兩，難保非經手各員侵挪浪擲，任意開銷，請飭查核等語。近來江海防務緊要，江南修築礮臺所費不貲，若如所奏，均不得力，徒糜餉項，且有侵挪情弊，緩急如何可恃。著劉坤一、彭玉麟詳細查核，據實具奏。原片著抄給閱看。』等因，欽此。』當經臣將狼山並無礮臺及江陰等處礮臺情形，先行據實覆陳，聲明再行調集案卷，逐細勾稽，並酌提當時在事之人，確核有無侵挪混銷情弊，於七月二十七日由驛馳奏在案。隨即札調前工程局道員淮揚海道桂嵩慶來省，會同籌防局司道各員，將從前建築礮臺銀兩，逐一查明，造冊詳覆，臣覆加察核，謹據實為我皇太后、皇上陳之。……竊思長江等處礮臺，經臣會同彭玉麟躬親履勘，其前辦未能盡善者，業已分別撤改，以期緩急足恃，不敢惜費而誤全功，亦不敢師心而翻成局。至前辦各員，查無前項情弊，似亦未便再事苛求，若使任事之心，不敵其慮患之心，則以後之驅策人材，竊恐動多窒礙。彭玉麟年年在江巡閱，前此斷無不知不言，臣於上年六月始任兩江，更無所用其回護。現在圖山關、江陰口兩處新添續添之明臺，尚未一律竣工，未能截數具報。惟工料用款，均有前案可循，所費當不至甚巨。臣並諄飭其妥速辦理，俾工歸實濟，費不虛糜，上副朝廷撙節度支之至意。所有確查建築礮臺動用銀數經手各員委無侵挪混銷情弊各緣由，謹恭摺由驛據實覆陳，伏乞皇太后、皇上聖鑒訓示。謹奏。」

閏七月十四日，巡抵荊河。

《彭玉麟集・書信》中《致郭嵩燾（光緒七年閏七月十四日）》有：「十四日巡抵荊河，倏奉兩江並通商大臣之命，恭讀之下，惶悚不知所為。與其才疏任大，貽害將來，莫若陳情懇辭，獲罪今日之為甘耳！茲匆匆書節略一紙，專呈我兄臺覽，懇求代作一稿。雖屬不情之請，然恃愛殊深，諒不摒棄不才而責罪也。餘不贅敍，容俟一二日到岸入城，登堂百拜叩謝，謹領繕發，先此專請道安。不盡欲言。」

閏七月十六日，奉諭署理兩江總督，並兼署通商大臣事務。

《彭玉麟集・奏稿》卷二《辭署兩江總督並請開巡江差使折（光緒七年閏七月二十日）》有：「奏為欽奉恩旨，瀝陳下情，請開署兩江總督缺，並籲懇天恩，開除每年巡閱江海差事，放臣回籍調理病軀，仰求聖鑒事。竊臣查辦兩江督臣並礮臺事竣，拜折後即上巡武漢，按水師各標營操閱藤牌、跳躍並打洋槍

鐵靶諸雜技,行抵湖北荊河口,於閏七月十六日承准軍機大臣字寄七月二十八日奉上諭:「兩江總督著彭玉麟署理,並兼署通商大臣事務。」等因。欽此。聞命之下,惶汗無地,感悚莫名。」

閏七月二十日,辭署兩江總督,並請開巡江差事。

《彭玉麟集·奏稿》卷二《辭署兩江總督並請開巡江差使摺(光緒七年閏七月二十日)》有:「奏為⋯⋯伏維我皇太后、皇上洞鑒微臣不欺之苦衷,曲邀允准,開兩江總督及通商大臣署缺,並開除每年巡江海差事,回籍醫治沉痾。此後有生之日,皆出皇太后、皇上之賜。臣當生生世世感泣不朽。如果調治復元,再當效犬馬之勞,圖報天恩於萬一。所有瀝陳下情,籲懇開署缺及差事緣由,理合由驛馳陳,伏乞皇太后、皇上聖鑒訓示。謹奏。」

是日,荐曾國荃任兩江總督。

《彭玉麟集·奏稿》卷二《密保大員片(光緒七年閏七月二十日)》有:「再,現在兩江總督以辦理洋務為最要,亦以辦理洋務為最難。就臣所知,惟現授陝甘督臣曾國荃,堅忍耐勞苦,沉毅有智略。昔歲圍攻金陵,英、法兩國人皆謂非用洋兵不能成功,曾國荃獨率湘軍攻克堅城,不假西洋一卒之力,洋人至今懾服。臣往來長江十餘年,習聞兩江士民稱曾國荃之勳績而戴其慈惠,感激猶在人心。曾國荃繫心君國,感奮圖報之念,亦實始終不渝,徒以體氣虛弱,最畏風寒,又因兩子相繼病歿,憂鬱成疾。若令處東南溫暖之地,水土相合,必當盡心效職,不至畏難自沮。臣與曾國荃共事日久,察其議論,見識高出一時。上年籌辦山海關海防,與直隸督臣李鴻章遇事推求,和衷商榷,於洋務亦甚熟習。臣為任事需才起見,既知之有素,不敢不據實附片密陳,伏候聖慈採擇。謹奏。」

本日後,又巡抵湖南,咯血復發。

《彭玉麟集·奏稿》卷二《再辭江督並請開差使摺(光緒七年八月初十日)》有:「奏為⋯⋯惟臣自去冬至今,老病癒覺頹唐,神智時形昏眊,渥蒙殊眷,不獨時局艱難毫無補救,即長江分內事宜亦無起色,實在孤負聖恩,慚疚彌深,不能勝任各等情,已於閏七月二十日奏辭署兩江總督缺並籲懇天恩開除巡閱江海差事在案。尚未奉到諭批,拜折後仍行巡閱上駛。茲巡抵湖南省垣事竣,頓發咯血舊證,神智彌昏,心忡氣逆,方寸無主,遇事多形顛倒⋯⋯」

八月初六日,回衡州退省庵。養病期間,又收兩江署任諭旨。

《彭玉麟集·奏稿》卷二《再辭江督並請開差使摺(光緒七年八月初十日)》

有：「奏為……茲巡抵湖南省垣事竣，頓發咯血舊證，神智彌昏，心忡氣逆，方寸無主，遇事多形顛倒，因於八月初六日回衡州本籍退省庵。正醫治沉疴間，復奉閏七月初五日諭旨，飭臣「迅赴兩江署任，毋稍延緩，貽誤疆事」等因。欽此。跪誦之下，浹背汗流，莫知所措。伏思臣以攖疾未愈之身，蒙君父期望之切，彷徨惴栗，有不得不再行瀝陳者。所有臣此次不敢受命實在情節，已於閏七月二十日折內據實陳明，無庸重瀆聖聽。臣自度褊急之性，迂愚之識，羸病之軀，實難勝此巨任。若強不能以為能，猶責弱者以舉重，命跛者以疾行，其為顛躓可立而待。與其僨事而追悔，何若量分而瀆陳。」

八月初十日，再辭兩江總督，請開巡江差事。

《彭玉麟集‧奏稿》卷二《再辭江督並請開差使摺（光緒七年八月初十日）》有：「奏為……伏乞皇太后、皇上天恩，另行簡員署理兩江總督，並准開除每年巡閱江海差事，俾臣得在鄉里靜心專治沉疴，倘獲稍瘥，不即就木，是臣有生之日，皆我皇太后、皇上所賜之年。如果調理復元，再當圖報天恩，願效犬馬之勞於萬一。現在兩江任大政殷，臣未能迅速赴任，劉坤一即未能交卸來京。前次具折請辭，往返已延月日，此次重申前請，若皇上責臣以必行，臣惟有負罪而再辭。在臣因辭官而獲嚴譴，固屬咎有應得，而兩江政務未免耽延貽誤，關係實非淺鮮。惟有仰求聖慈曲諒，允臣所請，庶幾微臣一身倖免隕越之咎，不致有虧晚節，而兩江重地速得肩任之人，不致貽誤疆事。」

九月十三日，回鄉葬弟彭玉麒。

《彭玉麟集‧書信》中《復郭崑燾（光緒七年九月二十九日）》有：「頃於北鄉葬三弟，山中奉到月之十三日還云，辱承記注。寄來亡弟挽聯，本不敢當，因有款識，不能謹璧，只得拜領盛情。光及泉壤，感深生歿，銘謝無既。」

《彭玉麟集‧文集》中《鶴皋府君行狀》有：「府君辭家，艱苦備嘗，十八載始選安徽懷寧三橋鎮巡檢，而任公適宰是邑。時府君年逾四十，猶未婚。任公與先外祖山陰王公維則有舊，為作合。先母始於歸焉。越二載，玉麟生。又五載，玉麒生。」

按：據彭玉麟《鶴皋府君行狀》知，其弟為彭玉麒。

九月十八日，送亡弟殯。

《彭玉麟集‧書信》中《復郭崑燾（光緒七年九月二十九日）》有：「弟於十八日送亡弟殯，到鄉小住。」

九月二十六日，安葬彭玉麒，為其做墳。

《彭玉麟集·書信》中《復郭崑燾（光緒七年九月二十九日）》有：「廿六未刻安葬。刻下做墳，俟此間工竣，即修理先慈祖塋去。咯血雖止，未能復元，近又加腰疼腿軟，兩目腫痛。百病叢生，可笑可歎耳。奈何！茲以鴻便，付上亡弟墓誌兩份，乞分致令兄筠老一份。不才素不文，且不善書，近來胸無點墨，腕更鐵硬。凡事求人不如求己，自為之而自書之，聊盡悲懷，以鳴哀而已，知我者勿哂。秋雨秋風，半肩行李，宿於山中，日與土工為伍。夜半霜寒月黑，散步林莽，時聞秋墳鬼哭，則歌鮑家詩以和之，別有清味，一笑。即請道安。」

十月十日，為彭玉麒修墓工竣，回退省庵。

《彭玉麟集·書信》中《復郭崑燾（光緒七年十月十四日）》有：「弟送亡弟入山，即葬先慈墓側，並新為修葺圍垣。日與土石工作為伍，面上塵愈多三斗，其俗可想。墓前後皆義塚，千萬累累，月黑宵昏，一燈如豆，孤倚墓廬，時聞啾啾鬼哭，則撫掌歌鮑家詩以和之。見燐星四散，若碧螢飛走。似此清況，實非紛華靡麗粉白黛綠者所能得。而不才近狀無聊，亦不察可知。月之十日始行工竣，返退省庵廬。而積牘如山，目送手揮，精力疲困，更不必言矣。惟力辭江海差使，未准開除，責成猶重。難卸子肩，不克靜養沉疴。不日旋渣江祖居，省祀祠墓。戚族波雜，事在意中。瞬息殘年，開春碌碌，又須束裝順流東下，奔波萬里，無濟時艱於萬一。一絲殘喘，力扯難斷，徒深罪疚，惶悚何如？生趣毫無，年年三百六十日，心緒悉在惡劣之中。素叨摯愛，不堪為外人道者，今為吾兄道之，以博一粲。」

十一月，在岳王廟書刻「盡忠報國」四字。

《（民國）杭州府志》卷十一曰：「光緒七年十一月，復於對河隙地營建照壁，侍郎彭玉麐書刻『盡忠報國』四字。又於照壁之西，恭摹高宗純皇帝御書『偉烈純忠』四大字刊之。黃巖縣丞楊葆光、董其役、布政使長白德馨為文記之。德馨《忠顯廟碑記》。」

是年，劾劉峴莊。

《左宗棠全集·書信三》中《答楊石泉（光緒七年）》有：「彭雪琴劾劉峴莊，廷旨令峴莊陛見，而雪琴署督，似不能不赴。」

光緒八年（1882），六十七歲

正月初，巡抵金陵。

《彭玉麟集・書信》中《復夏獻云（光緒八年正月二十四日）》有：「客冬赴金陵，道出星沙，辱蒙枉顧河乾，只以一葉舢板，促小如蚶，不敢倒屣迎駕，至今歉仄。而歸帆已屆歲除，風利不泊，又未及趨候，罪甚罪甚。新正初旬抵里門，獲讀惠函，猥以前次定王臺梅畫，辱及齒芬；並首祚凝祥，頒來藻采，荷綺注之情殷，倍私衷之慚感。就諗椒花獻瑞，初酒凝香，深符慰頌。弟下游往返，風雪受寒，在途次即筋骨發疼。近以春深，舊恙心忡氣逆、咯血，次第舉發。勞人草草，病骨離支，乏善可告。扶疾手此，耑頌春禧，謹璧臺版，不盡馳繫。」

正月二十四日，收從優議敘諭旨。

《彭玉麟集・奏稿》卷二《謝京察優敘恩摺（光緒八年三月二十四日）》有：「奏為叩謝天恩事。竊臣恭閱邸鈔，光緒八年正月二十四日奉上諭：『前兵部右侍郎彭玉麟巡閱長江水師，宣力有年，任勞任怨，著交部從優議敘。』等因。欽此。」

三月二十四日，謝從優議敘之事。是日，調李春棠於吳淞閱兵輪操練。

《彭玉麟集・奏稿》卷二《謝京察優敘恩摺（光緒八年三月二十四日）》有：「奏為……聞命惶悚，感激涕零。伏念臣猥以庸愚，渥蒙知遇，諒其衰頹多病，難勝職守之煩勞；使之巡閱長江，俾獲餘閑之調養。戴高厚生成之大德，非捐糜頂踵所能酬。頻歲馳驅，方愧涓埃之莫效；撫躬循省，敢希甄錄之殊恩。乃荷溫綸，賜之優敘。查定例，三年考績，惟實官得仰沐隆施。而微臣一介迂儒，以奉差而特邀曠典。凡此寵榮之異數，實非夢想所敢期。臣惟有益殫血誠，力圖報稱，務整軍經武之實濟，佐安內攘外之遠謨，以冀上答鴻慈於萬一。所有感激下忱，理合恭摺叩謝天恩，伏乞皇太后、皇上聖鑒。謹奏。」

《彭玉麟集・奏稿》卷二《調員差遣片（光緒八年三月二十四日）》有：「再，臣每年巡閱長江五省水師及出吳淞海閱兵輪船水陸操，縱橫萬里，地面遼闊，事務殷繁，在在需員差遣。查有運同銜江蘇通州直隸州知州李春棠，隨臣在水師辦事多年，勤慎廉明，正直不阿，堪以調營差遣。除咨由兩江督臣、江蘇撫臣奏明飭令該員來營外，謹附片陳明，伏乞聖鑒。謹奏。」

四月初六日，巡閱抵洞庭湖，奉諭查蕭泰來被參一事。

《彭玉麟集・奏稿》卷二《遵查蕭泰來參款摺（光緒八年五月初二日）》有：「奏為欽奉諭旨，謹以夙所聞知據實復陳，仰祈聖鑒事。竊臣於四月初六日巡閱抵洞庭湖途次，承准軍機大臣字寄，三月初八日奉上諭：『有人奏長江水師設有專營，皖省澄清左右兩營似可裁撤；右營管帶官提督蕭泰來，在服官省分置買房產，並令礮船各勇為之興造房屋。且聞各營勇丁多有缺額，裕祿不思整頓等語。著彭玉麟確切查明，據實具奏。原片著抄給閱看。將此諭令知之。』欽此。」

至四月初八日，已巡常德、荊江、西江，鄱陽湖、皖江。

《彭玉麟集・書信》中《致左宗棠（光緒八年四月初八日）》有：「今春去冬，皆為血症所苦，精神不振，是以出江較遲，起程折及片稿均已咨達冰案，不贅。已巡常德青草湖，出荊江東下，至西江，繞鄱陽一周出湖，巡皖江，大約秋初始能過江寧面請教益也。去年一載，老病不堪，眼目昏花，手腕抖戰，可歎可笑也。耑此，恭請臺安，統祈亮鑒，不盡神馳。」

五月初二日，查明蕭泰來購基築室為實，請降其職。

《彭玉麟集・奏稿》卷二《遵查蕭泰來參款摺（光緒八年五月初二日）》有：「奏為……該提督在營二十餘年，離家三千餘里，現值帶勇坐防蕪湖，其眷屬親友前往省視，無可棲止。蕪湖城外隙地本多，購基築室，以便居住，自係實情。當起造時，隨帶勇丁間往履看，亦事所必有，尚無役使營勇充當工作之事。所帶之勇，遇有告假及革退者，一時未得深諳風沙水性熟悉駕駛之人應募，偶虛挑補則有之，尚未敢任意虛懸，永無足額。惟其積勞日久，精力漸就衰減，於營務事宜未能認真整頓，舉動失宜，物議滋生，咎實難免。應將蕭泰來澄清右營即行裁汰歸併，撤去該提督，降以副將回籍，稍示薄懲，以恤前勞而節餉需。」

五月二十六日，與張之洞等人密商滇越之事。

《李鴻藻年譜》光緒八年壬午條曰：「五月廿六日侍講學士陳寶琛、張佩綸奏，存越固邊，請以李鴻章或左宗棠駐粵督辦法越之事。集水師，重陸路，聯德國，或奇兵四出，迫越內屬，密寄滇越之事於彭玉麟、丁寶楨、張之洞。」

七月十四日，於江南江陰縣奉諭查兩江營務處被參官員。

《彭玉麟集・奏稿》卷二《查復兩江營務處被參各員摺（光緒八年八月初

一日）》有：「奏為遵旨確切查明，據實復陳，仰祈聖鑒事。竊臣於光緒八年七月十四日在江南江陰縣巡次，承准軍機大臣字寄六月十九日奉上諭：『有人奏劣員招權納賄，有損勳臣聲望，請旨飭查一折。據稱，兩江營務處道員王詩正、知縣柳葆元，狎妓浪遊，權勢燻灼，賄賂公行。又有遊客道員張自牧、知府郭慶藩，內外串通，招搖撞騙，捏報商名，請引漁利等語。著彭玉麟確切查明，據實參奏，無稍徇隱。原摺著抄給閱看。將此諭令知之。』欽此。臣跪讀之下，仰見聖主信任勳臣、扶正黜邪、以示保全之至意。曷勝欽悚。」

七月二十九日，抵江南省城，巡閱長江水師。是時，與左宗棠等人籌劃閩浙水師江防事宜。

《彭玉麟集·奏稿》卷二《會復侍講張佩綸海防事宜摺（光緒八年七月二十九日）》有：『奏為遵旨會議，恭折密陳，仰祈聖鑒事。竊臣等承准軍機大臣密寄光緒八年正月初十日奉上諭：「翰林院侍講張佩綸奏瀝陳保小扞邊、當謀自強之計一摺。據稱江南形勢當先海而後江，宜改長江水師提督駐吳淞口外，狼山、福山、崇明三鎮均隸之，專領兵輪出洋聚操，責大臣以巡江，兼顧五省；責提督以巡海，專顧一省。移江南提督治淮徐，轄陸路。閩、浙同一總督轄境，宜改福建水師提督為閩浙水師提督，以浙江之定海、海門兩鎮隸之。浙江提督專轄陸路等語。即著左宗棠、何璟、彭玉麟等，將海防事宜通盤籌畫，會同妥議具奏。』等因。欽此。仰見朝廷博采兼諮、慎重海防之至意。欽佩難名。臣宗棠欽奉後恭錄咨商籌畫。查原折稱江南形勢當先海而後江，於是乎有改設提督之議，所陳正自有見。」

《彭玉麟集·奏稿》卷二《會商海防事宜摺（光緒八年七月二十九日）》有：「奏為會商海防事宜，恭折並陳，仰祈聖鑒事。竊臣等會同何璟、張樹聲、衛榮光籌議海防事宜，正具摺間，臣玉麟適巡閱長江水師，馳抵江南省城。臣宗棠邀入署中，面商海防事宜，質以張樹聲、何璟、衛榮光之議，所見均同。除具奏外，謹將臣等思慮所及，冀有裨於海防者，一併陳明，以備聖明採擇。竊閩省設局製造輪船，臣宗棠於同治五年閩浙總督任內，奏奉諭旨允行。嗣請設船政大臣，總理局廠事務。交卸後，赴陝甘總督任，於船政事務時復預聞。臣玉麟於長江海口涉歷最久，所言防務情形，尚為確鑿。茲就臣玉麟所見長江海口防務陳之。」

《左宗棠全集·奏稿》卷八《長江提臣請暫駐太平府相機籌辦片（光緒八年三月二十五日）》曰：「再，臣於光緒八年七月二十九日會同臣彭玉麟等議復

張佩綸籌辦江海防務事宜一折，曾請以長江提督分駐岳州府之半年改駐吳淞口，俾得江海兼顧，奉旨：『該衙門知道』。」

八月初一日，始赴吳淞，出海會操各兵輪船。

《彭玉麟集・奏稿》卷二《查復兩江營務處被參各員摺（光緒八年八月初一日）》有：「奏為……再，臣巡閱長江各省水師水旱操，所過湘、鄂、江、皖、江南，頗有蛟患水災，人民亦多困苦，幸高岸秋收，可望豐熟。各省督撫均實力發賑，撫恤盡善，不致百姓流離，堪以上慰宸廑。臣在江陰拜折後，即赴吳淞，出海會操各兵輪船，合併陳明。謹奏。」

九月初一日，自上海到浙江。

《彭玉麟集・書信》中《復唐定奎（光緒八年九月二十四日）》有：「麟自上海發心氣疼舊病，至今未痊。初一日到浙，扶疾支持酬應，頗覺苦境煩難，奈何如之。惟期四海無事為佳。天象示儆，曉星光芒太露，名曰天棓，主爭奪之非，不能不深隱憂耳。吾弟恙假，但知會制軍可也。扶病手此，復候恙安，即還芳版，不盡馳念。」

十一月初六日，在浙江。奉諭查湖北操防營塗宗瀛等人滋事事由。

《彭玉麟集・奏稿》卷二《遵查湖北操防營兵丁滋事摺（光緒八年十一月二十八日）》有：「奏為遵旨查明，恭折據實復陳，仰祈聖鑒事。竊臣於光緒八年十一月初六日在浙江，承准軍機大臣字寄十月十九日奉上諭：『前據塗宗瀛奏湖北操防營兵丁滋事，當經諭令塗宗瀛等將實在情形查奏。茲有人奏，此案把總楊姓與錢鋪商人口角，江夏縣知縣袒護商人，以致眾軍鼓噪，民心搖動。塗宗瀛、彭祖賢竭蹶張惶，辦理不善，請飭查參等語。著彭玉麟將此次滋事及辦理各情確切查明，據實具奏。原片著抄給閱看。』等因。欽此。復於十一月初九日，承准軍機大臣字寄十月二十四日奉上諭：『前因有人奏湖北營兵滋事情形，當諭令彭玉麟確查具奏。茲又有人奏，此次滋事，由江夏縣知縣蔡炳榮暴虐所致，塗宗瀛事前既剛愎自用，辦理操切，事後又不將蔡炳榮撤任，敷衍了事，請飭查辦等語。著彭玉麟歸入前奏，一併查明，據實具奏，原摺著抄給閱看。』等因。欽此。」

十一月初十日，乘小舟沿河赴湖北。

《彭玉麟集・奏稿》卷二《遵查湖北操防營兵丁滋事摺（光緒八年十一月二十八日）》有：「奏為……臣伏思此案既已諭令該督查奏實在情形，該督近在同城，職任所在，自應據實復奏，不敢欺蒙。其如何復奏之處，臣無從過問，

謹遵旨於十一月初十日恭報起程，即乘小舟沿河出江，所過各省，謠傳不一。臣俱不敢輕信，謹按照所參各節嚴密確查，得其底里。先咨令將啟釁之知縣蔡炳榮、督標中軍副將鳳昌摘頂，以靖民心。」

十一月二十四日，馳抵湖北省城，確查塗宗瀛滋事詳情。

《彭玉麟集·奏稿》卷二《遵查湖北操防營兵丁滋事摺（光緒八年十一月二十八日）》有：「奏為……十一月二十四日，馳抵湖北省城，復詳查確實，不以謠傳為憑，謹以共見共聞、公是公非者為我皇太后、皇上陳之。」

十一月二十八日後，復回浙江。

《彭玉麟集·奏稿》卷二《遵查湖北操防營兵丁滋事摺（光緒八年十一月二十八日）》有：「奏為……再，臣此次拜摺後，仍回浙江，以便明年巡閱五省，出海入江，查察水師各營，上馳以符定制。合併聲明。謹奏。」

十二月二十五日，始抵浙江退省庵。是日，奉諭查塗宗瀛貪腐被參事宜。

《彭玉麟集·奏稿》卷二《遵查湖廣總督參款摺（光緒九年正月二十八日）》有：「奏為遵旨續行查明，據實復陳，恭摺仰祈聖鑒事。竊臣於去年十一月初十日奉旨，往湖北省查復操防兵丁滋事一案，事竣回浙，至十二月二十五日始抵西湖退省庵。即於是日，承准軍機大臣字寄，十一月十一日奉上諭：『前因有人奏湖北營兵滋事一案，迭諭令彭玉麟確查具奏。茲又有人奏，塗宗瀛專以封殖為務，揚州、上海暨安徽本籍貿易產業甚多，江寧藩庫存銀十六萬兩，交藩司梁肇煌經管。其在湘撫任內，於保甲緝捕並不認真辦理，惟事調勇自衛。正月初二日撫標聚眾拆毀中軍衙署，亦不拿辦一人，敷衍完案。及任湖廣總督，收受川鹽陋規、新堤關稅，仍蹈舊習。秋間鄂省兵變，該督首將眷屬私送過江，以致民心驚惶等語。著彭玉麟按照所參各節，歸入前奏一併確查，據實具奏。原片著抄給閱看。』等因。欽此。」

本年春，為王之春《國朝柔遠記》作序。

《國朝柔遠記·彭敘》曰：「《柔遠》一書，臣友王之春所輯也。之春以文人兼武事，馳驅江海間，防北塘，駐京口，遊歷日本長崎、橫濱，於中外交涉事見聞周洽，暇則博稽國朝掌故，凡有關於遠略者，提綱摘要，殫歲月之功，成為是書，誠撫遠之宏圖，綏遠之良策也！夫秦漢而還，多事四夷，往往兵連禍結，為累世隱憂。即勒石燕然山，繫單于頸致闕下，而財窮力竭，得其土不可治，得其人不可臣，隋珠彈雀之誚，所難免焉。至若兩晉、南宋

已事，率皆君臣玩泄，養癰貽患，自小其朝廷，史冊所書，千載下讀之，猶令人髮指，其罪烏可貸哉？昔宣聖與魯君論文武之政，於遠人則曰「柔」。誠以遠人不可邊怵之以威也，邊怵之以威，則彼必震動不安；又不可故示之以弱也，故示之以弱，則彼必狡焉思逞。此而求一至善不易之經，則非「柔」不為功。且夫「柔」之云者，非我之自處於柔也，道在順其歸附之心，而孚之以誠信，則柔者益柔，所謂「爕友柔克」也。化其獷悍桀黠之習，而迪之以中庸，則不柔者亦柔，所謂「高明柔克」也。今觀所編，穆然仰見列祖神宗聲教四訖，廣乾坤覆載之恩，宏遐邇一體之量，揚丕冒之仁於罔外，消反側之萌於無形。用能梯山航海，視遠如歸，腹詠心歌，無遠弗屆。雖其間或剿或撫，或戰或和，不必盡歸一致，而變通盡利，要皆範躍冶之金，陶汰之以適於用，閑出林之虎，馴伏之以安其常。蓋自文、武以後，柔遠之政未有若是之盡美盡善，可以行久遠而無弊者。臣奉命巡視長江，兼閱海防，屢欲匯纂我朝懷柔遠人之謨，宣佈皇仁於中外，且舉數百年來先後任事諸公成敗得失之數，借資法戒，期於臨事而不惑。而簡練務煩，苦無暇晷。此書實先得我心之所同然者，故序以行之。之春年甫強仕，喜著書，皆切於時務。異日才猷愈老，識見愈深，文章經濟當更有進於今茲者，則是書特其嚆矢耳。光緒八年仲春上浣，臣彭玉麟謹撰。」

　　是年，過江西湖口，督修周惇頤之墓。

　　《彭玉麟集‧奏稿》卷二《請飭部給與九江先賢周惇頤墓奉祀生摺（光緒九年九月十日）》有：「臣往來治兵江上，過江西之九江府德化縣廬山之麓，有先賢宋臣周惇頤之墓，歷代雖經修理，兵燹後已多頹塌。前賜諡忠節、巡撫銜羅澤南駐兵九江時，又經重修。然當軍務孔亟之時，未能大為修整。上年臣巡閱長江，至江西湖口，與鎮臣提督銜丁義方言及集資鳩工督修……」

　　《彭玉麟集‧文集》中《〈希賢錄〉序》有：「光緒八年，玉麟奉朝命巡閱長江五省水師，至九江，謁先賢周子墓。」

光緒九年（1883），六十八歲

　　正月初四日，出江沿途訪查。

　　《彭玉麟集‧奏稿》卷二《遵查湖廣總督參款摺（光緒九年正月二十八日）》有：「奏為……查前次諭旨，業已於去年十一月二十八日復奏在案。此次諭旨，因臣越鄂，往反數千里，行蹤無定，驛遞轉折，是以奉到稽遲。臣

病軀沖寒，怔忡、咯血、筋骨疼痛諸證益加觸發，眠食減少，交春更甚。受恩深重，未敢偷安，復於本年正月初四日出江，沿途訪查。謹遵旨續為我皇太后、皇上陳之。」

正月二十八日，抵安徽省城，咯血復發。欲復回浙江調理。

《彭玉麟集·奏稿》卷二《遵查湖廣總督參款摺（光緒九年正月二十八日）》有：「奏為……再，臣於去冬往返湖北，發咯血、怔忡諸證，至今疲困，精神衰頹。此次行抵安徽省城，咯血、怔忡更甚，春愈深病癒劇。拜摺後仍回浙江調理，俟舊恙痊可，方能出海入江巡閱，合併聲明。謹奏。」

二月初三日，由湖北查案回船至江陰，與李與吾、章作堂會晤。

《左宗棠全集·家書》中《孝寬孝同（光緒九年癸未二月初十日胡家集舟中）》有：「在上海與諸將校定議甫畢，適彭雪琴由湖北查案回船至江陰，李與吾、章作堂請先赴江陰與其晤敘。」

按：左宗棠作家書《孝寬孝同（光緒九年癸未二月初十日胡家集舟中）》提到彭玉麟來會晤，未說明時間，查其奏稿《籌辦海防會商佈置機宜折三月三十日》，見左宗棠為二月初四日，推斷見李與吾、章作堂為二月初三日。

二月初四日，見在吳淞口左宗棠。畢後回退省庵。

《左宗棠全集·家書》中《孝寬孝同（光緒九年癸未二月初十日胡家集舟中）》有：「次日彭宮保與我晤於吳淞口。據稱：『此事已於數年前定，現因經費無措中止。今鹽票項下既有餘資可購齊船炮，尚有何疑畏不能作連（速）命會乎？』因將應於中外趕辦船炮各事逐一陳敘，彭亦歡愜，並稱如此佈置，但慮外人不來耳。諸將校亦云：『我輩忝居一二品武職，各有應盡之分，兩老不臨前敵，我輩亦可拚命報國。』答云：『此在各人自盡其心，義在則然，何分彼此？但能破彼船堅炮利詭謀，老命固無足惜。或者四十餘年之惡氣借此一吐，自此凶威頓挫，不敢動輒挾制要求，乃所願也。』宮保亦云：『如此斷送老命，亦可值得。』語畢，彼此分手。」

《左宗棠全集·家書》中《孝寬孝同（光緒九年癸未二月初十日胡家集舟中）》有：「海防議定，彭回退省庵，我亦展輪驗閱淮揚一帶河工，昨已行過泰州、泰興矣。沿途百姓陳列香案跪迎，一謝築堤修壩，上年里下河得獲豐年之恩；一謝減免釐金實惠。並云：『此地不見製臺按臨者數十年，今得瞻謁威儀，一生之幸。』同行各司道僉云：『實愚民血誠愛戴，並非虛語。』我心雖慰，亦頗自愧也。書此告兒曹，俾知好官可做，好官之名亦實不易副也。蓴農、健

齊隨行，同為欣怡，蓴農同到馬朋灣看工後可先回。開復之請須俟事冷再說。彭宮保亦諾與我會銜，並云：『此時則斷不可遽。』蓴意亦以為然。」

《左宗棠全集》奏稿八《籌辦海防會商佈置機宜摺（光緒三月三十日）》有：「二月初四日，彭玉麟即至，相與審視，慨稱數年前即擬於白茅沙妥為佈置，因製船購炮經費無出，遂止。臣語以現在籌集儲存已有成數，並詳述現派製造者福建輪船局，江南上海、金陵兩局，而所需之洋鋼、洋鐵、楢木等項物料，上年飭委四品花翎德商福克於回國監製兵輪大船之便一併採買，俟其解到，始能應手，計期當在七、八月之交。」

三月初二日，於浙江省城，奉諭補授兵部尚書。

《彭玉麟集‧奏稿》卷二《辭兵部尚書摺（光緒九年三月初二日）》有：「奏為欽奉聖旨，恭摺叩謝天恩，謹瀝陳下情，伏懇收回成命，以重兵樞要職，以全微臣病軀，仰祈聖鑒事。竊臣於光緒九年二月二十四日在浙江省城，承准吏部咨光緒九年正月二十四日奉上諭：『刑部尚書著張之萬調補，彭玉麟著補授兵部尚書，未到任以前，著閻敬銘兼署。閻敬銘見在出差，兵部尚書著張之萬暫行兼署。』等因。欽此。自天降命，惶悚靡安，臣當即恭設香案，望闕叩頭，祗謝天恩。」

是日，以年老體衰為由，辭兵部尚書。

《彭玉麟集‧奏稿》卷二《辭兵部尚書摺（光緒九年三月初二日）》有：「奏為……臣聞德高者福厚，祚薄者祿微。臣無德可言，斷不足以享厚福，一子早亡，長孫今才十歲。臣年已老而病日集，氣不壯而體久衰，祿祚之薄已可想見，不但難膺朝廷之艱巨，實亦難承聖主之寵榮。且兵部綰天下之軍政，尚書總一部之紀綱，豈可以微臣朽材，曠國家之官守，更貽誤於將來？惟有叩懇皇上明目達聰，收回成命，知人善任，另簡賢才補授兵部尚書，以重要職，俾聖恩不致久負，庶臣心亦可稍安。臣衰病已深，難期振作，俟稍就痊，可勉力上駛巡閱，事竣再請天恩，開除巡閱差事。所有微臣感悚下懷，謹披肝瀝陳，伏乞皇太后、皇上聖鑒。謹奏。」

本月，回退省庵，作《〈希賢錄〉序》《重修周子墓碑記》。

《彭玉麟集‧文集》中《〈希賢錄〉序》有：「光緒八年，玉麟奉朝命巡閱長江五省水師，至九江，謁先賢周子墓。先是咸豐五年，湘鄉羅忠節、李忠武購甓石重修。至是予見其未備也，復令湖口鎮總兵益陽丁義方庀材鳩工，經營修整，用期久遠。既成，屬予記之。予維周子之學，德行精純，體用具備。上

繼文、周、孔、孟，下啟二程、張、朱，宋賜諡曰元，義深遠也。其所著《太極圖說》《通書》，與《易‧繫辭》《大學》《中庸》之旨，如合符節。經朱子注釋之後，明時取以冠《性理大全》。我聖祖仁皇帝命儒臣纂修《性理精義》，復取以弁篇端，循明制頒之學宮，著為令典，與《六經》、《四子書》並垂天壤。其言行出處進退幾於時，措從宜近於君子，依中庸，遯世不見知而不悔。《宋史》創立《道學傳》，而以先生為首，稱朱子《濂溪先生事實》所載特詳，《宋史》即據以立傳。其賜諡有禮臣之議，其從祀有理宗之詔，其墓則有潘興嗣為之志銘，其重修墓則有羅忠節為之記，皆能發明先生體用實學，予無以益也。夫尚友古人，不徒在過墓生哀、至廟生敬，尤當奉為德行、政事、學術以為師法焉。既撰重修墓記以識顛末，復取《宋史‧道學傳》、朱子所撰《事實》並《通書講義》，以及宋賜諡議、從祀詔、墓誌銘、修墓記，並繪墓圖匯為編，俾仰止先生者考其言行，知其窮理盡性至命之學，實能存諸心、備諸身，發之於事君、行政、濟人、澤物之間，故可為百世師而非徒托空言者也。用以自勵希賢之志，且以勵同志云。光緒九年春三月，衡陽彭玉麟謹識於退省庵。」

《彭玉麟集‧文集》中《重修周子墓碑記》有：「濂溪周子，吾楚道州人也，墓在江西德化縣栗樹嶺下。光緒七年，玉麟巡閱江海，道出潯陽，率同湖口鎮總兵丁義方、知縣胡傳釗等往謁。墓經湘鄉羅忠節公澤南、李忠武公續賓於咸豐乙卯重修。時當戎事方棘之秋，工尚未足以經久遠。玉麟因躡金為倡，屬丁君營度其事，易陶甓而石，周繚以垣，閎閟其墓門，歷一周星蕆事。考宋熙寧辛亥，先生聞母仙居縣太君鄭太君墓在潤州為水所齧，乞知南康軍，改葬廬阜。越歲壬子，上南康印綬，就廬阜蓮花峰書堂定室居之。又越歲癸丑，先生歿，就葬太君墓左，配陸氏縉雲縣君、繼配蒲氏德清縣君墓皆祔。地在德化栗樹嶺，有省志可據，蓋即宋德化鄉清泉社地也，而羅記誤以蓮花峰為先生墓所，今宜改正。再考嘉定九年，蜀使者魏了翁為先生請易名典，詔諡曰元。明弘治三年，九江知府童潮於墓所建祠，題匾額曰「宋元公濂溪周先生祠」。及嘉靖甲寅，修墓者則題曰「宋知南康軍濂溪周先生」，繼修者則題曰「先賢濂溪周子」。漏諡不書，而知南康軍似不若先賢之為重，然諡亦不可漏也。玉麟因闡羅山所重之意，增題「元公」二字於碑，其於古禮庶有合乎！先生發伊洛之源，繼洙泗之學，所著《太極圖說》《通書》與《六經》並垂不朽。後之人苟不明乎中正仁義之道，以之修齊治平而徒致力於先生之墓焉，末已。願同志者過墓生欽，擴充其志，讀先生書，仰止先生之懿行，庶幾不負先生之教也。

工既成，爰志其顛末，且以發明先生之大者勒於碑。至修墓諸君姓名、捐資數目，例得泐石於後。時在光緒癸未春三月，太子少保、兵部尚書衡陽後學彭玉麟謹撰。」

六月初四日，過九江，率丁義方並九江鎮祭周惇頤。

《彭玉麟集·奏稿》卷二《請飭部給與九江先賢周惇頤墓奉祀生摺（光緒九年九月十日）》有：「臣往來治兵江上……上年臣巡閱長江，至江西湖口，與鎮臣提督銜丁義方言及集資鳩工督修，堅固堂皇，頗稱大賢塚墓氣象，壘石為壙，甃磚為垣，立豐碑坊表，建守塚廬舍，培植松柏，今年夏工竣。六月初四日，臣過九江，率丁義方並九江鎮道以下公同致祭。惟聞該先賢裔孫住湖南道州本籍及九江德化縣墓旁，皆為奉祀生，今墓所後裔並無奉祀生，實為缺典。」

八月二十二日，光緒帝派公前往廣東籌備防務，提防法軍。

《德宗景皇帝實錄》卷之一百六十九 光緒九年八月二十二日條曰：「己巳。諭軍機大臣等、法越構兵一事。法人自攻占順化河岸礮臺後，迫脅越南議約十三條，該國情形危急。法使脫利古現乘兵船來津，並有以大隊兵船至廣東尋釁之說，恫喝要求，詭計叵測。南北洋防務，均關緊要，亟須實力籌辦，以期有備無患。廣東兵力單薄，守禦尚虛。著派彭玉麟酌帶舊部得力將弁。酌量召募勇營。迅速前往廣東。會同張樹聲、裕寬、妥籌布置。該尚書接奉此旨後。即行部署起程。毋稍延緩。南洋海防。著責成左宗棠悉心規畫。妥慎辦理。長江防務。著責成左宗棠、李成謀。督飭各營。認真籌備。均不得稍有疏懈。北洋防務。著李鴻章懍遵本月十九日諭旨。迅即籌議覆奏。前據吳大澂奏、吉林所練防軍。堪以抽撥民勇三千人。聽候徵調等語。著該京卿即行統率此項勇丁。航海來津。以備調遣。現在事機喫緊。該大臣等務當悉力經營。妥速辦理。以裨大局。將此由六百里密諭李鴻章、左宗棠、彭玉麟、張樹聲、裕寬、吳大澂、並傳諭李成謀知之。」

是月，督辦廣東海防，會同張樹聲布置防務，以固邊境，防法人入侵。

《張文襄公奏議》卷七奏議七《法釁已成敬陳戰守事宜摺（光緒九年十一月初一日）》有：「竊惟法蘭西貪悖不道，剪我屬國，偪我邊徼，脅越立約，意猶未厭，攻奪不已。聞法人接我照會後，漫不省改，依然進兵攻取北寧諸鎮，必欲吞滅劉團，盡有越地。且聞其調集兵船，為將來恫喝之計。事勢如此，邊患已亟，來春二月，必有舉動。方今朝廷固已出滇、桂之師，修濱海

之備，廟謨宏遠，度已計畫無遺。特是兵事秘密，外間不盡聞知，微臣杞憂，不勝過慮。」

《張文襄公奏議》卷七奏議七《法患未已不可罷兵摺（光緒九年十一月初一日）》有：「竊臣前經條上《法越戰守事宜》一疏，正在繕發間，適聞法人攻下越南、寧西兩鎮援兵失利之報，不勝憤懣焦灼。臣惟法人圖越窺滇，中朝不能不自固邊境，於是命滇、桂兩路出師，於是又命彭玉麟督辦廣東海防，於是又照會各國陳說曲直，明言用兵。凡此皆常經正理，然猶持重審慎，而後出之。以上三大端，海內臣民無不欽頌欣愜，以為廟謨至當。任用得人、謀畫得策，中華將士之氣，為之勃然奮興。乃法人貪戾逞兵，復陷北圻數城，援師偶挫，竊恐此時必有以『撤兵棄越，閉關息事』之說動聖聽者。臣竊以為不可。若果如此，則前功盡棄而後患不可勝言矣。夫夏、秋以前，中國僅為劉永福聲援。」

《張文襄公奏議》卷九奏議九《敬陳海防情形摺（光緒十年九月初三日）》有：「竊臣……自去年秋、冬以來，彭玉麟、張樹聲經營防務漸有規模。彭玉麟忠壯勤苦，足以感發軍民。張樹聲於泰西礮械，素能講求，次第籌備新造礮臺，略仿西式，始改舊觀。惟是事體繁重，經費艱難，且動為各國洋人所牽制，而將吏習為疲惰。大率狃於積習，謬見隱存，徼倖無事之心，又多未見外洋戰陣備禦之方，罕有成畫。臣與諸臣三令五申，考校督趣，夜以繼日，舌敝脣焦。」

九月初六日，奉諭帶兵守禦廣東，防法越入侵。

《彭玉麟集·奏稿》卷二《奏報赴粵部署大略摺（光緒九年九月十九日）》有：「奏為法越構兵，廣東防務吃緊，遵旨前往會同籌辦，謹將部署大略情形並起程日期恭摺復奏，仰祈聖鑒事。竊臣於九月初六日，承准軍機大臣密寄光緒九年八月二十二日奉上諭：『法越構兵一事，法人自攻佔順化河岸炮臺後，迫脅越南議約十三條，該國情形危急。法使脫利古現乘兵船來津，並有以大隊兵船至廣東尋釁之說，恫喝要求，詭計叵測。南北洋防務均關緊要，亟須實力籌辦，以期有備無患。廣東兵力單薄，守禦尚虛，著派彭玉麟酌帶舊部得力將弁，酌量招募勇營，迅速前往廣東，會同張樹聲、裕寬妥籌佈置。該尚書接奉此旨後，即行部署起程，毋稍延緩。南洋海防，著責成左宗棠悉心規畫，妥慎辦理；長江防務，著責成左宗棠、李成謀督飭各營認真籌備，均不得稍有疏懈。北洋防務，著李鴻章懍遵本月十九日諭旨，迅即籌議復奏。前據吳大澂奏，吉林所練防軍堪以抽撥，民勇三千人聽候徵調等語，著該京卿即行統率此項勇

丁，航海來津，以備調遣。現在事機吃緊，該大臣等務當悉力經營，妥速辦理，以裨大局。』等因。欽此。」

九月十九日，奏赴粵部署大略，擬在湖南取給軍火，請飭照會各國，並籌乘虛攻擣法越之軍。

《彭玉麟集·奏稿》卷二《密奏軍情片（光緒九年九月十九日）》有：「再，法兵雖經別由西貢奪占越南順化河岸炮臺，而迭據洋報，七月二十八、八月十八九等日，劉永福屢獲勝仗，有擊沉兵船之說，證以官商家信，事屬不虛。法人進退維谷，遂爾尋釁粵東，為虛聲恫喝之計。臣此次赴粵，如法兵先已薄城，則順化河一路守備自必空虛。緣遠涉重洋數萬里，人數必不能多也。臣擬一面協守，一面密咨雲貴督臣、廣西撫臣，各派驍將，率領精兵數千，督同劉永福所部，出其不意，攻其不備，疾擣順化河及西貢敵營，覆其巢穴。使該夷無地盤踞，則犯粵之軍勢將潰退，越南未必不可保全。應請密諭滇、蜀各督撫預先佈置，乘機赴會，冀成通力合作之功。查法人之富強不及俄人遠甚。前歲俄人百端要脅，若非皇上赫然命將，戒備森嚴，彼亦何由俯首就約。今法兵屢為劉永福所敗，伎倆已可概見，而議者必謂法兵不可輕敵，未免為虛聲所怵，墮彼術中。倘再任其要脅，勢將何所底止！此次能力圖自強，則各國皆不敢存輕視中國之心，可以一勞而永逸矣。謹附片密陳，伏乞聖鑒訓示。謹奏。」

《彭玉麟集·奏稿》卷二《請飭照會通商各國片（光緒九年九月十九日）》有：「再，師以曲直為老壯。上兵伐謀，其次伐交，古之制也。現在通商者二十餘國，而法人獨敢吞噬越南，志在窺我滇邊，垂涎銅礦之利。各國坐觀成敗，殆先以法人嘗試中國耳。然使法人竟獨擅富強之利，則諸國又將因妒生忌，不令獨佔便宜。此情勢所必然也。目下既命將出師，自應將不得已而用兵之故，明白宣示各國，使知其曲在彼，因以攜其黨而敗其謀。應請敕下總理各國衙門，照會通商之二十餘國，告以各國通商有年，彼此利益，各守條約，無詐無虞，此萬國公法所從出也。乃法國包藏禍心，明知越南世奉中國朝貢，乃竟恃強陵弱，違約稱兵。朝廷早欲應援，以恐傷和好，隱忍未發。前月法使脫利古乘兵船來津，有大隊兵船至廣東尋釁之說，恫喝要求，詭計叵測。我皇上赫然震怒，命將視師，彼若前來，即與決戰。兵端開自彼國，不得已而為應敵之師。曲直之判，皆諸國所周知也。第海上用兵，商船裹足，於各國通商事宜不無妨礙，以一國違約之故，致礙全局，咎有專歸，想諸國自有公論。又，中國軍民不識

外國旗號，將來戰守之際，誠恐各國商船經過，軍民誤認敵船，致有波累，亦須預防，以免繆轇。如此立言，明示利害，曲直之故，諸國必不敢暗中助逆。至預杜繆轇一層，尤屬自占地步。竊謂無論有戰事、無戰事，而此項照會似在必行。此後倘別有要求，亦斷不可輕易允許。臣愚昧之見，是否有當，伏乞聖鑒施行。合再附片密陳，謹奏。」

《彭玉麟集·奏稿》卷二《請飭湖南巡撫應付軍需片（光緒九年九月十九日）》有：「再，臣此次奉命赴粵，因時事緊迫，未敢開募勇營，遷延時日。應俟抵粵後，察看情形，再行核辦。查從前故大學士兩江督臣曾國藩、故湖北撫臣胡林翼辦理軍務，增兵轉餉，皆以湖南為根本。即臣此次赴粵，所需軍火應用之件，皆不能不取給湖南。應請旨飭下湖南撫臣，凡臣在粵所需，均須即時應付，以期辦理得手，無誤要需。謹附片陳明，伏祈聖鑒。謹奏。」

十月初十日，由衡州啟程赴粵，佈置兵防。

《彭玉麟集·奏稿》卷二《奏報到粵佈置摺（光緒九年十一月二十四日）》有：「奏為恭報微臣到粵日期，並與督臣同赴虎門一帶會籌佈置情形，恭摺仰祈聖鑒事。竊臣於十月初十日由籍啟程，業經報明在案。」

《彭玉麟集·奏稿》卷二《奏報赴粵部署大略摺（光緒九年九月十九日）》有：「奏為……臣輕裝隨帶跟丁數名，於十月初十日即由衡州起程，單騎入粵。臣從前足跡未至嶺南，於水陸形勢不熟，必須趁法兵未到之先，察看佈置。若法兵先臨城下，臣到在後，即當另籌辦法，現已附片密陳。除俟會商張樹聲、裕寬妥籌佈置再行會奏外，理合將遵旨部署大略應急情形並起程日期，先行恭折具報，上慰宸廑。是否有當，伏乞聖鑒訓示。謹奏。」

十一月初四日，行抵廣州。

《彭玉麟集·奏稿》卷二《奏報到粵佈置摺（光緒九年十一月二十四日）》有：「奏為……茲於十一月初四日行抵粵東，所調提督王永章振字四營、提督陶定升合字三營、候補道王之春毅字營，均先後航海到粵。」

《彭玉麟集·書信》中《復郭嵩燾（光緒九年十一月二十八日）》有：「弟別後於十月十日由鄉里起程，跋山涉水，至十一月初四日安抵羊城。塵裝甫卸，公務紛投，夜以繼日，如在山陰道上。隨即會同振帥乘輪周歷海上虎門前敵各要隘，數日歸來。幸王綏卿振字營、陶澧軒所統合字營、王爵堂觀察毅字一營，均先後到此，得以添防佈置；不敷，又令隨來前正定鎮婁峻三新募五營，又為王爵堂加毅字右營，稍足添厚兵力。……鄙意初來，以為法鬼在津聲言大隊兵

輪到廣尋釁，恐彼兵已臨城下，不料狡譎。此時尚與劉永福相持，無來此消息。據探報，月之十四五六，又為劉軍所大敗，收復宣泰城，戮其鬼數千，內有日本鬼千餘、教徒二千餘，真法鬼二千餘，擒殺其兵頭一、二、四、六、七畫十五名。岑彥卿宮保奉旨率大隊出關督剿，似此已明示法鬼以決裂。該鬼不得志於劉永福，而尋釁廣東，更有詞藉口。現已有小船偷探澳門以內數次，其意可以想見其謀。恐開年必有戰事於廣東也。」

十一月十二日，乘輪船出海，馳赴虎門一帶，相度海口形勢。十四日，回粵。

《彭玉麟集·奏稿》卷二《奏報到粵佈置摺（光緒九年十一月二十四日）》有：「奏為……臣晤商兩廣督臣張樹聲、廣東撫臣裕寬，即於十二日與督臣督同司道鎮將乘輪船出海，馳赴虎門一帶，相度海口形勢，以十四日旋省。臣查海南要隘，舊重澳門，明史所稱濠鏡澳也。今久為西洋貿易埠頭，則專以虎門為門戶。虎門距省一百八十里，西有大小虎二山，炮臺久廢。中有橫檔二山炮臺，孤懸海上。東有威遠山，現設威遠炮臺，大小炮三十六位。又有一字平水炮臺，大小洋炮十五位，其一重七千斤。偏東有露天炮臺，洋炮一位，重三萬三千斤；又二位，各七千斤。三曜月臺炮十位，重八千、六千斤不等。以上各炮臺，均經督臣張樹聲派署水師提督方曜所領潮普營、署陸路提督蔡金章所領廣濟軍分駐之。雖足資捍衛，尚少游擊之師。又有鵝嘴山定洋炮臺，亦關險要，炮位稍遜，兵力略單。臣會商督臣張樹聲，擬添營分紮，以厚兵力。此省城第一重門戶也。」

至十一月二十四日，訓練水師，趕造兵輪船。並請旨親率出關，出剿越南。

《彭玉麟集·奏稿》卷二《奏報到粵佈置摺（光緒九年十一月二十四日）》有：「奏為……臣遵旨揀選舊部得力戰將數員到粵，現委記名提督前正定鎮總兵婁雲慶，添募慶字中、左、右、前、後五營，加緊訓練，擬紮虎門前敵，為水師提督方曜之助，以厚兵力而扼要衝。又，所調江蘇候補道王之春毅字一營不敷分佈，今加募一營為毅字右營，歸王之春督帶，擬駐紮海心岡，並於岡上安土炮臺一座，藉以保障省城。至舉辦團練，亦經會商督臣，分飭各屬，次第舉行。又，閩浙督臣何璟，抄臣函寄歸梓里，鼓勵人心，現擇鄉望夙孚之員紳率領其眾，有警則調集分守省城河岸，以壯聲援，刻已辦有頭緒。又，查虎門以外尚有橫門、厓門、虎跳、磨刀等門，可以繞至省城之右支河汊港，防不勝

防。前督臣劉坤一、曾國荃曾經委員編查沿海沙戶漁船約計數千艘。此種人惟利是趨，不為我用即為寇用。擬仍會商督臣、撫臣，嚴飭該管各州縣認真編查，不得視為具文。如有戰事，即選募成軍，擇幹弁統之，一以分守港汊，一令潛放火舟、水雷，當可收指臂之助。此連日察勘險隘、分別佈置之大概情形也。……臣擬會同督臣張樹聲，飛咨閩浙督臣何璟，籌款趕造兵輪船四五號，以固粵防。如閩局有可借撥之船，則更為妥便。容即會奏，請旨辦理。……臣佈置粗就，擬即添募陸勇，請旨親率出關，直搗西貢，庶上以紓宵旰之焦勞，下以伸衰年之積憤。所有微臣到防日期，並同赴虎門會籌佈置各情形，理合會同兩廣督臣張樹聲、廣東撫臣裕寬恭折密陳，伏乞皇太后、皇上聖鑒訓示。謹奏。」

是日，奉上諭封港守城，於粵東靜觀法越之戰，並穩定民心，加緊團練，以防萬一。

《彭玉麟集・奏稿》卷二《遵旨加意鎮定片（光緒九年十一月二十四日）》有：「再，臣承准軍機大臣密寄光緒九年十月三十日奉上諭：『茲聞彭玉麟擬曉諭粵民，有准其仇殺法人，及禁各國商船進口，違禁者取其船貨等語。揆之目前事理，均係不可行。法人侵擾越南，究未與我先開兵釁。此時自宜靜以待動，不宜自我先啟釁端。至各國通商以來，尚屬相安，現在並無戰事，遽行封港，必致激怒各國，釀成事變，所關於全局者極大。粵東人心浮動，沙面滋事一案尚未辦結，尤宜加意鎮定，認真彈壓。俾民情綏靖，不致別生枝節。該尚書所擬告示，著毋庸張貼。』等因。欽此。仰見聖主遠慮深思，明見萬里之外，無任欽服。」

十二月初五日，奉諭，聞越人將犯瓊州，欲親赴瓊州。

《彭玉麟集・奏稿》卷二《會奏派營駐守瓊州摺（光緒九年十二月初十日）》有：「奏為遵旨酌派四營駐守瓊州，恭摺仰祈聖鑒事。本年十二月初五日，承准總理各國事務衙門電寄十二月初四日奉旨：『現據各處電報，法已早踞山西，將犯瓊州，據以為質，圖索兵費等語。瓊州備禦空虛，著派彭玉麟迅速前往擇地駐紮，即飭所部各營與鄭紹忠一軍會合。吳全美師船扼守瓊州，所需餉項、軍火，著張樹聲隨時接濟，毋任缺乏。王孝祺即毋庸赴關。彭玉麟威望素著，務當相機調度，不必親赴瓊州，以期慎重，毋稍疏虞。至各國商船，照常貿易，自應格外保護，並著嚴飭水陸各營毋得別滋事端，致生枝節。』等因。欽此。仰見聖主軫念海疆之至意，臣等莫名欽佩。」

十二月初十日，因法人侵入山西，戰守吃緊，與張之洞斟酌再三，派四營會同鎮道駐守瓊州。

《彭玉麟集·奏稿》卷二《會奏派營駐守瓊州摺（光緒九年十二月初十日）》有：「奏為……遵查法人深入越境，已得山西，現正戰守吃緊之際，或未暇分兵以窺瓊州。所云先取瓊州、圖索兵費等語，或係聲東擊西之辭，亦未可定。然而海疆重地，正當先事預防。昨得電報後，臣樹聲已措辦軍餉三萬及軍火等件，飛飭該鎮道添勇嚴防。臣玉麟又會札通飭沿海各州縣，嚴辦水陸團練，以資捍衛。欽奉前因，臣玉麟即議親率所部湘軍，前赴瓊州擇地駐紮。正在籌措軍火子藥、雇備船隻，刻日成行。迭據省城士紳僉稱：廣東為南洋首衝，尤以省城為根本，未便專守瓊州偏隅一郡之地。且粵海延袤三千餘里，東有惠、潮，西有肇、高、雷、廉，亦有防不勝防之勢，籲請暫緩拔營，其辭甚力。臣等再四斟酌妥當，擬委總理營務處候補道王之春率所部毅字二營，又於鄭紹忠安勇中抽調二營，仍歸王之春調遣，即日開赴瓊州，會同該鎮道實力防堵。一面催辦沿海各州縣團練。如此兩面兼顧，似足以鎮定人心。萬一敵犯瓊州，脅索兵費，則亦宜先事預防，為先發制人之計。……幸近奉寄諭，總理衙門業已給予照會，告以法如侵及我軍駐紮之地，不能坐視等語。稍正師名。然昨准廣西撫臣徐延旭來函，前月十七山西之戰，正官軍駐紮地也，旗號如林，伊竟反顏攻擊。是彼已大肆決裂，無所庸其顧惜矣！伏見本年九月曾紀澤照會法臣，洋洋千餘言，逐層辯詰，義正辭嚴，而法亦理屈辭窮。可見其欺弱而畏強，並不能變曲而為直也。夫身住彼都者尚能抗辯不屈，則又何必顧忌多端，有言不盡乎？為今之計，必先明示決裂，然後可望轉圜。此固一定之理。伏乞聖明天斷，飭將前情列入照會，據理直陳，庶大局立有轉機，各國皆不敢效尤輕視矣。臣等往返熟商，意見相合。所有遵旨酌派四營會同鎮道駐守瓊州，及請飭照會各國，預為防範各緣由，謹合辭會復，伏乞皇太后、皇上聖鑒。謹奏。」

《張文襄公奏議》卷九奏議九《查覆張樹聲參款摺（光緒十年八月二十八日）》有：「上年十二月初四日奉旨：『瓊州備禦空虛，著派彭玉麟迅速前往，擇地駐紮。等因。欽此。』當與將軍臣長善、前撫臣裕寬會商，僉以瓊在偏隅，省為根本重臣，未可輕出，公同商派道員王之春、毅字兩營赴瓊駐防，會同臣玉麟電達總署，並會奏有案：『其以千人防瓊，餘悉留省，並非樹聲主持』等語。臣玉麟查去冬到防，與該前督籌議諸事，莫不和衷商榷，間有議辦而不能隨行者，實以餉項支絀，力不從心之故，謂其有心牽掣，殆不其然。至於身臨

前敵，力肩艱鉅，乃統兵人員分內之事，亦臣玉麟應盡心力之事。臣玉麟以本兵奉命督辦粵防，軍中之事，豈不能自主，何至聽張樹聲之忌而委之，此理不待辨而自明也。」

按：「張之洞《查覆張樹聲參款摺（光緒十年八月二十八日）》中提到彭玉麟與其商討赴瓊之事，但未說明時間。根據《會奏派營駐守瓊州摺（光緒九年十二月初十日）》中『臣等再四斟酌妥當，擬委總理營務處候補道王之春率所部毅字二營，又於鄭紹忠安勇中抽調二營，仍歸王之春調遣，即日開赴瓊州，會同該鎮道實力防堵。』一文，與張之洞摺中『公同商派道員王之春、毅字兩營赴瓊駐防』吻合，故此推斷其二人商酌時間約為十二月初十日左右。」

是日，聞中法決裂。為驅法人，欲結暹羅，乘虛襲搗越南首都西貢。

《彭玉麟集·奏稿》卷二《暗結暹羅襲取西貢摺（光緒九年十二月初十日）》有：「奏為密籌暗結暹羅，襲取西貢，以拯越南而維大局，恭摺仰祈聖鑒事。……前奉寄諭，飭總理衙門照會各國，告以法如侵及我軍駐紮之地，即不能坐視等語。然昨准廣西撫臣徐延旭來函，前月十七日法夷攻犯山西，正官軍駐紮地也。……今迭奉諭旨，明示決裂，與法夷決戰。鄭官應恰有信來，求為奏調，由滬回粵，親赴暹羅、西貢、新嘉坡等處，密約佈置，機有可乘等語。……今越南事棘，滇兵未到，劉永福獨力難支，北圻萬分吃緊。臣擬密飭鄭官應潛往各該處，妥為結約，告以封豕長蛇之患，輔車唇齒之依。該國又夙稱忠順，鄉誼素敦，倘另出奇軍，內應外合，西貢必可潛師而得。惟是言易行難，其中有無窒礙，先令密速探明。事有端倪，臣再派王之春改裝易服，同往密籌，屆期密催在越各軍同時並舉，而不明言其故。西貢失則河內、海防無根，法人皆可驅除，越南或可保耳。昔陳湯用西域以破康居，王元策用吐番以搗印度，皆決機徼外，不由中制，用能建非常之功。我國家厚澤深仁，自應有此得道之助。惟此舉若成，則西貢六府自應歸併暹羅，庶能取亦復能守。蓋西貢為越之南圻，係嘉慶初阮福映兼併占城及真臘北境，非安南故土。志稱安南南北三千七百里、東西一千五百里，係專指北圻言也。阮氏有西貢而不能守，被法人奪占二十餘年。暹羅能得之，阮氏豈能復問？傾覆栽培，在聖朝亦因材而篤而已。臣現附片奏調鄭官應，伏乞飭用電報傳知，以免南北洋大臣奏留，致稽時日。」

光緒十年（1884），六十九歲

正月，株守粵中。

《彭玉麟集‧書信》中《復程桓生（光緒十年二月十八日）》有：「尚齋仁兄大人閣下：客秋漢皋一遠塵教，流光荏苒，又換年華。只以賓士靡鹽，音候致疏，海月江雲，懷念無既。新春元旦，接誦客臘九日惠函，荷綺注之情深，益蕉衷之慚感，臨風雒誦，獎勵逾恒，顏赧彌甚。就訊撫序凝庥，順時納福，至慰頌忱。……弟株守粵中，動多棘手，不若出關入越為活動。三次疏請，未邀俞允，飭以鎮靜，毋赴前敵。徐小山中丞入告請弟出關，不料碰釘子。此則無可如何，只好坐困於此，靜以待動。法鬼來則決戰，拼老頭皮，無他法也。不得已，請飭戶部撥海防經費，合、毅四營歸江蘇衛中丞處接濟，幸蒙照准，餉源有出，得釋焦愁。而入春忡逆咯血諸症大發矣。生就磨蠍入命宮，不能以境遇通塞之理論也。一月以來，尚未能出營門，每日粥食，不能健飯。幸而血止，獨精力疲困，兩足如韓十二郎，一莖瘦骨，與雞肋同，獨怪閻羅天子吝嗇，杯酒不見召耳。」

正月二十日，領福字、荷包、銀錁銀錢食品等賞。

《彭玉麟集‧奏稿》卷二《謝賜福字並荷包等件恩摺（光緒十年正月二十二日）》有：「奏為恭謝天恩，仰祈聖鑒事。光緒九年十二月三十日承准軍機大臣咨開，由內交出年賞福字一方、大小荷包三對、銀錁銀錢食品等件，驛遞到臣。承准此，當即恭設香案，望闕叩頭祗領訖。竊臣協戍海疆，虛糜歲廩。雲瞻北極，正殷就日之忱；春滿東郊，忽荷自天之寵。璿題錫福，仰羲畫以斟元；玉食分腴，傍堯廚而含哺。椒盤薦荔，華井搴蓮。碧荷繡紫鳳之囊，白鏹鑄青蚨之幣。醍醐飽德，杞枸餐英。仰承丹宸之遙頒，彌覺素餐之滋愧。臣惟有感深挾纊，惠普投醪，力清函夏之氛，共進熙春之頌，以仰答高厚生成於萬一。所有微臣感激下忱，理合附驛叩謝天恩，伏乞皇太后、皇上聖鑒。謹奏。」

正月十六日，乘虛攻取西貢之事被否。

《彭玉麟集‧奏稿》卷二《遵復所指各節片（光緒十年正月二十二日）》有：「再，臣於本年正月十六日，承准軍機大臣密寄光緒九年十二月二十六日奉上諭：『彭玉麟密奏暗結暹羅、襲取西貢一摺，具見籌畫苦心，未始非出奇制勝之策。然兵家用間，貴有所因。暹羅國勢本弱，自新嘉坡、滿加利等處為英所據，受其挾制，朝貢不通，豈能更出偏師自挑強敵？道員鄭官應雖與其國君臣有鄉人之誼，恐難以口舌遊說，趣令興師。且西貢、新嘉坡皆貿易之場，

商賈者流必無固志。懸賞募勇，需款尤巨，亦慮接濟難籌。法人於西貢經營二十餘年，根柢甚固。中國無堅輪巨炮，故未能渡海出師，搗其巢穴。即使暹羅出力，而無援兵以繼其後。法人回救，勢必不支。況英、法跡雖相忌，實則相資。彼見暹羅助我用兵，則猜刻之心益萌，併吞之計益急，恐西貢未能集事，而湄南先已慮亡。以上各節，皆宜層層慮及。閱該尚書所奏，多採近人魏源成說，移其所以制英者轉而圖法。兵事百變，未可徇臆度之空談，啟無窮之邊釁。倘機事不密，先傳播於新聞紙中，為害尤巨。該尚書原奏所稱言易行難者，諒亦見及於此。除鄭官應一員，業經由電寄諭南北洋大臣，准其調粵差遣外，著將所指各節迅速復奏。』各等因。」

正月二十四日、二十六日，咯血，仍帶病督辦粵防。

《彭玉麟集‧奏稿》卷二《會奏廣東團練捐輸事宜摺（光緒十年正月二十八日）》有：「奏為……臣玉麟入春以來，舊恙心沖、氣逆、筋骨疼痛等症，次第舉發，正月二十四日咯血，二十六日又大咯，嘔血碗餘，精神疲困，不可言狀。時際艱難，粵防緊要，不敢告勞，只有聽之，盡此殘喘以圖報效朝廷而已，合併聲明。謹奏。北寧兵力尚單，著彭玉麟與張樹聲籌商，選派得力將領，添募數營，配足軍火，迅赴前敵，以資接應。」

二月十二日起，派將領平定惠州，四連獲勝。

《彭玉麟集‧奏稿》卷二《剿除會匪片（光緒十年二月二十八日）》有：「再，惠州會匪滋事，已經督臣張樹聲、撫臣倪文蔚會同臣派去水師提臣方耀，帶領各營，會合陸路提臣蔡金章，往剿得手，於二月十二、十四、十六、十八等日接仗獲勝，擒斬頗多，收復該匪所踞平山、白芒、花稔山等村墟，解散脅從數千人。惟首逆黃金鞍、李阿都等，率死黨千餘人，竄往鹽灶背一帶山內。現已跟蹤追剿，總期盡絕根株，不留餘孽蔓延，為害地方，以仰體聖主廑念嚴疆、肅清內患之至意。理合先行附片陳明，謹奏。」

二月十四日，飭兵婪雲慶統率五營，出紫沙角。

《彭玉麟集‧奏稿》卷二《籌防瓊廉並省城門戶片（光緒十年二月十四日）》有：「再，欽州靈山一帶，為從前叛將李揚才肇亂之地，匪類甚多，客民、教民亦復不乏。現當越南多事，尤宜嚴防內匪勾結之漸。先經飭派記名提督黃得勝，管帶練勇一營駐紮與越南交界之東興地方，扼要巡防，尚皆綏靖。至欽州沿海之龍門等口，本由現署瓊州鎮總兵吳全美募勇一營，分駐巡防。嗣因瓊州備禦空虛，欽奉諭旨派兵設防，奏派湘、粵勇四營，令現署雷瓊道王之春統帶

前往。該道到任後，與吳全美察看情形，瓊州孤懸海外，四面受敵，現撥四營實屬不敷分佈，稟商臣等添募陸勇一營、紅單船水勇二營；並由吳全美將分駐龍門一營飭調赴瓊，分別佈置。而北海龍門一帶，與瓊州隔海相望，鎖鑰西路，亦未便空虛。已飭高州鎮總兵張得祿選募壯勇兩營，馳赴欽、廉，擇要屯紮，並將東興黃得勝一營歸其統轄，飭與奏派辦理西路團練馮子材、李起高等聯絡佈防，遙作聲援。前撥署南韶連鎮鄭紹忠所帶安勇兩營赴瓊後，紳民咸以省防兵單為慮。現因惠州會匪滋事，又由省防抽隊往剿，因飭鄭紹忠仍補募兩營，以資鎮撫而備調遣。至虎門為進省第一重門戶，前以兵力不逮，僅於威遠、上下橫檔三處築臺駐軍，尚嫌單薄。臣玉麟現已飭前直隸正定鎮總兵婁雲慶，統率新募五營出紮沙角。此外大角、湖州、山南北、鞏固等處，亦須酌量添撥水陸勇營駐守，庶壯聲威。應俟部署就緒，再行奏報。所有添募水陸營勇，籌防瓊、廉，並補募省防、抽撥勇營緣由，除咨明戶部、兵部外，臣等謹附片具陳，伏乞聖鑒。謹奏。」

二月十八日，前駐海濱大黃滘。

《彭玉麟集·書信》中《復程桓生（光緒十年二月十八日）》有：「去秋脫利古在津聲言，以大隊兵船來粵尋釁之語，恐應在此時乘間而來耳。弟不作生還之想，故督率親兵二百並合字三營駐海濱大黃滘，守東、西、南三處炮臺度歲。茲因病謝客，撥冗磨盾，扯雜信筆直書，無所忌顧，為我老友暢談別後近狀，聊遣悶懷。每於中宵起坐，四顧徬皇，散步營門，看月湧海流，沙明潮落，籌燈夜碧，刁斗聲寒。」

二月二十七日，督同婁雲慶等疊勘虎門東西兩處炮臺，駐紮南石頭。又商督張樹聲、倪文蔚，飭將領分泊沙角、大角。

《彭玉麟集·奏稿》卷三《進紮虎門外要隘摺（光緒十年二月二十八日）》有：「奏為派營進紮虎門外沙角、大角東西兩要隘，以固前敵門戶，恭折仰祈聖鑒事。竊臣到防後，會籌佈置情形，業經奏報，並聲明現委總兵婁雲慶添募五營，加緊訓練，擬紮虎門前敵，以厚兵力而扼要衝，各在案。其時但就現有之兵力、炮位先行佈置，故止議專守虎門。昨慶字五營業已成軍，臣督同婁雲慶等疊勘營地，勘得虎門以外十餘里，東有沙角，西有大角，兩山對峙，實虎門外之第一要隘。沙角、大角兩觜拱抱，舊有炮臺急須修復，此處嚴防，則虎門可守而粵省可以無虞。與其以重兵守後路，似不若進紮前路要隘，正所以堅守虎門也。」

《彭玉麟集‧奏稿》卷三《進紮虎門外要隘摺（光緒十年二月二十八日）》有：「上年冬，臣到防佈置時，該沙角、大角二處有臺無炮。現今所購之炮，已從外洋運到省城，可以分給十餘尊安設此二處炮臺。臣軍仰荷鴻慈，飭部指撥的餉，可收飽騰之效。現已派令婁雲慶五營進紮沙角，抽調上年冬添紮烏村提督王永章所部之振字一營，及總兵劉樹元之親軍一營，又水師提臣方耀所部亦撥出一營，計共三營，分紮大角，與方耀現守上下橫檔及威遠炮臺之軍勢成犄角，互相援應。又商督臣張樹聲、撫臣倪文蔚，飭赤溪協副將吳迪文所辦漁團內，雇紅單船二十隻，配齊炮位，給以口糧、薪水，即著吳迪文管帶。名為靖海水師營，給與關防，以資約束訓練而專責任。該營分泊沙角、大角，以便水陸相依，為保固省城門戶之計。其餘長洲、大黃滘、沙路、魚珠、烏村等隘，除奏明抽調道員王之春統帶四營別防要郡外，餘均照前議辦理。所有派營進紮沙角、大角虎門前敵要隘緣由，謹會同兩廣督臣張樹聲、廣東撫臣倪文蔚恭摺馳陳，伏乞皇太后、皇上聖鑒訓示。謹奏。」

　　《張文襄公奏議》卷九奏議九《敬陳海防情形摺（光緒十年九月初三日）》有：「三月以來，部署略定。前路曰虎門，距省百二十里。虎門內東山麓一臺，曰威遠臺；海心兩臺，曰上橫檔、下橫檔，署水師提督方耀任之。虎門外東曰沙角，西曰大角，曰蒲州。彭玉麟始議於此三處，新建礮臺。沙角，湘將提督婁雲慶任之；大角、蒲州，湘將提督王永章任之；是為前兩路。中路曰黃埔，距省六十里，內海水勢東西流，中分為二，以達於省。黃埔之尾曰長洲，居南北兩支之中，淮將提督吳宏洛任之，張樹聲行營駐焉。南支之南岸曰沙路，淮將總兵王孝祺、提督蔡金章任之。北支之北岸曰魚珠，署廣州協副將總兵鄧安邦任之。魚珠以內，去省十里曰中流沙，水心有臺，游擊黃增勝任之，是為中三路。西南路距省十里曰南石頭，為五門諸河達省之總道，湘將提督陶定昇任之，彭玉麟行營駐焉。再西南距省四十里，有兩河口：東曰石壁村，西曰五斗口，為五門西來，兼通佛山鎮之要道，副將利輝任之。分駐艇船二十、陸勇一營，築土臺於岸，是為西南內外兩路。長洲之南北兩河，沉船載石，擇要攔塞，每一河內外攔塞兩道，以上皆海防也。……每遇防務措置事宜，皆與尚書臣彭玉麟、前督臣張樹聲、撫臣倪文蔚虛衷商確謀定而行。日前在事諸臣，毫無意見之參，差即湘、淮、粵諸軍亦毫無畛域之間隔，各營皆有奮揚之氣，小民咸懷敵愾之心。設有敵警，將軍臣長善、撫臣倪文蔚分任城守。臣彭玉麟親督虎門一路，臣張樹聲親督黃埔一路，臣親督魚珠一路，上仗國威，下憑士氣，同

心戮力，誓遏凶鋒，以保巖疆而紓宸慮旨。覽奏布置海防情形，所籌均甚妥協，即著該督會同彭玉麟等督飭各軍，並激勵民團，隨時認真訓練，嚴密備豫，以期緩急足恃。欽此。」

按：張之洞《敬陳海防情形摺（光緒十年九月初三日）》中提及彭玉麟始議於虎門外沙角、大角、蒲州三處，新建礮臺之事，但並未標明時間，據彭玉麟《進紮虎門外要隘摺（光緒十年二月二十八日）》中，可知時間為二十七日。又，彭玉麟奏摺中未說明駐紮虎門的具體位置，根據張之洞文，補充彭玉麟駐紮位置為南石頭。

三月，屢次請親督湘軍出關，進剿越南法軍。

《彭玉麟集·書信》中《復郭嵩燾（光緒十年三月初三日）》有：「筠翁仁兄大人閣下：二月廿八日，周步瀛軍門到粵，奉上元節賜書。回環捧誦，語重心長，情諄愛摯，感銘彌深。承示瓊州之防最為緊要，此中肯之論。瓊州已於客臘飭敝營務處江蘇候補道王爵堂之春率四營往守，原有劉幼臣觀察五營。幼臣旋丁薲臣制府外艱，即商振帥會奏，以爵堂署雷瓊篆，以專責而一事權，免其呼喚不靈之慮。幸蒙俞允，且放此間糧儲實缺，更不能掣其手矣。今正又使添募兩營陸師、一營紅單船水師。認真辦理該郡縣團練，以補官兵之不足分防各口。……法鬼串通該凶徒，於二月初在惠州歸善、海豐、陸豐等縣倡亂。鬼並由香港暗濟該教匪軍火，於二月初二在歸善鄉稔山、白芒、花鹽窖、地背、白雲浦等處殺人焚掠。經惠州協標兵往剿，失利，陣亡官兵百數十人，敗退。賊更倡狂，四方回應，萬有餘眾，勢成蔓延。客匪亦起附之。因商振、豹二帥，由省城抽調防軍五營、炮隊一營，咨水師提督方燿督率，水陸並進，星飛前往，會合陸路提督蔡金章剿辦。一月以來，本剿撫兼施，解散脅從萬餘，惟首逆黃板石、李阿都、黃金安、李阿桀逃竄。據探盡歸香港，為鬼所庇，尚須緝拿費事耳。該法鬼初計唆成內訌，乘間直犯虎門，幸內訌擾亂不久即擊散。刻下防務如恒，靜以待動，遵旨也。屢次請親督湘軍十四營出關，進剿越南法鬼，均未蒙准。拙見與其於此守株坐困，不如出關會合岑軍分途進剿，尤為活著，不致老師糜餉之為得也。」

三月十二日，奏聞法攻取太原，瓊州急需扼守，派師前往一事。

《彭玉麟集·奏稿》卷三《會奏籌防瓊州摺（光緒十年）》有：「奏為遵旨籌備瓊州防務情形，恭摺復陳，仰祈聖鑒事。竊臣等於光緒十年三月十七日，承准軍機大臣密寄二月二十九日奉上諭：『昨據李鴻章電報，法兵已攻取

太原，華兵死傷甚眾。法人逞兵未已，且有索費之說，瓊州防務愈形吃重，著彭玉麟、張樹聲、倪文蔚速籌備禦，如兵力不敷，即行添調前往，以資厚集，並將各路團防加意聯絡，借壯聲威，以佐兵力所不及。』等因。欽此。仰惟聖主廑懷粵海，訓示周詳，曷勝悚感。當即欽遵密飭瓊州鎮、道，妥速籌備。伏查去年十二月欽奉諭旨，以瓊州備禦空虛，飭臣玉麟前往扼守。即經臣等奏派臣玉麟總理營務處、現署雷瓊道王之春，率所部毅字湘勇二營，並抽調署南韶連鎮總兵鄭紹忠所部安勇二營，並歸該道統帶赴瓊，力籌防堵。嗣據王之春到瓊後，會同署瓊州鎮總兵吳全美，周歷察勘該府所屬十縣三州，除定安一縣外，餘皆瀕海，港口紛歧，大兵輪之可停泊，小兵輪之可登岸者，屈指難數，若處處設防，非一二萬雄師不足以資分佈。該鎮、道等以府城為根本重地，擇要佈置，以扼其沖，稟請添募紅單船水師兩營，分泊各港，嚴加備禦。臣等立即批飭照辦。」

三月十四日，奏考核欽、靈一帶地勢，方長華一軍難以進攻緣由。

《彭玉麟集·奏稿》卷三《會復欽靈進兵摺（光緒十年三月十四日）》有：「奏為……二月初七日，承准軍機大臣密寄正月十八日上諭：『方長華一軍，可否由欽、靈一帶前進，著彭玉麟、張樹聲斟酌地勢，催令迅速到防，毋得遲延。』等因。欽此。仰見朝廷出師維藩，博徵群策，廟謨深遠，欽服曷勝。伏查道員方長華一軍，據報由南寧迅赴關外，業經另摺奏報。北寧軍情方緊，勢不便折回粵東，迂道欽、靈，以致緩不及事。惟欽、靈進兵之策，臣等始籌越事，議者亦謂滇軍臨其上，西軍當其中，東軍牽其後，三省合謀，計當出此。嗣經考核地勢，審察敵情，乃知其有未易行者。蓋靈山境界廣西，與越南並非接壤。欽州出境至越南海陽之路，迤邐由東北而指西南，其右皆叢山峻嶺，鳥道崎嶇，省志所謂十萬山也，其左一徑斜通，悉瀕大海。廣安一省棋跱中道，法人並守之，以為犄角。至於海陽境內，支河汊港，百道紛歧，尤非陸師所能徑達。法人久踞河內，嗣又襲取南定、興安、寧平，並攻奪山西各省。海陽為後路門戶，設守極堅，兵輪、鐵艦環泊海口內外。我軍沿海南行，彼可以水師沿海相薄，節節阻擊，勢不能前。就令先下廣安，渡江越河，直抵海陽城下，彼以堅輪大炮截我歸路，環而擊我，則近不足以牽掣山西、河內之法兵，退反蹈頓兵堅城之危道。去冬，北寧官軍三襲海陽，雖入其外郭，而不能得手，實由於此。然猶幸西軍以北寧陸地為後路，河道無多，可以從容撤去，無取道廣安沿海之險也。若由欽州迤西尋陸路進兵，必越十萬山，中緣崖穿谷，輾轉而

前，仍須先抵諒山一帶，乃達海陽。非復間道出奇之意，而轉輸之費力則百倍於鎮南關一路矣。且迭奉諭旨，法如侵我駐軍之地，即與開仗，已明諭法人、佈告各國。北寧、興化兩路官兵，與法軍相持日久，兵刃相接，亦無啟釁內地之嫌。欽州界外廣安、海陽等處，東省向未駐軍，近來廉、瓊等處漁船偶入越洋海界，輒為法軍殺傷焚毀。在粵洋則彼此相安，是彼族不遽犯中國之意界限猶明。若東軍鼓行而出，彼或藉口敗盟，亦鼓輪而東，各口騷然，似非計之得者。至廣東兵力、餉力之不逮，水陸轉運之艱難，猶其後焉者也。徐延旭節次奏請調撥輪船、嚴扼順化、海防各口。果使力能及此，則東軍由欽州前進，水陸徂征，原為勝算。方今閩、粵籌防，均當吃緊，且無大號得力兵輪可以徵調，久為聖明所洞燭。臣等再三酌度，欽、靈一路似未便以偏師嘗試，轉致有損無益。所有方長華一軍礙難由欽、靈進攻緣由，臣等謹合詞據實覆陳，伏乞皇太后、皇上聖鑒訓示。謹奏。」

四月二十八日，奏添置炮台，調兩江合字三營，加緊籌備粵防之具體事宜。

《彭玉麟集·奏稿》卷三《籌辦廣東守禦情形摺（光緒十年四月二十八日）》有：「奏為嚴密籌辦廣東守禦情形，遵旨復陳，仰祈聖鑒事。竊……臣按法夷自陷越南之北寧、太原、興化等省，其勢日張，肆其狡焉思逞之心，自不無窺伺中華之意。粵省三面瀕海，而西南陸地又與越南毗連，故防務緊要，尤以粵東為先。除各要害有已由督臣張樹聲早經籌防外，臣上年冬抵粵，巡閱各海口，細察形勢，自宜以虎門為入省第一要隘，黃埔、沙路、長河、魚珠、烏村次之，大黃滘、南石頭、海心岡、中流砥柱又次之。臣已於虎門、大角、沙角、海心岡、烏村、大黃滘等處安置各營，節節防守，前經奏明在案。目下臣不時巡視，督飭婁雲慶、陶定升、王永章、劉樹元及各營哨官等演習洋槍器械，以期精熟，測量地勢遠近，以期取遠命中。炮臺之頹壞者修之，不如式者改之。於炮臺後開劈山洞、土巷，暗通小門，以藏兵勇，使得隱蔽其身，有恃無恐，以便專身攻敵。踹覓圩、隴山凹以俟臨事潛伏奇兵，出敵不意，乘間狙擊。炮臺左右餘基築綿亙堅厚土牆，前掘深壕，使各炮臺勇丁得在牆內通行，聯絡聲勢，另開便門，出隊為游擊之師。勝則隨機策應，不勝則退守牆內，不致為敵所乘。炮臺外堆積海沙，高與炮臺相埒，臨時以水淋透，可禦開花炮子。此與御史趙爾巽所奏炮臺後宜節節遮攔，陸戰分路雕擊，宜散不宜聚之說，不謀而合。此虎門至省城一帶防務之情形也。」

《彭玉麟集·奏稿》卷三《籌辦廣東守禦情形摺（光緒十年四月二十八日）》有：「臣已商督臣張樹聲、撫臣倪文蔚，將該投誠梁輝等編為靖海營水師，以之防堵海口要隘，自較新募勇丁尤為得力，借此羈縻，不使為盜，兼可作眼線，緝拿平時盜案，以靖地方。至瓊州、欽州、廉州，均逼近越南，臣亦會商督、撫臣，為署雷瓊道王之春、高廉鎮張得祿各添兩營，俱經陸續遣赴防次，並飭於該郡縣實行團練，互相聯絡，以壯聲威矣。此省城及虎門以外各防務之情形也。臣統籌粵省全局，沿海及各處要隘均已粗有佈置，萬一法夷犯順，尚堪一戰。惟臣初擬設一、二枝遊弋之軍，以為聞警聲援之用，徒以餉項無出，遲遲未辦。此時防務日形緊急，應即設法籌募。又，臣調來兩江合字三營，由淮揚鎮章合才派提督陶定升統帶到粵。臣飭其分紮大黃滘及海心兩炮臺，以固省城堂奧。兩江督臣左宗棠以為廣東現無軍事，兩次飭章合才飛牘致陶定升，調該三營附載輪船，迅回兩江。臣方欲招集新軍，若更調去此三營，守禦必益形虛薄，是則斷不可輕動者耳。」

是日，勸阻朝廷與法議和。

《彭玉麟集·奏稿》卷三《力阻和議片（光緒十年四月二十八日）》有：「再，臣正封折間，適接督臣張樹聲緘致總署電音，得悉署直隸督臣李鴻章方與法酋議款，聞之不勝駭異。伏維法夷犯順，率土同仇。臣昨奉光緒十年三月二十六日上諭，飭臣等振刷精神，竭誠籌辦防務。臣當宣示各軍，莫不踴躍歡呼，激昂思奮，乃甫數日，而忽有議款之舉。得毋阻赴義之心，而褫敵愾之氣。況今日法夷有斷斷乎不可款者。臣素愚戇，忘其冒昧，有不容已於言者，請為皇太后、皇上一一陳之。法夷無端生釁，殘我屬國，及我出師保護，又復肆其豕突，撓敗我師，迄今並未大加懲創，遽與議和，何以張國威，示天下！不可許者一。法夷並未受創，翻然請款，是必中藏詭謫，或怠我師而徐乘其後，或緩我謀而誤以多方，其害無窮。不可許者二。既與議款，不索兵費，更為叵測。該夷惟利是視，忽棄日前所索巨萬之費不言，但言越境通商，其中不免有詐，恐將來必有十倍取償於後者。瘠中華以奉島夷，飾目前以釀邊患。不可許者三。以一外強中乾之法夷，憑陵我藩服，吞噬我疆土。堂堂中華，不勤遠略，不問其罪，轉降心相從，以就其和，使之此次得志。而效尤法夷者，必猘猘然環向而起，是款一法夷而轉來無數法夷也。群謀日滋，隱憂方大！不可許者四。雲南物產富饒，五金之礦、翠玉之璞，豔稱於世，久為西人所垂涎。若與議款，必由蒙自以內許其通商。迨為日既久，形勢險隘，彼皆周知，廣傳邪教以張羽

翼，一旦竊發，不僅通商，將何以支？不可許者五。此五不可者，人人知之。倘漫不加察，貿貿焉亟與議和，以為國計萬全，臣固未敢信也。……今兵端自法夷開，窮兵黷戰，掠地爭城，欺侮太甚，實為萬國公法所不容。宜歷數法夷罪狀，佈告中外，使咸知理曲在彼直在我，不得已而用兵伐罪，明有日月，幽有鬼神，共鑒此衷，應蒙默佑。此卜天理可戰而決必勝者五也。有此五可，亦人人知之。倘失此機宜，恐我中華永無自強之日，其將如天下後世之非議何？伏乞我朝廷乾剛（綱）獨斷，嚴飭沿海各疆吏及各將領，防務不可一刻稍懈，尤須洗心易慮，臥薪嚐膽，各矢天良，修矛偕作，憤切同仇，以與法夷從事。臣雖衰朽無似，斷不敢惜此病軀殘喘，稍存畏葸，尚當獎率將士為各軍先。惟宜和、宜戰，大局攸關，聖明洞鑒，自有權衡，原非臣下所敢妄議。微臣老病昏眊，在軍言軍，謹冒昧將所有不可款而可戰緣由，披瀝附片具陳，不勝惶悚待罪之至，仰祈皇太后、皇上聖鑒訓示。謹奏。」

　　是日，又奏金滿投誠，納入湘軍後的情況。

　　《彭玉麟集・奏稿》卷三《安插投誠臺匪片（光緒十年四月二十八日）》有：「臣上年自欽奉辦理廣東海防之命，念沿海地方匪徒不時滋事，殊非所以整頓防務之道。因思金滿經臣招撫，悔罪投誠，當不致有反復。然臺州等處地瘠民獷，聚眾劫掠之案時所不免，或者假金滿之名以相號召，必至轉生事端。故於赴粵途次緘商浙江撫臣劉秉璋，調金滿來粵以聽委用。……金滿現留臣營，朝夕察看，頗知感激朝廷寬大之恩，亟思自效，其心似屬無他。嗣後如有軍務，倘能因事立功，尚乞逾格鴻慈，許以進用，以示始終曲全之意。臣亦當隨時警策激勵，以堅其反正之心。至於粵省撤防，屆時臣當悉心籌度，妥為安插，或即其五品軍功歸長江提標，以外委候補，不令返浙，致有他虞，以至上煩宸廑也。謹附片復陳，伏祈聖鑒訓示。謹奏。」

　　五月十三日，奉諭察何雄輝之營。

　　《彭玉麟集・奏稿》卷三《密籌暹羅佈置片（光緒十年五月）》有：「本月十三日欽奉四月二十二日上諭：「本日已降旨，令何雄輝前赴廣東，交彭玉麟差遣委用，並著察看是否可用，據實具奏。」等因。欽此。臣俟該鎮到營，察看其才，果可任用，候鄭官應回營斟酌，擬即派該鎮往該國，混跡華人內，於暗中維持該軍，號令歸一，靜以待動。此時不必另募客民數營，以節糜費。將來和議若無翻覆，就我範圍，此舉即作罷論。如或該夷狡焉思逞，臣一面飭鄭官應飛電何雄輝及各該處聯絡之人眾，乘機而起，使法夷猝不及防；一面懇求

諭旨飛飭，准臣帶領所部十五營出關，會合岑毓英、潘鼎新妥為密商，分途並進，收復山西、河內、北寧等城，撫藩服以安邊圉，逐島族而振國威，在此一舉矣。如察看何雄輝或不謹慎，難勝此任，則不使其去。當與鄭官應另行商擇妥人，前去照料。至粵東防務，應請飭張樹聲督辦。該督久官粵中，情形熟習，專其責成，必多裨益。」

五月二十一日，奏內治廣東事務十條建議，主張練水師、整陸營、有別教民、准備倉儲、圖瓊州、變鹽務、清會匪、查沙田、嚴墳禁、籌水利。

《彭玉麟集・奏稿》卷三《會奏廣東積弊摺（光緒十年五月二十一日）》有：「奏為縷陳廣東吏治、軍政、民風積弊，請旨申諭，俾疆臣得以逐一澈查興革，以修內治而固本根，恭折仰祈聖鑒事。竊臣玉麟奉命籌辦海防，在粵經歲，粵中之政治風俗目見耳聞，情形漸稔。粵本可富、可強之地，徒以積習相沿，流弊百出，已非一朝一夕之故……一水師宜練也……一陸營宜整也……一教民宜別也……一倉儲宜備也……一瓊州宜圖也……一鹽務宜變也……一會匪宜清也……一沙田宜查也……一墳禁宜嚴也……一水利宜籌也……以上十條，皆臣等見聞所得，籌議所及。舉其卓卓大者，皆係歷年積弊，關乎吏治之汙隆、民生之休戚，而地方之治亂繫焉。夫從前洋務初起，大局貽誤自粵東始，則今日維持大局，亦必自粵東始。蓋必能知人而後可以察吏，能察吏而後可以安民，能安民而後可以治內，能治內而後可以攘外。此正本清源之道也。然積弊已深，動多牽掣，往往欲興一利，而百計撓阻；欲除一弊，而謗議叢生。眾口爍金，是非莫判，必賴聖明主持，飭下辦理。庶疆吏得以措手，從此風清弊絕，公道大彰。措正施行，勵精圖治。凡事必計久遠，不徒敷衍目前。內治修而遠人服，粵省幸甚！天下幸甚！所有粵中積弊，臣等謹就所見合詞專折條陳，伏乞皇太后、皇上聖鑒施行。謹奏。」

是月，密奏暹羅佈置事宜。

《彭玉麟集・奏稿》卷三《密籌暹羅佈置片（光緒十年五月）》有：「惟該夷狼貪成性，詭譎多端。臣細察其天津就和條約五則，實緩我師之計，俟三個月後始行互議通商條陳，再行定妥和議，其包藏禍心，殊為叵測。查越南此時天氣炎熱異常，瘴癘愈甚。彼族萬難禁受，必得休兵一屆。秋涼重理和議，必將故作刁難，多所要脅。不遂其欲，即肆猖獗，勢所必然。此時我軍防正宜未雨綢繆，一刻不容稍懈。臣素性肝燥，老病日深，春夏木火司令，已屬難支，

兼以廣南炎嶠，潮濕薰蒸，更形其憊。伏維時際艱難，軍情瞬變，安敢言病告勞，致縈宸慮，愈滋罪戾。惟臣性褊急，深慮秋間法夷復啟釁端，若不乘時先為預備，臨事必誤機宜。已密商鄭官應，令冒暑前往西貢、暹羅、金邊各處，不動聲色，細心體察情形。西貢是否防守嚴密？該處華人果否蓄恨甚深，內應可靠？暹羅國君臣果否實心樂助軍力？該處華人果否真心報效，願助餉需？以及若何進兵，若何攻擊，地勢若何，夷情若何，統凡一切作何規畫之處，均須一一暗地密查確實，斷不敢輕舉妄動，致肇他釁。」

閏五月十六日，奉上諭籌辦粵東防務。是時正備防嶺嶠，籌劃瀕海佈置。與張之洞等巡閱各海口數日，商酌炮臺游擊策略。

《彭玉麟集‧奏稿》中《遵旨復奏並陳今昔情形不同摺（光緒十年六月二十六日）》有：「閏五月十六日又接總署轉電本日奉旨：『彭玉麟在粵辦防，忠誠奮發，佈置周密。現在法國雖仍來講解，和議尚未大定，防守更關緊要。該尚書仍令督飭各軍實力備禦，勿稍鬆勁。』欽此。伏讀之餘，莫名感奮。臣值此時艱，備防嶺嶠，與疆臣悉心籌畫，雖瀕海各要隘粗有佈置，何敢言盡臻周密？猥荷恩綸，懷慚何似！惟有實心實力，黽勉圖維，以期無負皇上委任之至意。署督臣張之洞履任後，與臣熟議海防諸務，意見悉符。臣隨與張之洞、張樹聲、倪文蔚乘坐小輪船巡閱各海口數日，悉心商酌，察其險要兵單之處，添募勇營填紮，以為各炮臺游擊策應之用。沙角、大角在虎門之外，為省城第一重門戶，最關緊要，飭記名提督婁雲慶添置兩營。大角與沙角對峙海中，情形吃重，原駐兩營太單，飭記名提督王永章亦添兩營。魚珠為入省城陸路總要，與常洲沙路唇齒相依，飭署廣州副將、記名總兵鄧安邦亦添兩營。又於虎門內署水師提督方耀所守威遠炮臺後山，亦添三營，以為威遠防軍接應。至省城河南，向本空虛，飭署陸路提督鄭紹忠新添兩營，隨機策應。查虎門以西有厓門、橫門、虎跳、磨刀等六門，其水雖淺，而小輪船可直達佛山鎮，以抄省城之背。張之洞商之方耀，派員雇募拖船二十號，配足水勇，分守陳頭、五斗口一帶河面，以顧省垣後路。又調集各差遣小輪船十號、紅單船十號，駐泊橫檔左右，以為沙角虎門各炮臺應援。又派小輪船十號並紅單船四號，駐泊黃埔一帶，以為常洲沙路、魚珠各炮臺應援。如此節節水陸設防，較前似稍為嚴密。萬一有警，尚可無虞。」

閏五月二十五日，奉諭加緊防務，獎賞各軍，鼓舞士氣。

《彭玉麟集‧奏稿》中《遵旨復奏並陳今昔情形不同摺（光緒十年六月二

十六日）》有：「閏五月二十五日接北洋大臣轉寄總署電音，二十四日奉旨：『法國巴使逗遛上海，不來天津議約，並據各處電報，孤拔有集兵船他駛，佔據中國地方為質，索賠兵費之說。無理要求，萬難遷就。海疆防務吃緊，著沿海各省將軍、督撫、統兵大臣等，密飭各軍，嚴防以待。一面廣為偵探，倘有法軍前來，按兵不動，我亦靜以待之；如果撲犯我營，或登岸肆擾，務須並力迎擊，並設法斷其接濟，期於有戰必勝。如退縮不前者，立即軍前正法。』欽此。本日又欽奉懿旨：『各營士卒奮勇有功者，除破格施恩外，並發給內帑獎賞。將士炎暑從軍，已先賞給江南、福建、廣東各營平安丹各十五匣，其餘各省以次給賞，即傳知各軍知悉。』欽此。仰見聖明洞燭萬里，妙協機宜，莫名欽服。粵東地處炎方，軍士荷戟長征，時值瘟疫流行，十常四五，正多死亡。仰荷聖慈，許以破格之恩施，軫其暑雨之疾苦。臣當即宣示各軍，莫不踴躍歡呼，咸戴懿德，回生起死，感激涕零。至沿海一帶，已嚴飭設法斷其接濟。倘該夷稱兵犯順，務必奮戰直前，不容稍有退縮。若彼按兵不動，臣亦斷不敢輕舉以啟他釁。」

六月十九日，奉諭派兵援福建。

《彭玉麟集・奏稿》中《遵旨復奏並陳今昔情形不同摺（光緒十年六月二十六日）》有：「六月十五日接總署電音，十四日奉旨：「現在閩防日緊，沿海防務亦均吃重。彭玉麟素有遠略，著於廣東應留防軍外，豫備二萬人聽候調遣，或就原統之營整練，或招募壯勇足數，悉由該尚書酌辦。」欽此。六月十九日又接總署電音，十八日奉旨：「彭玉麟等派營援閩，力顧大局，殊堪嘉尚。現在滬議未就，法情叵測，萬一決裂，必宜出奇制勝。潘鼎新、岑毓英務將現駐關內各軍切實訓練，聽候調遣，彼此聯絡聲勢，庶足迅赴戎機，牽制敵勢。廣東能否別出奇兵，由欽、廉小路前進？著彭玉麟等豫為籌畫，或別有制勝之策，均著電奏復旨。並著潘鼎新迅即知照岑毓英一體遵辦。」欽此。臣聞命自天，悚惶無地。欽奉之下，除督臣張之洞、張樹聲，撫臣倪文蔚會同臣由電音復奏外，而微臣區區愚忱，尚有不容已於縷陳者。」

閏五月二十二日，奉諭撤軍，然法軍進犯，欲入福州。

《彭玉麟集・奏稿》中《遵旨復奏並陳今昔情形不同摺（光緒十年六月二十六日）》有：「自關外各軍奉閏五月二十二日上諭，盡行撤退入關後，該法夷無復後顧之慮，肆行猖獗，以致橫行東南洋面，探瓊州，駛上海，窺福州，欲逞其志。」

約六月，率營由欽、廉度山，過五峒，密秘進攻，收復山西、北寧，直搗越南。

《彭玉麟集·奏稿》中《遵旨復奏並陳今昔情形不同摺（光緒十年六月二十六日）》有：「臣伏思今昔事勢既大不同，軍情亦因時而異。若諒山、興化各軍未退入關以前，可以密行詭道，表裡夾擊。臣率全部十四營，由欽、廉度十萬大山，過五峒，出越南，密約岑毓英、潘鼎新，會劉永福，分三路前進；再以海外兵船載二萬人，暗駛大洋水路，兩面夾攻，奇兵四合，可期一鼓掃蕩，收復山西、北寧，直搗西貢，傾其老巢，制法死命。無如此時滇、桂各軍盡行撤回內地，全越皆歸法有，彼必佈置周密。即劉永福素稱善戰、膽略自雄，計此時進退無據。我縱冒險出奇，由欽、廉小路間關入越，越中已無我軍一人一騎。岑毓英、潘鼎新東西懸隔數千里，聲勢梗塞，援應無從。孤軍深入，自蹈危機，兵法所忌。是所謀以制人者，轉為敵謀以制我矣。此理甚明，人人知之。臣非敢苟且偷安，取巧推諉，自罹罪戾。蓋今昔情形迥異，勢有不能，非不為也。至奉旨豫籌二萬人聽候調遣。臣於粵中人地生疏，一時營、哨等官揀擇不易，且軍裝、餉項一無所出，曾密商督撫臣張之洞、倪文蔚，亦苦無力接濟。時勢急迫，不能迅速為計，焦灼萬分。臣愚憨成性，誠實自矢，不敢為欺。屢蒙顯皇帝溫旨嘉獎，自顧愚劣，抱愧五中。今則孤負天恩，實屬罪戾滋甚，咎無可辭。為今之計，惟有謹遵閏五月初七日上諭，事體關係重大，總須謹慎，不敢稍涉孟浪，致僨大事。並仰遵屢次上諭，會合督撫臣並張樹聲，密飭各軍，嚴防以待，倘法兵前來撲犯，躬親前敵，督率各營將士並力迎擊，務期有戰必勝，不敢畏葸以取愆尤。謹將疊奉諭旨並今昔情形迥異、所謀言易行難各情，恭摺瀝陳，不勝惶恐待罪之至。」

六月二十六日，密奏救越南之事。

《彭玉麟集·奏稿》中《密籌補救越南片（光緒十年六月二十六日）》有：「竊惟越南為我朝二百餘年之藩服，遮罩炎荒，尚稱恭順。今以島族憑陵，一旦棄同化外，似非所以字小之道。臣再四圖維，欲求補救之策，似莫如仿照朝鮮近事，借通商以資禦侮。查越南穀米豐穰，土產饒裕，歐洲諸國素所垂涎，徒以越南閉關謝客，向不與諸國往來，是以未通互市。同治庚午、辛未間，普法交戰，普人已蓄意於西貢，將取之為東道主，無如法已捷足先登，西貢遂為所獨佔。今復力索諒山、保勝，勢已盡吞越南，以窺中華。然法果盡得越南，實歐洲諸國所大忌也。為今之計，欲杜法人之吞噬，似宜仿照朝鮮章程，使越

南盡與泰西諸國通商。蓋歐洲諸國素以不滅人國為美談，越誠與各國通商，則法人舉動有大悖乎公法者，諸國必起而議之，投鼠忌器，法終不能獨噬越南矣。此時和戰未決，預為之計，倘終歸款議，可否求飭下總理衙門，照會各國公使，告以法、越構兵，兵連禍結，初止為通商而起，一國通商，不若合諸國通商之公而且溥。」

六月三十日，命軍營從汕頭啟程，援助福州。

《彭玉麟集‧奏稿》中《派兵援閩片（光緒十年七月二十九日）》有：「查粵東潮州，距閩較近，署水師提督臣方耀舊部尚多，素稱得力，飛咨該提督選派副將銜督標補用游擊方恭，督帶在陸豐縣屬查辦匪鄉之潮勇一營，馳回潮州、汕頭。一面飭令署潮州城守營都司方鼇，將所部潮州防勇兩營，交方恭接統。並令方恭添募潮勇一營，另募水勇一營，共成五營，就近在潮郡撥足軍火軍裝，由廣東善後海防總局會同東藩司籌墊兩個月口糧銀兩，及酌發輪船盤費。於六月三十日在汕頭陸續起程，乘坐甯拿輪船，直赴福州進口，馳抵閩省，聽候調遣。並飭方鼇募補三營，照舊填紮，以固潮防。」

《張文襄公奏議》卷八奏議八《派兵援閩片（光緒十年七月二十九日）》有：「再准總理各國衙門本年六月十二日密電奉旨，法人專注閩口，聚集多船，閩防日緊，前經彭玉麟等調撥兩船往援，所辦甚是。刻下該省情形尤急，兵力尚單，著該尚書等速再力籌援應，或調派陸兵由海道前往，應由何處進口，與該省電商定見，再行進發，以免疏虞。欽此。臣張之洞、倪文蔚與臣彭玉麟、張樹聲等公同商酌欽遵，力籌援應。查粵東潮州距閩較近，署水師提督臣方耀舊部尚多，素稱得力，飛咨該提督選派副將銜督標補用游擊方恭督帶在陸豐縣屬查辦匪鄉之潮勇一營，馳回潮州汕頭。一面飭令署潮州城守營都司方鼇，將所部潮州防勇兩營交方恭接統，並令方恭添募潮勇一營，另募水勇一營，共成五營，就近在潮郡撥足軍火、軍裝。由廣東善後海防總局會同東藩司籌墊兩箇月口糧銀兩及酌發輪船盤費，於六月三十日在汕頭陸續起程，乘坐甯拿輪船直赴福州進口，馳抵閩省，聽候調遣。」

八月初，巡閱粵地要隘，督操各臺炮。

《彭玉麟集‧書信》中《致程桓生（光緒十年十月十二日）》有：「弟於八月初旬出巡各要隘，督操各臺炮，往來旬餘，為海風所吹逼，受桂花瘴毒，歸來胸滿、腹脹、氣促，兩腿浮腫，頭目昏眩，畏風如虎，不出營門已兩月。五十餘日不能飯，飯則嘔，每日白酒三杯，粥一碗度日。近三四日始能勉吃飯半

碗，大約復元尚須時日也。衰朽若是，可歎可厭。上春惠函言及《船山先生全集》十冊多為蝕損，自不能如九宮保原價，即如尊議三十金，亦可為銷去耳。一經手事，弟竟以事瑣雜忘復矣。扶疾手此，耑請臺安。秋間准銷數若何？念念。」

八月二十八日，與張之洞會同秉公查明張樹聲玩視邊防，貽誤地方，任性徇私之事。

《張文襄公奏議》卷九奏議九《查覆張樹聲參款折（光緒十年八月二十八日）》有：「竊臣玉麟、臣之洞承准軍機大臣字寄，光緒十年五月十五日奉上諭：『有人奏參『兩廣總督張樹聲不符，物望難勝，兼圻推諉取巧，玩視邊防，貽誤地方，任性徇私』各等語。前據張樹聲奏『患病未痊』已有旨准其開缺。所參各款，是否屬實，必須確切詳查。著彭玉麟、張之洞會同秉公查明，據實具奏，毋稍徇隱。又前有人疊次奏參廣東順德協副將利輝庇匪收規，營私溺職。候補知府黃杰奉委查案，得賄朦稟各情。先後諭令張樹聲、倪文蔚確查，尚未據該督撫覆奏，茲復有人奏參利輝蔑法妄為，軍政廢弛等款。並著彭玉麟、張之洞查照歷次奏參各節，一併澈底根究，據實參辦。摺五件、片一件，均著鈔給閱看，將此各諭令知之。欽此。』遵旨寄信前來承准此，臣等查閱鈔發各折片，張樹聲被參各款大略相同，臣之洞抵任後，即與臣玉麟詳核卷宗，采訪輿論，一面檄飭藩臬兩司、運司、糧道按照所參各節確查稟覆。其有應行咨查者，即咨詢前督臣張樹聲，令其據實登覆前來。臣等復博訪周諮，互相考證。除順德協副將利輝參案頭緒紛雜、捐納道員陳桂士參案，續奉寄諭，交臣之洞確查原奏事極繁瑣，均與張樹聲無大關涉，應另行查明覆奏外，謹將前督臣張樹聲被參各款，先行逐一查明，敬為我皇太后、皇上陳之。」

本月，奏查辦洋務委員陽春縣丞薛瑤光之事。

《張文襄公奏議》卷十二奏議十二《特參鹽務洋務營伍不職各員摺（光緒十一年八月初一日）》有：「竊查粵省不職地方官吏，業經臣會同東撫臣查參，另折具奏。茲查有潮州運同錢瑢，糊塗濫用，信任非人，欠課甚多，屢催罔應，借領運木，拖欠尚鉅。查潮橋為粵鹽大宗，獨當一面，儳馴致巨款無著，關係非輕。現經檄飭運司委員查辦，並派潮州府知府朱丙壽會同該運同經理，以期維持大局。相應請旨將錢瑢暫行革職，仍留本任勒限運銷。如逾限不完，即行從嚴參辦。候補運同江懋勳，居心險詐，罔利營私，累商歛怨，委充省河緝私，毫無整頓，並訪聞有緝獲私鹽隱匿入已及賣放漏釐私貨情弊，應請即行革職，

仍嚴行查辦追繳。候補運同鄧清鳳，委充梧州緝私，不恤商情，專務漁利，應請以鹽知事降補。洋務委員陽春縣丞薛瑤光，前因被人參劾，奉旨查辦，經臣於上年八月會同尚書臣彭玉麟奏明，隨時察看。一年以來，詳查該縣丞僅通洋話，並無所長，當差既屬貪鄙，心術尤多悖謬，應請即行革職，驅逐回籍，交地方官嚴加管束，不准在粵逗留生事。」

九月二十八日，上奏水師不宜改制之理由。

《彭玉麟集·奏稿》中《會復長江太湖改用輪船摺（光緒十年九月二十八日）》有：「奏為遵旨會商妥議長江、太湖水師，一時未能改用輪船，長龍、舢板不宜裁減，恭摺復陳，仰祈聖鑒事。竊臣等承准軍機大臣字寄光緒十年八月二十日奉上諭：『前據劉銘傳奏，長江、太湖水師急宜改制，又據道員徐承祖條陳長江水師宜參用小輪船。各等語。長江、太湖水師，前經曾國藩會同彭玉麟創立奏辦，行已多年。現若改用小輪船，較之長龍、舢板等船果能得力，自當因時制宜，以收實效。即著彭玉麟、曾國荃、李成謀，將劉銘傳等所陳各節悉心會商，妥議具奏。原折、呈均著摘抄給與閱看。』欽此。仰見朝廷慎重江防、湖防之至意，莫名欽佩。臣等細閱劉銘傳、徐承祖條陳，意在酌裁長江、太湖水師長龍、舢板五成，改添小輪船數隻，行駛較速，聲勢較壯。如果經費充足，可以咄嗟立辦，豈不甚妙。惟其中有未便輕議更動，致貽地方隱憂者，理宜據實瀝陳於聖主之前。……今若改用十丈長小輪船，微特造船之經費無從籌畫，即應用之機器亦宜購諸外洋。且廢十船而成一船，五省江面汛地立見空虛，實非數號輪船照料所能周密。查舢板能到之處，有輪船所不能到者，萬一匪類匿跡其中，乘虛竊發，長江商旅受累不淺。且此項小輪船，以之禦外侮則嫌不足，而以之靖內寇，則又不如舢板之可遍及也。……臣等欽奉諭旨，與提臣李成謀、李朝斌往返函商，意見相同。臣玉麟遠在粵東，詳函具述水師原委，不宜更制裁改，囑臣國荃繕摺，會銜復奏，以備聖朝採擇。臣等恭候訓示施行。所有遵旨會商妥議長江、太湖水師一時未能改用輪船，長龍、舢板不宜裁減各緣由，謹會同長江提督臣李成謀合詞恭摺復奏，伏乞皇太后、皇上聖鑒訓示。謹奏。」

十月二十八日，謝賜御書匾額恩。

《彭玉麟集·奏稿》中《謝賜御書匾額恩摺（光緒十年十一月十八日）》有：「嗣於十月二十八日准兵部火票，齎奉慈禧端佑康頤昭豫莊誠皇太后御書『建節綏疆』四字匾額。到臣營次，恭設香案，望闕叩頭祇領。伏念臣猥以輕

材，忝任軍事。稟天威而勤遠略，乏奇策以靖邊氛。乃以慶典恭迎，仰荷殊榮寵錫。啟黃封而龍箋燦爛，望紫氣而鳳藻輝煌。奎文合雲漢為章，頒自禁廷，軍民咸聚觀動色；羲畫與日星並煥，奉藏家廟，孫曾永世守承恩。伏地拜登，瞻天銜感。臣遠領貔師，籌防羊石。華祝徒殷於蟻悃，嵩呼未廁乎鵷班。忽異數之欽承，詎私衷所敢及。惟有勉策駑鈍，上答鴻施。利國家無不為，期仰副忠誠之慈訓；竭股肱以圖效，庶堪資保障於邊疆。所有微臣感激榮幸下忱，理合繕摺具奏，恭謝天恩，伏乞皇太后、皇上聖鑒。謹奏。」

十一月十八日，奏與張之洞等人率營由欽、廉趨越，同時注意台灣軍防。

《彭玉麟集·奏稿》中《奏復龍湛霖出奇制勝片（光緒十年十一月十八日）》有：「再，臣前承准軍機大臣密寄光緒十年九月二十五日奉上諭：『翰林院侍讀龍湛霖奏請出奇兵以牽敵勢……据稱：關外之師宜分為兩道，以蘇元春等部作正兵，攻北寧、山西等省；以劉永福一軍作奇兵，由雲南假道暹羅，或水陸並征，或專用陸路，直趨西貢之西，則臺灣、河內等處法兵自鬆。等語。所籌固係出奇制勝之策，是否可行，著彭玉麟會商岑毓英，確探情形，妥籌具奏。……』臣愚以為，冒險而徼不可知之功，不如持重而求可以勝之道。現在滇省岑毓英、劉永福之軍進逼宣光，粵西潘鼎新前敵各營屢經報捷。臣與督臣張之洞、撫臣倪文蔚、前奏派廣西提臣馮子材等，募十營由欽、廉趨越，刻已整軍啟行，分道並舉。該夷備多力分，且方注意臺灣，其守禦必難悉臻周密。但有一路得手，獲一大捷，軍威既振，敵氣自奪。各路乘勢夾擊，節節掃蕩，漸次逼進，以期恢復越南全境，似較之千里趨利為有把握。臣愚昧之見，是否有當，謹附片密奏，伏乞皇太后、皇上聖鑒訓示。謹奏。」

十一月二十九日，電奏粵省闈姓弛禁之事。

《張文襄公奏議》卷十一奏議十一《籌議闈姓利害暫請弛禁摺（光緒十一年四月二十日）》有：「十一月二十九日奉旨，彭玉麟等電稱：『粵省闈姓請暫弛禁濟餉。』等語。著依議行，仍隨時體察，如察有流弊，即行奏停。欽此。欽遵查照先後咨行在案。伏查廣東闈姓一事，自前撫臣張兆棟奏請申禁以來，遂為澳門利藪，於是議塞漏卮者，率皆以此為言，並不因籌餉而起。海防既亟，籌澳防、籌軍餉者，言之尤切。臣玉麟上年五月條陳廣東事宜疏內，本有闈姓弛禁一條。臣之洞到任之初，曾經錄稿相示，自八月奉妥防澳門之電旨，九月奉能否弛禁之寄諭，當經分別會飭司道府縣各官，妥籌詳議。」

十二月，閱恭電旨，據張之洞令，與張之洞、岑毓英、潘鼎新會商，進剿法軍。

《張文襄公奏議》電奏一《致總署（光緒十年十一月二十九日發）》有：「又光緒十年十二月初二日戌刻到。本日奉旨：『張之洞電奏已悉。馮子材、王孝祺兩軍，該督策勵進發，應需餉械，設法協濟岑毓英、潘鼎新遵疊論悉力進剿，勿稍遷延。聞法用越南本地兵共六千人，該督撫設法解散。或曉諭招來，以孤其勢。著妥辦。越久列藩封，現在大兵助剿，該國君臣自當督飭兵民，助順敵愾。著彭玉麟、張之洞會商岑毓英、潘鼎新。』傳旨。」

《請纓日記》卷六曰：「十二月二十九日，丁軍又發地雷，城崩數丈，虜死拒丁軍，遂跨缺口掘地，據之我軍攻北城，頗損士卒。丁軍發地雷在西南，每約我軍於雷發時，攻其北城，以制敵救缺口；惟發雷須待天明，方窺見缺口所在，以便撲攻我軍，竹梯草捆攻城，利在黑夜，使敵莫測，故待雷發，始肉薄奮攻，傷亡輒眾，探報敵援三千將到。是時，諒山信警，軍心惶惑，糧且不繼，數米而炊，雲軍、劉軍俱乏糧食粥，雨露迷濛，余與衡三督攻，及議事日，坐泥潦中，憔悴無人形，辭去潘、德、繼三營。恭閱本月初二日電旨：『張之洞電奏已悉，馮子材、王孝祺兩軍，該督策勵進發，應需餉械，設法協濟。岑毓英、潘鼎新遵迭諭，悉力進剿，勿少遷延。聞法用越南本國兵，共六千人，該督撫設法解散，或曉諭招徠，以孤其勢，越南外列藩封，現在大兵助剿該國君臣，自當督兵民，助順敵愾；著彭玉麟、張之洞會商岑毓英、潘鼎新，傳旨切問責，以大義令其復陳。欽此。』……」

是月，胃病發。

《彭玉麟集·書信》中《致嚴蘭史（光緒十年十二月）》有：「近因病胃，腹膨脹，頭目暈眩，兩腿浮腫，難以飯，飯則嘔。朋友多病歸，百事躬親，殊苦人也。軍務持久，餉已支絀，開年無計量沙，奈何！」

本月至次年正月之際，赴虎門沙角礮台，抵抗法軍。

《彭玉麟集·奏稿》中《請撤防開缺銷差摺（光緒十一年八月十五日）》有：「上年臘杪，諒山失利，各處探報均稱法夷將以大股於臘底新春內犯廣東。臣即親赴虎門沙角炮臺，枕戈度歲，督飭將士嚴陣待戰，晝夜扶疾巡歷海壖五門各要隘，復感風寒，引動心忡、氣逆、筋骨及舊創疼痛等證。」

《張文襄公奏議》卷十一奏議十一《續增勇丁并規越援臺各營補陳備案摺（光緒十一年五月二十五日）》有：「竊查上年七月以前布置海疆各營及分遣規

越援臺各軍，經臣等於十月十二月兩次奏報在案。八月以後，粵防日形喫重，法船退出長門以後，多來香港，聲言擾粵。沙路為中路之南路，地最向外，前接蓮華山，後通南石頭。王孝祺勤軍四營，一哨不免單薄，因移北岸提督蔡金章所部廣濟軍三營，紮沙路迤南，以助勤軍。北岸專責之署廣州協副將鄧安邦，令其選調東莞新安團勇三千名，編為六營，官給口糧，分紮魚珠前後之蚧岡、烏涌等處，以為魚山、獅山各礮臺犄角。其時水雷俱已編下，令記名總兵劉寶春趕造洋舢板三十隻，配水勇四百五十四名，分泊黃埔、虎門、沙角、蒲州一帶，巡護水雷。又募善於泅水之勇丁一百名，令廣西試用知縣張義澍管帶，以備攻燬敵船。十月間，派王孝祺統八營一哨出關援剿。所部內有安勇一千五百名，係由署陸路提督鄭紹忠營內抽撥，因令鄭紹忠添募安勇四百名，酌量填補。有礮勇三百名，係由游擊黃廷耀營內抽撥，因令黃廷耀添募礮勇一百五十名，并於黃廷耀紅單船水勇五百名，內裁撥一百五十名，仍合成礮勇三百名，填紮原防。勤軍既行，沙路太單，令蔡金章添募五百名，連原部三營副將黃德耀團勇一營，以資防守。令陽江鎮總兵黃廷彪於東滘口建造礮臺，添募親軍一百名守之。嗣接臺灣來電：『法人將棄臺圖粵』。臘正之交，香港、惠州一帶會匪頗多蠢動，有句結法匪之謀，省城戒嚴。尚書臣彭玉麟親駐沙角，臣之洞即擬出省赴黃埔、魚珠一帶，督剿添募親軍四百名。臣文蔚添募親軍五十名。正月初旬以後，南關被寇，龍州危急，廉州、封口、南寧以下，沿江驚擾，遊勇土匪乘機肆掠，潯、梧各郡皆來東省請兵。其時省防方急，各軍皆有分地，設有緩急，無可抽調，而周家盛、廖長明兩軍尚無入桂音信。雖經奏調，龔繼昌率軍來粵，為期尤遠。因令記名總兵李先義招募廣勝軍二千五百名，以備赴急。」

　　本年冬，始募廣安水軍。

　　《彭玉麟集・奏稿》中《創設廣安水軍摺（光緒十一年五月二十五日）》有：「去冬，已先令署南海縣知縣同知危德連試造數號，驗之可用，但覺其笨。因與臣玉麟籌商定議，即委危德連暨提督王光耀、前記名總兵柏正才，購料設廠，創造舢板、炮船一百號，募勇配炮。以百號分為三營，統名為廣安水軍。營制餉章俱照長江水師規制，間有不便，稍加變通。照章並造長龍四號，為統領、營官、營務處乘用。一切工匠，由臣玉麟向長江水師船廠調集，並令熟習樸實之營弁親兵監造。選派湘軍習於水師之將弁為統領、營哨官。其募配水勇之法，定為湘勇三分之二，粵勇三分之一，非導以湘勇不解駕駛，非參以粵勇無從練習。他年運用漸熟，便可多配粵軍。緣紅單扒船起居皆便，長江炮船上

面無屋，均用布帳。粵勇敢戰而不耐苦，故向不喜用此式之船。前撫臣蔣益灃曾於粵省造舢板多隻，以供巡緝，行用靈捷，有案可據。」

本年冬，在海南作《〈盛世危言〉序》。

《彭玉麟集·文集》中《〈盛世危言〉序》曰：「《盛世危言》一書，香山鄭陶齋觀察所著也。陶齋原名官應，少倜儻有奇志，尚氣節。庚申之變，目擊時艱，遂棄舉業，學西人語言文字，隱於商，日與西人游，足跡半天下。考究各國政治得失利病，凡有關於安內攘外之說者，隨手筆錄，積年累月，成若干篇，皆時務切要之言。語云識時務者為俊杰，反是則為俗吏迂儒。當今日之時勢，強鄰日逼，儼成戰國之局，雖孔孟復生，亦不能不因時而變矣。

嘗讀《春秋》，知當時君相無不周知各國山川險要、風俗民情、君臣賢否；日求富強之策，不以資格限人，似無異於今日泰西各國。我朝懷柔遠人，海禁大開，亦當知某國何以興，某國何以衰。知己知彼，洞見本原，方有著手之處，豈徒尚皮毛，購船炮而已乎？余賦性木訥，不諳洋務。今閱是書，所說中西利病情形了如指掌。其忠義之氣，溢於行間字裏，實獲我心。故綴數語，亟勸其刊行問世，以期與海內諸公採擇而力行之。將見孔孟之道風行海外，莫不尊親；彼族之器我能製造，日新月異，自然國富兵強，四夷賓服。奚不可以是書為左券也哉！甲申冬日，衡陽彭玉麟序於海南軍次。」

本年，改建船山書院於東洲。

《船山全書》中《船山公年譜》記：「十年，彭剛直公玉麟改建船山書院於東洲，曾忠襄公以家藏遺書刻板歸之書院。」

光緒十一年（1885），七十歲

正月二十四日，受賞，從優議敘。

《彭玉麟集·奏稿》中《謝京察優敘恩摺（光緒十一年三月十三日）》有：「光緒十一年正月二十四日內閣奉上諭：朕奉慈禧端佑康頤昭豫莊誠皇太后懿旨，三載考績，為國家激揚大典。中外滿漢諸臣，有能恪共職守、勞勤最著者，允宜特加甄敘，以示優眷。茲當京察屆期，吏部開單題請，詳加披閱，兵部尚書彭玉麟，督師嶺嶠，保障宣勞，著交部從優議敘。等因。欽此。跪誦之餘，感愧交集。」

正月二十八日，奏謝上恩，接福字及荷包等物。

《彭玉麟集·奏稿》卷二《謝賞福字及荷包等件恩摺（光緒二月十八日）》

有:「光緒十一年正月初六日准兵部遞到軍機處咨行齎奉單開,交出恩賞福字、荷包、銀錢銀錁、珍果食物等項。欽頒到,臣即恭設香案,望闕叩頭祇領。伏惟皇上福被九垓,文同八表。乾學闡珠囊之秘,坤珍啟銀甕之祥。萬方悉來獻其琛,朱提赤仄;群黎則既飽以德,含甘吮滋。臣幸際昌熙,自維衰朽,偏師謬領,炎海籌防。方期蠻浪之永清,渥荷龍光之下逮。箕疇向五,鸞章煥日月之華;帝命錫三,魚袋繪星雲之彩。仰泉刀於禹鑄,上幣承恩;分珍錯於堯廚,下忱銜感。」

正月二十九日,奏請急調馮子材,率十營回援廣西欽、廉。

《請纓日記》卷七曰:「光緒十一年……正月二十九日電旨:『彭玉麟等電奏:『欽、廉防務緊要,請急調馮子材,率十營回援。欽、廉以八營紮上思州隘段,相機策應。』等語。又據李鴻章電稱:『接龍州電,聞法進紮扣波,由芄封進窺牧馬,欲盡取越境。』等語。敵勢兇狡,粵西兵單,馮子材一軍能否調回,著彭玉麟等與潘鼎新會商妥辦。前有旨令鮑超迅由開化東趨保樂,力顧牧馬一路。著岑毓英飛咨該提督兼程前進,擇要扼防,毋稍延緩。聞法救宣光,劉永福等軍潰退,丁槐等軍亦退紮,尚未據岑毓英電報,殊深懸繫,著即確查速奏,並飭各統領扼要堅守,與潘鼎新各軍力顧邊疆門戶,勿稍疏虞。欽此。』……」

本月,請調龔繼昌帶營赴援粵、湘、鄂。

《張文襄公奏議》電奏一《致總署(光緒十一年正月二十九日辰刻發)》有:「總署來電光緒十一年二月初二日到。奉旨,彭玉麟等電奏,粵防喫緊,請調總兵龔繼昌酌帶數營,迅即赴粵、湘、鄂,墊一兩月餉,由粵歸還。並調副將鄧第武隨往等語。著卞寶第、龐際雲照所奏迅速辦理,該軍行抵梧州。著彭玉麟等會商潘鼎新斟酌調遣。即由該省籌給月餉。另奏請調降調臬司陳寶箴,著德馨飭令該員速赴廣東,交彭玉麟等差委。前大名府知府李興銳,已有旨飭令送部引見,毋庸調往。欽此。」

三月十三日,奏謝上賞優敘。

《彭玉麟集·奏稿》中《謝京察優敘恩摺(光緒十一年三月十三日)》有:「伏念臣三湘下士,九伐謬司。覺忝竊之已多,愧涓埃之鮮補。乃以忽飛蠻浪,釁肇西戎;因之暫佩虎符,防籌南粵。遙承宸算,差幸邊境之無驚;自問輕材,實乏微勞之可紀。茲屆激揚之大典,幸蒙獎敘之優加。」

三月十五日，奏改建船山書院於湖南東洲。

《彭玉麟集·奏稿》中《改建船山書院片（光緒十一年三月十五日）》有：「再，臣本籍衡陽士紳，奉前學臣朱迋然面諭，創建船山書院於南城外，擇師主講，已閱一年。因院地逼近城市，湫隘囂塵，殊不足以安弦誦，復由臣捐貲，改建於湘水中之東洲。」

三月二十八日，再辭兵部尚書，專辦廣東防務。

《彭玉麟集·奏稿》中《請開缺專辦粵防摺（光緒十一年三月二十八日）》有：「九年正月，奉旨授臣兵部尚書。比以衰病侵尋，難肩重任，力懇收回成命，未蒙俞允。又於是年八月痛切陳情，乞開缺並除巡閱江海差事。拜發數日，適奉辦理粵東防務之命。臣因軍事重大，不容推諉，即兼程赴粵。前折曾蒙留中，未敢再瀆。伏惟古者大司馬之職，實司九伐，征討不庭。今茲逆夷跳梁，驛騷海上。臣忝任斯職，既未能宣播天威，弭隱患於未作；復不能大伸撻伐，摧兇焰於已張。數載紛紜，迄無成績，致使國家屈從和議，轉借款局以為綏邊禦侮之方。是臣不能稱其職矣。服官不職，理宜罷斥。縱聖恩高厚，不即譴責，臣亦具有天良，靦顏屍位，豈不知恥？此所以昕夕疚心，寢饋不安。病積益覺其難瘳，任重終不能靜攝。伊古以來，人之能有守有為者，固賴才智，而尤仗精神。若其精神疲敝，雖具才智，有守且不能，而況有為乎？臣耄矣！無能為也。伏懇聖明鑒臣愚悃，飭開臣兵部尚書實缺，俾仍領一軍備防粵東。庶臣得循愚分，勉圖寸效而隱微之，負疚窊寐，借可稍寬。斯沉痼之餘生，調治或期漸起。謹將委曲不能自已之下忱，剖瀝縷陳，仰干天聽。務乞俯俞所請，並非敢矯飾退讓以鳴高，亦非敢規卸事權以就逸。所有微臣恭謝天恩，並懇恩予開缺緣由，謹繕折具奏，不勝惶悚延企之至，伏乞皇太后、皇上聖鑒，訓示施行。謹奏。」

至五月，咯血復發。

《彭玉麟集·書信》中《復嚴蘭史（光緒十一年五月初一日）》有：「蘭史仁四弟大人閣下：咯血大病近兩月，致疏音候為歉。」

五月初九日，奉上諭，與李鴻章、左宗棠、等人商籌水師增拓炮臺、安設槍械、遴選將才之事。

《張文襄公奏議》卷十三奏議十三《籌議大治水師事宜折（光緒十一年九月初五日）》有：「竊臣承准軍機大臣字寄，光緒十一年五月初九日奉上諭：『現在和局雖定，海防不可稍弛，亟宜切實籌辦善後，為久遠可恃之計。前據左宗棠奏『請旨敕議拓增船磑大廠。』昨據李鴻章奏『仿照西法創設武備學堂』各

一折，規畫周詳，均為當務之急。自海上有事以來，法國恃其船堅礮利，橫行無忌。我之籌畫備禦，亦嘗開立船廠、創立水師，而造船不堅、製器不備、選將不精、籌費不廣。上年法人尋釁，疊次開仗，陸路各軍屢獲大勝，尚能張我軍威。如果水師得力，互相援應，何至處處牽掣？當此事定之時，懲前毖後，自以大治水師為主船廠應如何增拓礮臺，應如何安設槍械應如何精造，均須破除常格，實力講求。至於遴選將才，籌畫經費，尤應謀之於豫庶臨事，確有把握。著李鴻章、左宗棠、彭玉麟、穆圖善、曾國荃、張之洞、楊昌濬各抒所見，確切籌議，迅速具奏……』」

是日，奉諭商討海防策略。

《彭玉麟集‧奏稿》中《海防善後事宜摺（光緒十一年七月初七日）》有：「竊臣於五月二十七日，准兵部火票遞到軍機大臣字寄，光緒十一年五月初九日奉上諭：現在和局雖定，海防不可稍弛，亟宜切實籌辦善後，為久遠可恃之計。前據左宗棠奏，請旨飭議拓增船炮大廠；昨據李鴻章奏，仿照西法、創設武備學堂各一折，規畫周詳，均屬當務之急。自海上有事以來，法國恃其船堅炮利，橫行無忌。我之籌畫備禦，亦嘗開立船廠、創立水師，而造船不堅、製器不備、選將不精、籌費不廣。上年法人尋釁，迭次開仗。陸路各軍屢獲大勝，尚能張我軍威。如果水師得力，互相援應，何至處處牽制？當此事定之時，懲前毖後，自以大治水師為主。船廠應如何增拓，炮臺應如何安設，槍械應如何精造，均須破除常格，實力講求。至於遴選將才，籌畫經費，尤應謀之於豫，庶臨事確有把握。著李鴻章、左宗棠、彭玉麟、穆圖善、曾國荃、張之洞、楊昌濬各抒所見，確切籌議，迅速具奏。江蘇、廣東本有機器局，福建本有船廠，然當時僅就一隅所見，未合全局通籌。現應如何變通措置，或扼要設總匯之所，或擇地添設分局，以期互相策應，呼應靈通，並著李鴻章等妥議奏辦。總之，海防多年糜費，業已不貲，迄今尚無實際，由於奉行不力，事過輒忘，幾成錮習。該督等俱為朝廷倚任之人，務當廣籌方略，行之以漸，持之以久，毋得蹈常襲故，撮拾從前敷衍之詞，一奏塞責。李鴻章、左宗棠摺著分別抄給閱看。將此由六百里各諭令知之。」

五月二十五日，奏廣安水軍創設情況。

《彭玉麟集‧奏稿》中《創設廣安水軍摺（光緒十一年五月二十五日）》有：「奏為創造舢板、炮船，設立廣安水軍，頭炮均用七百斤，梢炮均用三百斤，以防內河，恭摺奏陳，仰祈聖鑒事。」

本月，與張之洞會商粵省水師減汰撤營之事。

《張文襄公奏議》卷十二奏議十二《各路防營分別裁留摺（光緒十一年九月初四日）》有：「迨五月內，澎湖肅清，防務解嚴，自宜亟為裁軍節餉之計。當經臣等體察強弱，分別緩急，會商尚書臣彭玉麟次第減汰，惟撤營過驟，易啟戎心，游勇太多，又虞生事，不得不循序相機辦理。計數月以來，省內省外防軍署水師提督方耀所部，先後裁去六營零二百名，留省防四營潮防二營；署提督鄭紹忠所部先後裁去十一營零四百名，留省防三營惠防一營，北江防勇兩營，併親軍一百名，沙面巡勇二百名……」

六月初十日，奉諭查廣東藩司收受賄賂之事。

《彭玉麟集·奏稿》中《遵查廣東藩司參款摺（光緒十一年七月二十六日）》有：「竊臣承准軍機大臣字寄光緒十一年六月初十日奉上諭：有人奏，調任藩司龔易圖，前在廣東各任內，勒索巡丁，收受賭銀，縣丞薛瑤光浮冒軍火，並不撤參，稅廠陋規，不能復革，且將裁兵之費為屬員暗填之款，幾釀事變。現在闈姓弛禁，該藩司從中牟利，並以部民鄧姓之女為妾，及徇庇同鄉，袒護劣員，貪黷巧詐，請飭查辦。等語。著彭玉麟按照所奏各節確切查明，如果屬實，即行從嚴參辦。另片奏河南開歸陳許道潘仕釗，猥鄙刻薄，素為鄉里所不齒。在籍時，與革員潘增榮認為叔侄，控案累累。此次闈姓之議，該員在編修任內奏請弛禁，該廠先饋銀二萬兩，開辦後利則均分。等語。著彭玉麟一併嚴查，據實具奏，毋稍隱徇。原摺、片著分別摘抄給與閱看。將此由四百里諭令知之。欽此。」

本月，廣安水軍創設完畢。

《彭玉麟集·奏稿》中《創設廣安水軍摺（光緒十一年五月二十五日）》有：「此船製造甚速，早經造製多隻，六月內一律竣工，即可成軍操演，為粵省內河水師張其風氣。」

七月初七日，奏海防建議。

《彭玉麟集·奏稿》中《海防善後事宜摺（光緒十一年七月初七日）》有：「臣維泰西諸國，自道光中挾其兵輪火器橫行海上，近者日本復從而效之，與西夷狼狽相倚，狡焉思逞，兇焰益張，海疆日以多故。我之屬國琉球已並於倭，越南復入於法，俄與日本又復垂涎朝鮮，將肇釁端。及今若不力圖自強，大修軍政，則猶糠及米，後患何可勝言！謹將臣愚所及，臚具於後，以備聖明採擇焉。……為政之要，莫先於用人。得其人則理，不得其人則否，由邃古至今未

有以易也。然知人則哲，古聖所難，其亦就其事以觀其人，庶幾拔十得五乎。如察將領之才，先選其樸實為主，再考其訓練士卒、整頓營伍；察會計之才，先考其篤信，再求其鉤稽之密、操守之廉。准此以推，總期考驗之真，不參愛憎之見，雖不中，不遠矣！」

七月初八日，病重，疑似中風。

《彭玉麟集‧奏稿》中《請撤防開缺銷差摺（光緒十一年八月十五日）》有：「今年春深，致發咯血，加劇數倍於前，精力愈形疲憊。適法甫乞款，夷情叵測，難遽深信，仍支病體加意嚴防，未敢以屠驅疾苦屢瀆宸聰。茲於七月初八日晨起作字，忽覺右腕麻木，不能握管，兼之舌本蹇澀，語言不清，兼旬以來，迄未鬆減，大似中風之狀。召醫命藥，總未見效，僉雲臣心血過虧，非一時所能速愈，尤慮日見加增，不能醫治。督臣、撫臣來營存問，見臣衰憊過甚，相顧欷歔。」

七月二十六日，奏復查辦廣東藩司受賄結果。

《彭玉麟集‧奏稿》中《遵查廣東藩司參款摺（光緒十一年七月二十六日）》有：「臣以案情重大，關涉監司大員，遵即將原參各款逐一訪查，雖人言不必皆實，而物議究非無因。該藩司龔易圖，由庶常改選雲南大理府雲南縣知縣，逗留不前；改捐同知，投效軍營，得留山東，屢經部駁，以規避取巧革職在案。其時當咸豐庚申、辛酉之間，天下軍事方劇。凡分發各省人員，如庶常改選進士即用，一遇軍務省分，徘徊觀望、營求奏留者，不止該藩司一人。雖經部臣議駁，而聖恩寬大，猶復棄瑕錄用。如該藩司遂至洊升府道、陳臬江蘇、維藩南粵，正宜如何激發天良，力圖報稱，乃制行不謹，致速官謗。彈章所及，列款累累。臣潛訪密勘，已得端倪，不敢深文，亦不敢隱徇，謹將其事之虛實一一為皇太后、皇上陳之。……該三員應請毋庸置議。河南開歸陳許道潘仕釗，確實查察，於闈姓受賄事並無過交實據，惟在籍時與同姓不宗之潘增榮認為叔侄，與之扛訟，把持地方官府，品行不端，桑梓嘖有煩言，實屬貪利無恥，有玷搢紳，應即請旨革職。所有查明調任藩司參款緣由，謹據實復陳，恭摺具奏，伏乞皇太后、皇上聖鑒，訓示施行。謹奏。」

八月初七日，與友人通信，是時身體虛弱，行動受限。

《彭玉麟集‧書信》中《致嚴蘭史（光緒十一年八月初七日）》有：「手已不能作字，口語不明，心亦恍惚。」

八月十五日，請撤，以廣安水師替防。

《彭玉麟集·奏稿》中《請撤防開缺銷差摺（光緒十一年八月十五日）》有：「臣所部一軍，自宜全數撤去，騰出餉項以應要需。查臣軍由江南調來合字三營、毅字一營，向由江蘇給餉；湖南調來振字四營，向由湖南給餉，應仍撤還各原省，由各該省督撫分別裁留。又，由長江調來水師員弁親兵，當咨送粵防新立廣安水師酌量委用。所有臣在粵東奏請部撥額餉，添募之湘軍慶字五營、毅字一營，應即一律裁撤，以免虛糜。除由臣備文咨撤外，理合先行奏明。」

是日，因病復辭兵部尚書職，卸巡江之務。

《彭玉麟集·奏稿》中《請撤防開缺銷差摺（光緒十一年八月十五日）》有：「至臣稟賦羸弱，素本多病。九年自浙巡海入江，一路按部五省，以及湖河港汊，凡萬餘里。八月底抵湘，精力實屬不支，因即具摺奏請開缺，並開除巡江一切差使，以期靜養醫治。拜發方數日，接奉上諭，飭赴粵東辦理防務。維時迭接前督臣張樹聲公牘、私函，以廣東軍務萬分緊急，臣即未敢以病推委，力疾就道，一鞭鞍馬，馳至羊城，籌防調度一切。三載以來，感受海瘴潮濕，幾於無日不病。……伏念臣年逾七旬，氣血久耗，舊創時發，雜證叢生。今復新病踵增，勢將成廢，手難作字，公事稽壓，心神恍惚，焦灼愈甚，斷非請假數月在營調理可冀就痊。茲值款局大定，海氛已熄。凡粵省善後事宜，督臣張之洞識量閎遠，謀慮精詳，撫臣倪文蔚實心任事，和衷克濟，自能辦理裕如，日臻上理。輾轉思維，惟有仰懇聖慈，准銷粵防及巡閱長江水師差使，並開兵部尚書實缺，放歸田里，事權不屬，或可攝養餘生。」

九月，處理水師防務交接事務。

《彭玉麟集·書信》中《致嚴蘭史（光緒十一年九月十二日）》有：「料理撤防、散勇、報銷事件不易。」

十月初九日，得假三月，回籍調理。並奏請盡罷湘軍，酌留八營。

《張文襄公奏議》卷十三奏議十三《酌留湘軍摺（光緒十一年十月初九日）》有：「竊臣等准兵部尚書臣彭玉麟咨，以粵省防務解嚴，奏請將湘軍裁撤。昨閱邸鈔，奉上諭：彭玉麟著賞假三月，回籍安心調理，毋庸開缺，並毋庸開巡閱長江水師差使。餘著照所議辦理。等因。欽此。……此次彭玉麟奏請盡罷湘軍，自係因陳請撤防回籍不能不將所部全軍一併請撤，以清界限。惟查沙角、大角為外衝，南石頭為內衝，皆為必不可不守之地。近以力籌節

—259—

餉，將本省防營疊次大加裁減，共裁去一百餘營，由粵續募湘軍亦經撤遣，所留甚為緊迫。大率皆量其所守礮臺地勢，酌留屯戍，率以一營而守數臺，僅敷守臺、操礮、看護、營壘之用，無可減少，亦無可移動。其提督方耀、鄭紹忠、署廣州協副將總兵鄧安邦所部，因該提鎮等既係本轄，又皆土勇，與各地方相習，略分其半，以分駐東西北三江諸郡縣河道，巡緝匪盜，頗形不敷，目前尚未據報裁竣。若湘軍全撤，窒礙殊多，無營填紮，臺空礮息，外戶弛備，他族生心，一也。勉撥數人，僅同看役，必至礮閉而不放，臺荒而不修，數月之後，各礮器具闕失鏽澀，即成廢物。鉅萬購求之利器，兩年締造之工程，坐視委棄，二也。若另募新營，無從籌餉，三也。即使有新營可補，或有事再謀屯紮，而將士生疏，猝難熟練。礮性明習地形，另起爐竈，費多益少，四也。至於瓊州孤島，外海內黎，現存鎮道三營，實不敷防峒黎緝海盜之用。若再將郡治勇營犂動，則海防未免空虛，所有築臺練礮等事，更無可用之軍。當經與彭玉麟籌商，惟有酌留湘軍八營。沙角地段最廣，縣延七里，大礮臺十六座，小礮土臺不與留，慶字三營守之，以提督熊鐵生統帶。大角蒲洲兼包兩山，大礮臺七座，留定字兩營守之；南石頭兩岸暨水心大礮臺四座，海心岡士礮臺一座，留定字一營分守之，均以提督陶定昇統帶。令該提督駐大角、瓊州，留毅字兩營，仍歸王之春統帶，統由粵省督撫調遣所需月餉。除由江蘇湖南長江撥解者停止，勿庸再解外。前經戶部撥定廣東釐金項下東北邊防經費八萬兩，粵海關六成洋稅項下東北邊防經費十二萬兩，應請留為防粵湘軍八營專餉。至戶部於上年續撥廣東實官捐輸銀十萬，為彭玉麟一軍專餉。粵省捐務大疲，所收微渺，殊難指用除釐金、海關兩項湘餉二十萬兩外，不敷尚多，應仍遵照部議，於捐輸項下動支。如捐數不足，應由粵省另行籌濟。此八營營制餉章，均經與彭玉麟商定，一切悉照湘軍舊制，不得稍有更改。竊惟從前粵省防務，以事緩餉絀，不過略事補苴。其緊要隘口外蔽旁衝，並無專營防守，虎門尚不能顧及，何論虎門以外瓊海之遙？自彭玉麟率湘軍來粵後，始創扼守沙角、大角之議，氣勢雄闊，軍容嚴整，終日築臺，按期演礮。各國洋輪出入，望之皆為肅然。又復近扼南石，遠鎮瓊島。上年法船屢次窺伺，聲言內犯，均未敢逞，未必非防營整密之效。臣等所以敢於將本省防軍頓裁大半，實係因與彭玉麟籌定預計地段，留此八營為汰弱留強之計。且臺為該軍所修，礮為該軍所練，愛惜培護，習險設備，自當遠勝他軍。恭繹疊次諭旨，現雖法人就款，安不忘危，孜孜以練軍、造

船、洋防、邊防為最。復經臣等奏請於廉、欽、瓊等處籌款購礮築臺,為牖戶綢繆之計。從前未經設守之處,尚思補其罅漏,以防未然。況已練之軍,已設之險,且係形勢必爭之處,一旦去之,實為可惜。」

十二月十一日,啟程赴浙就醫。

《彭玉麟集‧奏稿》中《報遣留營勇事竣由粵起程摺(光緒十一月十九日)》奏:「微臣蒙恩賞假回籍,茲將遣留營勇事竣,並由粵起程日期,恭折馳奏,仰祈聖鑒事。……現定期於十二月十一日起程,附輪船取由海道赴浙。」

是年,議設水師總統於吳淞,分設二鎮。此為南北洋水師建議之始。

《清史稿》志一百十七兵六曰:「(光緒)十一年,彭玉麟從海防日亟,議設水師總統於吳淞,分設二鎮:一駐直隸大沽,凡盛京、直隸、山東、江南各海口戰船隸之;一駐福建廈門,凡浙江、福建、臺灣、廣東各海口戰船隸之。兩鎮每年周巡海口,會哨於吳淞。是為南北洋水師建議之始。」

是年,奏聞咨部,奏改南城書院為船山祠。

《船山全書》記:「十一年,彭剛直公奏聞咨部,並奏改南城書院為船山祠,奉公栗主,請旨飭有司春秋致祭,奉旨報可。」

光緒十二年(1886),七十一歲

正月二十日,奏廣東學政舞弊一事之結果。

《彭玉麟集‧奏稿》中《會查廣東學政參款摺(光緒十二年正月二十日)》有:「又於七月初二日欽奉六月初十日上諭:有人奏廣東闈姓弊竇滋多,學臣幕友、家丁舞弊,迭經諭令張之洞確查具奏。茲又有人奏稱:葉大焯按試惠州歸善、博羅二縣,學署與逆匪通同作弊,揭曉之日,眾情洶洶,不得已再行招復,文理不符者甚多。該學政即將文炳熙、彭日光兩名降作佾生,真才屈(仰)〔抑〕,物議沸騰等語。著彭玉麟會同張之洞,按照所參各節確切查明,據實具奏,不得稍涉徇隱。原片著抄給閱看。將此各諭令知之。……臣玉麟、臣之洞遵旨公同確查。如原奏所稱,抑其數百人投考之王、廖,而特取一二人赴試之文、彭;又云按試歸善、博羅二縣,文姓考者僅六人而錄其四,田姓十人則錄其五等語。檢查府、縣送考名冊惠棚紅案。歸善應試童生共二千零二十五名,鍾、王、廖三姓共一百零八名,縣考前五十名內鍾、王、廖共有二名,府考前五十名內共有四名;文姓應考六名,先取後扣一名,彭姓三名,取進一名,先取後扣一名,田姓十三名,取進一名。博羅應試童生共九百六十三名,鍾、王、

廖三姓共六十九名,縣考前五十名內共有一名,府考前五十名內共有三名,惟該縣鍾、王、廖三大姓及文、彭、田三小姓均無取進者。」

二月,在浙江養病。

《彭玉麟集‧書信》中《致閻敬銘(光緒十二年二月十九日)》有:「於除夕前二日浮海抵浙,延名醫馬培之診視。據稱心肝兩脈,氣血盡虧,難求速效,必須靜養始能見功。湯、藥、膏、丸並進,兩月以來,不過平穩。近春深復發舊疾,筋骨疼痛,氣逆心忡,咯血尤劇,誠難勉支。今趕辦報銷清冊咨奏,以了在粵經手事件。」

四月初十日,始回衡陽,順道查閱長江水師。

《彭玉麟集‧奏稿》中《粵防報銷完竣遵旨回籍摺(光緒十二年三月十六日)》有:「現定期四月初十日登舟溯江回籍,便道扶疾察看長江水師。其一切情形,容臣抵籍後,具摺陳奏。所有微臣病勢未痊,扶疾巡江回籍、由浙起程日期,理合具奏,伏乞皇太后、皇上聖鑒訓示。謹奏。」

七月初三日,泊湖南水鷺洲。

《郭嵩燾日記》光緒十二年七月條曰:「初三日。陰,涼。接常健吾、吳舜臣、熊雨疇、子惠、炳文公信,亦復一信。並致朱禹田、崔厚卿各信。聞彭雪芹宮保至,往探,云泊三汊磯,亦云泊水鷺洲,以避暑也。便拜鄧雙坡、龔雲浦、黃子冶、黃篤友、陳伯嚴、榮咨嶽、左子異、龍琴堂,皆不晤。」

七月初四日,於水鷺洲見郭嵩燾等人。

《郭嵩燾日記》光緒十二年七月條曰:「初四日。雨,涼。初一以前之熱向所未有,比日又復涼。正當收割之際,不宜久雨,甚為慮之,接陳右銘及槃希、經笙各信。於桐軒、吳湛清、沈星海、龔雲浦、董春元過談。龍琴堂、左子異繼至。於桐軒並托致張芝岑兄弟一信,因以一書抵張晦生。彭雪芹宮保、丁次孍、李泳生、朱菊生又枉過談。因隨詣大西門外回拜彭宮保。」

七月初五日,又見郭嵩燾。

《郭嵩燾日記》光緒十二年七月條曰:「初五日。接陳子澥、蕭涵江、朱鐵橋各信。亦復蕭涵江一信。劉彥臣、孫彥臣、龔果齋枉過。彭宮保再至久談。往唁徐子元太夫人之喪。便過丁次孍、王壬秋。」

八月十八日,抵衡陽。再辭兵部尚書職,請卸巡江之責。

《彭玉麟集‧奏稿》中《請開缺並開除差使摺(光緒十二年八月二十一日)》有:「臣於八月十八日行抵衡陽原籍。殘年七十有三,抱沉疴於嶺表,復生返

於枌榆。得以重拜先塋，共親戚之情話，無非高厚仁慈之所賜。感激涕零，粉身莫報。惟是以久病虛弱之軀，跋涉江湖河漢，縱橫八九千里，加以巡歷五省，逐營告誡，愈覺困憊異常。現在心忡氣逆、筋骨疼痛等證日益加劇，心動神疲，龍鍾形態，萬分難支，不敢欺隱。自維精力銷亡，崦嵫景迫，實不堪復勝艱巨。況本兵重職，以臣菲材，已屬處非其據。若更以衰病老朽，久致曠官，則臣之咎戾滋甚。而巡閱長江，亦斷非沉痾餘生之所能維持有益。伏懇皇太后、皇上矜全，格外施臣世世犬馬難報之恩，准開臣兵部尚書實缺，並開巡閱長江水師差使，俾臣從容調攝，或可稍冀就瘥。而自問磕磕，愚分非必欲苟且以圖安，實不敢勉支而僨事。大局幸甚！長江幸甚！所有微臣衰朽不能勝任，迫切愚忱，謹披瀝具奏，伏乞皇太后、皇上聖鑒，訓示施行。謹奏。」

光緒十三年（1887），七十二歲

三月二十一日，帶病啟程，自湘、鄂、皖至吳，巡閱長江。

《彭玉麟集‧奏稿》中《扶病起程巡江摺（光緒十三年三月十七日）》有：「惟沐累朝知遇之隆，涓埃未報。臣雖庸愚戇直，具有天良，何敢因夙疾未瘳，偷安殘喘，以自干罪戾，而上負鴻慈。茲萬分勉強，定於三月二十一日扶疾由籍起程，自湘而鄂、而皖、吳，按營巡閱，督同長江水師提督李成謀，認真整頓，務求操防精熟。以仰副朝廷廑念長江、慎重東南半壁防務之至意。如有營員弁兵不肖，不守軍政舊章，膽大妄為，立予參究棍責，不敢姑息示恩。如有稍涉嫌怨之事，臣不敢推諉，當懍遵諭旨，一身任之，專摺具奏。除俟巡閱查察五省事竣，另行具奏外，所有扶疾由籍起程日期，由驛馳陳，伏乞皇太后、皇上聖鑒。謹奏。」

閏四月初七日，奏謝賞賜人參之事。

《彭玉麟集‧奏稿》中《謝賜人參恩摺（光緒十三年閏四月初七日）》有：「奏為恭謝天恩，仰祈聖鑒事。竊臣具報巡閱長江五省水師，扶疾起程日期，於四月二十七日遞回原摺，奉硃批：覽奏，已悉。該尚書扶疾起程，具見忠悃。嘉許之餘，彌深廑繫，著賞給人參四兩，妥為調攝，以資倚畀。欽此。當即恭設香案，望闕叩頭祇領訖。」

七月二十二日，至浙江西湖退省庵，又辭兵部尚書職，請卸巡檢之事。

《彭玉麟集‧奏稿》中《巡閱事竣請開缺開除差使摺（光緒十三年七月二

十四日）》有：「臣今年以病勢日重，沿途調操甚速，故竣事較早。刻下巡抵浙
江，於七月二十二日扶病到西湖退省庵。……今滿擬到浙，仍延舊日名醫乘暇
診視，不意事與願左，勢又不能不廣求醫治。擬即附搭輪船，速回本籍，得以
閉門謝客，屏去公私，靜養服藥，或者見效。惟今冬不能循例在浙防度歲，誠
無可如何耳！泣懇天恩，准開臣尚書實缺、銷除差事，不限假期，寬予歲月。
俾臣得以安心靜養調攝，以冀痊可。臣具有天良，但稍能步履，行動如恒，心
地清白，即行具折籲請陛見，候賞差使。此後微臣有生之日，皆皇太后、皇上
所賜之年，臣生生世世犬馬圖報不盡也。拜折後即行旋里就醫，合併陳明。所
有臣巡閱長江事竣，病日增劇，泣求皇太后、皇上准開尚書實缺、銷除差事，
回籍養病緣由，理合具摺由驛馳陳，伏乞聖鑒訓示。謹奏。」

　　九月初六日，歸湘。

　　《彭玉麟集・奏稿》中《假滿未愈扶病巡江摺（光緒十四年三月初六日）》
有：「奏為恩賞病假四月已滿，痼疾並未稍痊，長江公事最關緊要，未敢借病
推諉。茲屆巡期，只得扶掖臥病，由衡陽本籍起程，按營巡閱五省長江水師。
俟今年巡竣銷差，仍泣求天恩，賞開微臣兵部尚書缺並巡閱長江差使，以免防
務廢弛，恭折仰祈聖鑒事。竊臣奉命每年巡閱五省長江水師一次，上年在途，
病日增劇，因趕急調操，竣事甚速。於七月二十二日扶病到浙江退省庵，原擬
乘暇調治病軀，不得已奏明告病回籍調理，於九月初六日歸湘。初十日奉到回
折，硃批：「著賞假四個月，安心調理，毋庸開缺，並毋庸開巡閱長江水師差
使。」欽此欽遵。臣伏讀之下，悚惶無地，感激涕零。伏思臣屢沐深仁，優叨
厚德，生成豢養，無已有加。臣粉身碎骨，涓埃未報，以致福薄災生，糾纏歲
月。加以粵防，深受瘴癘潮濕，癱瘓手足，心思俱已成廢，飲食舉動需人為理，
非敢喪心昧良，欺人戀棧。屢經剖陳苦情，再四誠懇，無如天恩高厚，未邀俞
允。只得遵旨扶疾出巡，仰體皇太后、皇上南顧宵旰隱憂、慎重江防之至意。」

光緒十四年（1888），七十三歲

　　二月二十六日，帶病由衡陽啟程，巡閱長江。

　　《彭玉麟集・奏稿》中《巡江事竣再請開缺開除差使摺（光緒十四年六月
十一日）》有：「竊臣奉命巡閱五省長江，本年二月二十六日在湖南本籍帶病臥
巡，扶疾起程，業經陳明在案。隨即由湘而鄂、而江皖，按察營伍，傳集營哨
各官，不憚三令五申，反復誥誡，曉以利害，講明營伍，整飭軍規，懍遵營務。

即兵勇亦天良不昧,尚知感泣從公。行抵安徽省,撫臣陳彝晤面,見臣言語不明,舉動需人,深為駭歎。留就醫月餘,服藥五十餘劑,不甚大效。據醫云病久根深,非草木之功能見速效。間見手足浮腫,服藥哽咽,皆氣血不能宣通,肝躁脾虛,中樞失職,痰涎窒塞之故,總不宜操勞,恐藥餌難以見效也。臣因起程下巡,旋於四月初二日奉到硃批:「知道了。」欽此。欽遵在案。伏讀之下,感銘鏤骨,曷禁涕零。原冀托天之福,病稍起色,不意日甚一日,上煩廑念,以至福薄災生。往年咯血、筋骨疼痛、心忡氣逆等證,聯類俱發,寢饋不安,萬分作苦,日夜如在針氈。求生不能,求死不得,真無可奈何也!」

六月初四,巡至浙江省城,再辭官職。

《彭玉麟集‧奏稿》中《巡江事竣再請開缺開除差使摺(光緒十四年六月十一日)》有:「臣於六月初四日抵浙江省城,巡竣五省水師二十四營,均平安無事緣由,並微臣痼疾難痊,泣求皇太后、皇上大施天恩,並開微臣兵部尚書缺及巡閱長江水師差使,飭臣回衡州本籍養病,得救春蠶一絲之命,曷勝感泣。臣辜負天恩,萬死無辭,不勝誠惶誠恐、待命之至。」

七月初六日,奉諭允辭兵部尚書一職,長江一事可不定期巡查。

《彭玉麟集‧奏稿》中《謝開缺並暫免巡江恩摺(光緒十二年七月十八日)》有:「奏為微臣仰蒙宏恩,准開兵部尚書實缺、並暫免巡閱長江五省水師差事,謹繕摺恭陳,叩謝天恩,仰祈聖鑒事。竊臣於六月十一日拜發巡閱事竣,病癒轉深,仍乞准開實缺、銷除巡江差使一折。昨於七月初六日兵部遞回原折,奉到上諭:彭玉麟奏痼疾難痊,懇請開缺、並開去差使回籍調理一折。彭玉麟巡閱長江,勳勤卓著。連年以來,因病屢請開缺,未經允准。茲復據奏病勢增重,情詞懇切,不得不勉如所請,以示體恤。兵部尚書彭玉麟,著准其開缺回籍,安心調理。其長江水師巡閱差使,毋庸開去,即責成李成謀認真經理。彭玉麟不必拘定假期,一俟病體稍愈,仍著照舊任事,以副朝廷倚畀至意。」

七月十八日,奏謝允辭官職一事。

《彭玉麟集‧奏稿》中《謝開缺並暫免巡江恩摺(光緒十二年七月十八日)》有:「臣跪讀之下,天良未泯,不禁淚如泉湧,鏤骨銘心。感激萬萬,不獨微臣感泣於不盡,即臣子子孫孫亦沒世不忘天恩高厚也!竊臣一介魯夫,深蒙累朝鴻慈高厚,不擇臣資質瑕瑜,不次裁成,至有今日。雖臣碎骨粉身,涓埃未能圖報於一二。而臣職未盡,肺腑實深愧於萬千。朽木逢春,僵蠶欲活。是臣有生之日,實皇太后、皇上恩賜之年。不獨臣肝腦塗地,報天恩於不盡,即臣

子子孫孫亦肝腦塗地，報天恩於不盡也。儻臣痼疾稍痊，日有起色，隨即謹遵
上諭，照舊巡閱長江，以仰副皇太后、皇上慎重長江五省江防之至意，而上紓
廑念。臣斷不敢借病推諉，至係聖懷。謹將微臣感激下忱，敬具摺由驛馳陳，
伏乞聖鑒。謹奏。」

光緒十五年（1889），七十四歲

二月二十五日，由浙江登舟回籍，求醫治病。

《彭玉麟集·奏稿》中《奏報回籍日期摺（光緒十五年二月二十五日）》
有：「現定期於二月二十五日由浙江登舟，溯江回籍，再求醫治。臣因在長江
多年，百事躬親，經手事繁，此次沿途逐件料理清楚。俟抵衡州本籍，得以閉
門謝客，摒去公私，靜心服藥，或者見效。所有長江水師營務，臣於接晤提、
鎮，當隨時囑令認真整頓，務求操防精熟，江面肅清，以仰副朝廷慎重五省長
江防務之至意。臣具有天良，儻能痼疾稍痊，心地清白，仍應懍遵諭旨，照舊
巡閱江防，以報高厚鴻慈於萬一。斷不敢稍渝夙志，借病推諉，至負宏恩也。」

光緒十六年（1890），七十五歲

三月初六日，因病卒於湘東里第。年七十五，諡剛直。

俞樾《彭剛直公神道碑文》曰：「光緒十六年三月己亥，前兵部尚書、太
子少保衡陽彭公斃於里第。」

王闓運《湘綺樓全集》文集卷七《贈太子太保兵部尚書世襲一等輕車都尉
剛直彭公墓志銘》有：「光緒十六年三月甲子，卒於湘東里第，年七十有五。」

四月三日，被追贈太子太保銜，照尚書例賜卹，國史館為其立傳。
孫彭見紳著以郎中選用，次孫彭見綏、彭見絳，均著由吏部帶領引見。

《德宗景皇帝實錄》卷之二百八十四 光緒十六年四月三日條曰：「壬寅。
諭內閣、前兵部尚書彭玉麟。忠清亮直。卓著勳勤。以諸生從戎。轉戰東南各
省。所向有功。會同原任大學士曾國藩。創立長江水師。籌畫精詳。規模悉備。
歷受先朝知遇。由知府洊擢封圻。內陟卿貳。迨粵匪蕩平。蒙穆宗毅皇帝眷念
勳勞。賞給一等輕車都尉世職。並加太子少保銜。朕御極後。擢任兵部尚書。
嗣因病疊次陳請開缺。降旨允准。仍派巡閱長江水師。十餘年來。力疾從公。
不辭勞怨。復因病勢增劇。請開差使。當經寬予假期。並准其回籍養病。頒賞
人蔘。方冀調理就痊。長資倚畀。茲聞溘逝。悼惜殊深。彭玉麟著追贈太子太

保衛。照尚書例賜卹。任內一切處分。悉予開復。應得卹典該衙門查例具奏。加恩予諡。並於立功省分。建立專祠。其生平戰功事蹟。宣付國史館立傳。伊孫候選員外郎彭見紳、著以郎中選用。彭見綬、彭見綷、均著由吏部帶領引見。用示篤念藎臣至意。尋予諡剛直。」

七月二日，曾國荃奏請為其在安徽太平府當塗縣屬采石地方建立專祠。

《曾國荃全集·奏疏》中《長江水師捐建彭剛直專祠片（光緒十六年七月二日）》有：「再，前兵部尚書彭玉麟，於本年三月間在籍病故，仰蒙聖恩賜卹，並准於立功地方建立專祠。朝廷眷念藎臣，飾終之典，至渥極優。凡在臣工，同聲感激。茲准長江水師提督李成謀咨，據提標中軍副將謝溶佘等稟稱，該尚書彭玉麟功德在民，輿情愛戴，請於安徽太平府當塗縣屬采石地方建立專祠，並聲明祠由捐建，請免造報，等情。呈請具奏前來。臣查彭玉麟，於咸豐初年隨同前大學士曾國藩創立水師，削平巨患，艱難辛苦，卒底於成。迨江面肅清以後，曾國藩、彭玉麟等以長江關係五省東南鎖鑰，防範宜嚴，奏設長江水師。以前募之水勇改為經制之水師，意美法良，足垂久遠。彭玉麟每年巡閱營伍，往來江界，殫竭血忱，雖至衰病侵尋，猶復力疾出巡，不辭勞瘁。沿江一帶士庶至今感誦不忘。其忠愛性成、勳勞卓著，久在聖慈洞鑒之中。現據副將謝溶佘等以沿江各省均為彭玉麟立功之地，察請於安徽采石地方建立專祠，自係出於至誠。合無仰懇天恩，俯准敕部列入祀典，由地方官春秋致祭，以彰藎績而順輿情。此項專祠係屬捐建，並請免其造報。謹會同安徽撫臣沈秉成、長江水師提督臣李成謀附片陳請，伏乞聖鑒訓示。謹奏。」

本年，後人於三潭印月為其修建彭剛直公祠。

《（民國）杭州府志》卷十《慶撰劉公祠歲修經費記新纂》有：「彭剛直公祠，在三潭印月。祀兵部尚書巡閱長江欽差大臣，諡剛直。彭玉麐，光緒十六年建。先是公嘗奏明築室於西湖之三潭印月曰『退省庵』為巡江下游駐節休息之所。其後部曲復醵資增闢堂舍，請即其地為祠列入祀典新纂。」

參考文獻

一、基本文獻

1. 〔清〕彭玉麟著，梁紹輝整理，彭玉麟集〔M〕，長沙：嶽麓書社，2003。

2. 〔清〕彭玉麟著，彭玉麟集〔M〕，長沙：嶽麓書社，2008。

3. 〔清〕俞樾編，彭剛直公（玉麟）奏稿〔M〕，文海出版社民國62年版。

4. 〔清〕俞樾著，春在堂全書〔M〕，南京：鳳凰出版社，2010。

5. 〔清〕曾國藩撰，曾國藩全集〔M〕，長沙：嶽麓書社，2011。

6. 〔清〕曾國藩撰，曾文正公詩文集〔M〕，四部叢刊景清同治本。

7. 〔清〕曾國藩撰，曾文正公奏稿〔M〕，清光緒2年傳忠書局刻本。

8. 〔清〕黎庶昌撰，曾國藩年譜〔M〕，長沙：嶽麓書社，2017。

9. 〔清〕王定安編，曾忠襄公年譜〔M〕。

10. 〔清〕胡林翼著，胡林翼全集〔M〕，大東書局，1936。

11. 〔清〕駱秉章撰，駱文忠公奏稿〔M〕，光緒17年刻本。

12. 〔清〕楊岳斌撰，楊岳斌集〔M〕，長沙：嶽麓書社，2012。

13. 〔清〕左宗棠撰，左宗棠全集〔M〕，長沙：嶽麓書社，2009。

14. 〔清〕羅正鈞纂，左文襄公宗棠年譜〔M〕，台北：臺灣商務印書館，1981。

15. 〔清〕劉坤一撰，劉坤一奏疏〔M〕，長沙：嶽麓書社，2013。

16. 〔清〕莫友芝撰，莫友芝全集〔M〕，北京：中華書局，2017。

17. 〔清〕莫友芝撰，邵亭日記〔M〕，北京：中華書局，2017。

18. 〔清〕莫友芝撰，邵亭文集〔M〕，北京：中華書局，2017。

19. 〔清〕郭嵩燾撰，郭嵩燾日記〔M〕，長沙：嶽麓書社，2012。

20. 〔清〕郭崑燾著，郭崑燾集〔M〕，長沙：嶽麓書社，2011。

21. 〔清〕劉長佑撰，劉長佑集〔M〕，長沙：嶽麓書社，2011。

22. 〔清〕張之洞撰，張文襄公奏議〔M〕，民國刻張文襄公全集本。

23. 〔清〕左宗棠撰，左文襄公集〔M〕，清光緒 18 年刻本。

24. 〔清〕翁曾翰著，翁曾翰日記〔M〕，南京：鳳凰出版社，2010。

25. 〔清〕李鴻章撰，吳汝綸編，李文忠公奏稿〔M〕，民國景金陵原刊本。

26. 〔清〕王闓運撰；馬積高主編，湘綺樓詩文集〔M〕，長沙：嶽麓書社，2008。

27. 〔清〕杜文瀾撰，平定粵匪紀略 18 卷附記 4 卷〔M〕，清同治 8 年群玉齊活字印本。

28. 〔清〕李成謀撰，石鐘山志〔M〕，光緒 9 年刻本。

29. 〔清〕李元度，國朝先正事略〔M〕，上海中華書局，民國 25 年版。

30. 〔清〕永瑢等編撰，四庫全書總目〔M〕，北京：中華書局，2016。

31. 〔清〕朱孔彰撰，中興將帥別傳〔M〕，長沙：嶽麓書社，2008。

32. 〔清〕羅正鈞著；朱悅，朱子南校點，左宗棠年譜〔M〕，長沙：嶽麓書社，1983。

33. 〔清〕瑞麟戴肇辰等修；史澄等纂，（光緒）廣州府志〔M〕，光緒 5 年刊本。

34. 〔清〕唐景崧撰，請纓日記〔M〕，光緒 19 年臺灣布政使署刻本。

35. 〔清〕王闓運撰，湘潭縣志〔M〕，光緒 15 年刻本。

36. 〔清〕王闓運撰，湘軍志（不分卷）〔M〕，光緒 12 年成都墨香書屋刻本。

37. 〔清〕郭嵩燾撰，淮陰縣圖誌〔M〕，長沙：嶽麓書社，2012。

38. 〔清〕王之春撰，國朝柔遠記〔M〕，長沙：嶽麓書社，2010。

39. 〔清〕王之春撰，椒生奏議〔M〕，長沙：嶽麓書社，2010。

40. 〔清〕王之春撰，談瀛錄〔M〕，長沙：嶽麓書社，2010。

41. 〔清〕李揚華編纂，石鼓書院志〔M〕，長沙：嶽麓書社，2009。

42. 〔清〕李元度編，南嶽志〔M〕，長沙：嶽麓書社，2013。

43. 〔清〕謝蘭生撰，軍興本末紀略〔M〕，清同治刻本。

44. 〔清〕謝山居士輯，粵氛紀事〔M〕，清同治 8 年刻本。

45. 〔清〕郭嵩燾編，湖南褒忠錄初稿〔M〕，清同治 12 年活字印本。

46. 〔清〕曾國荃撰，（光緒）湖南通志〔M〕，清光緒 11 年刻本。

47. 〔清〕趙爾巽等撰，清史稿〔M〕，北京：中華書局，1977。

48. 〔清〕陳昌撰，霆軍紀略 16 卷〔M〕，清光緒 8 年刻本。

49. 郭廷以編，郭嵩燾先生年譜〔M〕，臺北：中央研究院近代史研究所，1971。

50. 徐澄編，俞曲園先生年譜〔M〕，上海：上海書店，1991。

51. 雷錄慶編，李鴻章年譜〔M〕，商務出版社，1977。

52. 孫淑彥著，丁日昌先生年譜〔M〕，哈爾濱：黑龍江人民出版社，2006。

53. 嚴樹森，湘農點讀，胡林翼年譜〔M〕，臺北：大陸書局，1933。

54. 胡鈞編，張文襄公之洞年譜〔M〕，臺北：臺灣商務印書館，1978。

55. 李宗侗、劉鳳翰著，李鴻藻年譜〔M〕，北京：中華書局，2014。

56. 張翰儀編，湘雅摭殘〔M〕，長沙：嶽麓書社，2010。

57. 中國第一歷史檔案館編，鴉片戰爭檔案史料〔M〕，天津：天津古籍出版社，1992。

58. 蔡冠洛編著，清代七百名人傳〔M〕，北京：北京市中國書店，1984。

59. 錢勗撰，吳中平寇記〔M〕，臺北：文海出版社，1972。

60. 黃鴻壽著，清史紀事本末〔M〕，中華書局 1925。

61. 中國科學院歷史研究所編著，劉坤一遺集〔M〕，北京：中華書局，1959。

62. 秦國經主編；唐益年、葉秀雲副主編，中國第一歷史檔案館藏 清代官員履歷檔案全編〔M〕，上海：華東師範大學出版社，1997。

63. 楊殿旬編，中國歷代年譜總錄〔M〕，北京：書目文獻出版社，1980。

64. 朱保炯、謝沛霖編，明清進士題名碑錄索引〔M〕，上海：上海古籍出版社，1980。

65. 中華書局編輯部整理，籌辦夷務始末〔M〕，北京：中華書局，2008。

66. 湖南省地方志編纂委員會編，湖南省志〔M〕，長沙：湖南出版社，1992。

67. 陳梅湖主纂；孫陳端度協纂，嶺東道惠湖嘉道職官志〔M〕，太原：山西百花印刷有限公司，2012。

68. 孔昭明，臺灣文獻史料叢刊 續碑傳選集〔M〕，臺北：臺灣大通書局，1984。

69. 趙所生，薛正興主編，中國歷代書院志〔M〕，南京：江蘇教育出版社，1995。

70. 樊昕整理，趙烈文日記〔M〕，北京：中華書局，2020。

71. 楊奕青、唐增烈編，湖南地方志中的太平軍史料〔M〕，長沙：嶽麓書社，2010。

二、今人著書（拼音排序）

1. 艾永明，清朝文官制度〔M〕，北京：商務印書館，2003。

2. 曹虹等主編，清代文學研究集刊〔M〕，北京：人民文學出版社，2013。

3. 陳乃乾編纂，清代碑傳文通檢〔M〕，北京：北京圖書館出版社，2003。

4. 程章燦，劉克莊年譜〔M〕，貴陽：貴州人民出版社，1993。

5. 葛兆光，中國思想史〔M〕，上海：復旦大學出版社，2001。

6. 江慶柏編著，清代人物生卒年表〔M〕，北京：人民文學出版社，2005。

7. 蔣寅，清詩話考〔M〕，北京：中華書局，2007。

8. 來新夏，近三百年人物年譜知見錄增訂本〔M〕，北京：中華書局，2010。

9. 李宗鄴，彭玉麟梅花文學之研究〔M〕，北京：商務印書館，1935。

10. 梁啟超，中國歷史研究法〔M〕，南昌：江西教育出版社，2018。

11. 劉兆著，清代科舉〔M〕，東大圖書股份有限公司，1977。

12. 羅爾綱，困學覓知〔M〕，杭州：浙江人民出版社，2000。

13. 孟森著，明清史講義〔M〕，北京：中華書局，1981。

14. 錢穆，中國近三百年學術史〔M〕，北京：商務印書館，2005。

15. 錢實甫編，清代職官年表〔M〕，北京：中華書局，1980。

16. 錢仲聯主編，清詩紀事〔M〕，南京：江蘇古籍出版社，1989。

17. 商衍鎏，清代科舉考試述略〔M〕，文海出版社，1975。

18. 譚德興，出土文獻與先秦文學批評思想研究〔M〕，北京：文物出版社，2017。

19. 王偉，楚辭校證〔M〕，北京：中華書局，2017。

20. 楊廷福，楊同甫編，清人室名別稱字型大小索引〔M〕，上海：上海古籍出版社，1988。

21. 張舜徽，清人文集別錄〔M〕，北京：中華書局，1963。

22. 趙永剛，杭世駿年譜〔M〕，新北：花木蘭文化事業有限公司，2018。

23. 鄭天挺，清史探微〔M〕，北京：商務印書館，2017。

24. 中國社會科學院歷史研究所清史研究室編，清史論叢〔M〕，北京：社會科學文獻出版社，2018。

三、碩博論文（拼音排序）

1. 胡海燕，晚清長江水師新探〔D〕，暨南大學，2010。

2. 宋勝瑞，長江水師巡防制度研究〔D〕，河北師範大學，2016。

3. 萬祖軒，湘軍與中法戰爭研究〔D〕，湘潭大學，2017。

4. 王光宇，試論彭玉麟的國防思想及其實踐〔D〕，湖南師範大學，2007。

5. 楊濤，彭玉麟與晚清水師〔D〕，鄭州大學，2016。

6. 張彥輝，清季長江水師發展滯後問題研究〔D〕，河北師範大學，2005。

四、期刊論文（拼音排序）

1. 楚澤涵，彭玉麟若干事蹟考略〔J〕，文山學院學報，2019（05）。

2. 鄧昭輝，王闓運《船山書院記》拓片考證〔J〕，湖南省博物館館刊，2016。

3. 何平立，略論晚清海防思想與戰略〔J〕，上海大學學報（社會科學版），1992（03）。

4. 黃振南，中法交兵前戰和之爭的緣起與發展〔J〕，學術論壇，1990（04）。

5. 李志茗，中法戰爭中的張之洞與彭玉麟〔J〕，廈門大學學報（哲學社會科版），2013（06）。

6. 譚德興，晚清湘人入黔與貴州政治及文化之發展〔J〕，湖南科技大學學報（社會科學版），2019（02）。

7. 王先亭譯，治水與清政府決策程式——樊口大壩之爭〔J〕，安徽史學，1996（03）。

8. 吳仰湘，彭玉麟散見函箚和詩文輯考——新版彭玉麟集補遺〔J〕，船山學刊，2006（03）。

9. 楊國強，捐納、保舉與晚清的吏治失範〔J〕，社會科學，2009（05）。

10. 趙永剛，曾國藩壽序文芻議〔J〕，廈門教育學院學報，2010（01）。

11. 趙永剛，《曾國藩〈沅圃弟四十一初度〉與晚清慶壽詩的新拓展》〔J〕，中國詩學，2017（24）。